老子学研究会　郑州大学老子学院　鹿邑老子学院（研究院）　共同主办

老子学集刊 第九辑

Collected Papers of
Laozi Studies

王中江◎主编

本期主题

道家"德"观念（下）

中国社会科学出版社

图书在版编目(CIP)数据

老子学集刊. 第九辑／王中江主编. —北京：中国社会科学出版社，
2023.12

ISBN 978-7-5227-3140-7

Ⅰ. ①老… Ⅱ. ①王… Ⅲ. ①老子—哲学思想—文集
Ⅳ. ①B223.15-53

中国国家版本馆 CIP 数据核字(2024)第 041620 号

出 版 人	赵剑英
责任编辑	郝玉明
责任校对	谢 静
责任印制	王 超

出 版	中国社会科学出版社
社 址	北京鼓楼西大街甲 158 号
邮 编	100720
网 址	http://www.csspw.cn
发 行 部	010-84083685
门 市 部	010-84029450
经 销	新华书店及其他书店

印 刷	北京君升印刷有限公司
装 订	廊坊市广阳区广增装订厂
版 次	2023 年 12 月第 1 版
印 次	2023 年 12 月第 1 次印刷

开 本	710×1000 1/16
印 张	24
字 数	346 千字
定 价	118.00 元

凡购买中国社会科学出版社图书,如有质量问题请与本社营销中心联系调换
电话:010-84083683

《老子学集刊》编辑委员会

目　录

老庄"德"观念的诠释与发展

海外汉学中的道家之"德"

"德"在诸子之间

《老》《庄》文本与思想

道教思想与生活

书　　评

老子玄德论

中国人民大学哲学院　曹　峰

摘要：《老子》中"玄德"以及与"玄德"相关的论述要明显多于其他的德观念，可以把"玄德"视为老子德论最中心的概念。利用"玄德"可以涵盖其他守柔谦卑的修身思想以及不控制不干涉的治国思想。"玄德"是"道"之作用的体现，是一种功能意义上的德，是一种自上而下、由此及彼的德。"玄德"是"无为"的品德，"玄德"所要实现的目标是"自然"。后世有将"玄德"释为心性意义上内在之德的趋势，但在《老子》这里还不明显。"玄德"承继的是中国古代早期刑德意义上的恩德观念。更加强调的是政治功能，而非心性价值。

关键词：老子；玄德；自然；德性；心性

　　《老子》又被称为《道德经》①，可见其书由道论和德论构成，但《德经》的部分未必都在陈述德论，而德论也和道论一样，没有被有条理地、有层次地、集中地论述过。《老子》在成书时，或许《道经》和《德经》的首章、末章做了精心的安排②，但其他篇章似乎被《老子》的作者漫不经心地集合在一起，很难用今人逻辑的思维方式及表达方式加以要求。就德论而言，老子使用

---

① 本文所引《老子》，以楼宇烈校释《王弼集校释》（中华书局1980年版）为底本。
② 但目前所见最早的《老子》古本——郭店楚简本，未见《道经》的首章、《德经》的首章和末章，只有《道经》末章的一部分，这种现象值得关注和思考。因此，不能排除两个首章和《德经》末章是后期专门制作的可能性。

了"上德""孔德""玄德""常德""广德""建德""含德"
"积德"等类似概念的表述方式，但也没有指明彼此的关系，好
像并不存在一个可以代表老子德论的主要概念。所以，目前为止
的《老子》研究，似乎尚无学者认为此书德论存在一个核心的、
焦点式的概念。

但是，如果我们反复阅读《老子》，就会发现一个特别的现象，
只有五千言的《老子》虽然惜墨如金，有一句话，却常常反复，如
果以第五十一章为例，那就是"生而不有，为而不恃，长而不宰，
是谓玄德"。同样的话也见于第十章，类似的话则见于第二章"万
物作焉而不辞，生而不有，为而不恃，功成而弗居"。以及第三十
四章"大道泛兮，其可左右。万物恃之而生而不辞，功成不名有。
衣养万物而不为主"。还有第七十七章："是以圣人为而不恃，功
成而不处，其不欲见贤。"第二、三十四、七十七章虽然没有"是
谓玄德"的结语，但显然可以纳入"玄德"的语境下加以考察。
相比之下，"玄德"以及与"玄德"相关的论述要明显多于其他的
德观念，这个现象是值得重视的，有必要作出合理的解释，并以此
窥测老子德论的特征。

在老子德论研究上，叶树勋《先秦道家"德"观念研究》是
一部系统性的著作。① 其书第二章"新意域的开创：老子的'德'
观念"，在总结前人研究的基础上，从四个维度阐述了老子的德
论。第一重维度是从"德"的批判与重建角度讨论"上德"与
"下德"的关系问题。第二重维度是从道、物关系的角度，把
"玄德"视为道生养万物之功德。第三重维度是从人、道关系的
角度，把"德"视为觉道的潜质，由此讨论"德"的心性含义。
第四重维度是从王、民关系的角度，讨论了心性之德和玄德的政
治意涵。叶树勋的研究由表入里，由浅而深，整体考察了老子德
论从形上到形下、从理论到实践的各个侧面，为《老子》建立起
一个非常全面的、相互贯通的内在理路，为我们今后进一步考察

---

① 参见叶树勋《先秦道家"德"观念研究》，中国社会科学出版社 2022 年版。

德论奠定了坚实的基础。叶树勋研究的特点在于全面，通过他的
分析，可以看出老子德论呈现出四通八达的开放性结构，为后世
道家德论以及性论预设了展开的空间。老子德论是否有一个焦点，
叶树勋并没有明指。但从他所设定的四重维度也可以看出，其中
第二重和第四重都谈的是"玄德"，这是值得重视的现象。甚至
在我们看来，第一重维度也和"玄德"有关。本文就想以此为入
口，作一点新的探索。

　　我们认为，如果将"玄德"视为老子德论最中心的概念，老
子德论或许可以得到更为明确的呈现。本文想要探讨的是：老子
对于"玄德"的重视究竟说明了什么？"玄德"的思想背景何在？
通过"玄德"我们是否可以为老子德论的性质作出准确的判断？
使用"玄德"这一概念，是否有可能打通《老子》的整体文脉？
我们的结论是："玄德"是"道"之德，是一种功能意义上的德，
是一种自上而下、由此及彼的德。"玄德"是"无为"的体现，
"玄德"所要实现的目标是"自然"。后世有将"玄德"释为心性
意义上内在之德的倾向，但我们认为在《老子》这里"玄德"还
没有和内在心性发生直接的关联。"玄德"承继的是中国古代早
期刑德意义上的恩德观念。更加强调的是政治功能，而非心性价
值。《老子》第五十一章中潜藏着后世强化的万物之"性"的观
念，在万物这里，"性"由"形""势"体现，这正是"玄德"
所要作用的对象。在《老子》这里，那种可以"比于赤子"的、
得之于道的"德"，确实具备了往心性意义上发展的可能，这类
"德"在后世得到了更大的发展，但这条路线并不是由"玄德"
延伸出来的。

一　老子"玄德"的功能与意义

　　对"玄德"最清晰的论述，出现在《老子》第五十一章，我
们认为这是一段文意之间相互呼应，有着高度思想统一性的文章：

> 道生之，德畜之，物形之，势成之。是以万物莫不尊道而贵德。道之尊，德之贵，夫莫之命常自然。故道生之，德畜之、长之、育之、亭之、毒之、养之、覆之。生而不有，为而不恃，长而不宰，是谓玄德。

这说的是万物因为"道"和"德"才得以出生，得以长养。所以道物关系是此章的基轴。这是一种生与被生、养与被养、上与下、母与子、本与末的关系，也完全可以由此衍生出贵与贱、主宰与被主宰的关系，所以才有可能说"万物莫不尊道而贵德"。但是第五十一章要强调的不是主宰与被主宰、控制与被控制的关系，反而是"道"与"德"有意识地不主宰、不控制万物，万物因此而获得自然成长的可能性，这就是"莫之命常自然"①。从"故道生之"开始到"养之、覆之"为止，老子又一次阐述了"道"和"德"的作用，如河上公注《老子》所云："道之于万物，非但生之而已，乃复长养、成熟、覆育，全其性命。"② 这就又是在道物层面上强调其两者是本末母子的关系。

后面"生而不有，为而不恃，长而不宰，是谓玄德"则显然与"莫之命常自然"相呼应，即"玄德"是一种否定性的行为方式，这种否定体现为明明有资格，有能力去作为、去拥有、去命令、去

---

① 关于"莫之命常自然"，学界争议颇多，笔者提倡这样的观点："莫之命"说的是"道"及得道的圣人"不命"，即不主宰，即无为，"常自然"的主语是万物，即万物及百姓因此获得长久"自然"的可能。从表达方式来看，此句和《老子》第三十二章"民莫之令而自均"，《庄子·缮性》"莫之为而常自然"完全相同。相关论证，参见曹峰《从因循万物之性到道性自然——"自然"成为哲学范畴的演变历程》，《人文杂志》2019年第8期；曹峰《无为与自然：老子的政治哲学》，载张志伟等主编《政治哲学史》第一卷《中国政治哲学史》第一章，中国人民大学出版社2017年版。还可参见王中江《道与事物的自然：老子"道法自然"实义考论》，《哲学研究》2010年第8期；叶树勋：《老子"自然"观念的三个问题》，《人文杂志》2018年第5期；叶树勋：《道家"自然"观念的演变——从老子的"非他然"到王充的"无意志"》，《南开学报》（哲学社会科学版）2017年第3期。

② 王卡点校：《老子道德经河上公章句》，中华书局1993年版，第197页。

主宰，可以骄傲、可以居功，却有意不这样做，其结果导致的是万物能够处于自然的状态，即自己决定自己的行为、自己掌握自己的命运、自己享受自己的成果，而感受不到来自外部的控制和压力。①当然这个结果没有明确地表述出来，但从这一句对应"莫之命常自然"来看，"玄德"正是"莫之命"的体现，那么，"常自然"就是"玄德"的结果。

"故道生之，德畜之、长之、育之、亭之、毒之、养之、覆之"一句，马王堆帛书本和北大汉简本均作"故道生之，畜之、长之、育之、亭之、毒之、养之、覆之"（具体文字有所不同）。如上所言，河上公注《老子》也释作："道之于万物，非但生之而已，乃复长养、成熟、覆育，全其性命。"可见对于万物的生养，主要是"道"在起作用，因此即便去掉"德"字，也无关紧要。这样说来，第五十一章看上去是在叙述"道"生养万物的生成论②，实际上又并非如此，因为角度不同，当强调"道"生养万物时，"道"是重点；当强调"道"如何作用于万物时，"德"就成了重点。归根结底，本章的重点在最后部分，即"生而不有，为而不恃，长而不宰"的"玄德"的作用与意义，"玄德"有着明确的主体，那就是"道"，"玄德"是"道"的作用方式或者说功能体现。因此，"德畜之"也可以换言之为"玄德畜之"。如前所言，"玄德"有着明确的目标，那就是万物的"自然"。因此，这一章的解读，过去太多从生成论的角度讲"道"的终极性、本源性地位，而忽视了"德"或者说"道"之"德"的作用，这是需要纠偏的。

"玄德"虽然用"德"来表示，但这个"德"和"道"一样是空虚的，无法用具体内涵加以描述，不像"仁""义""礼""智"

----

① 叶树勋将这种"自然"概括为外无压迫的"非他然"型自然，而不是内无强迫的"无意志"型自然，参见叶树勋《道家"自然"观念的演变——从老子的"非他然"到王充的"无意志"》，《南开学报》（哲学社会科学版）2017年第3期。笔者表示赞同。

② 不同于仅仅强调道生万物的生成论，笔者认为第五十一章讲述的是一种由"道"和"德"共同完成的、由"生"到"成"、由起点到终点的生成论，是对万物负责到底的生成论。参见曹峰《老子生成论的两条系列》，《文史哲》2017年第6期。

"忠""信""孝""悌"这类有着比较明确的内涵规定、可以用来处理人际关系的具体德目或者价值规范，它并不能用来约束什么，不是一种责任，只是一种原则性的建议。

"玄德"不是一般的德，之所以称为"玄德"，主要原因在于这是一种"道"之"德"，因此具有"道"的特征，是微妙的、难以形容的、玄而又玄的。① 老子之所以将其理想的"德"称为"上德"，也是在道物二分的意义上说的，即这是与"道"相应的最高的"德"。因此，"玄德"也可以说就是"上德"，只不过与万物层面的"下德"对应时，才使用了相应的"上德"之名。第四十一章与"上德"并列的"广德""建德"应该也是"道"之"德"，我们难以确认"上德""广德""建德"是否具有"生而不有，为而不恃，长而不宰"的特征，但从第四十一章"上德若谷""广德若不足""建德若偷"来看，这些"德"和"玄德"一样，都具有谦退、不争之品格，因而这些"德"的拥有者作用于万物或百姓时，也一定可以转化为"玄德"。

无论"玄德"还是"上德"，都是由上而下，由此及彼的。显然存在本与末、主宰与被主宰的关系。但如第五十一章后文所展开的那样，老子恰恰又在不主宰、不控制中展开其独特的思路，形成了一种一波三折般的玄妙运思。

"玄德"随着"道"生养万物的过程而展开。"道"是万物的本源与本根，"德"作为道之德，也就具有了宇宙论和形上化的意义。② 因此，即便"玄德"是从历史经验、生活实践中体贴出来的理论总结，也明显融进了由道而物、由道而人，从天道到人道的思路之中。

---

① 河上公本《老子》第五十一章注就说："道之所行恩德，玄暗不可得见。"（王卡点校：《老子道德经河上公章句》，第 197 页。）

② 这方面可参见王中江《道家形而上学》，上海文化出版社 2001 年版，第 175 页。叶树勋也强调当"玄德"转入人间政治生活，成为圣人行动法则时，就具有了贯通形而上下的效果。参见叶树勋《老子"玄德"思想及其所蕴形而上下的通贯性》，《文史哲》2014 年第 5 期。

　　"玄德"不是孤立的，有其施与的对象。就道而言，这个对象是万物，对圣人而言，这个对象是百姓。而且，这是一种单向度的，只有付出，不求回报的"德"。因此，这个"德"，就万物和百姓而言，毫无疑问指的是恩德、恩惠、好处。这种恩德、恩惠、好处能够切身感受，却不知何时何处施与，如何施与的。先秦文献中类似的描述很多，但大多是对天地恩德的感受，如《论语·阳货》中有"子曰：'天何言哉？四时行焉，百物生焉，天何言哉？'"《庄子·知北游》"天地有大美而不言，四时有明法而不议，万物有成理而不说。圣人者，原天地之美而达万物之理。是故至人无为，大圣不作，观于天地之谓也"。即圣人之所以在行为上采取"无为""不作"的立场，就是因为他们能够"原天地之美而达万物之理"，即虽然因为天地四时万物有其运行法则和规律，而造福了人类，但却"不言""不议""不说"，即不对人类施加任何的影响。老子的"玄德"思想很可能受到这种对天地品德加以感恩的影响，只不过将天地品德转移到了"道"的身上。

　　毫无疑问，从功能的角度讲，"玄德"就是一种体现为施与和恩惠的德。但从表达的方式来看，却是由克制、退让、不争来体现的，用《老子》典型的概念来表达就是"无为"，所以这是一种否定式的施与和恩惠。即通过主体不做什么来让客体得到什么，因此"玄德"也就是"无为"之德。

　　《老子》及其后世道家使用大量的语词表述"道"所具有的"无"的特征，如果比照事物的外部特征，那么，"道"就是"无名""无形""无声""无味""无穷""无有""无象"的；如果比照人事，那么，"道"就是"无事""无为""无功""无用""无知""无己""无我""无私""无心"的；如果比照情感，那么，"道"就是"无情""无欲"的；如果比照认知，那么，"道"就是"无思""无虑"的；如果比照存在的场域，那么，"道"就是"无处""无服""无常""无待"的。总之，这个否定的序列可以无止境地排列下去。《老子》作为一种行动哲学，当然最为突出的就是行为方式上的"无为"，老子确信"无为"反而能够"无不为"，即反向的行为方式反而能够换取成果、效益的最大化，正向的行为却只能取得局部的、有限的成果和效益。第五十一章"玄德"这段话，如王邦雄指出的那样，"不有"才能真正地完成"生"，"不恃"才能真正地完成"为"，"不宰"才能真正地"长"成，是一种典型的通过否定完成肯定的思维。①

如前所示，《老子》第二章"万物作焉而不辞，生而不有，为而不恃，功成而弗居"。虽然没有出现"玄德"，但完全可以纳入"玄德"的语境，第二章紧接上述这段话，是此章的最后两句，"夫唯弗居，是以不去"，正因为不居功自傲，结果反而功德圆满，没有丧失。不怎样反而会怎样，是《老子》的典型套路，在文中比比皆是，如第三章的"为无为，则无不治"；第七章的"以其不自生，故能长生"，"非以其无私耶？故能成其私"；第八章的"夫唯不争，故无尤"；第二十二章和第六十六章的"夫唯不争，故天下莫能与之争"；第三十四章和第六十三章的"以其终不自为大，故能成其大"；第四十八章的"无为而无不为"；第七十三章的"天之道，不争而善胜，不言而善应，不召而自来，繟然而善谋"。可以说不胜枚举。因此，我们可以说，老子虽然没有处处点出"玄德"，但"玄德"的理念几乎贯彻了《老子》全书，在出现"无为"意境的地方，背后就有"玄德"的影子。

"玄德"还出现于第十章和第六十五章：

载营魄抱一，能无离乎？专气致柔，能婴儿乎？涤除玄览，能无疵乎？爱民治国，能无知乎？天门开阖，能为雌乎？明白四达，能无为乎？生之、畜之，生而不有，为而不恃，长而不宰，是谓玄德。（第十章）

古之善为道者，非以明民，将以愚之。民之难治，以其智

---

① 参见王邦雄《老子〈道德经〉的现代解读》，吉林出版集团 2011 年版，第 191—192 页。

多。故以智治国，国之贼；不以智治国，国之福。知此两者亦
稽式。常知稽式，是谓玄德。玄德深矣，远矣，与物反矣，然
后乃至大顺。（第六十五章）

不难看出，这两章也全部是通过否定完成肯定的思维模式。

第十章主要话题在于养生，兼论治国。此章把所欲实现的目标
放在了前面，如实现"营魄抱一"的前提在于"无离"，实现"专
气致柔"的前提在于"婴儿"，实现"涤除玄览"的前提在于"无
疵"，实现"爱民治国"的前提在于"无知"，实现"天门开阖"
的前提在于"为雌"，实现"明白四达"的前提在于"无为"。①
而"生之、畜之，生而不有，为而不恃，长而不宰，是谓玄德"。
笔者认为是以断章取义的方式取自第五十一章，"生之、畜之"指
代的是"道"，"生而不有，为而不恃，长而不宰，是谓玄德"则
说的是"道"之"德"的功能。在笔者看来，这里的"生之、畜
之"即"道"的生养特征并不重要，重点在于"玄德"。因为要达
成第十章所欲实现的种种养生以及治国的目标，必须首先拥有"玄
德"，拥有"玄德"这种否定的能力。

第六十五章把"玄德"看作对于"稽式"（即原则、法则）
的分判和掌握，所谓"稽式"有两条，一条是"以智治国"，另
一条是"不以智治国"，而从"古之善为道者，非以明民，将以
愚之"来看，老子反对开发民智、教化民众的治理方式，而赞赏
与"明"相反的"愚"的方式，并将这种方式称为"玄德"。可
见这种"玄德"是以否定方式展开的与道相应的作用方式。关于
"玄德深矣，远矣，与物反矣，然后乃至大顺"，很多学者解释为
"玄德"这种深远的德，可以带着物返回自身、返回真朴。如王
弼注就注解为"反其真也"。林希逸注曰"反者，复也。与万物
皆反复而求其初"②。通过我们对上述"玄德"的思维模式——通

---

① "无离"一般被认为是不离于"道"，"婴儿"与"成人"相对，"为雌"与
"为雄"相对，当然也可被视为否定式的表达。

② 陈鼓应：《老子注释及评介》，中华书局1984年版，第314页。

过否定完成肯定——的梳理，可以发现，这一解释与此思维模式
并不矛盾，因为"反其真"代表的是一条与强调人为与智巧之世
俗相反的，回归"大顺"的路线，因此否定的是世俗追求的价
值，肯定的是向道的回归。① 因此河上公的解释"玄德之人与万
物反异，万物欲益己，玄德欲施与人也"②，更符合"玄德"的逻
辑，即作为"道"之"德"，其行为方式正好与万物相反，通过
否定的方式实现目标。万物都是一味索取，而"玄德之人"施恩
而不求回报。《文子·自然》对这段话的解释也是类似的，并更
贴近第五十一章的思路：

> 公正修道，即功成不有，不有即强固，强固而不以暴人，道
> 深即德深，德深即功名遂成，此谓玄德深矣！远矣！其与物
> 反矣！

如果这样解释的话，"与物反"就是与万物不同"大顺"也未必要
解释为"道"不相违背③，而是一种类似"功名遂成"的无不为的
成功境界。正因为"玄德"常常被用于先否定后肯定的语境，以至
于原来被用来表示玄虚、深远、幽暗的"玄"字，后来也具有了否
定的意义。④
　　总之，"玄德"可以说是老子最为推崇的精神气质和行为方式。整

---

① 《庄子·天地》所见"泰初有无，无有无名，一之所起，有一而未形。物得以
生，谓之德；未形者有分，且然无间，谓之命；留动而生物，物成生理，谓之形；形体
保神，各有仪则，谓之性。性修反德，德至同于初。同乃虚，虚乃大。合喙鸣，喙鸣合，
与天地为合。其合缗缗，若愚若昏，是谓玄德，同乎大顺"。就是这种"反其真"的解
释路线。
② 王卡点校：《老子道德经河上公章句》，第255页。
③ 河上公说是"顺天理"，先秦秦汉文献中确实有类似的表述，如《史记·太史
公自序》就说名家能"序四时之大顺"，但"大顺"也可以指政治上的成功。如《礼
记·礼运》云："四体既正，肤革充盈，人之肥也。父子笃，兄弟睦，夫妇和，家之肥
也。大臣法，小臣廉，官职相序，君臣相正，国之肥也。天子以德为车、以乐为御，诸
侯以礼相与，大夫以法相序，士以信相考，百姓以睦相守，天下之肥也。是谓大顺。"
④ 如第一章"玄之又玄，众妙之门"，第六章"玄牝"，第十章"玄览"，第十五
章"微妙玄通，深不可识"，第五十六章"玄同"等。

部《老子》无处不在渲染对万物对百姓不主宰、不控制，反而使万物和百姓欣欣向荣、生机勃勃的妙处。这一点，我们过去更多从"无为"到"自然"的角度去加以阐发①，其实在其中加入"玄德"，可以使得"无为"—"玄德"—"自然"形成一个更为有机的整体。

　　"玄德"是"道"的作用方式或者说功能体现。这一点叶树勋已经论之甚详，就《老子》所见道德关系的四种假说——"道体德用""道德并立""道总德分"和"内在超越"，他认为只有"道体德用"，即"道"是本体，"德"是"道"的功用，是最为合理的。他提出：

> 　　可以说，无论是作为理则的"道"，还是表现出实体化倾向的"道"，"道"都是"德"作为一种性能或功用的归属者。就作为理则的"道"而言，"德"是指此等理则之于万物（包括人）的根本功用；而在实体化的语境中，"德"不仅指涉这种作用，还可以表示"道"这一"行动者"的品性及其所开展的诸种行为。

叶树勋这段话的概括非常全面，但在笔者看来，"玄德"作为"道"这一"行动者"的品性，更多是后世赋予的。在《老子》自身，如第五十四章的"修之于身，其德乃真；修之于家，其德乃余；修之于乡，其德乃长；修之于国，其德乃丰；修之于天下，其德乃普"，第五十五章"含德之厚，比于赤子"，第六十三章的"大小多少，报怨以德"，确实可以将"德"与品性关联起来，但

---

　　①　学界这方面论述相当丰富，具体可参见王中江《道与事物的自然：老子"道法自然"实义考论》，《哲学研究》2010年第8期；王博《权力的自我节制：对老子哲学的一种解读》，《哲学研究》2010年第6期；曹峰《无为与自然：老子的政治哲学》，载张志伟等主编《政治哲学史》第一卷《中国政治哲学史》第一章，中国人民大学出版社2017年版；叶树勋《道家"自然"观念的演变——从老子的"非他然"到王充的"无意志"》，《南开学报》（哲学社会科学版）2017年第3期；叶树勋《老子"自然"观念的三个问题》，《人文杂志》2018年第5期；[日] 池田知久《道家思想的新研究——以〈庄子〉为中心》，王启发、曹峰译，中州古籍出版社2009年版，第547—561页。

一方面，将"德"与"性"直接匹配是后世之事，在《老子》中尚无痕迹；另一方面，这种与品性关联的"德"，与强调作用功能意义的"玄德"相比，还不占主流。

总之，如果我们以"玄德"作为第五十一章的最后落脚点，把"生而不有，为而不恃，长而不宰"视为"玄德"的作用方式，把"玄德"视为"道"之"德"的体现方式，把"玄德"视为"无为"之"德"，那么"玄德"几乎可以打通《老子》所有的重要概念——"道""德""无为""自然"。如前所述"自然"是无为的结果，也是"玄德"的结果。

因此"玄德"不仅仅是老子德论最重要的概念，而且是打通老子思想的重要概念，领会了玄德的意涵，可以对理解老子思想起到提纲挈领的作用。①

二　"玄德"功能义的思想来源

通过以上的论述，我们可以总结出以下几点老子玄德思想的主要特征。

第一，"玄德"在《老子》所见德思想中论述最为详细，因此可以认为是老子德思想的主要代表和集中体现。利用"玄德"可以打通《老子》的整体文脉。"玄德"的意义并没有那么狭隘，不能说是为了因应早期儒家的明德观念，而产生的反命题，所以将"玄德"理解为"暗"的德或许可以成立，但却未必产生于"明德"之后。② 如《尚书·舜典》就有："浚哲文明，温恭允塞，玄德升

---

① 第二十八章"知其雄，守其雌""知其白，守其黑""知其荣，守其辱"的"常德"，第四十一章"若谷"的"上德"、"若不足"的"广德"、"若偷"的"建德"，第六十八章"善用人者，为之下"的"不争之德"，第七十九章"司契"的"有德"，其精神本质都与"玄德"相通，即明明是拥有者，却不索取。明明身处高位或有着强大的实力，却谦卑处下。当然这可以理解为品性，但从《老子》的叙述来看，主要是将其作为作用原理、行为方式来解读的。

② 参见郑开《玄德论：老子政治哲学和伦理学的解读》，《商丘师范学院学报》2013年第1期。

闻，乃命以位。"如下文所论证的那样，早期即便没有使用"玄德"这个概念，与"玄德"思想相类似的表达是非常多见的。"明德""玄德"并非相对而言，很有可能只是因观察角度、叙述场合、叙述者心情的不同，而产生表达上的不同。两者可以是一体的，"玄德"也完全可以是光明之德（如《老子》中提及的"广德""孔德"），"明德"更多是赞美，"玄德"更多是要求。要求的是克制、退让、不争，体现为一种否定的行为方式。

第二，"玄德"是从上到下的"德"，是"道"之德，或者是"得道者"之德，因此具有施与的特性。而不可能是在下者之"德"，或者是可以平行转移让渡的"德"。

第三，"玄德"可以理解为具有价值意涵的品德，但这应该是后世附加的。在《老子》这里，"玄德"主要被视为一种作用的方式或者功能的体现。虽然"玄德"作为"道"的体现，具有了形而上的特征，而在《老子》这里，依然是外在的、工具意义上的、功能意义上的德，是一种行为的规范。尚未完成从工具到价值的转变，将"玄德"往内在心性意义上作出解释，是后世道家所为。

第四，"玄德"主要以否定的方式展开。与《老子》整体所宣扬的守柔不争、谦卑处下的思想形成呼应。

那么，《老子》这种强调功能义和作用义的"玄德"思想来自何处呢？虽然无法确定《老子》之书的作者是不是复数的人，但可以推定作者是具有史官身份，处在最高领导者如周天子身边，熟悉天道与历史，看惯存亡兴坏的人。因此如果从思想史的脉络加以梳理，我想"玄德"可能来自这样四个方面。

第一，天地或者天道的品德以及对人间统治者的启示。从《老子》来看，如下所示，这方面的阐述是极为丰富的：

天地不仁，以万物为刍狗；圣人不仁，以百姓为刍狗。（第五章）

天长地久。天地所以能长且久者，以其不自生，故能长

生。是以圣人后其身而身先；外其身而身存。非以其无私耶？故能成其私。（第七章）

上善若水。水善利万物而不争，处众人之所恶，故几于道。（第八章）

江海所以能为百谷王者，以其善下之，故能为百谷王。是以圣人欲上民，必以言下之；欲先民，必以身后之。是以圣人处上而民不重，处前而民不害。是以天下乐推而不厌。以其不争，故天下莫能与之争。（第六十六章）

天之道，其犹张弓与？高者抑之，下者举之；有余者损之，不足者补之。天之道，损有余而补不足。人之道，则不然，损不足以奉有余。孰能有余以奉天下，唯有道者。是以圣人为而不恃，功成而不处，其不欲见贤。（第七十七章）

天之道，利而不害；圣人之道，为而不争。（第八十一章）

这些用例都是对天地或者自然之物（如江海、水）之存在方式的赞美，并由此推导出人间合理的行为准则。可见老子对于天道有着深刻的把握和领悟。虽然没有直接和"德"关联起来，但在本质上，这些论述和主张先予后取、宽厚处下、谦卑不争的"玄德"精神没有什么两样。

《老子》以外的先秦文献，也有很多赞美天地之德的文章，这些《老子》以外的文献有可能成书时间比《老子》晚，但在思想的渊源上未必晚于《老子》。例如：

天地有大美而不言，四时有明法而不议，万物有成理而不说。圣人者，原天地之美而达万物之理。是故至人无为，大圣不作，观于天地之谓也。（《庄子·知北游》）

天不产而万物化，地不长而万物育，帝王无为而天下功。（《庄子·天道》）

君原于德而成于天，故曰：玄古之君天下，无为也，天德而已矣。（《庄子·天地》）

地势坤，君子以厚德载物。（《易传·乾卦·象传》）

无为而物成，是天道也。（《礼记·哀公问》）

诸阴者法地，地德安徐正静，柔节先定，善予不争。此地之度而雌之节也。（《黄帝四经·称》）

天德施，地德化，人德义。（《春秋繁露·人副天数》）

这些文章中即便没有使用"玄德"一词，也可以视为"玄德"产生的共同背景。在中国古人看来，任何存在都有其德（性），其中特殊的存在所拥有的德会对人产生巨大影响，如天有天之德，地有地之德，王有王之德。而且越是至高的德越具有施恩而不求回报的特征。

第二，人事的经验或历史的教训。作为史官的老子对于历代存亡兴坏应该有着广泛的了解和深入的体会。老子在其书中作了很多的总结：

人之所恶，唯孤、寡、不谷，而王公以为称。故物或损之而益，或益之而损。（第四十二章）

勇于敢则杀，勇于不敢则活。（第七十三章）

圣人不积，既以为人己愈有，既以与人己愈多。（第八十一章）

功遂身退天之道。（第九章）

以"孤、寡、不谷"作为王公的称号，应该是先秦时期的普遍现象，那么为什么会有这样的现象，先秦思想家中似乎只有老子作出了总结，即老子认识到事物不是一成不变的，懂得把握损益之道的有道之人才能获取存身之方。第七十三章论述的是可以进取但有意不进取，第八十一章论述可以积累但有意不积累。如"功遂身退天之道"所示，老子甚至将人间的进退法则直接命名为"天之道"。"生而不有，为而不恃，长而不宰"可以说就是这样的损益之道。因此老子之所以能够提炼出"玄德"精神，应该不仅仅来自对天道的观察，很大程度上也是对于人事的感悟。

相关的人间经验与教训在《老子》以外的文献中同样比比皆是。

> 呜呼！我身老矣！吾语汝，我所保与我所守，传之子孙。
> 吾厚德而广惠，忠信而志爱。人君之行，不为骄侈，不为泰
> 靡，不淫于美，括柱茅茨，为民爱费。《逸周书·文传》
> 吾闻之，唯厚德者能受多福，无德而服者众，必自伤也。
> （《国语·晋语》）

《文传》据称是周文王的临终遗言，因此值得"保"应该"守"可
以"传之子孙"的，一定是最重要的最凝练的智慧，其中包括了
"厚德而广惠"，这里的"厚德"正是广施恩惠而不求回报之意。
《国语·晋语》的"吾闻之"所闻者即便不是《逸周书·文传》这
类文章，但相同的内容应该很多，老子也很容易获知。如下所示，
类似的文王遗言还见于清华简《保训》：

> 舜既得中，言不易实变名，身兹服，惟允，翼翼不懈，用
> 作三降之德。帝尧嘉之，用授厥绪。

周文王说帝尧为什么能够传位于舜，其中一个重要的原因，就是因
为他具有"三降之德"，何谓"三降之德"？仅凭《保训》不易解
答，但如果我们参考《诗经·长发》，或许可以得到启发：

> 帝命不违，至于汤齐。汤降不迟，圣敬日齐。昭假迟迟，
> 上帝是祇。帝命式于九围。

这说的是，商汤为什么能够获得上帝之命而领有天下。这段话可以
释为"上帝的命令是不可违的！至于成汤，和天心齐一。成汤谦卑
不怠，圣明恭谨之德日益升起，明见请神到了久久不息，上帝就被

他敬上，帝命令他领导于九州之地！"①

因此"三降之德"就是一种极为谦卑恭敬之德。《诗经·长发》这段诗，《礼记·孔子闲居》有引：

> 子夏曰："三王之德，参于天地，敢问：何如斯可谓参于天地矣？"孔子曰："奉三无私以劳天下。"子夏曰："敢问何谓三无私？"孔子曰："天无私覆，地无私载，日月无私照。奉斯三者以劳天下，此之谓三无私。其在《诗》曰：'帝命不违，至于汤齐。汤降不迟，圣敬日齐。昭假迟迟，上帝是祗。帝命式于九围'。是汤之德也。"

这里更加明确地把"汤之德"和"三无私"联系起来。所谓"三无私"，正是前文论及的天道精神，即天地日月以一种公正的姿态，把一切都无私地奉献给天下，而不求任何回报。我们相信，类似的文献既被老子看到，也被孔子看到，在老子这里，就凝练成了"玄德"观念。

第三，"玄德"承继的是中国古代早期刑德意义上的恩德观念，强调的是政治功能，而非心性价值。

老子的"玄德"主要体现为生养而不求回报，主宰而不居功自傲。之所以称为"德"，显然是就其对万物的好处而言的，因此来自"刑""德"观念的可能性很大，所谓"刑"即杀伐，所谓"德"即恩赏，《老子》第六十章有这样一段话：

> 以道莅天下，其鬼不神；非其鬼不神，其神不伤人；非其神不伤人，圣人亦不伤人。夫两不相伤，故德交归焉。

这说的是，如果能够以"道"的方式君临天下，鬼神和圣人（好

---

① 这段话采用的是陈子展的译文，陈子展：《诗经直解》，复旦大学出版社1983年版，第1199页。

的统治者）都不会加害于人，反过来说，只会对人施与恩德，这样百姓就可以同时享有来自鬼神和圣人的"德"亦即恩惠，而不是来自这两方的惩罚。这种情况当然是天下祥和的标志。

"刑德"的理念产生很早，广泛流行于先秦秦汉时期。《韩非子》的二柄学说即依据于此。在阴阳家、黄老道家的文献中，"刑德"概念最为常见。无论"刑"还是"德"都是天道运行方式的体现，因此是一种外在的规则、准则，而不是内在的心性的价值。虽然"刑"与"德"作为"月"与"日"，或者春夏与秋冬（有时候是春夏秋三季与冬天一季）的象征，是并立、不可替代的，但正常的情况下，天地对于万物的"德"往往要大于多于"刑"，只有在特殊情况下才会反之。在《黄帝四经》《管子》《国语·越语下》中，先德后刑，"二文一武"，"三时成功，一时刑杀"是极为常见的表达，老子虽然没有完全否定"刑"的作用（如第七十四章"若使民常畏死，而为奇者，吾得执而杀之，孰敢？"），但如前文论述的那样，通篇显然更加强调生养、施与之德的重要。因此，"刑德"语境下的"德"就是一种由上而下的行为方式、处事准则，"德"在此代表功能和作用，这种思维显然对老子产生过深远影响。

近年公布的清华简《五纪》《参不韦》《成人》等文献，对我们理解中国早期文明中的"德"观念有极大的帮助。详察这些文献，可以发现"中""德"连用、"德""则"连用的现象。例如《五纪》说天下大乱时，会出现"玩其有中，戏其有德"的局面。"中"和"德"在《五纪》中是极为重要的概念，是宇宙间天人关系规范的体现、和谐的象征。《成人》则有"司中司德，监在民侧"，同样是"中"和"德"并用。《成人》主要讨论法律规范的建立，"中"和"德"均与此有关。《参不韦》也多见"中""德"并用，如"权其有中，漫洗，乃乱纪纲，莫信德"，显然"中"和"德"与纲纪有关。如贾连翔指出的那样，"简文内容以一套具有浓厚五行思想色彩的社会治理体系为中心，名之为'五刑则'"。他还指出简文里的"德"，"它每每可与'则'进行概念互换"，如"五刑则唯天之明德"，再如告罪祷辞中的"不用五则"对应质誓的"用五德唯称","二者在简文中是兼有彼此含义的一组融合概念"。因此"则"即"德",指代规范。① 这些文献证明,直到清华简抄写的战国时代中期,把"德"视为行为规范还是非常流行的,《老子》的"玄德"显然也是一种来自"道"的、具有强大功能的、会产生积极效应的行为规范。

《逸周书·和寤》有"德降为则,振于四方",说的是武王手下大臣之美德降于民间成为典范,影响远及四方。《成开》和《本典》篇均有"显父登德,德降为则,则信民宁"。即德高望重者举明道德,道德降为法典,法典切实则百姓安宁。《文酌》也有:"民生而有欲有恶,有乐有哀,有德有则。"《逸周书》这些"德""则"的说法值得注意,即"德"是可以转为法典的。可见"中""德""则",都是规范的象征,是建立有序社会的重要工具,也是所要努力实现的理想境界。我们认为,从外部的行为方式、行为准则的角度,而非内在心性的角度去理解《老子》的"玄德",显然更为合理。

第四,《老子》的"玄德"采用的是一种"A 而不 B"的表达方式,即"生而不有,为而不恃,长而不宰"。类似的表达方式在《老子》里面还有很多,如"虚而不屈"(第五章),"胜而不美"(第三十一章),"往而不害"(第三十五章),"方而不割,廉而不刿,直而不肆,光而不耀"(第五十八章),"疏而不失"(第七十七章),"利而不害""为而不争"(第八十一章)。这些"A 而不 B"均表示,"A"和"B"可以构成一个对立项,但虽然内部存在着张力,却可以通过调整保持和谐,不至于走向极端而破坏对立项的存在。

"A 而不 B"既是一种表达方式,也是一种思维方式,不仅见于道家文献,也见于儒家文献。如《论语》有"君子周而不比"(《为政》),"乐而不淫,哀而不伤"(《八佾》),"劳而不怨"(《里仁》),"子温而厉,威而不猛,恭而安"(《述而》),"君子和而不同"(《子路》),"君子泰而不骄"(《子路》),"君子惠而不

费，劳而不怨，欲而不贪，泰而不骄，威而不猛"（《尧曰》）。看来这是一种在中国古代广受欢迎，被普遍接受的行为方式。其表达方式不仅限于"A 而不 B"，有时也使用"A 而 B"的模式，例如《尚书·舜典》有"直而温，宽而栗，刚而无虐，简而无傲"。和《论语·述而》"子温而厉，威而不猛，恭而安"一样，既使用了"A 而不 B"，也使用了"A 而 B"。

这种既保持内在张力，又可以通过调整而实现和谐的行为方式，在古人看来就是一种"德"的表示，例如《尚书·皋陶谟》云：

> 宽而栗，柔而立，愿而恭，乱而敬，扰而毅，直而温，简而廉，刚而塞，强而义，彰厥有常，吉哉！

在后文中，《皋陶谟》明确地将此九种行为方式称为"九德"。《尚书·洪范》的"三德"，即"一曰正直，二曰刚克，三曰柔克"。显然是将"A 而 B"的模式分化成了三个部分，实质还是一样的。

《左传·襄公二十九年》中大量使用"A 而不 B"去形容音乐的美妙，然后提出这种"有度""有序"的状态正是"盛德"的体现。

> 至矣哉，直而不倨，曲而不屈，迩而不逼，远而不携，迁而不淫，复而不厌，哀而不愁，乐而不荒，用而不匮，广而不宣，施而不费，取而不贪，处而不底，行而不流，五声和，八风平，节有度，守有序，盛德之所同也。①

老子显然也接受这样的表达方式，将其心目中最佳的行为方式称为"玄德"，只不过基于其无为守柔、谦下不争的一贯思路，他把"A 而不 B"中的重点放在了"不 B"的侧面上。

总之，从作用义、功能义，从最佳思维方式、最佳行为准则的角度去理解老子的"玄德"，并非空穴来风，可以找到非常丰富的思想

---

① 《史记·吴太伯世家》有类似内容。

史背景，例如天地的品格、人事的教训、"刑德"的理念、"A 而不B"的表达方式，这些元素都可以催生作为外在能力的"玄德"。①

最后，需要说明的是，《老子》第五十一章中潜藏着后世强化的万物之"性"的观念，在万物这里，"性"由"形""势"体现，这正是"玄德"所要作用的对象。

余论：老子玄德论的走向

综上所述，《老子》的"玄德"，是一种看上去柔弱，实际上非常强大的能力。"玄德"较之先天的性，更指向后天的为，更是一个指向行动的概念。有其施与的对象，也有着期待的目标。《老子》的"玄德"不是《庄子》内在德性、原初本性意义上的德。内在德性、原初本性作为万物自身最完美、最完善的部分，只要对其加以维护，不使其受到破坏，人生哲学与政治哲学的主要目标就达成了，而"玄德"则需要在对象身上发挥作用之后才能体现出来，这是一种必须在双向关系中才能体现出来的德。因此，《庄子》的德性可以作心性论的发挥，而《老子》则很难。一些学者从"性"、德性、心性的角度去理解"玄德"，我们认为是不准确的。至少在《老子》原文中，还体现不出来。②

《老子》之后，玄德论得到进一步的发挥，受篇幅的限制，这里不作具体的展开，留待今后详细讨论，这里仅仅勾勒其大致的脉络与线条。

第一，对于《老子》玄德论直接的继承与阐发。如《文子·道

---

① 笔者认为，所谓"天命有德"，很大程度上指的是天命有能力者，"有德"者即能够把握事物运动规律和准则的人，而未必指有德性者。这一点笔者将另文展开。

② 例如郑开指出，老子第五十一章提供了道物关系的另一种模式，即第四十二章的"道生一"是宇宙论的模式，而第五十一章的"道生之，德畜之"之论是心性论的模式，这里的"德"是指含摄"道"之本质的"性之性"。我们对此是表示怀疑的。参见郑开《试论老庄哲学中的"德"：几个问题的新思考》，《湖南大学学报》（社会科学版）2016 年第 4 期；郑开《道家形而上学研究》（增订版），中国人民大学出版社 2018 年版，第 377—383 页。

原》云："大常之道，生物而不有，成化而不宰，万物恃之而生，莫知其德，恃之而死，莫之能怨，收藏畜积而不加富，布施禀受而不益贫。"这里虽然没有直接出现"玄德"，但从文意判断，显然说的是《老子》的"玄德"，并作了忠实的阐述。《淮南子 · 原道》也有相关的表述。《太玄经 · 盛》则直接用"作不恃"称呼"玄德"。

第二，将老子外在作用和准则意义上的玄德论转化为内在心性论。在《老子》这里，那种可以"比于赤子"的、得之于道的"德"，确实具备了往心性意义上发展的可能，这类"德"在后世得到了更大的发展，但这条路线并不是由"玄德"延伸出来的。不过如《文子 · 道原》"夫无形者，物之太祖，无音者，类之太宗，真人者，通于灵府，与造化者为人，执玄德于心，而化驰如神。是故不道之道，芒乎大哉，未发号施令而移风易俗，其唯心行也。万物有所生而独如其根，百事有所出而独守其门，故能穷无穷，极无极，照物而不眩，响应而不知"所示，后人从隐秘难见、神妙不测的角度去解释"玄德"，"玄德"就成了一种心灵的活动。这种玄德，类似神明，乃不可见之德，"玄德"之于万物的作用从不主宰、不控制，任凭万物自我成就，变成了"化驰如神"，"照物而不眩，响应而不知"，即对万物最高程度的把握和控制。

第三，将老子理想形态的玄德论转化为可以实际操控臣民的统治术。尤其在黄老道家这里，退让、克制、不争的重要性不再被一味地强调，而强调的是因循万物的重要性。从表面上看，同样是尊重万物的差异性、多样性，但实际上最终要为具体的现实的政治目的服务。这种情况下，"玄德"很容易转变成一种计谋或者伪装。例如与上引《文子 · 道原》这段文字，用"化驰如神"形容"玄德"的功效，并将其与"心行"关联起来。而"心行"则与战国秦汉之际流行的"夜行""阴行"等概念高度相关，可以形成一组概念簇。①《淮南子 · 览冥》的高诱注从"阴行神化"去解释"夜

---

① 参见曹峰、刘洋洋《"夜行"——一种黄老道家的心灵学说与行动方式》，《现代哲学》2023 年第 1 期。

行"，非常接近于"执玄德于心，而化驰如神"。就像《鹖冠子·夜行》的主旨说的那样，作者希望高明的统治者能够学会"夜行"，从而在国家管理、用人用兵等场合产生不可思议的效果。可见这一语境下的"玄德"直接指向神奇的政治效果，因而就成为谋略的代名词。

论《老子》中"德"与
"道"的内涵

华中师范大学历史文献研究所　刘韶军

摘要：《老子》中的"道"是核心概念，"德"是从属的概念，但二者有密切的内在关系，这是需要分疏的。在分清二者的不同思想地位之后，分别阐释二者的不同内涵，有助于深入理解《老子》的"道"与"德"，这对准确而深入把握《老子》的思想内容，有着重要意义。本文分别探讨《老子》的"道"与"德"的不同内涵，对二者作了细致的解读，在此基础上，又探讨了《老子》中的"德"的思想在今天对我们的重要启示，旨在强调在重视《老子》的"道"的思想的同时，也必须重视其中的"德"的思想。

关键词：《老子》；道；德；内涵

前　　言

《老子》的思想以"道"为中心，"德"从属于"道"，这是二者的相互关系，因此在理解《老子》"德"的思想时，必须以此为前提。或者说，理解《老子》思想中的"德"，不能只就"德"而论，必须联系《老子》的"道"来论。

"德"之一字，在不同学派中有不同的内涵。讨论《老子》中的"德"，不能泛化成一般意义上的"德"，尤其是不能与儒家的"德"相混淆。

今天认识《老子》思想中的"德"，必须结合《老子》的全文来理解，不能只就个别的字句来阐释，这也是研究《老子》思想中的"德"时必须注意的。

近年笔者参加了一些与《老子》有关的科研项目，让笔者有机会深入研究《老子》中的思想，从而加深了对《老子》思想的认识与理解。

研究《老子》中的思想，重点是要把握《老子》思想的核心要旨，不能简单地从现在的学科分类的角度及其概念范畴来套《老子》中的思想及其思想要旨。

《老子》思想的核心要旨，根据笔者对《老子》全部文本的分析，只能说是"圣人"式的"侯王"，即这种特定的人是怎样的人，应该具备怎样的思想。"道"与"德"的问题，都浓缩在这个核心要旨之中。

《老子》既说"圣人"（与其他学派的"圣人"的内涵不同），又说"侯王"，还说"道"，三者是统一的，是一个叠加的整体，不能分割。具体来说，就是为现实中的"侯王"提供一个理想范式，"侯王"要达到"圣人"的境界与水平，而能做到这一点，就是靠"侯王"理解并掌握"道"，"道"的核心要旨就是"无为而无不为"。

"侯王"作为人，不是普通的人，是对国家命运与政治好坏起关键作用的人，他不能只占据国家君主的位置而对这个国家的政治好坏及其命运不关心，不努力。而"侯王"要关心国家的政治与命运，尽量使这个国家的政治状况达到最佳状态，就要理解、掌握"道"，使自己成为"圣人"。换言之，"侯王"应该是掌握了"道"的圣人，这样的人来治国，才能使国家政治达到最佳状态。所以，《老子》全部文本阐述的思想的核心要旨，就是让"侯王"掌握"道"并运用于治国的实践之中，而使"侯王"成为"圣人"式的"侯王"。

在这样的逻辑中，"道"作为人对世界的认识，是一个工具，"侯王"是掌握与运用这个工具的人，他这样做能对他管理的国家起到最好的作用。

老子并不是纯粹的哲学家，他是不曾脱离现实社会政治的思想家，他总结而提炼出来的"道"，是为人服务的，不是空洞的概念。他要让他提炼出来的"道"为现实的国家政治及最关键的人服务。

当然，可以根据不同的学科的概念与方法来分析《老子》的"道"，但不能忘记这个"道"不是孤立的，不是空洞的，而是有具体指向的，是要为现实的国家政治服务的思想。

在对《老子》的思想及其要旨作了如此的分析认识后，再来看《老子》思想的"德"的问题，就有了坚实的前提与进一步立论的基础。

所以，讨论《老子》思想的"德"的问题，不能不顾及这样的思想逻辑，不能把《老子》的"德"的思想与儒家等学派的"德"的思想混为一谈。以下根据《老子》中"道"与"德"的文本分析二者的内涵。

一　《老子》中"道"的内涵

《老子》中与"道"有关的文本不少①，综合起来看，《老子》中的"道"之核心要点有如下几点。

（一）"道"是可知的

第一章的"道可道，非常道"，只是说明这是一种与普通事物的具体之"道"不同的总体根本大"道"，且说"观其妙""观其徼"，表明这个"道"是可以为人所认识的。虽然这个"道""玄之又玄"，但也是可以为人所认识和掌握的。第十四章说"不见""不闻""不得""不可诘""无状""无象""惚恍"等，第二十一章说"道""恍惚""窈冥"，不是说"道"不可知，而是说"道"

---

① 《老子》的文本，以楼宇烈整理的王弼《老子》注为准，见中华书局《新编诸子集成》中的《老子道德经注校释》，中华书局 2008 年版，以下引《老子》原文只标章数，不标此书的页码，以省烦琐。

无形无象，不是具体的物，但"惚恍"之中"有象有物，有精有信"，所以，凭着人的智慧，对这种无形无象的"道"，也是可以认识它的，与所谓的"道"可以为人所知，是不矛盾的。第十六章说的"观复""知常"，也证明《老子》的"道"是可以为人认知的。

（二）"道"的要旨是治国治民

"圣人处无为之事，行不言之教，作而不辞，生而不有，为而不恃，功成弗居"（第二章）。这样做事，不是为了"无为"而无为，为了"弗居"而弗居，而是为了"不去"（"是以为去"）。"不去"就是不失去，对"侯王"来说，就是保住自己的国家，不被别人夺去。可知，"道"是指导人（专指"侯王"，不是一般的人，不是所有的人）做事的根本原则，"道"不是空谈的哲学概念。其他各章所说的各种做法，都可归属到这个观念上来。如第三章："不尚贤""不贵难得之货""不见可欲""虚其心""实其腹""弱其志""强其骨""使智者不敢为""使民无知无欲"等，都与"圣人之治""为无为则无不治"有关。因此与第二章所说是一回事。第四章说的"挫锐解纷""和光同尘"；第七章说的"后其身""外其身"；第八章说的"不争""无尤"；第九章说的"功遂身退""富贵不骄""不揣而锐"；第十章说的"抱一"、"婴儿"（第二十章说"如婴儿"；第二十八章说"复归于婴儿"）、"无疵"、"无知"、"无雌"、"无为"；第十二章说的不贪图"五色五音五味畋猎"及"难得之货"；第十六章说的"致虚""守静"；第二十章说"贵食母"，"母"就是"道"，第二十五章说"可以为天下母"，并且说"字之曰道"，证明《老子》所说的"母"就是"道"。第五十二章说："为天下母""得其母""守其母"，都是指"道"而言，"食母""得其母""守其母"等，就是按"道"来做事。第二十一章说的"惟道是从"，第二十二章说的"不自见""不自是""不自伐""不自矜""不争""曲则全"，第二十四章从反面来说，因此"不明""不彰""无功""不长"，对"道"来说，都是"余食赘行"，"有道者不处"（不这样做）。第三十七章说的"道常无为而无不为，侯王若能守之，万物将自化"，是说"侯王"治国要遵守"道"的"无为而无不为"的原则，都是统属于"圣人""侯王"按"道"的原则治国而应遵守的原则。所以第二十二章说"圣人抱一为天下式"，"抱一"就是"抱道"，就是掌握"道"，并作为做事的最高准则（"天下式"），不这样做的"侯王"（即如第二十六章所说，"万乘之主以身轻天下"），结果是"失本""失君"，这样的"侯王"，如第二十七章所说，是"不贵其师""不爱其资"的（"师"即"道"，"道"是"侯王"的"资"），可能会有千方百计，但根本上是"虽智大迷"，懂得了这个"道"，就可以说掌握了"要妙"。所以第二十九章说，掌握了"要妙"即"道"之妙理的"圣人"（"侯王"），在治国上是要"去甚""去奢""去泰"的，必须按"道"的原则来治国，否则就是第三十章说的"不道"，而"不道"的结果是"早已"（已，结束，"早已"就是老百姓说的早灭亡，指国亡君灭。第五十五章也说"不道早已"，与此同义）。第十七章说的"功成事遂，百姓谓我自然"，第三十二章说，"侯王若能守之（遵守'道'的原则来治国），万物将自宾"（服从），第三十五章说："执大象，天下往。""大象"就是"道"，"执"是说"侯王"掌握了它，不然也谈不上"执"，能"执"，就说明"侯王"掌握了大"道"，使之成为自己治国的利器。而"天下往"，正是"万物将自宾"的另一种说法，都表示"侯王"按"道"的原则来治国，能使天下万物服从于自己，从而使宾服的天下万物没有祸害，可以享受到安全太平（"往而不害，安平太"）。第三十七章说"万物将自化"，与"天下往"和"万物自宾"，是同样的意思。这都是说"圣人"式的"侯王"按"道"的原则治国所得到的效果，说明按这种"道"来治国，是可行的。

（三）"道"与儒家之"仁"的区别

第五章："天地不仁，以万物为刍狗。圣人不仁，以百姓为刍狗。"这是"道"的原则,"圣人"式的"侯王"也应这样做,不能用儒家的仁爱观念作为治国的准则。"圣人"式的"侯王"治国,不要多言,也就是不要像儒家那样对民众进行说教,而应"守中","守中"就是守"道"。但这个"道"已被"侯王"掌握了,所以说是"中",后面分析《老子》中的"德",就与此有关。第十八章说"大道废,有仁义,慧智出,有大伪,六亲不和,有孝慈,国家昏乱,有忠臣",第十九章说"绝圣弃智""绝仁弃义""绝巧弃利",可使"民利百倍""民复孝慈""盗贼无有",说明按《老子》的"道"来治国,是高一等的做法,按儒家的方法来治国教民(仁义孝忠,都是儒家治国的观念),是次一等的做法,道家与儒家的做法完全不在一个层次上,因此《老子》中的"德",也与儒家孔子以"仁"为核心的"德"不是一回事,不可混淆。

(四)"道"可据以治国的理据

即第六章所说:"是谓天地根,绵绵若存,用之不勤。"这里的"用之",是谁来"用"呢?当然是"圣人"式的"侯王"来"用",一般人没有条件来"用"它。

二 《老子》中"德"的内涵

《老子》中的"道"与"德",二者不是平行的、同等的,"道"是根本性的原则,特点是自然性、永久性、普准性,"德"从属于"道",特点是与人相结合,是"道"在人身上的内化,是人对"道"的掌握与运用。从这个意义上说,"道"是关于世界的根本准则,"德"是人掌握和运用"道"的种种要求。

《老子》中的"德"的思想有哪些内涵?根据《老子》相关文本分析,有如下几点。

（一）"德"与人①的关系

"德"的一般含义是"得"，即把外在的东西掌握于己身，使之内化为自己的东西，但具体把什么东西掌握并内化于己，在不同学派中则意涵不一。

《说文解字》："德，升也。"段玉裁注认为"升"当作"登"。《春秋公羊传》的何休注中说："登读言得。"其实"升"与"登"是同一个意思，由下向上走，从低处到达高处，这就是"升"，也就是"登"。应该说这是"德"字的本义，而在后来的语言应用中，又由此引申出"得"的意思，这是因为"升""登"就是一种"得"，即本来没有的东西现在经过努力而有了，就是"得"到了，而所"得"到的东西，对于人来说，就是"德"。所以古人就把"德"解释为"得"。不管哪一学派所讲的"德"字，都是在这个含义上的引申发挥，而使"德"的具体内容有了许多不同。

"德"字在古代又写成"悳"，《说文解字》："悳，外得于人，内得于己也。"《说文解字》把"德"与"悳"分成两个字，但它们的含义是相通的，都是指"得"。

在古书中，对"德"的注释多等同于"得"字，查《经籍纂诂》，把"德"解释为"得"的资料非常多，如《礼记·玉藻》注，"德，得也"，《广雅·释诂》《释名·释言语》同，或说成"德者得也"，如《礼记·乐记》注、《论语·为政》注、《管子·心术》注、《老子》王注、《列子·天瑞》注。再进一步解释为，"德也者，得于身也"（《礼记·乡饮酒》注），说得就更清楚了。

更深入的解释就把"德"与"道"联系起来了，"德，道之用也"，（陆德明《老子释文》），"德者，道由以成者也"（《管子·法法》注）。

通过对古籍中的相关注释资料的梳理，可以确定："德"是人对"道"的掌握与内化，是对"道"的"得"。《老子》中的

---

① 这里说的人，即上面所说的圣人式的侯王这种特定的人，以下不再专门说明。

"道"与"德"，实际上也是这种关系，只不过它成为特定的人对特定的"道"的掌握和内在化，即"圣人"式"侯王"对自然无为之"道"的掌握与内在化。

由此即可看出在《老子》中"道"与"德"的关系，"道"为根本，是存在的前提，"德"为从属性的事物，是对"道"的掌握与内化。

《老子》第五章提到了"守中"，第二十二章说到了"抱一"，第三十五章说到了"执大象"，第三十九章说到了"得一"，这都是指人对"道"的掌握与内化。"中"是指在"中"（人心为中）的"道"，已是内化的"道"，所以是"德"。"一"也是"道"，但被人得之于己，抱之于自身，也就是内化为人的"德"。"大象"是"道"，"执大象"就是人掌握了"道"，已内化为人的"德"。所以这三个说法是同一个意思。"侯王"能成为"圣人"，关键就在于"侯王"掌握了"道"，使"道"内化为自己的"德"。否则"侯王"还是普通的人，不是"圣人"。《老子》是要"侯王"成为"圣人"，关键就是"侯王"要掌握"道"并使之内化为"德"，这样才能使"道"—"德"—"圣人"—"侯王"统一起来。而这样的"德"，因为内化于人身内，所以在《老子》中又称为"玄德"："生而不有，为而不恃，长而不宰，是谓玄德。"（第十章）第六十五章也说："常知稽式，是谓玄德。""稽式"，就是"天下式"之意，掌握了"道"的"无为而治"的精神，就是"知稽式"了，把这种"道"内化于己身，就成了"侯王"的"玄德"，再按照这种"道"与"德"去践行治国，就能如此章所说的"乃至大顺"。

（二）"侯王"与"道"的关系

如第二十一章说到"孔德"，"孔"就是大或甚，指最高的"德"，其要求就是要"惟道是从"的。一切行为都能"惟道是从"，也就是说一切行为都合乎"道"的要求了，这样的"德"才是真正的"德"，是对"道"的真正的掌握。

第二十三章说，"从事于道者同于道，德者同于德"，人"同于道""同于德"了，"道"、行就会乐得之，所谓"乐得之"，就是说人没有错误的行为而使"道"与"德"感到不"乐"，反过来说，人"同于道"与"德"，则"道""德"与人都处于"乐"的状态，也就是人与"道""德"同一了，才会使人得到真正的"乐"，而这在《老子》特定的语境中，就是指"圣人"式"侯王"治国成功的"乐"。

（三）"德"必须在实际上运用

如第二十二章说"圣人抱一为天下式"，"抱一"就是抱"道"，就是掌握"道"，并使之成为天下一切行为的最高准则（"天下式"）。第三十九章说，"侯王得一以为天下贞"，这与"天下式"可以相互补充。"天下式"，是天下必须遵从的范式，"天下贞"的"贞"就是正，可知这是说这种"式"是正确的，这又可与第四十五章相对照，即"清静为天下正"，"天下正"就是"天下贞"，而"清静"就是指"道"。这也从一个侧面证实了《老子》说的"道"与"德"，都是专指"圣人"式的"侯王"这种人，不是一般的人，他对"道"的掌握内化及运用，都与"天下"有关，所以才称为"天下式""天下贞"。第五十六章也说到"为天下贵"，都是从"天下式""天下贞""天下正"而来的，是符合《老子》思想的内在逻辑的。"式""贞""正"，还是以"道"与"德"治国的问题，而"天下贵"，是这种治国方法的最后结果，也就是"天下"都予以拥护的结果，所以称为"天下贵"。

同样地，第二十八章说"知其雄，守其雌，为天下谿"，"知雄守雌"就把"道"内化为"德"，而其作用就是"为天下谿"，这与"为天下式"是同样的意思，都是说特定的人掌握了"道"，使之内化为自己的"德"之后，为天下树立了范式，使天下的事有了可循的准则。此章还说这种人"常德不离""常德不忒""常德乃足"，于是这种人就是"圣人"，就可以用"为官长"。"官长"就是指统治人民的人，是治国的人。

第五十七章就把以这种"道"与"德"治国的最佳效果说得

更为明白了:"圣人云,我无为而民自化,我好静而民自正,我无事而民自富,我无欲而民自朴。"这里的"圣人""我",就是"侯王",是掌握了"道"并使之内化为"德"的"侯王",他按照"道"与"德"的要求治国治民,所以"民化""正""富""朴",都不是"侯王"赐予他们的,而是"侯王"按"道"与"德"的准则治国治民而自然得到的结果。所以这样的治国就是"天下贞",而这样的"侯王"也就是"天下贵"了。

第四十一章说到"上士闻道,勤而行之"。从字面上看,"上士"似乎不能等同于"侯王"。但对《老子》的思想不能只从字面上来理解,而应从其整体的意涵来理解。第四十一章说"上士""中士""下士",这里实际是说对"道"的理解与掌握有三种人,以"士"指代这种人。"闻道"而掌握"道"并信从"道"且"勤而行之"的人,是"上士",也就是最上等的学"道"、理解"道"、掌握"道"的人(第五十四章说"修之于身、真、家、乡、国、天下",最终是"天下",所谓"修之于天下",就是从治国治天下的角度来修"道"即学"道""闻道"并掌握"道",而且每一步都与"其德"合在一起说,可知所修的"道",最后都要成为内化于己身的"德"),而从整个《老子》的文本来看,这种人就是"圣人",而且这种"圣人"与"侯王"相结合、相统一,于是就成了"圣人"式的"侯王"。

从"闻道"(学"道")的角度说,是"士",第四十八章说"为学""为道",都是指治学与学"道"、"闻道"是一回事,只有最上等的学习者能学懂"道"、掌握"道",所以第四十八章说"为道"是通过"损"的方法来学,学到家的时候就是"无为而无不为",这就表示真正学懂了"道"、掌握了"道",把"道"内化于自身,然后再加以践行用于治国,这就不再是"上士",而是"圣人"式的"侯王"了。所以,这仍然是说"侯王"要真正掌握"道"并践行"道",使"道"内化为"德"。第六十五章说的"为道",也是"闻道"、学"道"、修"道"的问题,这都是强调治国的"侯王"不可能一个早上就掌握"道"并使之内化于己身,而是需要一个必须认真对待的闻、学、修、为的过程,这对于治国的"侯王"来说，是一个不可掉以轻心的事情。

（四）《老子》的德论与儒家的德论

所以第三十八章说："上德不德，是以有德。"与之形成对比的就是"下德"，这种人强调"不失德"，这就忘了"道"的意义。所以此章说，"上德无为而无以为"，"无为而无以为"就是"道"，能遵守"道"的原则做事的人，才能称为"上德"，即最高的"德"。可知最高的"德"是与"道"同一的"德"，不是儒家不讲"道"而只讲"德"的那种仁义之"德"。因此此章所说的"下德""上仁""上义""上礼""忠信"等，就全都是低于"道"及"上德"的"德"了。也就是说儒家讲的那种"德"，是低层次的"德"，不是以"道"为前提的"德"。所以这种低层次的"德"只会造成"乱""愚""华""薄"的结果，与《老子》主张的以"道"为本质的上德相比，只能处于低层次中。

（五）"侯王"应如何对待"道"与"德"

第五十一章说："万物莫不尊道而贵德，道之尊，德之贵，莫之命而常自然。"在这里，"侯王"已经掌握了"道"，使之内化为"德"，因此对"道"与"德"的态度就是"尊"之"贵"之，把它们视为最高的准则与信条，其根本精神就是"自然"。"自然"表示"道"是客观的，是人必须遵守与信从的，而由此内化的"德"，也因此具备了这种客观性与最高性，是人也必须遵守与信从的。对于这种客观的自然性，人必须保持足够的尊重与敬畏，不能稍有轻忽怠慢。因此这一章后面说："是谓玄德。""道"是"玄"的，由"道"而具备的"德"，也是"玄"的。"玄"并不是神秘，而是客观的自然性，由此决定了人对它的敬畏心与遵从。

第六十二章说："所以贵此道者何？不曰：求以得，有罪以免邪？故为天下贵。"是说所以"贵此道"，不过是为了"求以得，有罪以免"，这样才能"为天下贵"。看来《老子》非常重视"天下贵"的问题，这对于"侯王"来说，是最大的问题。若被推翻，就不再是"天下贵"了。而要保持"天下贵",必须"尊道"（此章说"贵道"是一个意思）、"贵德"。所谓的"求以得",是指追求得到长保国家与天下,追求长久得到天下贵。所谓的"有罪以免",是指避免治国犯了错误而到来的罪过与灾祸。

（六）对于"德"必须长期践行

如第五十九章提到的"重积德",这是从"治人事天"而来的问题。治人（人即民）事天（"天"就是"道","事天"就是按照"道"来治国治民）,不是一天两天的事情,是一个"侯王"要持续若干年的事情,且不是一代人的事情,是一代一代人不断继承与发展的事情。从治国治天下的角度讲,这是一个非常重要的问题,不可忽视。

第五十九章强调"重积德"的重要效果,就是"重积德则无不克,无不克则莫知其极,莫知其极,可以有国。有国之母,可以长久。是谓深根固柢,长生久视之道"。由此可知,"重积德",是要把由"道"内化的"德"作为"侯王"治国的根本方法来践行。只有这样,才能取得"无不克"（克,能也,成也,指事情都能做成功）、"有国"（保有国家）、"长久"（长久保有国家）、"长生久视"（国家治理的长治久安①）的效果。正因为如此,所以"重积

---

① 长生久视,不是后来道教理解的个人生命长生不死,第七十五章说："唯无以生为者,是贤于贵生。""以生为""贵生",是想求个人生命的长生不死,而《老子》所说的"长生久视",是与"有国"及其"长久"联系在一起说的,可知这不是为求个人生命的长生不死。后人理解错误。接下来的第七十六章说："人之生也柔弱,其死也坚强,万物草木之生也柔脆,其死也枯槁。"字面上看似乎是说个人生命的生死,实际上这是接着上一章所说的"有国"及其"长久"而提出来的比喻,即国家的长久安全稳固而不灭亡,如同人的生死一样,要按"道"的"无为"精神来行事,而不要违背"道"的精神。而"道"的"无为"精神,就是此章所说的"柔弱"。用"柔弱"的"无为之治"来治国,才能使国家的命运如同人的生命一样,长久安全。下面第七十七章说的"损""抑",仍是说治国的"无为"之"柔弱",这是"有道者治国"的正确之路,具体来说就是此章说的"为而不恃,功成而不处",这正是《老子》主张的"无为而治"。将这几章联系起来看,就可知所谓"长生久视""生之柔弱"等,都是说"侯王"的治国之事,不是个人的养生之事。所以下面的第七十八章说,"柔弱于水,莫之能胜,无以易之,圣人受国之垢,为天下王",这不是治国治天下又是什么?与后人所说的养生毫无关系。后面的第八十章所说的"小国寡民之治",正是这种"柔弱"治国的具体表现,也应合在一起来读。

德"，即长期按照"道"与"德"的原则来治国，是治国的最可靠坚实的基础（"深根固柢"），能做到"重积德"，治国保天下的长治久安，也就有了保证，"侯王"的治国治天下，也就取得了最好的效果。

三　《老子》"德"思想的启示

以上根据《老子》的整体文本探讨了《老子》中的"道"与"德"的思想的本来意涵，这是今天研究《老子》思想必须遵循的步骤。不先把有关文本整体解读，就不能完整把握其中与"道"与"德"的思想，在此情况下议论不已，就不再是《老子》的思想。

根据《老子》的文本解读了其中的"道"与"德"的意涵，最后还要问一个重要的问题：这样的思想在今天还有没有价值？

今天不是要完全按照《老子》的思想来治国治天下，但古人的思想中确有值得今人深入思考而借鉴的东西。这就是今天仍需研究《老子》及其思想的意义所在。就《老子》中所说的"德"的思想来看，至少给人如下的启示。

（一）治国治天下永远都是国家的头等大事

要研究怎样才能把一个国家及其天下之事治理好而不犯错误，就需要借鉴与吸取古人的智慧，古为今用，把古人思想中的精华理解透彻，掌握其中的精神，使之成为今天治国理政的宝贵财富。所以今天来研究《老子》中的"道"与"德"的思想，仍有重要的现实意义，不能把它看作进了博物馆的古董来欣赏。

（二）《老子》为"侯王"说"道"与"德"的政治意义

《老子》所说的"圣人"不是儒家的"圣人"，而是掌握了代表着客观性真理规律的"道"，并能使之内化于己而成为自己所具有的"德"的人。这就要求参与治国的所有人员必须时刻重视对"道"（客观性的真理与规律）的研究与思考，时刻重视如何使这种意义上的"道"转化为自己的内在素质（"德"）的问题。如果没有这种自觉性且未能把这一点做好，就不能称为合格的治国者。

在这个问题上，也需要学者为了国家的命运而思考、研究，并将研究与思考的成果贡献给国家及治国人员。现代国家都有智库，所谓智库，就是学者为了更好地治国而不犯错误，不断地思考与研究各种重大理论问题与实践问题，并与整个国家的相关部门保持有效的联系，由此组成治理国家的科学组织与高效系统。一个学者，没有这种自觉性与思想觉悟，也可以说是不合格的学者，有愧于国家的养育与培养。

（三）《老子》的"德"之最重要的启示

就现代而言，什么是"道"？什么是"德"？也必须搞清楚，不能含混不清，不能似是而非，不能掉以轻心，不能被错误的理论与说法搞昏了头。《老子》的"道"，就是今天所说的客观规律、客观世界的本质，对此必须认识清楚。然后把它内化于己身，使之成为自己用来治国的思想武器，这就是"德"。对此要认识清楚，"德"不是儒家的个人修养之"德"，不是作为一个谦谦君子的品德，而是"道"在自己头脑中的内化。换言之，有没有"德"，不是看个人品行，而是看在治国时是不是拿出了合乎客观规律——"道"的办法与措施。《老子》中的"德"的思想对今天最有价值的启示就在于此。

（四）《老子》的"道"与"德"的其他启示

"道"是客观性的真理或规律，"德"是主观性的为人处世之准则，客观性与主观性是统一的整体，不可分割。这对每一个人来说，是必须具有的认知，即人要认识客观性的"道"，也就是认知客观真理，同时要把所认识的客观性的真理（"道"）转化为自身的为人处世的最高准则（"德"）。

所谓的为人处世，不能简单地理解为如何做人及与人相处，它实际上包含两层意思，一方面是如何做人的问题，即按怎样的准则去做人，另一方面是处理各种人生与社会事务的问题，即按怎样的准则去处理人生与社会的各种事务的问题。

所以，《老子》中所讲的"道""德"的思想，对任何人来说都是根本性的准则与要求，任何人都必须对此有充分的认知，必须用于自身的实践。可知《老子》所说的"道""德"的思想，在今天的条件下，又不仅仅是古代的"侯王"那种特殊的人，而是对所有的人都有重要意义的思想。这是《老子》在今天所具有的重要启示意义。是当今研究《老子》时不可忽视的重要问题。

总体上说，今天研究《老子》及其思想，不仅是学术界的重要任务，也是国家治理上的重要事项。应该由国家治理层面与学术研究机构及其人员有机地沟通与配合。这样才能使学者们每年召开学术会议并撰写论文具有价值，为国家的长治久安贡献一份力量。另一方面，这样的研究也要对现代社会条件下的所有的人，具有重要的意义，使中国古代思想家的宝贵思想财富转化为当今中国社会的重要精神财富，对每一个人的成长与为人处世都能起到应有的作用。

道生德畜，自然而然：论老子德论推演而出的自然概念

河北美术学院　张建敏

摘要：老子德论与其道论是一组难以分割理解的哲学范畴，其"道生之"是"德畜之"的前提，"德畜之"则是"道生之"的演进。在老子对"德"的论述中，道的玄机能够衍生出幽冥的玄德，万物禀赋玄德方才使得本体之道有了现实的意义，从而能够使形上之道直面生活，而"自然"的生活方式则成为老子德论在逻辑上与价值上的必然选择。

关键词：老子　道德　玄德　自然

一　老子道论是其德论的参照与依据

王弼本《老子》第二十三章说：

> 故从事于道者，道者同于道，德者同于德。

王弼注为："从事，谓举动从事于道者也。道以无形无为，成济万物，故从事于道者，以无为为君，不言为教，绵绵若存，而物得其真，与道同体，故曰同于道。得，少也，少则得，故曰得也。行得则与得同体，故曰同于得也。"①

---

① 楼宇烈校释：《王弼集校释》，中华书局1980年版，第58页。

按照王弼的理解，"道者同于道"是说万物皆以道作为存在的根据，因为万物之中都蕴含着本体的种子。那么，本体自身的依据必然不在本体之外，它只能依据自身而成就自身，这是本体之道最为根本的特点所在。万物同于道的依据即是如此，而"道者同于道"或可理解为本体之道的存在根据就是本体之道，无须在本体之外去搜寻道的原因。

在第二十三章的文本中，存在着一个贯穿《老子》全书的语言现象，这便是将道和德放在一起进行使用。单就本章而言，如果说"道者同于道"是在描述道的本体属性，那么"德者同于德"又该作何解释呢？王弼将"德"视作"得"的通假用字，并将得诠释为少的意思。这里涉及"德"字与"得"字的通假互用问题，而这样的现象在《老子》的其他版本中亦有所体现，如傅奕本对此章的表述为：

> 故从事于道者，道者同于道，从事于得者，得者同于得。从事于失者，失者同于失。

帛书本的表述为：

> 故从事而道者同于道，得者同于得，失者同于失。

关于"德"与"得"的关系问题，楼宇烈也曾对王弼的此章注释有过一番考证，他说："此节注文陶鸿庆说：'得，少也。义不可通。德、得二字古虽通用，而经文自作德。此注当云：德，得也。少则得，故曰德也。行得则与德同体，故曰同于德也。"少则得，多则惑"本上章经文。'波多野太郎说：'陶说非是，此注与下注相对为句："得，少也"；"失，累多也"相对。"少则得，故曰得也"；"累多则失，故曰失也"相对。"行得则与得同体，故曰同于得也"；"行失则与失同体，故曰同于失也"亦相应，乃知此注本无误。'按：注文义无误，不必如陶说改。'得'、'德'古通，

《道藏集注本》'少则得'之'得'字正作'德'。又，易顺鼎、刘师培据王注均做'得'，并以为《老子》经文'德者同于德'两'德'字均当作'得'，与下文'失者同于失'对。"① 这就是说，第二十三章中的"德"字即"得"的通假使用。从字义上看，"德"就是得到，或是得道的意思。虽然楼宇烈的这番议论只是针对第二十三章的文本而言，但纵览《老子》全篇，"德"字的使用却始终围绕着"得道"进行。如王弼本《老子》第五十一章说：

> 道生之，德畜之，物形之，势成之。是以万物莫不尊道而贵德。道之尊，德之贵，夫莫之命而常自然。故道生之，德畜之，长之、育之、亭之、毒之、养之、覆之。生而不有，为而不恃，长而不宰，是谓玄德。

如果说"道生一，一生二，二生三，三生万物"是生成之道衍化万物的过程，那么"道生之，德畜之，物形之，势成之"就是对这个过程的具体描述，而"道生"和"德畜"则是这一过程得以实现的基本根据。张岱年曾经总结过老子思想体系中道和德的关系，他说："道是万物由以生成的究竟所以，而德则是一物由以生成之所以。一物之所以为一物者，即德。……一物由道而生，由德而育，由已有之物而受形，由环境之情势而铸成。道与德乃一物之发生与发展之基本根据。《庄子》外篇说：'物得以生谓之德。'（《庄子·天地》）"形非道不生，生非德不明。"（同上）"德是一物所得于道者。德是分，道是全。一物所得于道以成其体者为德。德实即是一物之本性。道与德是道家哲学之最根本的二观念。"② 在老子看来，道生成万物，德蓄养万物，故而是万物的根本。正如冯友兰所说的那样："老子认为，万物的形成和发展，有四个阶段。首先，万物都由'道'所构成，依靠'道'才能生出来（'道生

---

① 楼宇烈校释：《王弼集校释》，第 59 页。
② 张岱年：《中国哲学大纲》，中国社会科学出版社 1982 年版，第 24 页。

之'）。其次，生出来以后，万物各得到自己的本性，依靠自己的本性以维持自己存在（'德畜之'）。有了自己的本性以后，再有一定的形体，才能成为物（'物形之'）。最后，物的形成和发展还要受周围环境的培养和限制（'势成之'）。在这些阶段中道和德是基本的。没有'道'，万物无所从出；没有'德'，万物就没了自己的本性；所以说：'万物莫不尊道而贵德。'"①

这里不难看出，张岱年先生对道和德的关系理解有着一种整体和个体的划分。道是生成万物的整体性原因，德则是具体之物的存在根据。从层次上看，道是大全，德则是道的具体生成。从逻辑关系上看，道生在前而德畜在后。"道生之"是"德畜之"的前提，"德畜之"则是"道生之"的演进。冯友兰先生对道、德关系的说明亦有着类似的思路，道为首先，德为其次，虽然道德共为万物的存在根据，但道因其生成论上的意义发挥着更为根本的作用。也就是说，道是整个世界的属性，而德则是具体之物的属性。道先于万物而能生成万物，德则是指万物得到自己的本性，也就是从道中获得成就自身的本体根据，至于"物形之"和"势成之"的阶段更是发生在万物禀赋道德之后。简而言之，万物由道而生，得道而成，然后才会拥有器物层面的具体形态，而这里所说的"得道"即道德之德。

二　玄德是老子德论得以展开的核心范畴

需要特别指出的是，帛书本的第五十一章对道生万物的过程有着更为清晰的逻辑径路。帛书本第五十一章说：

> 道生之，德畜之，物形之而器成之。

帛书本的道、德、物、器更能反映出由形上而形下的道生过程。就

---

① 转引自陈鼓应《老子今注今译》，商务印书馆 2006 年版，第 261 页。

如个体之德是整体之道的"分殊"，具体之器则可以被理解为抽象之物的实现。然而，也正如具体之器无法离开抽象之物独自存在，个体之德也不能与整体之道彻底二分。对此问题，刘笑敢分析得很是透彻，他说："就本章来说，德是道之功能的具体体现和保证，所以说'道生之，德畜之'，这里的德是道的功能的具体体现和落实，德可以是道之德，也可以是万物之德。所以，道与德并不是简单的总体与个体、全体与部分的关系。在最初生成的意义上，'德'更不是道的部分或个体。'道生一'并不是道生德。道生万物，万物各有其德。德不体现道的总根源的功能，只体现其总根据及其具体根据的功用。总之，道与德的关系在很多情况下的确可以从整体与个体的角度来理解，这对于现代人理解中国古代思想是有帮助的。但是，将任何现代概念的清晰的分析用于对中国古代哲学的了解都是要付出代价的，这种代价就是失去了对中国古代哲学特有的思维方式和直觉体验的特点及其复杂性的全面了解。虽然德在万物的生成与存在过程中扮演着道之具体体现的重要角色，但德更偏重于道之德性规范的意义，所以有'玄德'之说。什么是玄德？玄德就是'生而不有，为而不恃，长而不宰'之德，这既是最高之道本身的品德的体现，又是体现道之品德的圣人之德（第二章、第十章、第六十五章）。虽然道本身就代表了老子的价值取向，但这种价值取向更多的是靠德来体现和表述的。这里也不能简单地把道与德的关系确定为整体与个体的关系。"① 也就是说，如果我们把道和德界定为整体和个体的关系，那么整体之道便是具体之德的根据，而具体之德必然可以从本体之道那里寻得存在的根据。然而，当我们打破这种整体和个体的划分，就会发现道德有着更为内在的联系。它们或不再是母体和派生的简单关系，而是共同组成相融为一的完整存在。离开德，道就无法得以展现；离开道，德的展现也就失去了根本。更为重要的是，打破整体和个体的划分，便可以从

---

① 刘笑敢：《老子古今：五种对勘与析评引论》，中国社会科学出版社 2006 年版，第 507 页。

更为广阔的视角去分析老子之德，而不是将德视作道的附属进行分析。同时，无论是生成之道还是本体之道，今人总是更为关注它们相对抽象的形上意义。然而面对同为形上概念的老子之德，今人却更愿意从中国哲学的特点出发，赋予其与实践相关的诸多内涵。这样看来，将"道生之"视为"德畜之"的前提，不能说是违背了老子的原意，但将德视为道体的德性规范或许能够带来更多的理论价值。其实在《老子》的文本之中，德的概念有时也被单独使用，就像老子在反复提及"惚恍"之道的同时，却也始终关注着"玄德"之妙，而这个"玄"字或许就是老子对德之品性的总体概括。

在王弼本《老子》中，除去上文所述的第五十一章之外，"玄德"一词还有另外三次出现，它们分别是：

> 生之、畜之，生而不有，为而不恃，长而不宰，是谓玄德。（第十章）
> 古之善为道者，非以明民，将以愚之。民之难治，以其多智。故以智治国，国之贼；不以智治国，国之福。知此两者，亦稽式。常知稽式，是谓玄德。玄德深矣，远矣，与物反矣，然后乃至大顺。（第六十五章）

"玄德"一词在第十章中的提及和其在第五十一章中的出现基本一致，这两处的"玄德"都是对道之德性的一种概括。"生而不有，为而不恃，长而不宰"既是对生成、本体之道的概括描述，也是万事万物遵道而行的一种范式。前文已述老子思想有着强烈的史官特色，这使得他自觉或不自觉地将治国者视为遵道而行的主体，这也就导致了第六十五章中"知此两者，亦稽式。常知稽式，是谓玄德"的说法。这里的"稽式"在河上公本中写作"楷式"，王弼则将其注为："稽，同也。今古之所同则，不可废。能知稽式，是为玄德。"① 这就是说，"不以智治国"乃古今通用的法则，这是因为

---

① 楼宇烈校释：《王弼集校释》，第168页。

它体现着"道"的精神，进而表现为一种玄德。玄的字面意思就有深远、虚旷之意，而老子更从中引申出"与物反矣"的观点。陈鼓应认为："与物反矣：有两种解释：一、'反'作相反讲。解释为：'德'和事物的性质相反。如河上公注：'玄德之人，与万物反矣，万物欲益己，玄德施与人也。'二、'反'借为返。解释为：'德'和事物复归于真朴。王弼注：'反其珍也。'即返归于真朴；林希逸注：'反者，复也，与万物皆反复而求其初。''初'就是一种真朴的状态。"① 其实，这样两种解释都是对"道"的剖析，或者说老子之道拥有着"反"的特点。无论是生成论意义上的无中生有，还是本体论意义上的反者道之动，都可以发现"反"在老子思想中的特殊地位。玄德之人深谙此道，故而可以得到"大顺"的结果。其实从严格的意义上来看，"大顺"并非玄德带来好处，而是玄德本身所具备的特点。因为玄德以大道为宗，而大道本来就能够以其"与物反矣"的特点安然于万物之间。总而言之，玄德之玄是"善为道者"表现出的德性品格，而它在《老子》的文本之中亦有着特定的内涵。

如王弼本《老子》第一章说：

此两者同出而异名，同谓之玄，玄之又玄，众妙之门。

王弼注曰："两者，始与母也。同出者，同出于玄也。异名，所施不可同也。在首则谓之始，在终则谓之母。玄者，冥默无有也。始、母之所出也。不可得而名，故不可言同名曰玄。"②

又如王弼本《老子》第十章说：

涤除玄览，能无疵乎？

---

① 陈鼓应：《老子今注今译》，第 305 页。
② 楼宇烈校释：《王弼集校释》，第 2 页。

王弼注曰："玄，物之极也。言能涤除邪饰，至于极览，能不以物介其明，疵其神乎，则终与玄同也。"①

从上述两处王弼对"玄"字的注释中，我们大约可以概括出"玄"的三层含义。其一，玄是对事物之极的描述。其二，玄因其无有而呈现深远之态。其三，玄与道相似而难以名言。这样看来，玄与道有着诸多相通的地方，甚至可以说玄是对道的一种描述。于是，道的玄机能够衍生出幽冥的玄德，万物禀赋玄德方才使得本体之道有了现实的意义。

另外，王弼注中出现的"玄同"一词亦是出自《老子》原文，其见于第五十六章，所谓：

> 知者不言，言者不知。塞其兑，闭其门，挫其锐，解其分，和其光，同其尘，是谓玄同。

玄同之境即道德之境，玄同之德则是复归于道的灵光呈现。道不可名状，故而智者不言；道以无为本，故而表现为"有"的语言和思维并不能把握道的全体。那么，打破"有"的束缚，明晰思维的局限，将天地万物视作玄同的一体，方才是复归于大道的玄德所在。玄与道相似，但它更是一个面对现实的概念。玄的"冥默无有"能够直接展现于现实的纷扰之中，使得现实会对道之德性产生"玄之又玄"的感叹。就第五十六章而言，玄的德性表现为一种不言的智慧。刘笑敢认为："'不言'是达到'玄同'的途径之一和表现之一。'塞兑'、'闭门'、'挫锐'、'解纷'、'和光'、'同尘'都是要泯除现实生活中分辨的智慧和习惯。分辨是非、对错、善恶、优劣、力求准确、正确，这似乎永远是正常的、必要的。可是，这些概念之清晰的对立在真实生活中用于对具体事物的评判时却往往含混不清。比如深爱和宠溺、严格与冷酷难以划清界限。打着正义旗号的人往往借重霸权，反抗霸权的人往往又借重恐怖手段。因此，

---

① 楼宇烈校释：《王弼集校释》，第23页。

如果我们相信自己或人类可以靠分辨的智慧达到没有任何模糊、没有任何困惑的境地,那就大错特错了。分辨一切,认识一切,洞察一切,这固然是值得追求的目标,却不是人类的最高利益所在,也无法最终实现。人类每到达一个新的知识领域,就意味着面对着更宽广的新的未知的疆域,而已知的领域也会因为新的发现而改变。分辨、洞察一切的知识无论多么丰富,都不能完全保证人生的快乐和人类的福祉。"① 如果说道的超验性使其与现实有着一定距离,那么玄德之德带来的不言与齐同则可直接对现实加以观照。换而言之,大道在生化万物的同时亦呈现出冥默无有的本体之态,它本是无法被感知的存在。然而,正是由于大道之德的自然流露,人们才能从难以名状的道中获得生活的智慧。或者说,大道对万物的联系以德作为表现,万物禀赋玄之德性而能知晓大道的奇妙。

三　自然是老子德论的逻辑结论与价值取向

道生之,德畜之,道德以其无私之生养而成为万物的宗主。从道德的角度来看,由道而德的流露是一个自然无为的过程,其中的自在圆满宛若天成而无须多言。可从人的角度来看,在对道德的诠释中难免会掺入私意和妄为,这就使得人们对道德的理解产生了分化。对难以名状的"道"而言,这样的分化不会改变它那自本自根的性质,它始终能够在无声中扮演着生成和本体的角色。可对直面生活的"德"而言,不同的理解会导致不同的行为方式,而老子将这种现象概括为上德与下德的区别。

王弼本《老子》第三十八章说:

> 上德不德,是以有德;下德不失德,是以无德。上德无为而无以为,下德无为而有以为。

---

① 刘笑敢:《老子古今:五种对勘与析评引论》,第550页。

王弼对此有过一段详尽的注释，他说："德者，得也。常得而无丧，利而无害，故以德为名焉。何以得德？由乎道也。何以尽德？以无为用。以无为用，则莫不载也。故物，无焉，则无物不经；有焉，则不足以免其生。是以天地虽广，以无为心；圣王虽大，以虚为主。故曰以复而视，则天地之心见；至日而思之，则先王之至睹也。故灭其私而无其身，则四海莫不瞻，远近莫不至；殊其己而有其心，则一体不能自全，肌骨不能相容。是以上德之人，唯道是用，不德其德，无执无用，故能有德而无不为。不求而得，不为而成，故虽有德而无德名也。下德求而得之，为而成之，则立善以治物，故德名有焉。求而得之，必有失焉。为而成之，必有败焉。善名生，则有不善应焉。故下德为之而有以为也。无以为者，无所偏为也。凡不能无为而为之者，皆下德也，仁义礼节是也。将明德之上下，辄举下德以对上德。"①

　　不难看出，王弼通过对上德和下德的诠释，提出了自己关于老子之德的理解。在王弼看来，道是德的内在根据，无为则是德的具体表现。就如同道是世间万物的本体，德则是天地和圣王都要遵循的规范。对天地而言，德表现为"以无为心"，也正是因为以无为本，天地才能够恒长久远、广大深厚；对圣王而言，德表现为"以虚为主"，这既是在说一种治国方略，同时也是在说个人的修养境界。老子并不怀疑德性规范带来的天长地久，但他却发现了德性在人世间的演化变异。所谓上德之人只是唯道是从，他们无为而行，也就不会产生多余的有为之弊。下德之人则不然，他们"不能无为而为之"，只好孜孜以求道之所在，却不能安顺于道之所居。于是，下德之德异化为仁义礼节。这些后天而生的规范虽然坚称自己依旧是道的实现，但它们却已然偏离了无言的大道，更与道之德性相差千里。

　　关于《老子》第三十八章涉及的德性问题，孙以楷曾说："本章中老子提出了很有价值的自然主义的价值观。……老子认为人的

---

　　①　楼宇烈校释：《王弼集校释》，第94页。

道德经历了道—德—仁—义—礼的历史演变。离开自然纯朴越来越远，虚饰矫情的成分越来越多。在大道流行的时代，人们日出而作，日入而息，并不知道领袖人物对自己有什么恩赐，领袖人物也不认为自己有什么功劳于人民。人人平等，讲的是真话，做事无需伪饰。后来人与人之间有了亲疏之分、贵贱之别、利害之争，不再能自由说话，不再能遂情做事，大道隐失，代之而起的是各种礼律、规则，而且越来越形式化。人们在规则中行动，并非出自真情，而是为了生存和名利，人性由真变假，人情由实而虚。为了变化人性，唤回人性的自然，老子要求人们做上德之人。"① 在孙先生的这番话中，关于上古时代的大道流行究竟是何面貌的问题，还有着十分富余的讨论空间。但毋庸置疑的是，老子所说的上德之人定然不是那些被仁义礼仪束缚手脚的生命存在。也就是说，德性之真表现为现实人性对大道的一种复归。这种复归倾向于一种抽象层面的意义，它并不一定要求人们返回原始的生活方式，而是要让人性回归自然的状态。

在王弼本《老子》中，"自然"一词只出现过五次，然而它却是老子思想中与道、德同等重要的核心概念。这是因为老子将"自然"视为道的存在状态，或者说本是无可名状的大道只能通过"自然"一词稍加描述。与此同时，自然亦是最高的德性，是天地万物生化流转的基本法则。从这个意义上看，自然即道德的另一种表述，而老子亦是在道的角度来使用"自然"一词。

① 孙以楷：《老子通论》，安徽大学出版社 2004 年版，第 311 页。

郭店楚简《老子》中的德论①

上海财经大学人文学院　陈成吒

摘要：郭店楚简中的三组竹简《老子》是互有关联，但性质不同的五千言摘抄、修编本。丙组简《老》直接抄自五千言，原始的章节划分、文字、思想皆未改变，是抄写者用于修改、重组新《老子》的原始材料。它是墓主身前试图将之修编于乙组简《老》的材料。它无特定结构，思想尚未儒家化，也无主题，但摘抄内容主要以"行德"题材为主，乙组简《老》是修改未完全的本子，单篇结构，思想部分儒家化，主题为"修道"，但对德论也非常重视；甲组简《老》是修改最完全的本子，它为上下篇结构，思想已完全儒家化，主题是"修道"与"行德"，且对德论有着深刻的改造。相关改编反映的是子思学派老学的进一步发展，在上下数千年的老学史中也是独树一帜的。

关键词：《老子》　郭店楚简　德论　道家　儒家

五千言《老子》的两大主题，即"修道""行德"。"修道"，主要指人对道的内化，包含知道和法道修身齐家。②"行德"，主要指人对道的外化，即在身、家之外，将法道之行推广到治国平天下

① 本文系国家社科基金后期资助项目"郭店楚简道家文献综合研究"（编号：ZZFZWB003）、国家社科基金重大项目"中国诸子学通史"（编号：19ZDA244）、上海财经大学中央高校基本科研业务费项目的阶段性研究成果。

② 实际上修身齐家也属于行德，不过人们在郭店楚简研究领域常将其作为修道来论述，本文也依从惯例。

层面。虽然两大主题的相关思想内容皆贯穿在整个五千言的行文之中，但因五千言本身又分为上下两篇，各篇在论述相关思想内容时仍具有一定的主题倾向性。大体而言，以"上德不德"章为首的、传统所谓《德篇》的主题是"行德"，即法道治国平天下；以"道可道也"章为首的、传统所谓《道篇》的主题是"修道"，即讨论道的本体和法道修身齐家。三组简《老》是五千言本《老子》的摘抄、修编本①②③④，那么它们的思想主题是什么呢？

一 丙组简《老》：主题处于潜在状态，核心思想为德论

丙组简《老》共包含四组竹简连片。从客观的章节符号情况看，在丙组简《老》中出现了"■"（方形墨块符号），同时也出现了"竹简尾部空余"这些特殊性的"符号"。且两者的作用保持了一致性，即"方形墨块"符号起着表示章节结束的作用，代表着相关内容被分为四个章，而"竹简尾部空余"也验证这一作用。如果更进一步、更准确地来说，则是"方形墨块"符号代表着简《老》抄写时所据底本《老子》的原始分章，"竹简尾部空余"则代表着简《老》作者对新文本分章的划定。两者的相合现象，则体现出丙组简《老》是对原《老子》的直接摘抄而未加删改。

（一）丙组简《老》主题处于潜在状态

关于丙组简《老》的主题问题，学界有不少争论。王博认为：

---

① 参见玄华（陈成吒）《论郭店竹简〈老子〉性质》，《江淮论坛》2011 年第 1 期。

② 参见玄华（陈成吒）《从"太上"等章的差异论郭店竹简〈老子〉性质》，载方勇主编《诸子学刊》（第六辑），上海古籍出版社 2012 年版，第 68—78 页。

③ 参见玄华（陈成吒）《从"章节异同"看郭店楚简〈老子〉性质》，《江淮论坛》2012 年第 6 期。

④ 参见陈成吒《郭店楚墓主及其儒家化老子学》，《江淮论坛》2017 年第 2 期。

"丙的主题是治国。"① 陈鼓应亦指丙组讲治国。② 但许抗生认为：
"丙组本来是与'太一生水'篇接在一起的，是既讲宇宙生成论，
又讲治理国家的。……很难说有一定主题。"③ 林雄洲也认为三组
简《老》主题重复，也就无法体现出它们各自具有所谓明确的主
题。④ 可见相关问题仍有待进一步分析讨论。

1. 丙组简《老》无结构性主题

按郭店楚简构成规律与特征言之，丙组简《老》地位最低，
只是对五千言本《老子》章节的直接摘抄，它的简文本身并没有
被人为进一步地主观修改与重组，是重组文章所需的材料而已，
并不存在一定的文本结构，相应地也就不存在严格意义上的文本
主题了。从简文面貌与章节结构上而言，也没有严格意义上的
"儒家化"痕迹。因此，王博等认为它具有"治国"主题的说法
无法成立。

同样，许抗生所指的"丙组本来是与'太一生水'篇接在一起
的，是既讲宇宙生成论，又讲治理国家的"也无法成立。尤其是，
除了丙组简《老》本身无主题外，还有一点值得注意：丙组简《老》
与《太一生水》虽同属第四梯队，但性质不同，前者原本是归属五
千言的部分经文，后者是对原五千言经文中特定段落的解说⑤⑥⑦。
两者分属两篇，并非一篇文章，不能混合两者而谈所谓"丙组篇章"
（丙组文章与丙组简《老》不可混淆）的主题。故许抗生的看法也无

---

① 王博：《美国达慕思大学郭店〈老子〉国际学术讨论会纪要》，载陈鼓应主编
《道家文化研究》第 17 辑，生活 · 读书 · 新知三联书店 1999 年版，第 6 页。

② 参见陈鼓应《从郭店简本看〈老子〉尚仁及守中思想》，载陈鼓应主编《道家
文化研究》第 17 辑，第 67—69 页。

③ 许抗生：《再读郭店竹简〈老子〉》，《中州学刊》2000 年第 5 期。

④ 参见林雄洲《楚简本与帛书本、传世本〈老子〉的文本关系研究》，硕士学位
论文，湖南师范大学，2008 年，第 21 页。

⑤ 参见玄华（陈成吒）《论"太一生水"内涵及其图式——兼论"太极图"起
源》，《中州学刊》2012 年第 2 期。

⑥ 参见玄华（陈成吒）《论郭店楚简"太一生水"文本内涵、结构与性质》，《中
州学刊》2013 年第 8 期。

⑦ 参见陈成吒《关尹子及其"太一"老学》，载邬文玲、戴卫红主编《简帛研究》
（2020 春夏卷），广西师范大学出版社 2020 年版。

法成立，也就不能以之否定"主题说"观点的全部内容。

2. 丙组简《老》具有隐性的潜在性主题

不过，从丙组简《老》作为备用修编材料而存在这一点看，墓主摘抄它的最终目的是修编出一个具有特定结构的文本。同样，丙组简《老》作为原材料，之所以尚保存在楚墓楚简这一"经典文本修编库"中，正是因为其尚有使用价值。因此丙组简《老》所包含的相关篇章又具有另外一些潜在的特点。

丙组简《老》虽然只是摘抄出来的材料，但楚墓主人在摘抄的过程中，是取其所感兴趣的章节。目前，丙组简《老》所保留的内容皆涉及行德（治国）主题，这也就是证明了楚墓主人身前希望以丙组简《老》所保留的材料，修编出主题为行德（治国）的篇章，以此补合乙组简《老》，使后者成为兼具五千言《老子》两大主题的较完全的新本子。同时，即使是摘抄本，只要是为了某种修编目的而做的准备，那么它也必然存在一定的思想倾向。也就是说，墓主在摘选章节内容时，也戴着儒家的"有色眼镜"，因此它也体现了一定的、潜在的"儒家化"特点。目前，在相关内容中，如丙组简《老》第 1 组竹简连片中，存在一些道家特点鲜明，且又与儒家基本思想相冲突的文字，墓主特意将其摘选出来，显然也是有意将其"儒家化"（已经修编完善的甲组简《老》的最大特色就是对原五千言中不合儒家思想的内容进行了改造）。

总之，丙组简《老》所保存的材料，因其本身只是摘抄材料，简文未被人为修改与重组，因此不存在严格意义上的结构性的篇章主题。但由于它是为某种特定修编而准备的材料，在墓主有意图的选择、摘取之下，它本身又是统一在行德（治国）思想之下，且也具有隐性的、潜在的"儒家化"痕迹。

（二）丙组简《老》潜在的核心思想为行德

通过上文的分析可知丙组简《老》作为待修编的材料，在主题方面存在"双重性"特征。以下基于它的这种特殊性，讨论其潜在的核心思想。

目前，丙组简《老》包含四组竹简连片。第一组竹简连片"太上，下知有之"等相关内容，论述了治国理政的四种原则以及相应的局面。第一种"太上之治"，君主身处尊位，但法道无为，使百姓自然自化。自然结局是君主保有其至高至贵的名位，而百姓也安居乐业，两者各适其适。第二种"亲誉之治"，君王以仁义礼乐等观念与制度教化百姓、治理社会。百姓也接受这种教化，君君臣臣父父子子，同时也歌颂君王的圣智。第三种"畏之之治"，君王建立严密的法令体系，百姓也接受这些训诫，战战兢兢，苟且生活。第四种"侮之之治"，君王好大喜功，骄奢淫逸，对百姓巧取豪夺，百姓处于水深火热之境，最终难受其重，揭竿而起。且它认为在这四种治理中，只有第一种可以保有长治久安，一旦脱离了这种境地，此后的各种治理都是无根之木，终将枯萎。即使短暂获得百姓的称颂，也终将发展为"人相食"的境地。其他三组竹简连片内容可以说是对该思想的申论。

如第三组竹简连片便是论说当君王身处"大象"——至高尊位而自身无为、守弱、处下时，天下之人都会自行前来归附。君王无为、不树立观念、不搅扰民心、不与民争利，甚至自损而让利于百姓，则国民乐之，即使是过往商旅以及他国流民也会安居在此地，邦国也会因此获得持续性的发展壮大。

第四组竹简连片也是在强调君王应"无为""无执"，不求虚名妄利，"欲不欲""教不教"，让百姓自然自化，且"慎终若始"——始终坚持该原则，则没有败事，也没有不成的功业。

第二组竹简连片则是将"无为""不敢"等落实到了军事征伐领域。好大喜功的君主总是乐于兴师征伐，以兵强于天下。兵者本是不祥之物，百姓都厌恶之。且实际上，兵强则折。好杀人者，终将为人所杀。因此征伐只是不得已时才动用它，且要以慈悲心、丧礼处之。可以说是将无为而使百姓自化这一原则，落实到休兵不争、与民生息这一具体措施上。而这也是从春秋晚期一直到战国时代最为突出的社会现象与治国问题。

总之，从"待修编"角度而言，丙组简《老》潜在的核心思想就在于论说君王身处高位，应法道无为，以此治国安民，也以此保有名位。它劝诫君主应始终施行太上无为之治，远离以仁义礼乐教化百姓、以律法束缚百姓、以征伐施暴百姓等种种错误的理念、方针与政策。这些行径即使能获得暂时的、表象的治理，但终将重复历史上以及当时天下一般庸主的过错，被百姓厌弃而身死国灭。这些内容显然都属于行德的范畴。

当然，在这些潜在的核心思想里，有部分内容与儒家的一些思想主张相矛盾冲突。显然墓主在正式修编它时，一定会通过文字删改、段落裁剪重组等方式对其加以改造，使之"儒家化"。只是他所预定的具体方向与操作，现在的我们已不可能知晓了。

二　乙组简《老》：德论待修补，但也随处可见

乙组简《老》总共包含三组竹简连片。从客观的章节符号看，乙组简《老》三组竹简连片在新章节结构中为三章。从内容上看，乙组简《老》的三章彼此都在近似的主题之中，各自在语义上也可连贯，具有一定的逻辑关联，如同构成了一个"篇"。

（一）乙组简《老》的主题

关于乙组简《老》的主题问题，王博认为："乙的主题是修道。"① 陈鼓应亦指乙组讲修道。② 但同时，许抗生认为："乙组似主要是讲修身，但讲修身又与治国不分的。……难说有一定主题。"③ 林雄洲也认为三组简《老》主题重复，也就无法体现它们具有所谓明确的主题。④

① 王博：《美国达慕思大学郭店〈老子〉国际学术讨论会纪要》，载陈鼓应主编《道家文化研究》第17辑，第6页。

② 参见陈鼓应《从郭店简本看〈老子〉尚仁及守中思想》，载陈鼓应主编《道家文化研究》第17辑，第67—69页。

③ 许抗生：《再读郭店竹简〈老子〉》，《中州学刊》2000年第5期。

④ 参见林雄洲《楚简本与帛书本、传世本〈老子〉的文本关系研究》，硕士学位论文，湖南师范大学，2008年，第21页。

通过对三组简《老》在郭店楚简中的地位与特征的分析可知：乙组简《老》地位居中，是经过整合的新作。在整合的过程中，整合者必然有一定的原则与方向，因此也会呈现一定的思想倾向，甚至主题。至于它的主题是什么？则是一个相对复杂的问题。

在讨论乙组简《老》的主题之前，我们需要注意它作为修编文本的"特殊性"。乙组简《老》是修编文本，因此自然会有一定的主题倾向，但同时它目前还是一个修编未完全的本子。也就是说，关于该问题的答案，存在修编者（即墓主）心中原本构想的理想状态和我们所见的现实状况两种不同的情况。

从修编者构想的理想情况而言，修编完成的"理想型乙《老》"应该具有完整的道德论体系，应包含"修道""行德"这两大主题，"修道"包含知道、修身，"行德"则主要指治国平天下。这个"理想型乙《老》"的内容应该是由《太一生水》、现存现实乙组简《老》以及丙组简《老》三部分内容共同构成。墓主在设计它的"修道"内容时，是寄希望于《太一生水》的。《太一生水》的主要内容是对道体与法道原则的论述，就内容特点而言，正好可以补全现存现实乙组简《老》所缺少的主题内容。但《太一生水》本身并非真正的《老子》经文，因此墓主最终在处理它时有些不置可否——既没有将它修编进乙组简《老》，也没有把它从作为待修编材料的丙组中删除。现存现实乙组简《老》则主要是关于修道中的"修身"部分的内容。至于丙组简《老》，由上文的分析可知它所保留的内容皆涉及行德（治国）主题。而它作为原材料，之所以还能保存在楚墓楚简这一"经典文本修编库"中，正是因为还有其使用价值——楚墓主身前希望以其为基础，修编出主题为"行德"——"治国平天下"的篇章，以补合乙组简《老》，使后者成为兼具原五千言《老子》两大主题的较完全的新本子。不过，"理想型乙《老》"终究没有成为现实的作品，我们不对它作过多的推论。

以下就现存现实的乙组简《老》情况进行讨论。大体而言，乙组简《老》的主题是"修道"，且核心思想存在部分"儒家化"痕迹。它的"修道"核心就在于：嗇、自损、绝学、荣辱齐一。虽然原五千言中本有"嗇""自损""绝学""宠辱若惊"等思想，但乙组简《老》将它们作了创造性的解释，并"过度化"，可以说在一定程度上把《老子》思想彻底"道家化"了。而这从另外一个角度而言，也是"儒家化"的一种表现。这也符合郭店楚简所处时代是儒道分野——由原来的儒道不分到后来儒道泾渭分明这一历史节点的基本特征。本文限于论题，对此不作展开，以下主要分析它在"德论"方面的表现。总的来说，它对"德"也十分重视。

（二）德论：待修补，但也随处可见

乙组简《老》为单篇结构，因此主题没有涵盖五千言的全部内容，仅为其中之一："修道"。乙组简《老》主题的不完整性也再次体现它是修编未完全的本子，且更为重要的是它所缺损的主题为行德（治国），即表明包含行德（治国）主题的相关内容尚未修编在内。通过前面的分析，已可知丙组简《老》是为了增修此点而准备的材料。

就目前乙组简《老》已拥有的简文而言，它在篇章结构意义上的主题虽然单一（仅有"修道"），思想涵盖较少，但并不代表它本身不内含"行德"的思想理念。尤其是关于它对"德"的阐述，这里需要进一步探讨。

在五千言《老子》中，"德"是非常重要的概念，原始五千言开篇即论"德"，在全书行文里也常言及"德"。三组简《老》中，与"德"有关的直接内容如下。

1. 乙组简《老》第一组简文曰："治人事天，莫若嗇。夫唯嗇，是以早复，是以早复，是谓［重积德，重积德则无］不克。无不克则莫知其极。莫知其极，可以有国。有国之母，可以长［久，是谓深根固柢］长生久视之道也。"

2. 乙组简《老》第二组简文曰："上士闻道，勤能行于其中。中士闻道，若闻若亡。下士闻道，大笑之。弗大笑，不足以为道矣。是以建言有之：明道如昧，夷道［如纇，进］道若退。上德如

浴，大白如辱。广德如不足，健德如［偷，质］真如渝。大方无隅，大器免成。大音希声，大象无形。道［褒无名］。"

3. 乙组简《老》第三组简文曰："善建者不拔，善保者不脱，子孙以其祭祀不辍。修之身，其德乃真。修之家，其德有余。修之乡，其德乃长。修之邦，其德乃丰。修之天下，［其德乃博。以家观］家，以乡观乡，以邦观邦，以天下观天下。吾何以知天［下然哉？以此］。"

4. 甲组简《老》第三组竹简连片简文曰："含德之厚者，比于赤子。蜂虿虺蛇弗蠚，攫鸟猛兽弗扣。骨弱筋柔而捉固，未知牝牡之合而脧怒，精之至也。终日呼而不嚘，和之至也。和曰常，知和曰明。益生曰祥，心使气曰强。物壮则老，是谓不道。"

谷中信一曾围绕郭五千言《老子》与三组简《老》在称述"德"方面的差异，认为：（1）简《老》中，"德"字出现次数与"道"字相比为 3：10，远低于五千言中的 6：10。也就是指简《老》提到"德"字的句子不多。且简《老》中，对"德"本身的性质没有像五千言那样给予详细、深入的论述，其不具抽象内涵。从而指简《老》中，"德"不被重视，而与之相比，在五千言中，"德"的地方十分重要。（2）简《老》中，未出现像今本《老子》第二十一、二十三、三十八、五十一章那样将"德""道"二字关联论述的内容，从而指简《老》里的"德""道"不具联系，而五千言中，"道"与"德"常联系在一起，这种联系当为后世发展而来。且最终以上述两点，从思想发展体系角度推论简《老》是源本，五千言为后人在其基础上发展演化而来。①

但此说并不能成立，它的最大问题当然是未能准确把握所谓"郭店楚简《老子》"本身实为三组不同的楚简《老子》，它们不可作为一个笼统的整体性事物来看待。在把握这一根本性的前提后，我们也可以对相关现象作进一步分析。

---

① 参见［日］谷中信一《从郭店〈老子〉看今本〈老子〉的完成》，载武汉大学中国文化研究院编《郭店楚简国际学术研讨会论文集》，湖北人民出版社 2000 年版，第439—440 页。

1. 关于所谓简《老》不重视"德"的问题

谷中信一认为"德"不被简《老》重视，是根据简《老》关于"德"的抽象论述少和"德"出现的比例低两个现象，但它们皆可通过其他原因获得更合理的解释——这些都由抄写者与抄写对象的特点共同决定。

首先，从《论语》对"德"的一再讨论可知，虽然在春秋时期，人们对"德"含义的认识尚有许多不确定处，但他们对"德"十分重视。可以推知，经过孔子及其弟子的再三阐述，到了战国时，至少在儒家后学心中，"德"是什么已无困惑，对于他们而言，这些也不需要再作繁复的讨论，所以对此类讨论不敏感、不注意，以致简本不见此类问题。

其次，墓主为子思门人，同时也关心战争现象，可知他比较重视实践问题。实践派对玄虚的抽象概念的辨析多不太感兴趣，对具有操作性的理论更为敏感。所以在他的修编本里对"德"本体讨论得少，对"德"实践的分析内容更为多些。

再次，《老子》乃道家学派的开山之作，"道"是其核心概念，同时相对而言，此概念较新颖，时人对此未有深入认知，且无统一理解。抄写者为儒家人物，对于他而言，《老子》的最大特点便是对"道"的论述，而不是对"德"的讨论，选编时多选"道"而少选"德"，也不难理解。

最后，"德"出现的频率比"道"低并不足以成为问题，即使今本《老子》中"德"的出现次数也没"道"高，三组简《老》总体内容才占今本五分之二，抄写者没有必然的理由要在"道""德"出现比例上作平衡。

2. 关于所谓简《老》中"德""道"不相关联论述，五千言关联之的问题，有以下几点需要考虑。

首先，如果三组简《老》是选集文本，那么编选者是否一定要选取"道""德"联系讨论的章节呢？是否存在作为选集文本不可不选取这些篇章的理由？笔者认为并不存在这样的理由。从随机概率的角度而言，不选取这些篇章也可以理解。因为三组简《老》总内容量才占五千言的五分之二，而五千言中"道""德"字眼联系在一起讨论的才一两章，因此即使单从随机概率角度看，选集里没有出现"道""德"字眼同时出现的篇章并不足怪。这就好比某人创作了一篇万言书，里面引了《老子》一百多字，就是没有引到"道""德"联系在一起讨论的句子，但难以以此责问该作者为何不称引。

其次，更进一步而言，谷中信一所谓简《老》不存在"道""德"相关联的论述，是以简《老》没有出现"道""德"字眼联系在一起的章节为标准。但实际上，三组简《老》里已经出现了相关内容。如乙组简《老》第一组简文曰："治人事天，莫若啬。夫唯啬，是以早复，是以早复，是谓［重积德，重积德则无］不克。……［是谓深根固柢］长生久视之道也。"乙组简《老》第二组简文曰："上士闻道，勤能行于其中。中士闻道，若闻若亡。下士闻道，大笑之。弗大笑，不足以为道矣。是以建言有之：明道如昧，夷道［如纇，进］道若退。上德如浴，大白如辱。广德如不足，健德如［偷，质］真如渝。大方无隅，大器免成。大音希声，大象无形。道［褒无名］。"甲组简《老》第三组竹简连片简文曰："含德之厚者，比于赤子。……物壮则老，是谓不道。"这些皆是明例。即在现在的简组简《老》中，出现四组与"德"相关的章节，其中就有三组直接与"道"相并论述。可见楚墓主对"道""德"的联系极为关注。

更何况，这两种概念一并论述也不一定非得由这两个字眼同时出现来体现。许多时候，这两个字眼虽未同时出现，但在实质性的思想层面已经发生了"德""道"关联论述的事实。从这个角度看，相关说法也存有缺陷，难以成立。

3. 实际上，乙组简《老》对于"德"十分重视

首先，乙组简《老》虽然为单一主题篇章，但"修道"本身也涉及"修德"。乙组简《老》所拥有的三组竹简连片简文都有"德"字直接出现，共计10处。就文本的文字内容量而言，乙组简《老》本身只拥有五千言的部分内容。以传世本五千言对照而言，

它只拥有相当于传本 8 章的部分内容。整个五千言有 81 章，出现"德"字也才 47 处。两相比较，反而可见乙组简《老》对"德"更为重视。

同时，乙组简《老》中"德"与"道"联系而言的句子也不少见。如其第一组简文中的"明道若昧，夷道若纇，进道若退。上德若谷，大白若辱。广德若不足，健德若偷，质真若渝"，第二组简文中的"夫唯啬，是以早复，是以早复是谓重积德，重积德则无不克。……是谓深根固柢长生久视之道也"等，都是在文句中直接将"道""德"二字联系而言。至于其第三组简文，也显然是强调以"道"修"德"，直言"善建者不拔，善保者不脱，子孙以其祭祀不辍。修之身，其德乃真。修之家，其德有余。修之乡，其德乃长。修之邦，其德乃丰。修之天下，其德乃博"，这也可以说是最为突出的例子。

其次，关于甲组简《老》，虽然它只有一条句子直接涉及"德"，但该篇章里的"恒"就是"道"的德化，其实质就是"德"。且甲组简《老》分为两篇，主题分别为"修道""行德"。因此在甲组简《老》中，"德"依然是非常重要的思想。相关情况会在下文里分析，这里暂不赘言。

总之，乙组简《老》、甲组简《老》各自通过自己的方式表现出了对"德"的高度重视，这与五千言具有一致性。在具体直接涉及"德"字的频率上，乙组简《老》、甲组简《老》与五千言有所不同，甚至乙组简《老》、甲组简《老》相较也各不相同。这种差异反映出关键字词的出现频率不同，正是人为主观择取的结果，也从侧面再次印证了乙组简《老》、甲组简《老》是源于五千言，但出于不同设定而产生的摘抄修编文本。

三 甲组简《老》：道德两全与德的特殊化

甲组简《老》共包含五组竹简连片。从客观的篇章符号看，整个甲组简《老》以"竹简空余"为分章符号，共有七章。在甲组简《老》中，由于其第三、五组连片竹简末尾各自出现了代表篇结束的"钩形"符号，表明其文本内部又分为上下两篇。

此前楚简研究者在关于甲组简《老》的主题与核心思想方面，也有诸多讨论。王博认为："甲的主题则有两个，一个是道与修道，另一个是治国。"① 陈鼓应亦指：甲组一编讲治国，一编讲修身。② 但同时，许抗生认为："就甲组文字而言，内容就比较复杂，既讲道、天道，又讲治国和修身。……很难说有一定主题。"③ 林雄洲也认为三组简《老》主题重复，无法体现它们具有所谓明确主题。④ 从上可知，此前的"主题说"确有部分缺失，有待进一步完善之处。同时，人们在讨论甲组简《老》思想体系的具体建构时，也围绕"道体"（形上问题）、"道用"（"柔弱"问题），以及"道""术"体系与儒家"五行""六德"体系之间的关系等问题展开，且论争颇多。以下对相关问题作进一步辨析。

（一）甲组简《老》主题：道德两全

甲组简《老》是经过修编整合的新文本，整合者有一定的原则与方向，也就使它呈现出一定的思想倾向，甚至主题。通过对三组简《老》在郭店楚简中地位的分析可知：丙组简《老》最低，乙组简《老》居中，甲组简《老》最高。与之对应的正是文章系统化程度的不断提升，实质是抄写者对原有简文的修改与重组力度不断加强。这也与主题的整合度相对应。其中，丙组简《老》不存在客观的修编，因此无结构性主题（潜在主题为行德治国）。乙组简《老》为修编未完全的本子，只有单一主题——"修道"。而甲组简《老》地位最高，内容篇幅最长，且存在上下篇，正是其摹仿完

① 王博：《美国达慕思大学郭店〈老子〉国际学术讨论会纪要》，载陈鼓应主编《道家文化研究》第17辑，第6页。
② 参见陈鼓应《从郭店简本看〈老子〉尚仁及守中思想》，载陈鼓应主编《道家文化研究》第17辑，第67—69页。
③ 许抗生：《再读郭店竹简〈老子〉》，《中州学刊》2000年第5期。
④ 参见林雄洲《楚简本与帛书本、传世本〈老子〉的文本关系研究》，硕士学位论文，湖南师范大学，2008年，第21页。

整五千言上下篇结构的标志，相应的篇章主题也与五千言相一致，即包含母体所具有的两大主题——"修道""行德"。因此王博所说的甲本的文字最长，其主题有两个：一个是治国，另一个是道与修道的看法还是妥当的。

甲组简《老》与乙组简《老》共同来自一个母体，两者的主题都不可能超出母体范畴。在这种情况下，甲组简《老》主题全面，乙组简《老》主题单一，两者存在重复不可避免，这与摘抄并无矛盾，合乎规律。同时，甲组简《老》的两大主题也可直接验证于它本身的篇章结构与内涵联系。

在甲组简《老》"道"篇中，其第一章（甲组简《老》第一组竹简连片）首先描述了"道"的存在。其次指出"王"与地、天、道拥有同样的尊荣，因此更要效仿地天道。最后指出地天道（道）的基本特点是"虚"。第二章（甲组简《老》第二组竹简连片）则指出抱虚守中必须笃定，并以万物生发而终将归复根本之虚以明之。第三章（甲组简《老》第三组竹简连片第一部分）则进一步以赤子作比，阐述了守虚笃定者的基本状态总是柔弱、中和。第四章（甲组简《老》第三组竹简连片第二部分）则将"抱虚守中"落到实处，并回应了第一章中"王"与"道"等齐名的现象，指出君王拥有极高的荣耀与财货，但必须知道去除声名财货，不被物累，才能抱定虚中，真正与"道"同一。

在甲组简《老》的"德"篇中，第五章（甲组简《老》第四组竹简连片第一部分）开宗明义：君王在根本上要视见本真，保有朴实之心与朴实之生活，去除渴望拥有美名、财货的私欲。在现实操作中应三绝三弃，即绝弃巧取豪夺民利的政策，使百姓丰衣足食、安居乐业，同时绝弃人为的思虑与教化，使他们恢复本真的诚心孝慈。之后的几个段落则是对该观念的具体化。首先，以江海作比，进一步晓喻守道者总是守弱处下、不求刚强之名，如流水利民不害民。其次，进一步阐明去除思虑教化。最后，强调当今侯王要效法圣人（有道君王），法道而行。君王无为无名、知足好静，万物将自化，但无为好静等是一难事，不可等闲视之，应保守始终。

最后从美恶等对立而生的角度指出，君王不可务求声名而好动生
事，不可行人为教化，只有无为无教，辅佐万物之自然，才能全身
保国。

第六章（甲组简《老》第四组竹简连片第二部分）指出"道"
具有无名、朴素、细小等特点，但天地都尊奉它，侯王若能效法
它，天下会自我宾服。接着阐述将无名、朴素、细小等落到治国的
实处。指出天地自然而然地风调雨顺，百姓由此获得其利，也会主
动地歌颂君王，所以声名等事物是君王一开始便拥有的。但这是危
险的开始，有道君王一开始就知道除却声名。相关行动始终要从细
小处做起，汇集涓涓细流，才能成大海。

第七章（甲组简《老》第五组竹简连片）则是接续上一章而
言，阐述尊道治国——无为、无名，如何慎终若始、从细小处做
起，积善成德。分别论述无欲、无为、不言、无名，保有其身，治
理好"家""乡"，保有其贵。同时，有道邦国甚少用兵，皆以无
为无事取得天下宾服。乱立礼法教化、常年征伐，皆是乱邦，不足
以平和天下。强调有道君王自虚无为、无战事、无人为教化，百姓
自我富足、风化、忠贞、朴实，邦国安定，天下将自宾。

大体而言，甲组简《老》"道"篇的行文思路与《太一生水》
颇为类似，这也体现了它是一种有意的编排。至于它的"德"篇，
虽然因为相关语句都是从原本系统性的文章中摘抄重组的，细节处
难免存在啰唆、不十分流畅等现象，但主体的思想脉络与主题方向
皆可一目了然，而各段落之间的衔接串联也有迹可循，皆可证它是
有心为之。

总之，甲组简《老》具有两个篇，主题可谓"道德两全"，一
篇主要论说"道与修道（修身）"，另一篇则主要论说"治国平天
下"。它们对五千言基本思想也是以继承为主，总体上也是主张：
"道"体虚无，但万物尊奉它，因此与"道"齐名的君王在身心修
为与家国治理方面应效仿它，做到自虚、无为、守弱、处下、不
言、无名，具体的就是无苛捐杂税、无攒人教化、无征伐杀戮，使
百姓自富自朴、自化自正，从而天下平和。但同时，甲组简《老》

在一些基本理念和关键性概念上也有一定变革，存在"儒家化"现象。且相较于丙组简《老》、乙组简《老》而言，它与五千言在思想上的差异最大，儒家化程度最深，也最为系统。

当然，甲组简《老》中的道论非常丰富，包含对道体形上论的继承、对道用柔弱的强调。本文限于论题，对此不作展开，以下主要论述其颇具特色的德论。

（二）甲组简《老》德论的儒家化

在老子建构"道"的过程中，强调"得道者同于道"，所以他的"道"是道体和道术（法道）合一的。同时，它们与"德"一同构成了一个完整体系。郭店楚墓主人是子思门人，他在摘抄和修编的三组简《老》中，存在很强的儒家化倾向。其中，对"道"的分化、"术"的创建及其与儒家子思学派"中庸""五行""六德"思想的融合就是最为集中的表现。

1. "道""术"体系的建构

首先，分离"道""术"。在三组简《老》里，丙组简《老》、乙组简《老》中的"道"都作"道"，甲组简《老》则不然，其中的天之"道"作"道"，人之"道"则作"术"。从"道"发展到"道""术"分离，体现了楚墓主对儒家老学的发展。在其理想化的思想体系中，"道"指自然之道、天地之道，而"术"则指人道，也就是人道之下的道术，即"德"。

其次，合一"术""德"。我们知道五千言《老子》和三组简《老》在关于"德"的论述方面有一定的差异。前文在分析乙组简《老》潜在德论思想时，已对相关现象与争议点进行了分析。进一步而言，楚墓主并非对老子德论不加重视，而是在他试图区分天之"道"与人之"术"后，在其理想化的思想体系里，天道为"道"，人道为"术"。"术"即道术，也就是德行。也就是说他意图用"术"去汇通、消融"德"。以此重新审视三组简《老》在相关方面的异同，便可一目了然。

甲组简《老》是修编最完善的本子，已形成完善的"道"

"術"体系，从而"術"也就兼具了"德"的内涵，故其本身除了收编"含德之厚者"这一"德"指德性的章节外，未再收编其他与德行之"德"相关的章节内容；乙组简《老》为修改未完全的本子。在其文本中，天道与人道还没彻底分离，也正因此"術"还没有被提炼出来，于是出现了不少与"德"字直接相关的内容；至于现存丙组简《老》中的相关内容，本是用于修补乙组简《老》的材料。从乙组简《老》出现较多的德论内容看，原本丙组简《老》中与"德"相关的章节应皆已修编于乙组简《老》中，故剩下的材料中皆无关于"德"字之论。也就是说，在楚墓主理想而完整的思想体系中，在分化了"道"之后，确立天之"道"和人之"術"，而"術"就兼容了原本老学中"德"的内涵。

2. "術"与"中庸""五行""六德"的整合

楚墓主的终极目标是修编出一套符合儒家思想的老学文本，恰如周凤五所言："甲组《老子》是一个经过战国时代儒家学者改编的本子……是一个已经'儒家化'，甚至'子思学派化'了的道家经典。"① 楚墓主对修编儒家化老学文本的具体践行也深入了更深的层面。他分离天道、人道，转化出"術"，是为了以此整合子思学派的"中庸""五行""六德"思想，形成系统化的儒家化老学思想体系。他的理想文本——甲组简《老》对五千言原有文字与思想的改变，便集中体现了此点。

首先，从五千言作"守静"，到甲组简《老》作"守中"。在修道方面，五千言《老子》里存在"致虚"和"守静"两个重要概念，相关思想在全书中可谓随处可见，同时也在部分关键性章节中有集中凸显。甲组简《老》则将相关部分行文改成了"守中"。将五千言、甲组简《老》相关段落行文的异同，与子思的"中庸""中和"等思想相对照，可直观地看到它们之间的变化与呼应关系。这些也体现了墓主对《老子》重要观念的改造，以及甲组简

① 周凤五：《郭店竹简的形式特征及其分类意义》，载武汉大学中国文化研究院编《郭店楚简国际学术研讨会论文集》，第54页。

《老》自身所要树立的"中庸"的核心思想。

其次，从五千言作"绝圣弃智"，到甲组简《老》作"绝智弃辩"；从五千言作"绝仁弃义，民复孝慈"，到甲组简《老》作"绝愆弃虑，民复季子"。笔者曾对此有专文分析①，此处不作展开。简而言之，五千言对圣智仁义礼的批判是出于对春秋末年王权不尊、礼制衰微而诸侯乱名混战的反思，而甲组简《老》修改文句、更易其思想以合于孔子之后所谓儒家学说与战国时代的社会现实。

这些都体现了楚墓主在"道""术"体系下，对五千言《老子》原有思想的改造和对整合"五行""六德"思想的尝试。从子思发明"五行"以来，其弟子皆有发展。楚墓主与子思的看法极为接近，对五行中的"圣""知"极为强调，故郭店楚简《五行》曰："金声而玉振之，圣也。闻之而遂知天之道也，是圣矣。圣人知天之道，道者所道也。"显然，楚墓主在接受子思老学之后，也试图用子思的"五行"思想进一步改造老学的道德论。

结　　语

三组简《老》是互有关联，但性质不同的五千言摘抄、修编本。丙组简《老》直接抄自五千言，原始的章节划分、文字、思想皆未改变，是抄写者用于修改、重组新《老子》的原始材料。且原初的"丙组简《老》"本有更多内容，因有些已被修编于乙组、甲组，根据不重复原则，皆已被删除。而目前尚保留在丙组简《老》中的内容，皆是墓主身前试图将之修编于乙组简《老》的材料。它无特定结构，思想尚未儒家化，也无主题。但其摘抄内容主要以"行德"题材为主。乙组简《老》是修改未完全的本子，它是单篇

① 参见玄华（陈成吒）《从"太上"等章的差异论郭店竹简〈老子〉性质》，载方勇主编《诸子学刊》（第六辑），上海古籍出版社 2012 年版；玄华（陈成吒）《从"章节异同"看郭店楚简〈老子〉性质》，《江淮论坛》2012 年第 6 期；陈成吒《郭店楚墓主及其儒家化老子学》，《江淮论坛》2017 年第 2 期。

结构，思想部分儒家化，主题单一，为"修道"，但对德论也非常重视；甲组简《老》是修改最完全的本子。它为上下篇结构，思想已完全儒家化，主题有两个，即"修道"与"行德"，且对德论有着深刻的改造。相关改编反映的是子思学派老学的进一步发展。它在继承了老学的自然之"道"思想的基础上，对"道"区别了天之道和人之道，以自然为"道"，人道为"術"。并试图用"術"兼容"德"，进一步改造老学思想，使之与子思学派的"中庸""五行""六德"思想相融合，从而建立一个全面子思学派意义的老学。可以说，这在上下数千年的老学史中，也是独树一帜者。

《庄子》内篇中的"德"

中山大学哲学系　张永义

　　摘要："德"是庄子哲学的一个重要范畴。通过对内篇中"德"字含义的梳理，可以得出如下几条结论。第一，庄子笔下的"德"包含多种意思，有指德行，有指恩惠，有指生机，有指获得，甚至还有用作分类原则的，这要比《老子》《论语》《孟子》等早期经典中"德"字的含义复杂一些。第二，庄子对"德"的理解基本上是接着老子讲的。内七篇中，庄子虽然没有讲"道"和"德"的关系，也没有聚焦于"德"和"物"的关系，但《老子》的相关说法就是他立说的前提。从"八德"的叙述，可以看出"失道而后德"的影子。而"支离其德""才全而德不形"，都可以看作"上德不德，是以有德"的注脚。第三，庄子虽然经常借助孔子之口讨论"德"的问题，但绝非站在儒家的立场上。后世以儒解《庄》者，多数都陷入了把寓言、卮言当作重言的误区。第四，相较于前人，庄子德论的新颖处主要表现在两个方面。一是德并不是纯粹至善的，有天生好杀之"德"，有欺妄之"德"，这比《老子》的"下德"说更进一步。二是"德"属内，"形"属外，忘"形"始能全"德"。此点也可以看作对儒家修身说的批评。

　　关键词：庄子；老子；德论

　　"德"是道家思想的核心范畴之一。《老子》五千言中，"德"

字一共出现四十余次，分布在十几个章节。① 帛书以下诸本更以"道经""德经"为题，把《老子》分为上下两篇。《庄子》书中，"德"字出现的次数更多，含义也更加复杂。除了直接以"德"名篇之外，三十三篇中至少有三十篇都出现过"德"的字样。② 由于外、杂篇可能包含庄子后学的作品，我们下面就按内篇顺序，尝试考察一下庄子本人的德论及其特点。

一

《逍遥游》中"德"字凡两见。一是形容境界最低之人："故夫知效一官，行比一乡，德合一君而征一国者，其自视也亦若此矣。"二是形容藐姑射山之神人："之人也，之德也，将旁礴万物以为一。世蕲乎乱，孰弊弊焉以天下为事？"

"知效一官，行比一乡，德合一君而征一国者"，大略相当于《天下》篇所讲的百官。他们因自己的才智德行而自喜，精神境界近乎蜩鸠的自以为是，不仅无法跟"无己""无功"的至人、神人相比，而且也远低于"御风而行"的列子和"定乎内外之分、辨乎荣辱之境"的宋荣子。这个意义上的"德"字，虽然不一定是负面的，但至多只能算小德。藐姑射山的神人对应着"神人无功"，属于庄子的理想人格，所以他的"德"当然是最高的。"旁礴万物以为一"，意思是混同万物，与天地万物为一体。由于视天地万物为一体，神人自然也就不会劳精费神去关心什么世俗之事。

"德"分大小，儒家也有近似的说法。如子夏说："大德不逾闲，小德出入可也。"（《论语·子张》）《中庸》说："小德川流，大德敦化，此天地之所以为大也。"孟子说："天下有道，小德役大德。"（《孟子·离娄上》）区别在于两家对"德"的内涵理解不同，儒家的"德"主要是指仁义忠信等德行，但在庄子或道家看

---

① 据王弼本，"生而不有，为而不恃，长而不宰，是谓玄德"两见于第十、五十一章。去除重复，则一共十四章。

② 《庄子》书中，没有出现"德"字的三篇是《养生主》《至乐》《渔父》。

来，这种意义上的"德"刚好就是无德的表现，至多只能算作"小德"。

二

《齐物论》中"德"字也出现了两次，一见于"八德"说，一见于尧舜的对话。

关于八德，庄子的说法是："夫道未始有封，言未始有常。为是而有畛也，请言其畛：有左，有右，有伦，有义，有分，有辩，有竞，有争，此之谓八德。"大道本来无所不包，一旦出现是非之争，就开始有了此疆彼界。此说可以看作对老子"失道而后德"的发挥。王叔岷解释"八德"说："德者得也，各得一端耳。"① 据此，八德只是八种畛域或八种分类，并非专指人的德行。

关于尧舜对话，庄子这样说："故昔者尧问于舜曰：我欲伐宗、脍、胥敖，南面而不释然。其故何也？舜曰：夫三子者，犹存乎蓬艾之间。若不释然，何哉？昔者十日并出，万物皆照，而况德之进乎日者乎！"这段话的歧解颇多。特别是末句，有说"十日并出"是赞美尧的，意思是尧之德胜过太阳的光芒普照，没有理由不能包容那三个小国；有说是批评尧的，理由是十日并出，草木枯落，德胜于日，害也更大。② 不管哪种解释正确，此处的"德"指的是人的德行，则无疑义。

三

《养生主》篇没有"德"字，而《人间世》篇出现了十一次。之所以会出现这种情况，很可能是因为，养生偏于个人，处世则涉

---

① 王叔岷撰：《庄子校诠》，中华书局 2007 年版，上册，第 74 页。
② 崔大华《庄子歧解》引王闿运之说曰："日以照物，过照为灾，所谓昭而不道。进，甚也。日无心而德有心，故害甚于日，物无所容。旧注以德无不照，则十日非灾。其说非也。"（崔大华：《庄子歧解》，中州古籍出版社 1988 年版，第 89 页）

及人和人的关系，而道德意义上的"德"正是围绕人际关系展开的。

《人间世》的十一处分布在五个寓言故事中。第一是"颜子化卫"。有如下一些说法。（1）"且若亦知夫德之所荡，而知之所为出乎哉？德荡乎名，知出乎争。"（2）"且德厚信矼，未达人气，名闻不争，未达人心，而强以仁义绳墨之言术暴人之前者，是以人恶有其美也，命之曰菑人。"（3）"颜回曰：端而虚，勉而一，则可乎？曰：恶，恶可！……名之曰日渐之德不成，而况大德乎！"

这些话都假托于孔子之口。颜子勇于化卫，显然有以"德"胜之的意思。孔子的态度是此路不通，所以处处劝其免行。一则曰"德"因好名而流荡，再则曰"德"虽厚而不为人所知就会反被人菑，三则曰端虚勉一甚至连小德都算不上，就更别提大德了。在对话中，孔子并不否认"德"是个好东西，他只是认为颜回的"德"还不够好，不足以感化卫君。

第二是"叶公使齐"。对话的主角仍是孔子，他又两次提到了"德"字。（1）"若成若不成，而后无患者，唯有德者能之。"（2）"自事其心者，哀乐不易施乎前，知其不可奈何而安之若命，德之至也。"前者是转述，后者是自语。

庄子讨论"德"时偏爱让孔子代言，大概与孔子特别重视道德问题有关。《论语》中言及"德"字的内容比比皆是，如"为政以德"（《为政》）、"道之以德"（《为政》）、"天生德于予"（《述而》）、"以德报德"（《宪问》）、"吾未见好德如好色者也"（《子罕》）、"德之不修，学之不讲，闻义不能徙，不善不能改，是吾忧也"（《述而》），等等。在孔子那里，"德"是一种天赋的德行，是君子修身治国的重要指导原则。经过庄子寓言化处理，"德"又成了安时处顺、知其不可奈何而安之若命的别称。

第三是"颜阖傅卫灵公太子"。此故事这样形容卫太子："有人于此，其德天杀。与之为无方，则危吾国；与之为有方，则危吾身。"

相较于前两条，此条中"其德天杀"四字尤其值得注意。陆德

明《经典释文》称："天杀，如字，谓如天杀物也。"成疏曰："觕
瞆禀天然之凶德，持杀戮以快心。"① 把"天杀"解作天生好杀，
那就意味着"德"并非天然是纯善的。这和早期儒家坚信"德"
源于天，纯粹至善（如"明明德""好是懿德""君子怀德""以
德行仁"等），迥然有别。

第四是"支离疏"。寓言的末尾写道："夫支离其形者，犹足
以养其身，终其天年，又况支离其德者乎！"

成玄英解释此句说："夫支离其形，犹忘形也；支离其德，犹
忘德也……夫忘形者犹足以养身终年，免乎人间之害，何况忘德者
邪！"② 依此解，支离其德即忘德，即有德而不自恃其德。《德充
符》讨论形、德关系时说："人不忘其所忘，而忘其所不忘，此谓
诚忘。"《道德经》第三十八章说："上德不德，是以有德。下德不
失德，是以无德。"这些话都可以看成"支离其德"的注脚。

第五是"孔子适楚"。此故事刚好是"支离其德"的反面。提
到"德"的句子如下："凤兮凤兮，何如德之衰也……已乎已乎，
临人以德。殆乎殆乎，画地而趋。"

孔子因为有"德"，并且喜欢"临人以德"，处处以有德者自
居，汲汲于知其不可而为之，所以才被楚狂接舆讥讽为"德衰"。
德衰即失德，即看似有德而实无德。就反对"临人以德"，主张
"支离其德"而言，庄子接续的显然是老子的处世哲学。

四

内七篇中，《德充符》出现"德"字最多，共十三次。这并不
奇怪，因为此篇本来就是专门讨论形、德关系的。

《德充符》全文由六段寓言故事构成。第一段（"鲁有兀者王
骀"）提到了"游心于德之和"的问题。第二段（"申徒嘉兀者

---

① （清）郭庆藩撰，王孝鱼点校：《庄子集释》，中华书局1961年版，第164页。

② （清）郭庆藩撰，王孝鱼点校：《庄子集释》，第182页。

也"）有所谓"知不可奈何而安之若命，唯有德者能之"，已见于《人间世》篇。第三段（"鲁有兀者叔山无趾"）提到了"全德"一词。第四段（"鲁哀公问于仲尼"）重点解释了什么叫"才全而德不形"。第五段（"闉跂支离无脤说卫灵公"）点出了本篇的重点，"德有所长而形有所忘"。第六段（"惠庄对话"）没有出现"德"字。

六段故事中，有三段假借孔子之口。这样做的理由，应该与《人间世》篇一样。另外一个值得考虑的因素是，儒者向来重视容貌端庄、进退有度，如《礼记》就有所谓"足容重，手容恭，目容端，口容止，声容静，头容直，气容肃，立容德，色容庄"（《玉藻》）的九容说，孟子也有"形色，天性也"（《尽心上》）的践形说，庄子搬出一连串德全形残的兀者、恶人，也许是对儒家重外遗内、名实乖违的有意嘲讽。①

先看第一段。关于"德之和"，文中的说法是："自其异者视之，肝胆楚越也。自其同者视之，万物皆一也。夫若然者，且不知耳目之所宜，而游心于德之和。物视其所一，而不见所丧。视丧其足，犹遗土也。"

王骀是鲁国兀者，他之所以能够做到外死生（"死生亦大矣，而不得与之变"）、顺自然（"命物之化"），是因为他明白了万物皆一的道理。从万物皆一的角度看，根本就无所谓是非得失，因此形体的变化不足以影响到他内心的和谐，这就叫"游心于德之和"。

第二段中"德"字两见。一是子产对申徒嘉的批评："子既若是矣，犹与尧争善，计子之德，不足以自反邪?"二是申徒嘉对子产的回应："自状其过，以不当亡者众;不状其过，以不当存者寡。知不可奈何而安之若命，唯有德者能之。"

两人的对话围绕着"形残"展开，但对"德"的理解显然不同。子产认为申徒嘉的受刑意味着德行有亏，申徒嘉则辩解说受刑

---

① 庄子特别突出"兀者"形象，可能还有另外一种考虑，即对战国时期的征战杀伐、刑戮相望的声讨。

是命，安命才是有德的体现。故事以子产的蹴然改容更貌结束，似乎表明了庄子本人的立场。但是，从申徒嘉所说的"游于羿之彀中，中央者中地也，然而不中者命也"来看，此则故事和《人间世》"叶公使齐"章一样都不能停留在字面的理解。"无可奈何""安之若命"的背后实际上还包含着庄子对暴政和浊世的批判。

第三段提到了"全德"一词。故事的主角是叔山无趾和孔子，对话仍然围绕着刖足展开。孔子的话与上个故事中子产的说法十分接近，都认为形残与作恶有关，既已受罚，悔之晚矣。经过叔山无趾关于足外还有尊足者存的辩解，孔子也意识到了自己说法的不当，他接着说了下面这句话："弟子勉之。夫无趾兀者也，犹务学以补前行之恶，而况全德之人乎！"

由这句话可以知道，孔子只是认识到了学可以补过，但并没有改变刖足是对"前行之恶"惩罚的看法，所以才有后文无趾对他的评论"天刑之，安可解"。对于句中所说的"全德"二字，传统上有两种理解。一种指德行，整句意思是，那些形残之人还努力学习补过，德行无亏的人更应该好学不倦；一种指形体，意思是形残之人尚且好学，就更不用说形全之人了。① 后一种解释直接把"德"字解作了"形"，考虑到下则故事中还有"形全犹足以为尔，而况全德之人乎"的说法，前一种解释似乎更合理一些。

第四段是关于"才全而德不形"的讨论。这一次仍有孔子出场，只不过形象却大为改观。上个故事中，他被叔山无趾嘲笑为"天刑之"，在这则故事里，他又成了鲁哀公眼中的"德友"。一褒一贬看似矛盾，但实际上庄子也许正是通过这种方式告诉我们，对话中的孔子并不真的代表儒家立场，那些看上去是重言的话其实也正是寓言和卮言，对它们的理解并不能停留在文字的表面意思上。

孔子和鲁哀公的对话围绕"恶人"哀骀它展开，此人虽然长相

---

① 持前说者，如成疏："夫无趾残兀，尚实全生，补其亏残，悔其前行。况贤人君子，形德两全，生便忘生，德充于内者也。"［（清）郭庆藩撰，王孝鱼点校：《庄子集释》，第204页］持后说者，如憨山德清："全德，犹全体也。"［（明）释德清：《庄子内篇注》，华东师范大学出版社2009年版，第99页］

奇丑，但却深得哀公的信任，甚至还被委之以国政。概括来讲，哀骀它的特点其实就一个，即"和而不唱，知不出乎四域"，孔子由此引出了"才全而德不形"问题。所谓"才全"，孔子说："死生存亡，穷达贫富，贤与不肖毁誉，饥渴寒暑，是事之变，命之行也，日夜相代乎前，而知不能规乎其始者也。故不足以滑和，不可入于灵府。使之和豫，通而不失于兑，使日夜无郤，而与物为春，是接而生时于心者也。是之谓才全。"所谓"德不形"，孔子说："平者，水停之盛也。其可以为法也，内保之而外不荡也。德者，成和之修也。德不形者，物不能离也。"

"才全"的第一句提到命，下文的"和豫""通""悦""与物为春"即安命，这跟《人间世》中的"知不可奈何而安之若命，德之至也"，表达的几乎是同一个意思。因此，"才全"不过是"德全"的另一种说法而已。如果勉强要作出区分的话，或许可以如前代注家所说，"才"偏于天赋，"德"偏于后天修为。[①] 但说到底，全其"才"就是全其"德"，二者没有实质的区别。"德不形"以停水为喻，"内保之"相当于实德内充，"外不荡"相当于德不形于外，合起来就是，有德而不表现为有德，反而是真的有德。用老子的话说，这就叫"上德不德，是以有德"。成玄英显然看到了这一层，他正是借用《道德经》来解释此句："是以含德之厚，比于赤子，天下乐推而不厌，斯物不离之者也。"[②]

最后是第五段。此段并非对话体，关于"德有所长而形有所忘"，文中只是举了两个例子来说明，一是闉跂支离无脤，一是瓮㼜大瘿。这两人形体的残废都与刑罚无关，应该算作哀骀它一类，他俩都成功地游说了国君（卫灵公和齐桓公），以至于二君觉得形全之人反而不太正常。此寓言表达的意思跟前面几个差不多，都是说德行是内在的，跟容貌美丑并没有什么关系，那些忘形之人也许正是道全德备者。

---

① 陆西星称："才，即孟子所谓'降才'之才，自其赋于天者而言。德，则指其成于己者而言。"［（明）陆西星：《南华真经副墨》，中华书局2010年版，第82页］
② （清）郭庆藩撰，王孝鱼点校：《庄子集释》，第215页。

第五段的后面还有几句话，也提到了"德"字，其言曰："故圣人有所游，而知为孽，约为胶，德为接，工为商。圣人不谋，恶用知？不斲，恶用胶？无丧，恶用德？不货，恶用商？"根据上下文来看，这两处"德"字都是获得的意思。"无丧，恶用德"，意为本没有失，也就不需要得。"德为接"，意即以获得作为交接的目的。这个意义上的"德"不是圣人所追求的，所以应当属于负面的例子。

五

"德"字在《大宗师》和《应帝王》中也有出现。其中，《大宗师》三次，《应帝王》四次，它们的含义各有不同。

先看《大宗师》。（1）"古之真人，其状义而不朋，若不足而不承……滀乎进我色也，与乎止我德也，厉乎其似世也。"（2）"以刑为体，以礼为翼，以知为时，以德为循。"（3）"以德为循者，言其与有足者至于丘也，而人真以为勤行也。"

这三次都是形容真人的。郭象解"与乎止我德也"为"无所趋也"。[1] 近人释"与"为豫，安止之意，则"与乎"就是用来形容"止"字的，句意即真人之德使人归止。[2] 如果此解正确的话，那么此处的"德"字指的就是德行。第二条中的"德"与刑、礼、知并提，亦为德行之意。"循"一般解作顺，"以德为循"就是把德看成自然而然之事。第三条是对"以德为循"的解释，强调的仍然是不勉强。只不过，刑、礼、知都是庄子经常批判的对象，此处的"德"字该如何定位仍然是个问题。

再看《应帝王》。（1）"泰氏其卧徐徐，其觉于于，一以己为马，一以己为牛。其知情信，其德甚真，而未始入于非人。"（2）"狂接舆曰：日中始何以语女？肩吾曰：告我君人者，以己出

---

① （清）郭庆藩撰，王孝鱼点校：《庄子集释》，第236页。
② 参见崔大华撰《庄子歧解》，第228页。

经式义度，人孰敢不听而化诸。接舆曰：是欺德也。"（3）"壶子曰：乡吾示之以地文，萌乎不震不止，是殆见吾杜德机也。"（4）"倏与忽时相与遇于浑沌之地，浑沌待之甚善。倏与忽谋报浑沌之德。"

第一条是对泰氏之德的赞美，与之形成对照的是虞舜之"藏仁以要人"。此处体现了儒道两家德论的不同：儒家之"德"以仁义为本，重视教化。道家则反对人为，以因顺自然为至德。第二条讨论的仍是同样的问题。儒家推崇圣君贤相，认为这些圣君贤相们制定礼义制度，可以很好地用来约束和引导百姓，但在道家看来，这无疑是一种虚妄之德，根本不足以治理天下，百姓依其本性而生活，哪里需要他人来治理。第三条提到"德机"，"德机"一般解作"生机"，因为"德"字本有"生"的意思，如《系辞传》曰"天地之大德曰生"。壶子这次示相呈现的是地文，地以静为主，故有"杜德机"之说，"杜德机"即关闭生机、一片死寂之意。第四条中"德"字指恩德，倏忽报德即对浑沌的善意给以回报。结果虽不怎么理想，但出发点毕竟是好的。

六

内篇中的"德"字大体如上。下面根据以上梳理，尝试引申出一些结论。

首先，庄子笔下的"德"包含好几种意思，有指德行，有指恩惠，有指生机，有指获得，甚至还有用作分类原则的。这要比《老子》《论语》《孟子》等早期经典中"德"字的含义复杂一些。《老子》中，"德"要么指道的下落，要么指万物或人之德，含义相对固定。①《论语》和《孟子》中，"德"主要是指人的德行。

其次，庄子对"德"的理解基本上是接着老子讲的。内七篇

---

① 对《老子》之"德"的系统梳理，参见叶树勋《先秦道家"德"观念研究》，中国社会科学出版社 2022 年版，第二章。

中，庄子虽然没有讲"道"和"德"的关系，也没有聚焦于"德"和"物"的关系，但《老子》的相关说法就是他立说的前提。从"八德"的叙述，可以看出"失道而后德"的影子。而"支离其德""才全而德不形"，都可以看作"上德不德，是以有德"的注脚。

再次，庄子虽然经常借助孔子之口讨论"德"的问题，但绝非站在儒家的立场上。正如韩昌黎所说，"仁与义为定名，道与德为虚位"（《原道》），同一个"德"字，儒家填充的是仁义，庄子填充的是"知其不可奈何而安之若命"，两者在处世态度上截然不同。后世以儒解《庄》者，多数都陷入了把寓言、卮言当作重言的误区。

最后，相较于前人，庄子的德论也有其比较新颖之处。具体表现在两点。一是德并不是纯粹至善的，有天生好杀之"德"，有欺妄之"德"。这比《老子》的"下德"说更进一步，近于凶德或恶德。往深层考虑，此义将会涉及人性善恶问题。二是"德"属内，"形"属外，忘"形"始能全"德"。此点亦可看作对儒家重外的修身说如孔子"正其衣冠，尊其瞻视"（《论语·尧曰》），孟子"仁义礼智根于心，其生色也，睟然见于面，盎于背，施于四体"（《孟子·尽心上》）等的批评。

形体的残缺、无形的教化与真实存在的通道

——《庄子·德充符》第一—三节的生存论解读

上海财经大学人文学院、华东师范大学

现代思想文化研究所　郭美华

摘要："德充符"之所为德，当然不是某种理智化的凝然规定性，而是生存论意义上的畅然通达——一方面是突破流俗有形拘限而迈向渊深广远之域，一方面是经由渊深广远而返回自身。迈向与返回的自由无碍，就是充溢而通达的自由生存。因此，德充符并非某种凝然坚固的内在德性充溢而外在地表现出来，而是源初不可遏阻的充溢迈出自身而通达渊深广远与自身的未知可能，此迈出—通达的不断展开，生成某种生存论上的内容以作为独一无二的自身。在此意义上，与德性的自由通达相应，德性的生成并非要否定形体本身，而是要将形体从流俗扭曲观念的囚禁中释放出来，以返回身体的自然与真实。《德充符》中第一节孔子的形象，恰好就成为凸显德性通达与身体自然的中介，以其滞陷于有形之教的方式，反衬出无形之教化对于畅然通达与自然真实的开启。《德充符》第二节以申徒嘉和子产对话的方式，进一步以"伯昏无人"昭示真正的教化就是每一个求学者自行抵达"伯昏无人之所"。《德充符》第三节以叔山无趾和老聃的对话，突出了孔子作为桎梏的双重意义（即孔子为名教所束缚与孔子以名教束缚天下），将畅然通达与自然真实鲜明地豁显出来，即在远离孔子桎梏的更为幽深曲折之处。

关键词：畅然通达　自然真实　渊深广远　无形教化　桎梏

"德"是道的具化，道、德与一定之形及势相应和而聚，体现出存在的某种现实性："道生之，德畜之，物形之，势成之。"（《道德经》第五十一章）在某种意义上，从道而言，道蓄于某一具体时空之物，就是该物之德；从物而言，则是物之得自道者为其德。但是，道与德的如此关系，并非认知意义上的某种本质一致性关联；毋宁说，道之蓄于某一具体之物而为其德，其实质的意蕴即某物由其自身而成其自身就是道。换言之，"道法自然"（《道德经》第二十五章）就是"德"。简言之，每一物之能在其自身且成其自身，即道之为德。如此道—德关联并不给出某种认知—本体论意义上的普遍本质，而是让渡出物之在其自身的自然与自由的自在个体性。就自然与自由而言，道与德之间的关联就是自然敞开与畅然相通。一切悖于敞开与畅通的对于所谓"道德"的宣扬，不但不是道德本身，反而是道德的反面。道德的扭曲样式即仁义——"失道而后德，失德而后仁，失仁而后义，失义而后礼"（《道德经》第三十八章），如此"远离道德"的"仁义"，后世被转而称为"道德"，这是背离源初道—德敞开—畅通关联的扭曲之"道德"，对如此扭曲的"道德"，必须进行一种"总清算：道德中什么东西求取得权力？"[1] "在对道德暴政的维护中，谁的私利得到了满足？"[2] 清算了扭曲性"道德"（仁义）的阻碍，源初本真道德的敞开—畅通才能开显出来。道—德的敞开与畅通是根源性的，一方面，德通向道："孔德之容，惟道是从"（《道德经》第二十一章）；另一方面，道—德没有阻碍："道之与德无间。"（《管子·心术上》）如此道—德，其根本之处在于道—德的畅然而通，并非那种"本固有之"的"仁义德性"，而是德相对于道的自然通达。如此"自然并不谋求德性：我们因此敬重自然"[3]。仁义作为德性，是一种说教性德性，而非真正的德性，"德性说教者乃是德性最坏的敌人。因为他们把德性当作所有人的理想来教导；如此一来，他们就剥夺了德性所具有的那种稀罕、独特、

---

① ［德］尼采：《权力意志》，孙周兴译，商务印书馆 2021 年版，第 911 页。

② ［德］尼采：《权力意志》，孙周兴译，第 912 页。

③ ［德］尼采：《权力意志》，孙周兴译，第 553 页。

特例、超凡的魅力——德性的高贵魅力"①。孟子式儒家将仁义作为
德性强加给所有人，经由"先知觉后知、先觉觉后觉"（《孟子·告
子下》）的教化，使得每一个人都只能成为一个普遍规定性本质的样
本，并以尧舜为楷模去模仿，让人们信仰"人皆可以为尧舜"（《孟
子·万章上》），如此普遍主义的成圣信仰使得"每个个体本身都只
是绝对实在性的一种模式"②。为此普遍主义成圣信仰所拘禁，每个
个体没法通达自身的无边深邃，无法通往天地的无限广袤。因此，
真正的德作为任何个体之物存在与继续存在的根据，不是某种凝固
的理智规定性或不变的先天实体，而是一种畅然四达的绽放，一种
流畅通达的展开本身。

　　"充"，可以是充实或充足之充，"充者，足于内也"③；也可以
是充任之充，"何以为德充符？盖人人有贵于己者，果能保而存之、
扩而充之，虽恶人亦可齿于圣人，此庄子维世之苦心也"④。充之
所以为充，其实质的意义在于充盈而溢，牵引出一种迈向自身之外
的通道。"符"，可以是动词意义的"符应"，"符，应也，有诸己
则可以应诸外"⑤；也可以是名词意义的"征符"，"符，验也，德
充之验也"⑥。充而必有其符，"符"不能简单地理解为"符合"，
以为个体之生存的展开有一个先验而普遍的真理，只有符合此先验
而普遍的真理，才是"德"。但是，就庄子哲学的实质而言，"凭
真理生活是不可能的"⑦。就此而言，在生存论的意义上，"德充
符"，可以理解为自身内在充盈而溢，迈出自身而通达于道，并经
由通达于道而更深邃地通达自身之所得。简言之，"德充符"彰显
的是存在的充溢—通达。

---

　　①　［德］尼采：《权力意志》，孙周兴译，第 593 页。
　　②　［德］尼采：《权力意志》，孙周兴译，第 522 页。
　　③　（明）王夫之：《庄子解》，中华书局 1981 年版，第 47 页。
　　④　（清）刘鸿典：《庄子约解》，载方勇撰《庄子纂要》，学苑出版社 2012 年版，第 648 页。
　　⑤　（宋）林希逸：《庄子鬳斋口义校注》，中华书局 1997 年版，第 81 页。
　　⑥　（明）郭良翰：《南华经荟解》引李光缙，载方勇撰《庄子纂要》，第 643 页。
　　⑦　［德］尼采：《权力意志》，孙周兴译，第 1257 页。

个体自身内在之德充盈而溢，迈出自身而通达于道并反过来通向自身。由于形体具有凝然而固的惰性与倾向，会使得生机的充溢性与行走的畅达性被阻碍。所以，如此充溢而通达，"否定"着、超越着人之物理、生物意义的形体："德充于内，物应于外，外内玄合，信若符命，而遗其形骸也。"① 因此，《德充符》以形体残缺者为喻，以"否定"形之凝然而固为前提，以表达德与道的自然通达。但是，对于形体残缺的凸显，却并非否定身体性存在，庄子明确说："支离其形者，犹足以养身。"（《庄子·人间世》）庄子凸显形体之残缺，有着消解身体之先在规矩的用意："庄子雅尚德充而特叙列残丑以破夫规矩。"② 在某种意义上，庄子对于形体—身体之"畸残"的凸显，并不就是否定身体本身；相反，他是在更深刻的层次上突出身体的意义，即将身体从既存道德说教的束缚中释放出来。正如在孟子那里所说的"践形"，身体成了某种抽象的道德观念的载体而显现为某种完满："形色，天性也。惟圣人然后可以践形。"（《孟子·尽心上》）圣人作为道德完满性的表征，在其本质上必然指向对于身体之自然维度的湮灭。只有将身体从抽象的道德观念中解放出来，身体才能如其自身而呈现；如其自身而呈现身体，才彰显了个体的自然生存可能："对身体的完全蔑视使人看不到个体。"③

由此，我们可以在生存论意义上视"德充符"为"何为存在之征"，或者"存在如何通达自身"。它是贯穿于"逍遥""齐物"以及整个《庄子》的生存论主题，即存在者究竟是什么以及如何存在的问题的一个侧面。

一 孔子对王骀形象的扭曲及其意蕴

鲁有兀者王骀，从之游者与仲尼相若。常季问于仲尼曰：

---

① （晋）郭象注，（唐）成玄英疏：《南华真经注疏》，中华书局1998年版，第110页。
② （清）宣颖：《南华经解》，广东人民出版社2008年版，第39页。
③ ［德］尼采：《权力意志》，孙周兴译，第1379页。

"王骀，兀者也，从之游者与夫子中分鲁。立不教，坐不议，虚而往，实而归。固有不言之教，无形而心成者邪？是何人也？"仲尼曰："夫子，圣人也，丘也直后而未往耳。丘将以为师，而况不若丘者乎！奚假鲁国！丘将引天下而与从之。"常季曰："彼兀者也，而王先生，其与庸亦远矣。若然者，其用心也独若之何？"仲尼曰："死生亦大矣，而不得与之变；虽天地覆坠，亦将不与之遗。审乎无假而不与物迁，命物之化而守其宗也。"常季曰："何谓也？"仲尼曰："自其异者视之，肝胆楚越也；自其同者视之，万物皆一也。夫若然者，且不知耳目之所宜，而游心乎德之和；物视其所一而不见其所丧，视丧其足犹遗土也。"常季曰："彼为己，以其知得其心，以其心得其常心，物何为最之哉？"仲尼曰："人莫鉴于流水而鉴于止水，唯止能止众止。受命于地，唯松柏独也，在冬夏青青；受命于天，唯〔尧〕舜独也正，〔在万物之首〕①。幸能正生，以正众生。夫保始之征，不惧之实。勇士一人，雄入于九军。将求名而能自要者而犹若是，而况官天地、府万物、直寓六骸、象耳目、一知之所知而心未尝死者乎！彼且择日而登假，人则从是也。彼且何肯以物为事乎！"

在《德充符》中率先出场的王骀，并非直接性到场而在场，而是在常季与孔子的对话中，间接性到场而不在场。换言之，王骀因为其"刖足"之残缺，不能到场而亲在于此——他不"在此"而让每一个人在其"此"。因其残兀，与孔子之栖惶奔波相比而言，王骀无能于行游天下。然而，恰恰因为其不能行游天下，而天下却有众多"来而从之游者"。就教—学的生存论意义而言，这是"教"之不能游而有"学"之能游，从而也就是"教—学"整体的"不游之游"。但是，经由"在场"的常季与孔子之对话，"不在场"的王

---

① 曹础基点校据张君房本补，见（晋）郭象注，（唐）成玄英疏《南华真经注疏》第 114 页原文与第 129 页校勘记（以下同）。

骀反而"在场化",遮蔽了王骀真正的启示性意义。

面对王骀"从游者众",常季一开始的疑问在于:王骀残兀而不能如孔子畅行天下,不能"照耀（招摇）天下",居然徒众与孔子相当;而王骀之"施教"却是无所施教——"立不教授,坐无论议"[①];往学者一无所知而往,却内心充实而归;是否真的有"不言之教"使得心"无形"（无所显现）而成就其自身?常季的疑问之中,有一个背离于王骀真意的预设,即王骀之心内蕴着某种真理性认识（即所谓心成者）:"夫心之全也,遗身形,忘五脏,忽然独往,而天下莫能离。"[②] 不过,常季追问"是何人也",则将"王骀是什么样的存在者"这一问题牵引而出。

孔子的初步回答,以自圣化的方式强化了对于王骀的"绝对化与真理化"理解,将王骀的不在场引向在场化,从而滑离王骀之为王骀愈加遥远。孔子直接以王骀作为圣人,并且强调"我"将以王骀为师,并且"我"将引导所有不如"我"的人,不仅仅鲁国人,而且整个天下之人都将"师王骀而依从之"。孔子对王骀的如此"绝对化与真理化"理解,是双重的,即一方面将自身与王骀在场化为绝对的存在者,一方面将"教—学"的内容在场化为绝对的真理。常季的第二个疑问,便在于他不能理解孔子对王骀的"绝对化":孔子以有形的言传身教而显现其在"教—学"之域的在场,王骀无言无形而未曾在场于"教—学"之域,尽管可以理解其远超于流俗庸常之在,但孔子以之为师的"绝对化与真理化"拔高,如何切中王骀之心?

在孔子的进一步回答中,似乎体现出庄子的本意。但是,深入理解可以看到,这是似是而非的。理解《庄子》中的孔子形象,一个基本的见识是,孔子之所言所行,距离庄子之为庄子尚有很大的距离。即在《德充符》中而言,孔子是一个被囚禁而不能解放的存在者——"天刑之安可解"。因此,庄子借孔子之口对王骀的一通

---

① （晋）郭象注,（唐）成玄英疏:《南华真经注疏》,第111页。

② （晋）郭象注,（唐）成玄英疏:《南华真经注疏》,第111页。

阐释，我们必须深入领会其错失之处。在庄子，存在的自由与深邃，即任化而不居——拒斥一切理智抽象的实体与绝对普遍的本质。而孔子对王骀的绝对化与真理化，却从流变之中给出不变者，从无穷天地及万物中给出一个观念化的绝对整体。死生是变化之中的大变化，孔子认为王骀有着超越于生死变化之上、之外的不变者，"王骀心冥造物，与变化而迁移，迹混人间，将死生而俱往，故变所不能变者也"①，即使天地覆坠，王骀也有着不会丧失之我，"虽复圆天颠覆，方地坠陷，既冥于安危，故未尝丧我也"②；孔子认为王骀有着不随变而迁的绝对真实，形物之流变为假，不流变则是无假，"寓形于死生，皆假也，假则必迁"③，而"灵心安审，妙体真元，既与道相应，故不为物所迁变者也"④ 则为 "一真无假"⑤，一切流变之物都 "以化为命而无乖迕"⑥，王骀能葆守其不变的绝对性开始，"宗者，言物之始也，守其宗者，言斯人之所守，在于万物之始"⑦。孔子对王骀的真理化与绝对化理解，实质上就是将 "以化为本" 扭转为 "化有其本"。在 "教—学" 的生存论意义上，就是将 "学" 之自成其自身，扭转而为 "教之绝对化其自身"，从而 "学" 丧失其自身。

常季再次陷入疑惑之中，不能理解孔子之所说——不变、不遗的绝对真实与绝对性开始究竟是什么？在孔子对王骀的真理化与绝对化过程中，依据其内在逻辑，走向了主观心境论。天地万物及其流变不息，不过就是人之 "观视" 而已；而人之观视，不过就是主观性的 "同" 与 "异" 而已——主观地从差异性观念来 "观视" 天地万物，则本来毫无间隙而浑然一体的肝、胆，都可以 "观视" 为空间上距离遥远的楚、越："胆附肝生，本同一体也；楚越迢递，

---

① （晋）郭象注，（唐）成玄英疏：《南华真经注疏》，第112页。
② （晋）郭象注，（唐）成玄英疏：《南华真经注疏》，第112页。
③ （明）王夫之：《庄子解》，第48页。
④ （晋）郭象注，（唐）成玄英疏：《南华真经注疏》，第112页。
⑤ （明）王夫之：《庄子解》，第48页。
⑥ （晋）郭象注，（唐）成玄英疏：《南华真经注疏》，第112页。
⑦ （宋）林希逸：《庄子鬳斋口义校注》，第83页。

相去数迁，而于一体之中，起数千之远；异见之徒，例皆如是"①；主观地从相同性观念来"观视"万物，则无数差异性之物都是"一指一马"②，此即"齐物论"所拒斥了的"天地一指万物一马"之概念—普遍主义取向③。如此主观主义的"观视"之同异，必然只能是以个人自私性主观僭越为普遍性客观的主观心境论或主观境界论："虽所美不同，而同有所美。各美其所美，则万物一美也；各是其所是，则天下一是也。夫因其所异而异之，则天下莫不异。而浩然大观者，官天地，府万物，知异之不足异。故因其所同而同之，则天下莫不皆同；又知同之不足有，故因其所无而无之，则是非美恶莫不皆无矣。夫是我而非彼，美己而恶人，自中知以下，至于昆虫，莫不皆然。然此明乎我而不明乎彼者尔。若夫玄通泯合之士，因天下以明天下，天下无曰我非也，即明天下之无非；无曰彼是也，即明天下之无是。无是无非，混而为一，故能乘变任化，连物而不摄。"④ 如此主观心境论的同异观视，一方面是绝对性的唯我论式地将天地万物"主观观念化"为一个"观念整体"以湮灭天地万物的自在性，即一切都"我皆我之"："体夫极数之妙心，故能无物而不同；无物而不同，则死生变化无往而非我矣；故生为我时，死为我顺；时为我聚，顺为我散，聚散虽异，而我皆我之"⑤；一方面是相对性的主观主义"玄通泯合"，消解万物之间的差异性与多样性："既而混同万物，不知耳目之宜，故能游道德之乡，放任乎至道之境者也。"⑥ 无疑地，经由孔子如此境界论诠释，王骀走向了王骀的反面——无数各得其自身的从学而游者，被消解了；而王骀似乎被凸显出来，但其凸显恰好就是其丧失自身。

孔子对王骀的主观主义心境论解释，常季终于有所领悟——王

① （晋）郭象注，（唐）成玄英疏：《南华真经注疏》，第 112 页。

② （晋）郭象注，（唐）成玄英疏：《南华真经注疏》，第 112 页。

③ 参见郭美华《齐之为齐的三重辩证——〈庄子·齐物论〉第 6—8 节解读》，《商丘师范学院学报》2023 年第 7 期。

④ （晋）郭象注，（唐）成玄英疏：《南华真经注疏》，第 112 页。

⑤ （晋）郭象注，（唐）成玄英疏：《南华真经注疏》，第 113 页。

⑥ （晋）郭象注，（唐）成玄英疏：《南华真经注疏》，第 113 页。

骀自私性的无形而心成，是"由其有所知而推得其能知之心，由其能知之心而推得其恒常不变之心"①。但是，王骀如此个人性的自私实现，如何有许多尊而聚②在其身边的从学者呢？显然，常季已然领悟了王骀经由孔子解释而呈现的前后悖谬。

最后，孔子只能将对王骀的观念性真理化与绝对化，引向生存境界的绝对化与普遍化，即静止性之水（即可以作为一切其他存在者鉴照的止水）的绝对化与圣人生存的普遍化（即作为一切其他存在者之标准与最高实现的正生）。能鉴照万物的止水，是不变的永恒物；松柏与尧舜，作为最高典范的存在，"下首则唯有松柏，上首则唯有圣人……既能正己，复能正物，正己正物，自利利他也"③。作为人之完满实现自身的"正"，王骀被孔子解释为《孟子》中的"自反而不缩，虽褐宽博，吾不惴焉；自反而缩，虽千万人，吾往矣"（《孟子·公孙丑上》）。回溯于自身而为天地万物立基，世界便成为一个个体自私性的理智认知所观念化的"官天地府万物"的"统一整体"。"一知之所知"，这个"一"，就是将一切能知与所知在"知"中"统一为整体"："一知，智也；所知，境也。能知之智，照所知之境，境智冥会，能所物差，故知与不知，通而为一。"④ 天地万物的已知与未知，被置入某一个个体的理智里，无数差异性他者就丧失了走向自身的通道。王骀形体之残兀所昭示的可能性通道，被孔子以绝对性的在场之物，亦即以抽象但却有形的存在加以堵塞了。庄子以王骀形体之残兀昭示的无形而通畅之在，被孔子以松柏及尧舜的完美存在之形囚禁。

实际上，我们可以回过头来透视一下王骀与孔子对比的生存论

---

① 林希逸断句为："彼为己以其知，得其心以其心，得其常心，物何为最之哉？"解释说："得其心以其心者，言有此知觉之心，则能得其本然之心……人皆有知，人皆有心，苟能尽之，则可以为己，可以得心，亦是常事耳，故曰得其常心。"〔（宋）林希逸：《庄子鬳斋口义校注》，第85页〕

② 成玄英："最，聚也。"〔（晋）郭象注，（唐）成玄英疏：《南华真经注疏》，第113页〕林希逸："最者，尊之也。"〔（宋）林希逸：《庄子鬳斋口义校注》，第85页〕

③ （晋）郭象注，（唐）成玄英疏：《南华真经注疏》，第114页。

④ （晋）郭象注，（唐）成玄英疏：《南华真经注疏》，第115页。

意蕴。《德充符》第一段文字，通过常季与孔子的问答来讨论王骀，其要表达的旨意在于：通过从学于王骀与从学于孔子的对比，揭示从学于王骀的独特性——真正的"来学"而非"往教"①，即王骀以否定自身的方式"让"那些欲为求学者，"自行束脩而来"（《论语·述而》），但其"来"不是"至于"王骀之为王骀，而是"至于"王骀之非王骀，即走向王骀之"自我否定"，从而返回求学者之"自身肯定"。换言之，从学于王骀，是从"王骀之自破其身"而得一"破门而出"的"自得之路"："各自得而足也。"② 实质上，这是对《人间世》"刺破"流俗藩篱而得"通道"的深化。

王骀之能让从学者自得其通往自身之道，其根底在于王骀之自然存在样式，即王骀形体之残兀，表明身体并非因循于某种仁义规则而展开的存在；其心之虚忘，表明他并不以一个先在的绝对性真理作为求学者的圭臬。简言之，王骀以其形体之残兀而反衬其心之虚忘，"形虽残兀，而心实虚忘"③，让自身成为一个"破除了绝对性囚禁"的导引者。

教—学作为存在的衍生样式，对于历史传承悠久的文化或文明而言，具有重要的生存论意义。文—化或文—明的历史传承及其教化对于具体个体的存在而言，具有双重性：一方面是助成，一方面是遏阻。当教育或教化为流俗所扭曲之际，就成为对于个体性生存的遏阻："教育：一个为了维护规则而毁掉特殊者的手段系统。教化：一个为了维护平庸而建立反对特殊者的手段系统。"④ 庄子以王骀同孔子对比，就是克服"教—学"所可能产生的扭曲与滑落，以彰显真正的个体性生存。

在孟子对"万古一人之孔子"的赞誉中，他夸张地说"自有生民以来未有孔子"，以为孔子就如"兽中麒麟鸟中凤凰"，是做人的"极致"，其理想就是"学孔子"（《孟子·公孙丑上》）。在

---

① （宋）朱熹：《四书章句集注》，中华书局 2016 年版，第 95 页。

② （晋）郭象注，（唐）成玄英疏：《南华真经注疏》，第 111 页。

③ （晋）郭象注，（唐）成玄英疏：《南华真经注疏》，第 110 页。

④ ［德］尼采：《权力意志》，孙周兴译，第 1238 页。

孟子意义上的教—学，孔子作为"施教者"，等同于最理想的存在本身，是求学者的典范与目标。因此，孔子在其实质上就成了"求学者"通往道与其自身的巨大障碍与束缚。在庄子看来，只有施教者成为"不阻碍与无束缚的存在者"，才能使得"求学者得以走向真实的存在"（通往道并返回自身）。因此，王骀之兀，昭示冲破有形之束缚是走向真实存在的一个可能性契机。王骀作为一个在其自身真实（而非完美）、于他者无碍（而非权威）的存在者，作为求学者所自行来学而往聚者，便超越了单纯的"文—化与教—学"的域限，而指向存在者为谁这一问题的自身证成与彰显。

二　从子产到申徒嘉以至于伯昏无人之所

申徒嘉，兀者也，而与郑子产同师于伯昏无人。子产谓申徒嘉曰："我先出则子止，子先出则我止。"其明日，又与合堂同席而坐。子产谓申徒嘉曰："我先出则子止，子先出则我止。今我将出，子可以止乎，其未邪？且子见执政而不违，子齐执政乎？"申徒嘉曰："先生之门，固有执政焉如此哉？子而说子之执政而后人者也？闻之曰：'鉴明则尘垢不止，止则不明也。久与贤人处则无过。'今子之所取大者，先生也，而犹出言若是，不亦过乎！"子产曰："子既若是矣，犹与尧争善，计子之德，（不）足以自反邪？"申徒嘉曰："自状其过以不当亡者众，不状其过以不当存者寡。知不可奈何而安之若命，唯有德者能之。游于羿之彀中。中央者，中地也；然而不中者，命也。人以其全足笑吾不全足者多矣，我怫然而怒；而适先生之所，则废然而反。不知先生之洗我以善邪？[吾自寤邪？] 吾与夫子游十九年矣，而未尝知吾兀者也。今子与我游于形骸之内，而子索我于形骸之外，不亦过乎！"子产蹴然改容更貌曰："子无乃称！"

伯昏无人在此之呈露，如同上文王骀之呈露，二者都是间接性出场而不在场。伯昏无人，并未直接"出场"，只是在子产与申徒嘉的对话中被"衬显"而已，却成为厘定、廓清二人争议的宏阔之境。"伯昏无人"之名，有其意趣在其中："伯昏无人，师者之嘉号也。伯，长也。昏，阇也。德居物长，韬光若阇，洞忘物我，故曰'伯昏无人'。"① 伯为所尊之长，昏是无所明辨之状。无人，既是伯昏无人眼中之无人我之别，也是在其他人眼中伯昏无人之无以显露。申徒嘉之名，也具有某种意蕴："申徒者，教民之官也。嘉者，善之至也。"② 所谓申，有凸显、显明之意；所谓徒，即从学之人；嘉者，肯定之意。申徒嘉作为伯昏无人的从学者或学生得到彰显，恰好就是伯昏无人作为施教者隐而不彰。在文—明教化之域，教—学双方的显隐关联，透显着真实存在的可能性及其深度。伯昏无人作为施教者而隐匿，申徒嘉与子产作为受教者而彰显。

子产"执政当涂，荣华富贵"③，于流俗是"位高权重之人"，自以为是，自矜太过，心底存着一个"自高轻人"之意："后人者，先己也，先己而后人则是贵我而贱物。"④ 不愿意与同门而学但地位低贱者申徒嘉为伍："羞与刖者并行。"⑤ 所以，子产强调一般人要避让掌权的执政者，认为这是流俗社会的价值与礼仪。子产如此区分形体残兀的申徒嘉与作为执政的自己，表面上是对申徒嘉之形体的排斥与贬低，但实质上，子产的如此做法反倒是陷于"以形视物"："妍媸、荣辱、贵贱，皆从形体而有者也。"⑥

在申徒嘉看来，子产与他同学于伯昏无人之门，"先生道门，深明众妙，混同荣辱，齐一死生"，子产却"悦爱荣华，矜夸政事，推人于后，欲处物先，意见如斯，何名学道！"⑦ 子产之求学

① （晋）郭象注，（唐）成玄英疏：《南华真经注疏》，第115页。
② （宋）王雱：《南华真经新传》，载方勇撰《庄子纂要》，第682页。
③ （晋）郭象注，（唐）成玄英疏：《南华真经注疏》，第115页。
④ （宋）林希逸：《庄子鬳斋口义校注》，第87页。
⑤ （晋）郭象注，（唐）成玄英疏：《南华真经注疏》，第115页。
⑥ （明）王夫之：《庄子解》，第50页。
⑦ （晋）郭象注，（唐）成玄英疏：《南华真经注疏》，第116页。

于伯昏无人，是为了与有德者长久相处而让自身德性保持光明。因此，在"伯昏无人的施教之域"，子产不应该以流俗的价值规范来看待他与申徒嘉之间的相互关系："今子之所取可重可大者，先生之道也。而先生之道退己虚忘，子乃自矜，深乖妙旨，而出言如此，岂非过乎？"①成玄英将申徒嘉所说"所取大者先生也"解释为"所取可重可大者先生之道也"，将隐而不显的伯昏无人"有形化"与"在场化"，悖于庄子隐匿以开启通道的本旨，并未领悟否定流俗有形执着之情欲的本质。

不过，在子产看来，申徒嘉的问题在于：申徒嘉因罪过被刖足而兀。就此而言，一方面，在世俗意义上，申徒嘉因其过错而遭刖足之刑，他首先需要反省自身之过错，而不是与人争德；另一方面，子产自身行走于如尧舜之有德而行的道路上，一个自省其过者不能与之相争。显然，子产将申徒嘉之因罪而刖足、自己执政施令而行与伯昏无人秉德而教，都从"有形化"的角度来加以"观视"了。如此，便会截然划分是非对错，将申徒嘉视为非与错而排除在真实的存在之外；相应地，也就将政治治理行为视为与伯昏无人的教化之道是本质一致之物。两方面的意思结合起来，子产有一个德形关系上的基本倾向显露出来，即子产强调形体的完整性是德性完善的基础，这既指人的身体性存在，在流俗之中的自我保全是成德的基础，也是指完整形体是人之德性经由身体性行动实现出来的基础。在伦理—政治处于自然而公正之境，子产以无过而形体完整作为德性完善的基础，具有合理意义。但是，现实与历史却显现为另外一种完全相反的样子，即伦理—政治本身丧失了自然与公正，它们本身就成为对形体的戕害与对德性的扭曲。

在申徒嘉看来，子产之论体现了流俗心理学的一个基本法则，即"自状其过以不当亡者众，不状其过以不当存者寡"，"多自陈其过状，以己为不当亡者，众也；默然知过，自以为应死者，少

---

① （晋）郭象注，（唐）成玄英疏：《南华真经注疏》，第116页。

也"。① 在赏善罚恶的流俗生活中，大多数人都以为自己无过或者过小而不应当被处罚（以至于死），而以为自己有过不应当存在的人则少之又少。在是非、善恶交织的流俗生活中，人都"饰美状以隐过，则幸而免刑；使非饰罪，则人人当刑矣"②。就其实质而言，流俗所谓善恶、是非、赏罚、功罪，其如此对峙与分立，就是一种对人之自然真性的戕害，从而在其施行之中，总是陷于自相悖谬，即以恶为善、以非为是、以罚为赏、以罪为功。自相悖谬的流俗价值及其奖惩机制，只能系缚于人之形体性存在而得以可能。子产的自恃清高，陷于形体及其扭曲而不自知。在此流俗世界中，不得已而有父子之伦常与君臣之政治。每一个具体之人都难免受制于此伦常—政治，这可以说是人之存在的"命运"。将流俗伦常—政治视为人之存在的命运，并非就是以之为人之存在的本质所在。恰恰相反，一个有德者领悟其德，他就安之而不以为意，从而迈向幽深邈远之境。

在流俗意义上，每一个人都有自多情节，都以为自身是一个"特出存在者"。尽管在生存论上，证成一个独一无二的存在，是一切深刻存在的真正目标。但是，作为疏离于深邃的流俗存在方式，自多自高的"特出存在者"，究实而言根本毫无任何深刻的内容。流俗的存在方式，其注目之点就是对生命存在之有形一面的宰制。其宰制的方式，就是力量的把持。整个流俗世界，本质上就是一个后羿"射箭之域"："善射莫如羿，彀中乃其必中之地，喻世之危如此。"③ 后羿之箭术，在其力量范围之内，无所可逃。一个人在后羿射箭之域而幸免于难，只是一种偶然意外之命。流俗就是一个由伦常—政治规则组成的无数暗箭密布之网，一个人生于其中，不为其所伤，是命；为其所伤，也是命。不为其所伤，是偶然之命；为其所伤，是必然之命。无论偶然还是必然，这都是一个人无可奈何的事情，只能顺而安之，即随顺而不以为意。安而顺之，

① （晋）郭象注，（唐）成玄英疏：《南华真经注疏》，第116页。
② （明）王夫之：《庄子解》，第50页。
③ （宋）林希逸：《庄子鬳斋口义校注》，第88页。

并非对于伦常—政治箭矢的肯定，而是一种更为深刻的否定，即一个存在者领悟出逸出此箭矢密布之网的通道，从此箭网迈出，通往幽深邈远而得以成德。

滞于形体性束缚，陷于箭矢密布之境而以苟免于刖足为生命之真与善，讥笑申徒嘉的刖足之残兀，这是昧然无知的流俗之众。面对昧然无知之众的嘲笑，如果陷于形体性与流俗性生存，便会勃然而怒。但是，对昧然无知之嘲笑而发怒，如果领悟了其怒之所以为怒，其本质上即无所怒而怒，就会迈入一个昏然一无所有之所，这也就是"伯昏无人之为无人之所"。此无人无我无箭矢之所，是一个幽深广袤之所，是一个消融、浸洗一切虚妄、执着之所。怒其昧然无知之笑，一个人领悟了自身之怒毫无本质，就"废然而返"——否定了流俗及其形体性束缚，而回到自身的自然之在，身体迈出虚无而通向深邃。如此迈出与通往的行走，是对于自身的返回，亦即对流俗的否定与对自身的肯定，这就是渊深广远之善。此善无声无形而来，以"昏然无人"的方式而自悟自洗。在此渊深广远之境，申徒嘉超克了彀中被箭矢刖足的形体性眼光，而成为无兀的存在。"兀"是流俗之形，"不知兀"就是自然而真的生存不再关注流俗的形体性维度。因为，在流俗中，形体是被扭曲地囚禁在善恶是非之中，人的身体不在其自身。而在渊深广远之境，身体作为形骸回到了自身，人不再为自身之外的流俗是非善恶的价值观念所牵拽而出。申徒嘉认为，在"伯昏无人"之所，他自身与子产都回到了自身的不被流俗是非善恶之箭矢囚禁、戕害的形骸之中。但是，子产竟然在"伯昏无人"之所，以形骸之外的流俗是非善恶之箭矢来主宰其与申徒嘉的关系，这是根本没有进入昏然无人之所。

子产才优智高，经申徒嘉这一"训诫"，蹵然而有悟。就其最低的意义而言，意味着从一般流俗之权力傲慢到子产的蹵然有悟，是一个升进；而从子产之进于申徒嘉，又有一个转进。但是，申徒嘉并非就意味着真实本身或道本身，他只是一个"中介"，即由他对子产的克服，昭示出迈向未曾在场的伯昏无人的通道："子产师伯昏之道而未能忘我，申徒同出师门而未能忘德。"① 有我即陷于流俗有形执着而倚权自高，有德则鄙弃流俗权力、物欲而据德自傲；二者勾连在一起而在其中被消融的那个更为深邃的背景性境域，"伯昏无人"，因其"无"而让每一个敢于否定自身迈出脚步者，因其"迈出"而开启通往真实而深邃的通道。迈出是对流俗箭矢之境的否定，从而人的身体就不再以被流俗价值观念囚禁的形体方式呈露，而是回到自身之为自身的自然形骸；通往是对渊深广袤的跃入，因为渊深广袤的"无形无人之无"，迈出—通往—跃入不断畅然而自由地实现，自由而必有所得，这就是德之所以为德。

三 畅然通达的阻碍：孔子作为桎梏

> 鲁有兀者叔山无趾，踵见仲尼。仲尼曰："子不谨，前既犯患若是矣。虽今来，何及矣！"无趾曰："吾唯不知务而轻用吾身，吾是以亡足。今吾来也，犹有尊足者存，吾是以务全之也。夫天无不覆，地无不载，吾以夫子为天地，安知夫子之犹若是也！"孔子曰："丘则陋矣。夫子胡不入乎，请讲以所闻！"无趾出。孔子曰："弟子勉之！夫无趾，兀者也，犹务学以复补前行之恶，而况全德之人乎！"无趾语老聃曰："孔丘之于至人，其未邪？彼何宾宾以学子为？彼且蕲以諔诡幻怪之名闻，不知至人之以是为己桎梏邪？"老聃曰："胡不直使彼以死生为一条，以可不可为一贯者，解其桎梏，其可乎？"无趾曰："天刑之，安可解！"

鲁有孔孟而为仁义—礼仪之邦，仁—义—礼即伦常—政治之纲维、囚笼。流俗有言，孔子为万世之师。孔子之所教，即以仁—义—礼为学。孔子之教—学，与伦常—政治具有内在一致性，其目的即在于使受教者将外在强加的仁—义—礼之束缚，转而为内在的自我囚

---

① （宋）褚伯秀：《南华真经义海纂微》，中华书局 2018 年版，第 200 页。

禁。在庄子的畅然通达以成德的视域里，孔子并非一个昭示"通道"的施教者，而是一个囚禁、阻碍"通道"的桎梏。

也许受流俗风评的影响，叔山无趾，刖足而兀，无趾而踵行以求学于孔子。孔子认为叔山无趾以往不能严谨修身，犯罪受刑之后再求学已经来不及了："子之修身，不能谨慎，犯于宪纲，前已遭官，患难艰辛，形残若此，今来请益，何所逮哉！"① 孔子之意，流俗之伦常—政治规范（仁—义—礼）具有真理性，并且与个体的德性是本质一致的，叔山无趾之受刑而兀，是因为没有将流俗伦常—政治之规范内化为自己的德性。孔子"何及"之论，表明其教化具有某种排斥性与否定性，比如"唯上智与下愚不移""唯女子与小人为难养也"（《论语·阳货》）。其教化的排斥性与否定性，也就是其教化不能让每一个乃至所有受教者或求学者走向自身。因为孔子并非一无所有的"昏然无人"，而是有所有的"明然有人"。

通过孔子的话语，叔山无趾看到了孔子之教与孔子本人的局限与狭陋。叔山无趾领悟于自身的刖足而兀，是因为"轻用吾身而不知务"，即将身体投入流俗箭矢之境；所以他想"重用吾身而知务"②，即要将身体从流俗箭矢之境超拔出来，迈向一条通往无不覆载之天地的道路。所谓"天无不覆，地无不载"，亦即意味着无不覆载的天地作为无限性整体，可以因其无边渊深与广袤无垠而消融流俗箭矢之境对身体的戕害，从而使得每一个存在者能保全自身形体，进而迈向自身更为尊贵、整全而自然的存在："天不为覆，故能常覆；地不为载，故能常载；使天地而为覆载，则有时而息者矣；使舟能沉而为人浮，则有时而没矣。故物为焉，则未足以终其生也。"③ 孔子之施教，流俗相传是"自行束脩以上无不教"（《论语·述而》）的普遍施教，但是实际上却显露出"排他性"或"排斥性"倾向。这意味着孔子及其施教内容，与天地不相侔，他有所为而为，其教是以先在而固有的"真理"与"价值"规训求学者，

① （晋）郭象注，（唐）成玄英疏：《南华真经注疏》，第118页。
② （晋）郭象注，（唐）成玄英疏：《南华真经注疏》，第118页。
③ （晋）郭象注，（唐）成玄英疏：《南华真经注疏》，第118页。

而非昭示出无限性本身以让求学者自行迈出以通达自身。因此，孔子及其教化不但不能助人成其德，反而是在形残之后对人之德性的进一步戕害。

在叔山无趾表达出通往无限性天地以成就每个人之德后，孔子自知了自身之鄙陋与狭隘。就其本意而言，一个人领悟了自身之鄙陋狭隘的有限性，也就意味着其可以打开通往无限性的道路。但是，孔子听叔山无趾讲完其所闻之后，不但昧于其有限性偏狭，反而以自己作为真理性道德勖勉学生改过迁善："夫无趾残兀，尚欲全生，补其亏残，悔其前行，况贤人君子，形德两全，生便忘生，德充于内者也。门人之类，宜勗之焉。"① 自以为是真理，自以为是道德标准，便不是领悟有限性而启开放性，而是将自身主观性绝对化为密不透风的囚笼以囚禁他者。

就其教化之迹而言，孔子似乎表现出某种谦卑之状，即他曾恭敬勤勉而问学于老子。叔山无趾经由自己求学于孔子之经历，再与孔子问学于老子之事，两相比较，以疑问的方式就正于老子，指出孔子并非至人："夫玄德之人，穷理极妙，忘言绝学，率性生知，而仲尼滞于文字，专行圣迹，宾宾勤敬，问礼老君。以汝格量，故知其未如至人也。"② 就其实质而言，孔子以礼为教，企求以诙诡幻怪之名闻达于天下，而不知名是囚禁自我并囚禁他者的桎梏："古之学者为己，今之学者为人，其弊也遂至乎为人之所为矣。夫师人以自得者，率其常然者也。舍己效人而逐物于外者，求乎非常之名者也。夫非常之名，乃常之所生，故学者非为幻怪也。幻怪之生，必由于学礼者，非为华藻也。而华藻之兴，必由于礼，斯必然之理，至人之所无奈何，故以为己之桎梏也。"③ 郭象的注指出了孔子以礼为教是以"矫饰"为名，但他以为孔子是因迹而行但不滞于迹的圣人。前者合于庄子对于孔子的定位，后者则是郭象自身对于孔子的信仰。但他揭示出，孔子之为孔子及其教化，就是流俗伦

---

① （晋）郭象注，（唐）成玄英疏：《南华真经注疏》，第119页。
② （晋）郭象注，（唐）成玄英疏：《南华真经注疏》，第119页。
③ （晋）郭象注，（唐）成玄英疏：《南华真经注疏》，第119页。

常—政治作为人之天命的必然。所以，当老聃反过来问叔山无趾，孔子可否领悟"以死生为一条，以可不可为一贯"，从而打破礼义名教之桎梏，叔山无趾直接以"天刑之，安可解"为答。

死与生一条，意味着变化之畅然无阻；可与不可为一贯，意味着是非、对错彼此通达无碍。两者合一，昭示出突破有限性拘束而迈向无限性的通道。但是，迈向无限性返回自身以成德，并不就是一种直线式的唾手可得之物，而是有着无可避免的"天定之罚"——即所谓"天刑之安可解"，一方面，流俗伦常—政治规范是每一个人以及所有人之生存所不可逃避者；一方面，为了伦常—政治规范对每一个人以及所有人施加更有效的约束，不能没有基于礼义名教的矫饰。流俗的箭矢之境必然需要名教之桎梏，名教之桎梏必然需要孔子之礼教："今仲尼非不冥也。顾自然之理，行则影从，言则响随，夫顺物则名迹斯立。而顺物者，非为名也。非为名则名至矣，而终不免乎名，则孰能解之哉！故名者，影响也。影响者，形声之桎梏也。"① 郭象以为孔子作为圣人是冥迹而行迹，以个体主观性境界来消解孔子礼教的外在桎梏性。但是，问题的关键在于，阻碍畅然通达与囚禁自然真性的"名教"，即使作为迹也是不得不有的必然之命。孔子名教的意义，正在于他是不得不有的桎梏与囚禁，从而孔子及其教化并非通达渊深广远的通道。理解孔子及其教化并非通达，恰好就是通道显现自身的某种可能，即远离孔子就意味着通达的可能："明斯理也，则名迹可遗。名迹可遗，则尚彼可绝。尚彼可绝，则性命可全也。"②

孔子为名教所束缚而不能通向渊深广远，孔子以名教囚禁求学者而阻碍他者通向渊深广远。孔子陷身于桎梏并自为桎梏，加深了伦常—政治之境的扭曲与遮蔽，从而使得迈出囚禁通往渊深广远以返回自身成德更为深刻、更为艰辛。深刻与艰辛，是迈出与通达的本质使然。

---

① （晋）郭象注，（唐）成玄英疏：《南华真经注疏》，第119—120 页。
② （晋）郭象注，（唐）成玄英疏：《南华真经注疏》，第120 页。

在一定意义上，形体在流俗伦常—政治之境中的残兀，反衬出其在渊深广远之域的健全。归根结底，通往真实存在的通道，要把德性如其本身那样解放出来，是与将身体如其本身那样解放出来相一致的："我们解除了德性的褴褛，我们把德性从大众的胡搅蛮缠中解救出来，我们剥夺了德性那种愚蠢的呆板、空茫的眼睛、僵硬的发型、僧侣般的肌肉。"① 从流俗道德中释放出自身的天性与自然，这是要紧的："衡量人们能够在何种程度上肯定自己天性的尺度——人们必须在多大或者多小程度上求诸于道德。"② 那种所谓以培育与驯化以改善人类的道德，实质上"使人堕落，使人虚弱"③；如此"道德改善"，就是一个"神圣的欺骗"，"无论是摩奴、柏拉图、孔子，还是犹太教和基督教的导师都未曾怀疑过他们撒谎的权利……迄今为止，用来使人类变得道德的一切手段，从根本上说都是不道德的"④。只有领悟了流俗道德的欺骗本质，德性才回归其自然而自在的真实，才显现为畅然四达的绽放活动及其展开的生成之物。

---

① ［德］尼采：《权力意志》，孙周兴译，第 594—495 页。
② ［德］尼采：《权力意志》，孙周兴译，第 636 页。
③ ［德］尼采：《偶像的黄昏》，李超杰译，商务印书馆 2021 年版，第 43 页。
④ ［德］尼采：《偶像的黄昏》，李超杰译，第 45 页。

老庄思想中"德性论"的新探索

香港浸会大学宗教及哲学系　田凯文（Kevin J. Turner）

摘要：基于对"性""德"之关系的研究，有助于重新探讨老庄"德性论"的内涵。学界的主流诠释是由"德"及"性"，将后者理解为得于"道"而内在于人的本质。这是按照西方本体论或形而上学的逻辑来看待老庄思想中的"性""德"概念，容易产生扭曲和误解。从老庄思想的内在逻辑出发，可提出对其"德性论"的新解释，即"性"之"得"是基于人和环境之间的交流来完成的。由此观之，"德性"不再是一种得于"道"而内在于人的本质，而是人通过与其所在之环境交流所得的生活方式。

关键词：老庄；道家；德；性；德性论

导　言

在既有的关注中国古代哲学人性论的研究中，徐复观的诠释范式具有比较重要的代表性，它将老庄道家思想中的"性"和"德"联结起来，进而将前者视为所"得"于"道"并内在于人的一种"本质"（essence）意义上的"德性"。① 问题是，这种诠释范式实际上意味着"以西解中"，换言之，所谓的"本体"概念来自西方哲学的本体论或者形而上学，以之解释老庄道家思想实际上扭曲了其本来的意思甚至

---

① 徐复观认为，虽然《庄子》内七篇没有出现"性"字，但是"德"字扮演同样的角色。也就是说，一物之德即一物之性。参见徐复观《中国人性论史》，九州出版社2013年版，第336页。

会导致误解。因此，本文立足于比较哲学的视角来重新认识老庄道家思想中的"性""德"关系，进一步讨论老庄道家的"德性论"。

本文第一节旨在说明主流诠释范式的具体内容，它是一个以徐复观为典型的以"本质"作为"性"的含义的解释范式，并指出此种诠释范式所存在的问题，即"本质"概念不符合中国哲学固有的内在思想逻辑，因此以之解释老庄道家的思想实际上会产生严重的误解并使老庄哲学变成西方哲学的某种副产品。第二节旨在重新认识老庄道家的"性"概念的含义，说明"性"即"生活方式"，也就是说，"性"是基于人与其所在的环境之间的交流所涌现出来的行动模式。由此，可以提供一种更合乎老庄道家思想内在逻辑的"德性论"。最后，第三节旨在沿着"性"即"生活方式"的命题来进一步挖掘"德性论"的深层含义，通过"性""姓""德""得"等概念来说明"性"并不是一个"得"于"道"的内在化的"本质"，而实际上是一个"得"于其所处其中的社会、文化及自然环境之间交流的"生活方式"。由此而言，"德性"不再是本体论或者形而上学的东西，而是一个在世界中的活泼泼的不断创生的生活方式。

一　道家"性"概念的主流解释

在英语世界的研究中，常见的是把"性"翻译成"人性"（human nature）。但是，正如 Michael Sandel 所指出，讨论 human nature 意味着一种不为时间和地点所变易的典型的目的论。① 同样，安乐哲指出把"性"译成 human nature 所存在的问题，并反对将《孟子》的"性"概念理解为 human nature，因为，这意味着将其置于一种"发现模式"或者"发展模式"并赋予其一种"超越根源"或者"超越目的"的内涵，与此同时，安乐哲主张由一种"叙事模式"（narrative model）视之的"趋向"或者"倾向"作为对"性"的理解。②

---

① 参见 Michael Sandel, *Liberalism and The Limits of Justice*, Cambridge: Cambridge University Press, 1982, p. 50。

② 参见 Roger Ames（安乐哲）, *Human Becomings*, NY: SUNY Press, 2021, pp. 147 – 203。

对"性"的诠释所体现的问题，并不仅仅出现在英语研究，也出现在中文研究当中；又不限于儒家研究，也在道家研究中产生了不少误解。主流的诠释根据古希腊形而上学来理解道家的"性"概念，具体来说，它使用"本质"（essence）和"本性"（nature）来突出道家的"性"的内在性、自然性以及本质性的特点。① 受安乐哲比较哲学方法论的启发，本文将反思以"本质"解释老庄思想中的"性"概念的诠释范式，这样做，一方面能够确定问题范围，另一方面也能够奠定本文的理论出发点。

这样的诠释方式始于徐复观，在其《中国人性论史》中，他认为，春秋时期出现的"性"字具有"本性"和"本质"的意思并且具有"现象的内在特性"。② 《老子》没有出现"性"字，徐复观认为它通过"道"和"德"两个概念来建立其人性论："道与德，是万物的根源，当然也是人的根源。因此，他对于道与德的规定，亦即是他对于人性的规定。"③ 就《庄子》而言，徐复观把"性"和"德"的概念关系说得更明确："德"应该被理解为"性"，这意味着它是超越的"道"所分化而内在化于万物中的东西。④ 同样，他将《庚桑楚》篇所出现的"性者生之质也"这句话中的"性"字，解释为"本质"的含义，即"生命的本质"；而且，这种生命内在的"本质"具有一种"精神的作用"，它是人出生以后所留下的一颗种子，隐喻"道"所派在人的身体中的代表。⑤ 由此可知，在徐复观看来，《庄子》的"德性论"将"德"理解为"道"分化于"性"之内的东西。

延续徐复观对《庄子》的"性"概念的理解，陈鼓应不仅认为"性"是"德"内涵的引申，而且也主张《庚桑楚》的"生之

---

① 冯契指出，"本质"对应的概念直接就是 essence。参见冯契《冯契文集》，华东师范大学出版社 1996 年版，第 3 册，第 41 页。
② 徐复观：《中国人性论史》，第 53 页。
③ 徐复观：《中国人性论史》，第 308—309 页。
④ 参见徐复观《中国人性论史》，第 336 页。
⑤ 参见徐复观《中国人性论史》，第 340—341 页。

质"同样意味着"生命本质"。基于此,陈鼓应把《庄子》同告子的"生之谓性"的观念联系起来,认为两者都主张人性的本质不善不恶。一方面陈鼓应认为《庄子》在告子对"性"的理解的基础上将之升格为一个形而上学的概念;另一方面,陈鼓应同样主张"性"是人身内在的具有精神作用的东西。并且,陈鼓应还通过"真"的概念把《庄子》的"性"连接到一个形而上学的话题上,他认为,《庄子》最为重视的是维护"本真的生活形态",对个人而言也就是维护其"天真的本性"。这个"天真的本性"是同外在的"礼"相对的、来自自然的以及内在于人的。①

在不同程度上继承和发展徐复观和陈鼓应的观点,郑开把《庄子》的"性"概念归属于一个"心性论"的理论框架。他把这个"心性论"分为三个层面:自然人性、无为心性和纯粹真性。自然人性指没有经过社会的熏陶的作为"朴"的人性;无为心性指超越凡俗的感情和喜乐所达到的"无情""至乐"的心理状态;纯粹真性指一种没有受到任何的"人伪"影响的纯粹体道境界。②在其他地方,郑开也直接把"真性"和"先天本质"连接起来。③由此视之,郑开同样是把道家的"性"概念理解为与那种既外在又"人伪"的人的定义相对立的既内在又本质的本性。

由以上可知,现有研究长久以来把老庄道家的"性"概念理解为在人身之中形成的、内在的、自然的、"本质"的"本性"。④这种使用"本质""本性"等术语来描述老庄道家的"性"概念的做法,也就是笔者所称的主流解释范式(prevailing interpretive paradigm)。⑤ 然

① 参见陈鼓应《庄子人性论》,中华书局2017年版,第69—80页。
② 参见郑开《庄子哲学讲记》,广西人民出版社2016年版,第176—193页。
③ 参见郑开《道家心性论研究》,《哲学研究》2003年第8期。
④ 郑开通过道家的"自然"概念和古希腊哲学的physis的比较来说明道家思想中的"自然"和"社会"的对立。
⑤ 以上三者以外,涉及同样解释问题的中国学者还包括杨国荣(见杨国荣《庄子的思想世界》,生活·读书·新知三联书店2017年版,第1—16页)、罗安宪(见罗安宪《虚静与逍遥》,人民出版社2005年版,第83—122页)以及涂光社(见涂光社《〈庄子〉心解》,学苑出版社2013年版,第167—186页)等。

而，这样理解老庄道家的"性"概念是有问题的，因为其所使用的语言不属于中国哲学的"理由的逻辑空间"（logical space of reasons）①，而是希腊或西方哲学的。正如丁四新所指出，"本质"和"本性"之类的术语本来是现代中文从西方哲学话语中引进来的：

> 单纯从词义本身来看，"本性""本质""性命"似乎接近"性"的古典含义，但其实，对于未经古典训练的人来说这些词义是被给予的，它们缺乏相应的历史深度。这即是说，这些词义不是在古典语境下被理解的，它们在现代中国人的头脑中已经不具备古典式的理解机制。造成此种理解的断裂困境，当然是因为理解这本身陷入现代汉语语境的形成，则是在西方文化的冲击和东西文化的交涉、交融下进行的。因此，现代汉语中的"性"这个词汇即受到了太多"西来意"的影响。②

总结起来，虽然这些"西来意"现在普遍地深入了中国固有的概念并使之经过意义转化，但这些现代术语仍然是文化交流的产品因而在它与其历史祖先之间存在着两千年的距离，因此，将古代的"性"读为现代的"性"是对中国古代哲学的误读。③ 王国维一语中的："古语与今语不同。"④ 这意味着，如果要提供一个不将"性"理解为"本质"或者"本性"而是从老庄道家思想固有的"理由的逻辑空间"出发来理解其"德性论"的方式，必须首先重定"德性论"的诠释范围。

---

① Wilfrid Sellars, "Empiricism and the Philosophy of Mind", in *Science*, *Perception*, *and Reality*, California: Ridgeview Publishing Company, 1991, p. 169.

② 丁四新：《作为中国哲学关键词的"性"的生成及其早期论域的开展》，《中央民族大学学报》（哲学社会科学版）2021 年第 3 期。

③ 尽管如此，仍然有一些学者意识到了这种问题并选择避免它。杨立华是个比较好的例子，在其《一本与生生》当中，他有意识地同时选择使用来自亚里士多德哲学的"形式"和"质料"的概念并且不进行概念的批判性反思。（参见杨立华《一本与生生》，生活·读书·新知三联书店 2018 年版，第 3—4 页）

④ 王国维：《与友人论诗书中成语书》，载《王国维全集》，浙江教育出版社 2009 年版，第 8 册，第 30 页。

二 "德性论"之诠释的新方向

为了重新认识老庄道家思想中的"德性论",需要重新界定本文所使用的诠释范式。《庄子·马蹄》篇有一段极为关键的文字:"彼民有常性,织而衣,耕而食,是谓同德。"这里所谓的"常性"概念显然包括编织和耕耘这种凡俗活动在内,由此可知对"性"准确的理解并不是"本质"或"本性",而是"生活方式",是人在世界中跟其所在其中的环境之间交流时所获得的。更为重要的是,《马蹄》篇将"性"和"德"直接连接起来,这种"德性"无法被理解为一种得于"道"的本体论意义上的"本质"。作为民之所从事的活动,这种"同德"的"常性"只能是人之所做,即人的生活方式。这种思想其实也见于道家传统其他文献,尤其是《淮南子》和《列子》,我们可以引用它们来增强这种诠释范式的理论基础。①

《淮南子·太族》中说:

> 圣人之治天下,非易民性也……民有好色之性,故有大婚之礼;有饮食之性,故有大飨之谊;有喜乐之性,故有钟鼓管弦之音;有悲哀之性,故有衰绖哭踊之节……此皆人之所有于性,而圣人之所匠成也。故无其性,不可教训;有其性,无其养,不能尊道。

---

① 《淮南子》和《列子》都跟《庄子》有密切关系,前两者不仅包括跟《庄子》一致的不少内容,同时也可能保留了《庄子》的佚文。关于《庄子》和《淮南子》文本之间的关系,请参见 John Major & Sarah Queen (*The Huainanzi*, NY: Columbia University Press, 2010, pp. 26 - 27)和王叔岷(《庄子管窥》,中华书局 2014 年版,第 65—83 页);关于《庄子》和《列子》之间的关系,请参见 Ronnie Littlejohn (*Riding the Wind with Liezi*, NY: SUNY Press, 2011, pp. 31 - 49)。杨儒宾说,就解释而言,《庄子》和《列子》互相彰显(参见杨儒宾《儒门内的庄子》,台北:联经出版事业股份有限公司 2016 年版,第 313 页),因此,使用《淮南子》和《列子》来说明《庄子》的思想具有一定的合理性。

这段文字之所以重要有几个原因。第一，它的"民性"的说法跟《庄子》的"民有常性"有共鸣，这意味着两者在参与同一个话语活动。第二，《淮南子》说"民性"是圣人所"匠"的，也就是说，"民性"是圣人创造或塑造的。能被塑造的并不是一个"本质"，这也提供了把《庚桑楚》的"质"概念理解为"要加工的材质"的旁证。第三，《淮南子》在这里告诉我们，人不只具有一个"性"而是具有四个，而每一个"性"都体现于具体的社会活动——婚礼、乐音、宴会和丧礼等之中。由此可知，《淮南子》同《庄子》一样主张"性"并不指向一个"本性"的问题而是一个人之所做的问题。

《列子》也记载类似的思想。《汤问》篇说：

> 南国之人，被发而裸；北国之人，鞨巾而裘；中国之人，冠冕而裳。九土所资，或农或商或田或渔，如冬裘夏葛，水舟陆车，默而得之，性而成之。

中国哲学主张地理能够影响不同地方的人的风俗习惯，《列子》这个段落典型地体现了这一点。住在南方的人披发且不怎么穿衣服，可是住在北方和中部的人却戴帽子和穿衣服；水多地方的人坐船和钓鱼，水少但地多地方的人骑马和田猎。《汤问》这段话是在告诉我们，人之所是并不是一个人内在的"本质"是什么的问题，而是一个人之所做的问题，即他们的活动和生活方式是什么。

《列子·汤问》这段也因为它最后的一句话而很重要："默而得之性而成之。"关键当然是如何理解这里的"性"字。在葛瑞汉的《列子》英译当中，他把它直接译为 nature[1]，但是这很容易误解为道家的"天"或者"自然"。并且，被译为 nature 的"性"也被赋予了一定的被动性。可是，住在不同地方的人所从事的活动并不是一个被动的现象，环境并不能够绝对地决定人的生活方式是什么，

---

[1]　Angus Graham, *The Book of Lieh-tzu*, NY：Columbia University Press, 1990, p. 104.

反而，人所获得的生活方式是由他们与所在的环境之间的配合产生的，其所在的地方不过是提供一种促使产生这种或那种生活方式的"环境趋势"（environmental dynamics）而已。这是笔者之所以主张这里的"性"应该理解为副词，也就是现代汉语的"自然地"或者英语的 naturally 的原因。这种适合其所在的环境的生活方式之所以是"自然"的，是因为人在水多的地方"自然地"钓鱼而在水少的地方"自然地"骑马等。这些生活方式不是别人教他们的，而对他们来说就是自然的，即"默而得之"。由此可知，"德性"的含义就是人从其所在其中的环境中所"获得"的"生活方式"。

跟徐复观等人所建构的将"德性"理解为"本质"或者"本性"的解释范式相比，以上的讨论说明道家的"德性"概念其实更多的指向一个由人和环境之间的配合活动而涌现出来的产物。更重要的是，所谓"生活方式"实际上就"得"于人跟环境之间的交流，所以可以说老庄道家的"德性论"不意味着某种内在的"本质"观念，而意味着人在世界中从事凡俗活动的"性即生活方式"。本文以这个新的解释范式为基础。

三 老庄"德性论"的义涵

以下的讨论要接着《庄子》的"常性"概念所意味着的"德性论"继续进行。为此，我们提出所谓"遗传"的概念，"遗传"不是"基因遗传"的意思，而是价值的一代代的遗传：我的父亲是厨师所以我也是厨师；你的母亲信佛所以你也信佛。以这种"遗传"的定义加上本文此前的讨论，"常性"如何意味着一种"德性论"应该已经是显而易见的了。人的生活方式不是一件一次性创造的事，而是在固定的社会和自然环境中生活（making a living），而且，"生活方式"是下一代从上一代那里"得到"的。①

① 请参见拙文 "Yangsheng 养生 as 'making a living' in the Zhuangzi"，Asian Philosophy，Vol. 33，No. 1，2023，pp. 50–63。

为了论证对《庄子》中"德性论"的这种"遗传"意义上的解释，需要再一次引用《马蹄》篇所说的话："彼民有常性，织而衣，耕而食，是谓同德。"这句话的关键在于"常性"和"同德"的关联，这为我们提供了进一步理解"性"所包含的"遗传"维度的线索。"常性"和"同德"的关系让我们想起《国语》所记载的"姓"和"德"。《国语·晋语四》记载："同姓则同德，同德则同心，同心则同志。"这句话的语境涉及古代皇帝的家族谱系和一个可能的婚姻，它分别指出同姓婚姻和异姓婚姻的利弊，比如"故异德合姓，同德合义"。无论如何，我们需要把握的是"姓"和"德"之间的关系到底是什么。

为了回答这个问题，可以借用郑开的解释：

> 这两句恰好说明"姓"就是氏族的本质属性（不仅是血缘属性同时也是文化属性）。换言之，某一氏族的共同属性被认为是一个氏族的"德"，而每一个氏族都有自己的不同于其他氏族的"德"。[1]

郑开的观点令人深受启发，但是笔者不能接受他把"姓"和"德"之间的关系理解为一个家族的"本质属性"（essential attribute），如此的理解还是处于本文此前所解构的诠释范式的范围内。"姓"和"德"所可能指向的"本质属性"并不是一个家族的内在先天的东西，而是一个家族一代一代从事并且传承下去的生活方式。郑开列举"姓"和"官"同时出现的例子，由此可知，"性"所涉及的不是"本质"而是一个家族的"官位"，就是他们的工作和职业。如果把这一现象和《晋语四》的"姓""德""心"及"志"的概念网络联系起来的话，本文的解读就更能够讲得通了。这四者的关键在于构成一个家族的每一个成员对于继承并且发展其家族的

---

① 郑开：《德礼之间——前诸子时期的思想史》，生活·读书·新知三联书店2009年版，第222页。

生活方式的志向和承诺。

以上的讨论说明了"姓"和"德"之间的关系,但是尚未说明这一关系如何关联到"性即生活方式"的命题。首要的,这个关系不是概念上的而是字源上的。众所周知,"性"和"姓"的发音之所以相同是因为两者都从"生"字;两者的区别在于前者从"心"而后者从"女"。傅斯年为我们陈述三者之间的关系,他说:

> 性,所生也,今益之曰,姓,所由生也。后来"姓""性"二字,在古皆为生之一词之文法变化,生为主动词,姓则自主动词而出之成由格名词,性则自主动词而出之成就格名词。①

由此可知,由于"生"字,"性"和"姓"有了字源关系。需要进一步指出的是,虽然两者的部首不同,但在古代经典当中事实上存在不少互相假借的例子,在具体文本中到底读为"性"还是"姓"要由语境决定。

傅斯年对这两个概念的陈述之所以重要,还在于他把"姓"理解为一个"从哪儿来"的问题而把"性"理解为"到哪儿去"的问题,所以我们能够得出结论说,"性"和"姓"的关系意味着一个人继承从其家族所"获得"的生活方式并且将之传给下一代人。用《列子》的话来概括,"姓"所指是"默而得之",而"性"则为"性而成之",这就是老庄思想中"德性"的含义。换言之,"性"并不意味着人的内在本质意义上的人性,而是构成一个家族所获得的生活方式和对这个生活方式的继承和维护。

澄清了"性"和"姓"之间的关系,现在我们来考察两者与"德"的关系。在老庄道家思想中,"德"和"得"之间的关系在宇宙论层面具有重要的意义,这已经是共识。徐复观之所以认为《庄子》内七篇虽然没有"性"字但是其"德"字却具有前者的含

---

① 傅斯年:《性命古训辩证》,上海古籍出版社 2012 年版,第 146 页。

义，正是因为老庄道家认为物的"德"也就是那个物的"性"。

　　道家经典有不少可以说明这一点的例子，比如《老子》第三十九章：

　　　　昔之得一者：天得一以清；地得一以宁；神得一以灵；谷得一以盈；万物得一以生；侯王得一以为天下贞。

这里所谓的"一"指"道"，所以"得一"也就是"得道"，这段话意味着，"天"要是"天"，"地"要是"地"，"神"要是"神"，任何东西成其所是的前提是从"道"那里"获得"其生存能力。除了《老子》以外，其他文献有更直接的表达。《韩非子·解老》云："德者，内也。得者，外也…德者，得身也"；《管子·心术上》亦云："故德者得也，得也者，其谓所得以然也。"陈鼓应指出，这里的"所得以然"指向"道"，所以它跟《老子》的"一"一致。①《庄子》也不例外，同样保持"德，得也"的立场，《天地》篇云，"物得以生，谓之德"，而《渔父》篇亦云："道者，万物之所出也，庶物失之者死，得之者生。"这些例句都说明了"德"和"得"之间的关系。

　　这些来自道家文献的例子似乎在说万物之所以存在是因为"分有"超越之"道"的存在本身。那么，由于老庄道家将"德"理解为一个事物的"之所以"，因此将它误解为一个既超越又有目的性的"本质"或"实体"似乎是一个很容易犯的错误。可是，这样的理解误解了道家的宇宙论，老庄道家实际上不那么重视"实体"而更多重视"过程"。这正是唐君毅所提出的"无定体观"的意义之所在："中国人心目中之宇宙恒只为一种流行，一种动态；一切宇宙中之事物均只为一种过程，此过程以外别无固定之体以为其支持者（Substratum）。"②虽然他在论证这个观点时只引用了

————————

① 参见陈鼓应《管子四篇诠释》，中华书局2017年版，第129页。
② 唐君毅：《中西哲学思想比较论文集》，台北：台湾学生书局2016年版，第2页。

《老子》第二十五章，但他的"无定体观"事实上在别的道家经典中随处可见，尤其是《庄子》之"化"的观念。

《庄子·齐物论》的"庄周梦蝶"的寓言或许是最有代表性的。在梦为"栩栩然"的蝴蝶和"蘧蘧然"的庄周之间，后者质问他是梦为的人，还是梦为庄周的蝴蝶。《庄子》并没有告诉我们答案是什么，它只是告诉我们，在蝴蝶和庄周之间"必有分"，而这就是"物化"。《庄子》所重视的不在蝴蝶或者庄周是什么，而在如何作为蝴蝶和如何作为庄周，基于此，他肯定两种经验的真实性。① 由此视之，由"道"所得之"德"并不是一个"本质"，而是一个在以"道"为范围的不同自然、社会和文化场所中将内在和外在的不同因素结合起来的凝聚活动。

把以上的讨论放在一起来看，我们会发现《庄子》中的"性"概念，并不是指人的本质或者本性而实际上是由家族所遗传（姓）而获得的决定其特点（德）的生活方式（性）。人类的在世界中的存在方式是由处于时间和空间的不同环境的家族一代一代传承的，这才是《庄子》的"德性论"的"真面目"。

结　　论

本文说明了将"德性"理解为"本质"或者"本性"的主流诠释范式不能够准确地描述老庄道家思想中的"德性论"。通过我们对人类和自然之间的关系的调整以及对道家其他经典关于"性"即人之所做的命题的引入，本文提供了一个将"性"理解为"生活方式"的新解释。此外，由"性""姓""德"及"得"之间的关系，本文也说明了所谓"德性"并不意味着人的"本质"或"本性"，而是意味着人从其所在其中的社会、文化及自然环境所获得的生活方式。

---

① 关于《庄子》的"化论"，请参见郑世根《庄子气化论》（台湾：台湾学生书局1993 年版）和 Steve Coutinho（*An Introduction to Daoist Philosophies*，New York：Columbia University Press，2014，pp. 85 – 92）。

庄子哲学中"德"观念探析[*]

——以己物关系为线索

南开大学哲学院　郑随心

摘要：对于"德"的诠释，学者们多将注意力集中在"德"内藏的"自我成就"面向，而淡化了本身具有的"涉他性"，但这一点对于理解"德"，乃至理解庄子思想，又是非常紧要的。从修德之始、修德过程以及至德三个阶段能够看出，庄子的"德"实则包含"成己"与"成物"两个向度，而伴随着"德"之始终的"物"构成了"至德"之达成的决定性因素。不仅"成己"是衡量德之修的标杆，"成物"也决定了"德"是否为"至"的准则。这就揭示出"德"本身具有突破个体，向他者开放的潜在动力。作为"德"的最高阶段——"至德"本身给出了如何达到己物各尽其性的生命提升路径，由此开出的是"以天合天"的己物关系。

关键词：己物关系　庄子德　至德　以天合天

引　言

　　"德"是中国传统思想中非常重要的观念，具有划时代的意义，郑开先生甚至将前诸子时代的思想史概括为"德的时代"。[①] 经过

---

　　[*] 本文受到了南开大学文科发展基金项目资助，为南开大学文科发展基金项目"《庄子》仁义思想研究"（编号 ZB22BZ0313）的阶段性成果。
　　[①] 参见郑开《德礼之间——前诸子时期的思想史》，生活·读书·新知三联书店 2009 年版，第 1—2 页。

数百年的洗礼，"德"在诸子时代焕发出新的生命力，其中儒家发展了"德"的伦理意义，强调通过"修德"提高人格境界，如孔子以"仁"来勘定"德"之内容，孟子的"性善论"可视为"德"观念的理论蜕变。道家主张返回素朴、天真之德，老子以半部《道德经》言"德"，强调"德"具有稳定天下秩序的政治功能。庄子对"德"也有着自己的独特思考。

《庄子》专门作《德充符》探讨"德"①，成玄英亦言"夫《庄子》者，所以申道德之深根"②，可见"德"在《庄子》书中之地位，学者们也通过钻研全书，详细地论述庄子之"德"。大体来看，均是通过讨论"德"与"道""天""生""形""心""性""命""情""和""真""神""光""自然""无为""仁义"等概念关系的方式讨论庄子之"德"③，从而揭示了"德"的

———————

① 《德充符》是讨论"德"最集中且全面的篇章。与外、杂篇选取篇章首字的命名方式不同，内七篇皆"以义名篇"，换言之"德充符"三字本身就指出了篇章宗旨。历代注释家将诠释重点落实到"德"上再次证明了"德"是《德充符》的主旨。如清代学者刘凤苞言："通体照顾'德'字。"参见（清）刘凤苞《南华雪心编》，中华书局2013年版，第113页。关于这一点，我们还可以列出一个名单，如郭象、王雱、陈景元、释性通、近人朱青长、刘武等。现代学者王博先生说道："在庄子内七篇中，德也是个重要的概念，这集中地表现在《德充符》一篇……《德充符》从始至终都是一篇'德'的赞歌。"王博：《庄子哲学》，北京大学出版社2013年版，第218页。若深入文本，还会发现《德充符》对"德"的论述构成了一个严密的理论体系，孙明君对此有所探讨。参见孙明君《庄子德论新诠——以〈德充符〉为中心》，《清华大学学报》（哲学社会科学版）2020年第5期。

② （清）郭庆藩撰，王孝鱼点校：《庄子集释》，中华书局2012年版，序言第7页。

③ 相关研究成果实在太多，这里仅列举代表性的成果。如王中江先生、郑开先生、罗安宪先生、安乐哲先生等在分析道家德论之中，便谈到了庄子之德，参见王中江《道家形而上学》，上海文化出版社2001年版，第169—182页；郑开《道家形而上学研究》，宗教文化出版社2003年版，第182—195页；罗安宪《虚静与逍遥——道家心性论研究》，人民出版社2005年版，第83—122页；Roger T. Ames, "Putting the *Te* back into Taoism", in J. Baird Callicott and Roger T. Ames, eds., *Nature in Asian traditions of Thought*: *Essay in Environmental Philosophy*, Albany State University of New Work Press, 1989, pp. 113 – 143. 杨国荣先生、王博先生、池田知久先生等对庄子之德有专门论述，参见杨国荣《庄子的思想世界》，北京大学出版社2006年版，第159—165页；王博《庄子哲学》，第81—99、217—219页。池田知久《道家思想的新研究——以〈庄子〉为中心》，中州古籍出版社2009年版，第244—245、291—292页。除此之外，还有一些专门讨论庄子"德"观念的文章，如王楷《庄子德论发微》，《道德与文明》2013年第1期；詹康《庄

含义、状态、衰败、修养、伦理、政治等多维向度，从而展现出一幅广博而宏观的"德"之图景。综合来说，学者们大多将《庄子》的"德"理解为个体自我的精神修炼或心灵境界。如刘笑敢先生认为，"淳朴的自然本性"和"最高的修养境界"是庄子"德"包含的两个内涵。①中国台湾学者高柏园也有类似的看法，他认为"德……在本质上便是一种主观的境界，盖德之虚静、德之和皆是隶属于个人境界的修养"②。可见，学者们更专注于"德"的内在性、主观性，这就很容易导向一种"排他性"的理解，认为"德"是一个局限于个体生命内部的概念。然而，《庄子》的"德"本身蕴含着突破个体、主观，向他者开放的向度，换言之，"德"是一个囊括己物、关涉他者的概念，甚至"物""他者"是构成"德"的重要一环。③郑开先生与叶树勋先生均洞察到这点，郑开先生认为："'德'的概念隐含了一种通过'性'（以及更复杂的道德之间的关系等）把握'物'展现多元思考'道物关系'的新思维。"④叶树勋先生说得更加明确："当我们把'德'理解成一种心灵境界时，

子的德论》，《杭州师范大学学报》（社会科学版）2017 年第 6 期；王敏光《庄子"德"论释解》，《伦理学研究》2019 年第 6 期；经纶《庄子德论的内在理路》，《中州学刊》2019 年第 1 期；孙明君《庄子德论新诠》，《清华大学学报》（哲学社会科学版）2020 年第 5 期。詹康先生从训诂入手，几乎讨论了"德"与上文提到的所有关键词的关系，并率先揭示了"德"的政治意蕴。叶树勋先生可以说是当前对庄子德论进行最全面和深刻研究的学者，他采用哲理语文学的方法，从小学入手，在宇宙论、生命个体、政治哲学三个方面对其展开了全面而系统的论述，且将其放在道家思想发展的背景中揭示出庄子德论的内在结构与特质，勾画出完整的德论体系。具体请参见叶树勋《先秦道家"德"观念研究》，中国社会科学出版社 2022 年版，第 214—374 页。

① 参见刘笑敢《庄子哲学及其演变》，中国社会科学出版社 1988 年版，第 132—133 页。

② 高柏园：《庄子内七篇思想研究》，台北：文津出版社 2000 年版，第 158 页。

③ "物"是《庄子》哲学一个重要且复杂的概念。根据叶树勋先生考察，"物"在《庄子》中大体有四义：与"道"相对的现象事物；与人相对的非人之物；与个人相对的外界事物；用作动词。（参见叶树勋《先秦道家"德"观念研究》，第 276 页）本文提到的"物"有以下两种情况。第一，与己相对的"物"，如己物关系中的"物"，成己与成物中的"物"，均指"与个体相对的所有他者"。第二，"万物"指现象界的所有事物，与"道"相对。

④ 郑开：《试论老庄哲学中的"德"：几个问题的新思考》，《湖南大学学报》（社会科学版）2016 年第 4 期。

不能将此境界看作与外物相隔分的纯粹的内心世界,事实上,此等境界的实现需要外物的存在、需要他者的参与。……'德'的意义不仅在于自我价值的实现,也关乎他者的境域,这两方面是互动而一体的。"① 这里,叶树勋先生已然揭示出"德"并不应该局限于有德者自身,而且和他者的境域直接相关;其次,这种境界的实现就是在己物互动中完成的,因此"德"不仅关涉"成己",还包含"成物"。那么,"德"就绝不是"排他性"概念而是"涉他性"②概念。这无疑将"德"内藏的哲学义理往前推了一步。然而总体来说,对"德"的涉他性论述还有极大的讨论空间,"物"在"德"之哲思中所应有的地位也需勘定。本文从修德的三个阶段揭示"德"是一个由"己"自觉开启,并需要在己物互动中完成的概念,以此弥补先前学者的研究漏洞。同时,进一步发现己物的"双向"成就才是衡量"德"是否为"至"的标准。需要注意的是,庄子所肯定的只有至德,并明确表示以非至德为终极标的的巨大危险。至德境界内的"己物双成"带出的是以天(己之天)合天(物之天)、相互冥契的己物关系,而这种理想关系呈现的是"独"的新主体形式,新主体一方面保持自身的独特性,另一方面由于立于万物之宗故又打破己物隔阂进入了万物一体的境界。在此意义上"德"反过来成为勾连己物、突破内外、成就新主体的枢纽。

一 "德"的两种向度:"己"与"物"

"德"在《庄子》中出现了200多次,是出场频率非常高的一个概念,仅从字义上看包含三个含义。第一,"得"。如"道未始有封,言未始有常,为是而有畛也。请言其畛:有左有右,有伦有义,有分有辩,有竞有争,此之谓八德"(《庄子·齐物论》)③。

---

① 叶树勋:《先秦道家"德"观念研究》,第323—325页。
② 叶树勋:《先秦道家"德"观念研究》,第529页。
③ 本文所引《庄子》原文皆出自清人郭庆藩编《庄子集释》(2012年版),如引他本,则随文说明。后文所引文句将只标篇名。

"物得以生谓之德。"（《天地》）第二，天性、彝性。如"颜阖将傅卫灵公太子，而问于蘧伯玉曰：'有人于此，其德天杀。'"（《人间世》）"鸡之与鸡，其德非不同也。"（《庚桑楚》）第三，品行、德性。如帝王之德、君子之德等。前两个含义可以概括为万物"得"之于道而具有的属性之"德"，这样《庄子》中的"德"可以被分为"属性之德"和"品德之德"两种，前者是后者在宇宙论层面上的依据。① 本文主要讨论后者，即经过后天修身而形成的向道开放的品德（后天之德），这种品德恰恰是打破己物隔阂，通达为一的枢纽。

学者们多将注意力集中于《庄子》"德"的己身性②，使得一提到"德"便联想到无关他者的己身之德，这无疑是正确的，但并不全面，其实"德"还包含与己相对的"物"之向度。许慎在《说文解字》中以"外得于人，内得于己"释"悳"③（"德"），就已然表明"德"是己与人的共得状态。庄子中的"德"不仅向"人"敞开，更囊括除人之外的"物"，换言之，庄子之"德"不仅仅是己人关系的枢纽，更是己物关系的关窍。郭象与成玄英的解释更为确切，郭象说"事得以成，物得以和，谓之德也"④，成玄

---

① 这借鉴了叶树勋先生的分法，参见叶树勋《先秦道家"德"观念研究》，第237页。

② 本文所使用的"己身性"与他者性相对，排除他者仅仅包含自身的概念，凸显的是本己性，是自我对自身的反思、省察、涵养等。这里使用"己身性"非"自身性"一是考虑到与海德格尔（Martin Heidegger）、保罗·利科（Paul Ricoeur）等人区别开来。海德格尔在批判主体主义关于世界属于自我性的形上学中，发展出一套"自身性哲学"，即从存在自身开显此在自身及文化自身等的统一性和差异性。保罗·利科则将"自身性"放在自我同一性问题的框架下讨论，认为自身在具有自身性的同时必然包含他者性。而本文的"己身性"是不包含他者之向度的。二是，就《庄子》内部来说，"己"更加强调主观个体性，如"一以己为马，一以己为牛"（《应帝王》）。且多在与物、他者对立的关系中成立，如"丧己于物"（《缮性》），"不以物害己"（《秋水》），正是在此意义上，"己"前多加"无""丧""忘"等这种否定性词汇。而"自"可以在无对立关系中单独成立，不是特指，突破了主观个体性，可以指向众多之万物自身，如"咸其自取"（《齐物论》）。而本文所谈论的恰恰是与他者对立的"己"，而不是"自"。基于以上两个原因，本文选用"己身性"，而不是"自身性"。

③ （清）段玉裁：《说文解字注》，中华书局2013年版，第507页。

④ （清）郭庆藩撰，王孝鱼点校：《庄子集释》，第220页。

英言"物得以和而我不丧者，方可以谓之德也"①。现代学者郑开和叶树勋两位先生业已指出"德"的涉他性，但并未展开详细论述。本文从修德成德的历程论证，"物"在"德"的达成中具有极其重要的位置。

个体的自觉是开启修德之旅的起点，而这种自我的"觉醒"需要他物的介入。《逍遥游》开篇提到鲲化为鹏，鹏的图南之行需要在北冥之大海，六月之飓风中才能完成，蜩与学鸠见此嘲笑大鹏，"笑"的背后是对自己局限的不知与对修德的不觉。与这两只小虫形成对比的是《秋水》中望洋兴叹的河伯。秋水时至，河伯以为天下之美尽在己，直到见北海若，在对北海若的惊异中，觉察到自己的渺小，由此才踏上修德之旅。所以，"德"虽由"己"开启，但他者却撬动了己之觉醒，成为自我提升的启蒙者。在修德的过程中，"物"的重要性更为突出，可以说由己物关系所建构的场域构成了己之修德的条件，换言之，主体之"德"的提升就存在于与物的互动中。《庄子》专门批判了离物遗俗的修德路径，《刻意》开篇便言"刻意尚行，离世异俗，高论怨诽，为亢而已矣。此山谷之士，非世之人，枯槁赴渊者之所好也"。且这种方式也是不能成功的，《达生》篇"鲁有单豹者，岩居而水饮，不与民共利，行年七十而犹有婴儿之色，不幸遇饿虎，饿虎杀而食之"。总之，离物成己是不可能且行不通的，己德的提升总是在与事物打交道的过程中完成。庄子进一步揭示己物关系绝不是以牺牲物来成就己的以己为中心的关系，而是在承认双方平等前提下的"双向成就"，由此《庄子》给出了"一荣俱荣，一损俱损"的己物关系。庄子用耕种与禾苗解释这种关系，他说"昔予为禾，耕而卤莽之，则其实亦卤莽而报予；芸而灭裂之，其实亦灭裂而报予"（《则阳》）。你若深耕细作，禾苗便长得健壮，若耕作粗卒，禾苗就生病枯萎。既然《庄子》的"德"包含成己成物两个方面，那么"修德"就变成了"修己"与"成物"并存的一个过程，它们就像形之于影，声之于

---

① （清）郭庆藩撰，王孝鱼点校：《庄子集释》，第221页。

响，是一体两面。甚至可以说"成己"与"成物"的双向成就给出了"德之真"的定义，此时"德"造就的是一幅万物皆有路可走的理想愿景，这便是向"道"开放之"德"，《庚桑楚》有言"道者，德之钦也"。然而庄子认为通达道之德虽然是真德，但并不是至德。至德还需要扫除德之形迹，达到"无形"之德，人们所当追求者只是这个不形之至德。庄子敏锐地察觉到任何不达此极致之德都存在着潜在的隐患，都需要警惕。《庚桑楚》篇记载了一位来畏垒山修炼的贤人——庚桑楚，自从他来到畏垒山之后每年都会大丰收，可见他在涵养内在之德的同时亦在成物。庚桑楚之贤能被乡人识破，乡人们想要祭祀他，庚桑楚警觉到有形之德的祸患，直言"民之于利甚勤，子有杀父，臣有杀君；正昼为盗，日中穴阫。吾语女：大乱之本，必生于尧、舜之间，其末存乎千世之后。千世之后，其必有人与人相食者也"。并进一步指出自身缺陷，"夫全其形生之人，藏其身也，不厌深眇而已矣！"庚桑楚的老师——老子从正面言说藏身不厌的根本在于"抱一"①，即己进入万物之源，从而与万物相通达，而德之有形意味着"己"与"物"仍然对立，并不圆融。《德充符》篇直以"德不形"言"至德"②，"不形"是说主体之德不被外物窥见，其内核是"无己"。于内"无己"于外方能"无形"，此时主体将以新形式展开自身——"独"。《天下》篇言庄子自己治学特点为"独与天地精神往来"③，《庄子》亦多次提到"独"，如"块然独以其形立""独有之人""独行""遗物离人而立于独""见独"等。"独"根基于"道"，因此具有超越万物卓然而立的属性。"道"又是"万物之祖"（《山木》）、"物物者"（《知北游》），所以"见独"者立在万物之初的位置上，超然物外。

---

① 老子曰："卫生之经，能抱一乎！"（《庚桑楚》）

② 《庄子》中还有很多"至德"的变身，如"大德"（见《人间世》《在宥》）、"全德"（见《德充符》《天地》《田子方》）、"天德"（见《天地》《天道》《刻意》）、"玄德"（见《天地》）、"盛德"（见《寓言》），此均在描述"德之极致"。

③ 庄子言关尹、老聃为"独与神明居"，也使用了"独"，不过庄子的"独"是在万物之中的"独"，不敖倪于万物，关、老则独居在神明中，不返回到万物。

另一方面"物物者与物无际"(《知北游》),"道在物中"(《知北游》),这也就意味着理想主体可以从超然物外的万物之祖进入万物之中,此时万物之场成为己所游的场域,而己成为与万物相通的理想主体。在此意义上,"独"完成了从有限到无限的跨越,那么"无己"之"无"也不是对主体的否定,而是对主体的"化解",在保持主体性、承认个体性的基础之上,将与物相隔的小己化为与物一体的大己,不是己的消失也不是物的消亡,而是己与物的通达,己与物在肯定个体价值、独特性的基础上,各尽所能、各尽其性且彼此开放,彼此沟通、彼此包容,这才是"至德"所要达成的新主体样态。

综上所述,无论从《说文解字》中"德"的构成,抑或是《庄子》中修德的每个阶段都离不开"物"的介入,可以说"德"本身就包含己物两个向度。由于修己与成物是同一过程,所以"德"是合内外为一体的概念,是主体突破有限走向无限的枢纽。

二 至德的达成:"命物之化而守其宗"

在上述分析中我们已然看到,庄子警惕如庚桑楚一般,虽然成己与成物能够同时达成但仍停滞于有形迹之"德",只有无形之"至德"才是庄子所肯定的。"至德"又被称为"玄德","无形迹"是"玄德"之为"玄"的原因之一。叶树勋先生将"德"分成"自然展放之德"与"故意外扬之德"两类[1],至德显然不是后者,但也不一定是自然展放之德,因为自然展放之德或可以为人所窥见,所以亦未达到至德之境[2],如庚桑楚无意于帮助畏垒山,但这个地方的确因他而大丰收,虽然是无意之为,仍旧为乡人所窥。刘凤苞看到了无形之德所包含的己物两个向度:"无形心成,以不显其德为盛,不独德不可窥,并符亦浑而难名矣。"[3]列子也面临

---

① 叶树勋:《先秦道家"德"观念研究》,第284页。
② 准确来说,不被窥见的自然展放之德才是"至德"。
③ (清)刘凤苞:《南华雪心编》,第113页。

庚桑楚同样的困惑①，伯昏瞀人一语道破天机，"内诚不解，形谍成光，以外镇人心……能使人保汝，而汝不能使人无保汝也"（《列御寇》）。庄子所言的"无形之德"是彻底的，不仅修德主体没有主观成物意愿，且所成之物亦感受不到。钱澄之对"无形"的解读更进一步，认为"无形"不仅不使人见有德，更不会为鬼神所窥，"古德云：修行无力，为鬼神所窥，其形也"②。那么如何才能达到无形之至德？《德充符》篇用"命物之化而守其宗也"概括之，"守宗"言己，"命物之化"言物，内有所守有所定，于外就不会随物漂移而丧失主体性。同时，正因所守者为"宗"，故能与万物一体，这是达成无形之至德的关窍。

首先看"守宗"，"心"是守的载体，是修德的主要对象。《德充符》开篇提到，常季疑惑于兀者王骀，"立不教，坐不议"，但是跟随他的人能"虚而往，实而归"，使得从之游者的数量与仲尼几乎相等，便问仲尼："彼兀者也，而王先生，其与庸亦远矣。若然者，其用心也，独若之何？"在常季眼中，连普通人都比不上的兀者王骀是如何做到使跟随他的人和孔子一样多呢？"用心也，独若之何"点出了工夫的对象。高柏园先生明确说道："《德充符》之工夫皆在心上做，由心之虚静而全德、全形。"③ 王博先生认为"形骸之内的心灵才是人之所以为人者，因此也才是人真正该游的地方"④。接下来的问题是，心所守的"宗"是什么？《天下》篇有"以天为宗"的说法，但以天解宗仍过于虚幻缥缈，更细致的分析在《德充符》的开篇寓言：

> 仲尼曰："自其异者视之，肝胆楚越也；自其同者视之，万物皆一也。夫若然者，且不知耳目之所宜，而游心乎德之和。物视其所一而不见其所丧，视丧其足犹遗土也。"常季曰：

---

① 《列御寇》篇记载"吾尝食于十浆而五浆先馈"，"户外之屦满矣"等故事。
② （明）钱澄之：《庄屈合诂》，黄山书社2014年版，第90页。
③ 高柏园：《庄子内七篇思想研究》，第166页。
④ 王博：《庄子哲学》，第86页。

"彼为己，以其知得其心，以其心得其常心。物何为最之?"仲尼曰："人莫鉴于流水而鉴于止水。唯止能止众止。受命于地，唯松柏独也正，在冬夏青青；受命于天，唯尧、舜独也正，幸能正生，以正众生。夫保始之征，不惧之实，勇士一人，雄入于九军。将求名而能自要者而犹若是，而况官天地、府万物、直寓六骸、象耳目、一知之所知而心未尝死者乎！彼且择日而登假，人则从是也。彼且何肯以物为事乎！"

"一""始""正生""保始"等都是"宗"的变身，陆西星言"正生，即正性也。正性，即守宗也。守宗，即保始也"①。陆树芝道"言无假，言守宗，言保始，皆德之和也。惟德之和，乃是至德，乃是德之充"②。林希逸说"宗，万物之始"，并将"保始之征"解释为"保，守也；征，证也，验也……守其始初之一语，而必有征有验"③。所以，"宗"就是万物初始的"大一"，而"自其同者视之"是进入"大一"的入口。刘凤苞言"守其宗则视物无不同，物皆同则无支体彼此之分"④。陆西星明确说道："我与天地万物同出一原，性命根宗，同禀同受，散则为万，聚则为一"⑤。进入物我同根的"大一"并非否定己物各自独特性的"同"，而是肯定并超越己物之异的相互通达，所以它是"外合万物以为一"的"大一"。此时的己不再是与物相对的小己，而是能与物相通的大己（独）。如果我们将己物喻为人的五官，万物同出于一，相互通达也就意味着五官一源，互相为用。《列子·仲尼篇》记载列子修道后的状态"眼如耳，耳如鼻，鼻如口，口无不同"⑥，以我之目为耳可也，我之耳为鼻可也，我之鼻为口可

① （明）陆西星：《南华真经副墨》，中华书局2010年版，第77页。
② （清）陆树芝：《庄子雪》，华东师范大学出版社2011年版，第60页。
③ （宋）林希逸：《庄子鬳斋口义校注》，中华书局1997年版，第83页。
④ （清）刘凤苞：《南华雪心编》，第116页。
⑤ （明）陆西星：《南华真经副墨》，第78页。
⑥ 杨伯峻：《列子集释》，中华书局2013年版，第133页。

也，五官互通为一暗示着己物不再处于对立关系，而是相互敞开。互通为一的新己物关系的根源在于己进入万物之祖，形成新主体形式，即"独"，新主体背后是"天""道"在发挥作用，可以说新主体是"天""道"在人世间的肉体呈现。杨立华先生准确指出"由于至德者体达了对万物之本根的真知，所以，他们与作为万物的根源和根据的'真宰'或'真君'是同体的。至德之人对他人的影响与万物之本根对万物的影响是同构的。通过体察至人之德，能够从侧面获得某些对本体或本根的认识"①。这也就意味着宜于至德之人，即宜于物，由至德之人制定的规范必然同样适用于万物。此时立于宗、本，入于万物之初的心即达其至德之心就具有突破个体有限，走向整体的无限性。由此，心成为自由的无限心，无执无著，像面镜子，万物在其中都能以真实的形象朗现，因此庄子将守宗之心称为"常心"。

常心之"常"指的是"未尝死"，是一颗"死生不变、天地覆坠而不遗之心"②。需要注意的是，这个不变、不遗之心并不是没有生命力的枯木禅，它的内部充满了活力、潜能与生机。郭象也看到"死生亦大矣，而不得与之变；虽天地覆坠，亦将不与之遗；审乎无假而不与物迁"（《德充符》）的"常心"绝非不变、不迁，而是"彼与变俱"，成玄英释为"与化俱行，动不乖寂，故恒住其宗本者也"③。心之生机就表现为活泼泼地全体化机，一刻也未尝稍窒。张默生先生亦以"不息之真机"解"常心"④，由此导向的必然是"遗身弃知，与物同波"的己物关系。"与物同波"意味着在承认主体独立性的前提下，己之化（自己的生命运动频率）保持与万物之化（万物的运动频率）相同的频率，从而才能形成己物之间相融无碍、和谐共生的不息秩序，这便是"游心乎德之和"。

呈上所言，"守宗"之常心是达"至德"的根本，"至德"还

---

① 杨立华：《庄子哲学研究》，北京大学出版社 2020 年版，第 199—200 页。
② 张默生：《庄子新释》，新世界出版社 2007 年版，第 110 页。
③ （清）郭庆藩撰，王孝鱼点校：《庄子集释》，第 196 页。
④ 张默生：《庄子新释》，第 115 页。

有命物之化的含义，刘武云"命者令也"①。《说文解字》解"命"为"使"②，《庄子》内篇多出现"命"的家族相似词——"使"。《逍遥游》提到神人能"使物不疵疠而年谷熟"，《齐物论》开篇言天籁，"夫吹万不同，而使其自己也"，见在己物关系中，己具有一定的主宰性、主动性。那么如何理解"命""使"这种带有主宰性意味的词汇呢？它和"无心以动众""无己"是否有冲突呢？要害在于"命""使"的方式。学者们停留于《德充符》寓言的表层含义，将从游者聚于王骀、伯昏无人等至人周围的现象理解为一中心式的关系，所以就会停留于他拥有的出色德行自然而然能够吸引众人靠拢过来的逻辑中，"不言之教""和而不唱"便成为吸引人的方式。学者们认为所谓"不言之教"是说不仅超脱语言，同时任何的行为，如棒喝、机锋等都不能使用，由此不得不将其归于"心感""意会""感应""感化"等，如成玄英道，"灭迹匿端，谦居物后，直置应和而已，未尝诱引先唱"③，宣颖言"惟感而应"④，刘武认为"不见其口教，必用心感之以成其教也"⑤，"不言之教"就是感化的形式，其逻辑就是依靠德的魅力去感染其他人，至人本身具有示范效应，他人受感染而应对之。所谓"感应"，分开来说就是人受其化，则能感也，而应之者至矣，物如影而随己之形。"感应"本身就说明了"德"是"明德"，是有形迹之德，非玄德，非至德。所以学者们虽然通过感应、意会、默识去解释"德"之"不形"，但这不仅无力诠释"不形"的真正含义，同时亦遮蔽"德之有形"的危害。且德本身具有的感染力，需要被人窥见，后人才能仰赖、聚集过去。郭象敏锐地洞察到"顾自然之理，行则影从，言则响随。夫顺物则名迹斯立，而顺物者非为名也。非为名则

---

① （清）王先谦、刘武：《庄子集解　庄子集解内篇补正》，中华书局2012年版，第517页。

② （清）段玉裁：《说文解字注》，第57页。

③ （清）郭庆藩撰，王孝鱼点校：《庄子集释》，第213页。

④ （明）宣颖：《南华经解》，广东人民出版社2008年版，第42页。

⑤ （清）王先谦、刘武：《庄子集解　庄子集解内篇补正》，第511页。

至矣，而终不免乎名！"① 既然一中心、聚集就意味着被人窥见，非至德，那么至德是如何既不能为人所识，又使万物离不开自身，同时对万物具有引导作用的呢？林希逸的说法值得深思，"随事物而见，言其无所往而非德，非一端所可名"②，"无所往而非德"启示我们应该跳出"一中心"式的思维，将这个众物所归的"中心"虚化，将其看成万物所在的场域、背景，从这个意义上说万物不能离此背景，而这个背景、场域由万物一体带出。万物一体意味着进入万物之本，打通万物之隙，是理想的政治模式。因此王骀、伯昏无人指涉的不是为人所见的圣人、帝王，而是以万物生存境遇出现的理想的政治秩序，这种理想的秩序需要根植于万物一体的形上之道。"不言之教"指理想境遇对万物各正性命有外在的提升，需要注意的是，这种对万物的存在、变化产生的一定作用和影响仅仅是外在的、不侵入物自身的，物本身才是主宰自己命运的主体，比如伯昏无人同是子产与申徒嘉的老师，申徒嘉能游于道，抓住生命的根本（德），而子产汲汲于与生命无关的外在名利。当以政治秩序诠释"不言之教"时，万物聚于至德之人的"聚"就是虚拟的聚，所谓的"教"就变成了由政治所守护、净化的优良环境，人人都沐浴在如此场域之下，这个场域就是为在内的主体排除外在阻力从善修道提供最大可能。钱穆先生说得非常明确，"人人皆可反己自得，则不必聚于王骀之门也"③。由此打破了有形之聚，走向万物以自身为中心的多中心或者无中心式关系，成玄英认为"明奇日月而归明于昧，功侔造化而归功于物者，此德之不形"④。万物都是自己的中心，那么万物从理想场域中获得多少就是他们自己的事情了。

于万物而言，各不失其性，从整体上说却能彼此和谐共生，这就又回到"和境"，如果说"游心于德之和"的"和"强调的是己之常心，此处的"和境"更突出关系，叶树勋先生已然指出这是一

---

① （清）郭庆藩撰，王孝鱼点校：《庄子集释》，第 211 页。
② （宋）林希逸：《庄子鬳斋口义校注》，第 93 页。
③ 钱穆：《庄子纂笺》，九州出版社 2011 年版，第 42 页。
④ （清）郭庆藩撰，王孝鱼点校：《庄子集释》，第 221 页。

种"己身和他者相和相融的关系"①。这种关系是由万物自身作出而天然形成的生生不息的活泼之象，宣颖之言"使和豫之气流通而不失吾怡悦之性"② 可谓精准。这是一个如春天般温暖的场域，"随物所在，同游于春和之中。不失于兑，在我一和豫通也。与物为春，天下一和豫通也"③。正是有"和豫之气"，因此万物皆能有路可走，为自己的各尽其性留下空间，这就是"命物之化"的主宰性体现的地方。命物之化而守其宗的至德导出的是以天合天的己物关系。

三　"以天合天"：理想的己物关系

处于至德之境就意味着己立于万物之初，这是主体突破有限、打破己物隔阂，遨游于无限大化的枢纽。庄子肯定的只是至德，多次言德若达不到不形、玄的境界是内藏隐患，是极其危险的，庚桑楚、列子都属这种。因此，内篇《德充符》篇名在德与符之间有个"充"字。有诸己必形之于外，理想之人的德性、德行以及自然显现出来的人格光辉、生命气象自然会征验于外，换言之有德必有符，何以多一"充"字？"充"就是"充实"，"德充"就是"至德"，所谓"德充符"就是指由至德所推导出来的征验、符现，换言之只有根基于至德的符现才为真。船山言"符者，德之充也"④，这不是说"符"等同于"德充"，而庄子所规定的"符"只能由德充引发。王邦雄先生亦看到这点，"德充于内，是工夫论的意涵；而符应于外，则是修养工夫所开显的理境"⑤。杨立华先生以"至

① 叶树勋先生对"德"与"和"的关系作了更为详细的论述，参见叶树勋《先秦道家"德"观念研究》，第316—319页。

② （明）宣颖：《南华经解》，第43页。

③ （明）宣颖：《南华经解》，第44页。

④ （明）王夫之：《老子衍　庄子通　庄子解》，中华书局2009年版，第52页。

⑤ 王邦雄：《庄子内七篇·外秋水杂天下的现代解读》，台北：远流出版事业股份有限公司2013年版，第235页。

德与至人"释"德充符"或许已然洞察到这一点。① 从表层含义上说"德充符"指的是"德充实的表象"②，德充于内，征验于外，"符"就是至德所彰显的气象。然而庄子所追寻的只是不形之德，如何理解这种由德散发的表象呢？换言之，由至德所带出的是怎样的己物关系呢？

"符"本指"符命、符令、符契"，它们本是剖成两半的兵符，两人各持一半以做验证，看看是否完全符合，以避免仿冒造假，因此"符命"常被引申为"信合"，许慎《说文解字》直接以"信"解"符"。③ 郭象用"冥合""玄合"解读"符"的含义，"德充于内，物应于外，外内玄合，信若符命而遗其形骸也"④。己物冥契、物我玄合是至德导出的理想关系。方勇先生解释得更为透彻，"内德圆满，外以接物，故能随物升降，内外冥契"⑤。郭象提到的"玄合""冥合"在《庄子》中被称为"以天合天"⑥，出自《达生》篇：

> 梓庆削木为鐻，日成，见者惊犹鬼神。鲁侯见而问焉，曰："子何术以为焉？"对曰："臣，工人，何术之有！虽然，有一焉：臣将为鐻，未尝敢以耗气也，必齐以静心。齐三日，而不敢怀庆赏爵禄；齐五日，不敢怀非誉巧拙；齐七日，辄然忘吾有四枝形体也。当是时也，无公朝。其巧专而外骨消，然后入山林，观天性形躯，至矣，然后成鐻，然后加手焉，不然则已。则以天合天，器之所以疑神者，其是与！"

---

① 参见杨立华《庄子哲学研究》，第249—288页。

② 赵卫民：《庄子的风神：由蝴蝶之变到气化》，台北：联经出版事业股份有限公司2010年版，第124页。罗勉道、张四维、陈深、李光缙、王先谦等均持此种看法，详见方勇撰《庄子纂要》，学苑出版社2012年版，第2册，第679—689页。

③ （清）段玉裁：《说文解字注》，第193页。

④ （清）郭庆藩撰，王孝鱼点校：《庄子集释》，第193页。

⑤ 方勇撰：《庄子纂要》，第2册，第679页。

⑥ 在《庄子》中有多个名称表示"以天合天"，如《刻意》篇的"合天德""合于天伦"，《在宥》篇的"合乎大同"，《天地》篇的"与天地为合"等。

此寓言中的"以天合天"指的是以自己心性之自然去合木材之自然。扩而言之,"以天合天"是说"以我之自然,合物之自然"①。"以天合天"给出的是对己物天性的双向肯定。己与物的存在价值皆得以肯定,其天性皆得以保全,从而使两者均处于物我两忘的自得之场,所以,"以天合天"必然是"冥"合、"玄"合,是物之"自合"而非求物之来合,是本于万物自然之性的"不离"之合。

与"玄合""冥合""以天合天"相对的是为人所窥见的"明合""人合",它们是并不根植于己物双方之天性的"强合",若两物相离则需以胶连属。《德充符》有如下之言:"圣人有所游,而知为孽,约为胶,德为接,工为商。圣人不谋,恶用知?不斲,恶用胶?无丧,恶用德?不货,恶用商?四者,天鬻也。天鬻者,天食也。既受食于天,又恶用人!"宣颖的注很精彩,"智计之巧乃枝孽也,如草木之旁出者。约束之体,乃胶漆也,非自然而合者。有得之德,乃接续也,如中断而复续者。工艺之能,乃商贾也,如居货而求售者"②。这些并不出于天性的智巧之物总是需要有待于第三方,那么以此为原则形成的己物关系必然是建构出的人为,是外在的强加,如待之以利,利离则物散;待之以名,名失则物离;待之以形,形散则物离,所谓"夸客饰仪,命曰形充,其合也人"③便是如此。船山将这种不以"德"充实其内,而汲汲于外在之形德称为"枵充"④。如"整威仪,饰文辞;行以礼,趋以乐;盛其端冕,华其被佩;峨然为有德之容,则中之枵也必多,而物骇以畏忌"⑤。通过形式上的礼仪文辞使得物畏惧,从而聚拢物,宣颖对此也有所警惕,"夫冠冕佩玉,未必衷旗;犀角丰盈,何当性表?而世俗趋膻以相高,浅夫矜饰以自喜。其为鄙陋,又曷怪

① (宋)林希逸:《庄子鬳斋口义校注》,第 296 页。
② (明)宣颖:《南华经解》,第 45 页。
③ 方勇撰:《庄子纂要》,第 2 册,第 778—779 页。
④ 船山言"不德而充,谓之枵充"。(明)王夫之:《老子衍 庄子通 庄子解》,第 52 页。
⑤ (明)王夫之:《老子衍 庄子通 庄子解》,第 121 页。

焉"①。以上皆为以人合，均以利惑其真而强反其情性，其导向的是求物来合，引物从己之合，无疑都是强合。《山木》有"利合"与"天属"可谓精准解释"以人合"与"以天合"。所以"以天合天"一方面己物各自合于本真自然之性，另一方面合乎天然自发关系，故无须外在约束。陶崇道亦言"德之合非人，但合以天耳"②。总之，至德引发的"符"是"以天合天"、"天属"、"冥合"己物两忘而不离之合，这也是己物回归本真之性的自然之合。

四　结语

在《庄子》中，"德"具有先天、后天之分，先天之德是作为万物共有的得于道的潜质存在的，后天之德是修行的对象，是通达道的德。前者是后者的宇宙论根据，本文所讨论的"德"主要指后者。学者们多从纯粹的己身性理解"德"，然而从修德的开端、过程以及至高境界三个阶段看，"德"包含了己物的两个向度，且"物"在其中占据极其重要的地位。而至德是打破己物隔阂，进入万物一体境界的枢纽，"命物之化而守其宗"是进入至德的关窍。至德即不形之德，是无任何形迹之德，不能为鬼神人所窥见。庄子在此一再强调，只有达到无形之至德方能根除后世之祸患，而至德也成为人所应当且唯一追寻的境界。不形之至德自然推导出以天合天、玄合、冥合、真合的己物关系。这种剔除人为痕迹且根植于己物天性的关系不仅是"不形"的内在之义，也是后天之德向先天之德的一种回归。

---

① （明）宣颖：《南华经解》，第39页。
② 方勇撰：《庄子纂要》，第2册，第704页。

《韩非子·解老》中的"德"义

——从"德"与"得"之别出发

中国政法大学人文学院哲学系　王威威

摘要：《韩非子·解老》对《老子》文本的解释从"德"这一观念开始，对理解韩非思想中"德"的义涵非常重要。与极具影响力的"德者，得也"的解释思路不同，韩非将"德"和"得"作了"内"与"外"的区分，"德"是精神在身体之内的保存，而"得"指精神受外物的诱惑而游于身体之外。精、神或精神可解为精气，也就是"道"，"德"的确切所指是"道"（精气）在身体内积聚、保存所产生的功效。在道家思想系统内，"德者，得也"反映了"德"与"道"的关系，"德"常被理解为万物所得于"道"而获得的性质。韩非明确了"德"为"道"的功能，而且，"德"不是"道"赋予个别事物的功能，而是"道"在个别事物上所发挥的功能，道在个别事物上所发挥的"功能"与万物之"理"相合相应。

关键词：德　得　道　理

"道"和"德"可以说是老子思想的标志性观念，《史记·老子韩非列传》讲老子"修道德，其学以自隐无名为务"，"著书上下篇，言道德之意五千余言"。《老子韩非列传》认为庄子、申不害、韩非"皆原于道德之意"，又说明"道"和"德"在老子思想的诸观念中具有最强的影响力。作为我们至今可见的最早对《老子》文本进行解释的作品，《韩非子》一书中的《解老》和《喻老》两篇备受关注。其中,《解老》对《老子》文本的解释以"章"为单位,并将每章内容分解为若干"句",从确定"名"的意义入手,再通过论证逐步扩大到对"句意"的解释。① 这样的解释,为《老子》中的重要观念赋予了新的、确定的意义,也由此完成了对老子思想的发展和改造。《解老》对《老子》的解释从"德"这一观念开始,并澄清了"德"与"道""理""无为""虚""静"等观念的关系。本文将以《解老》为中心,参照其他相关篇章,对韩非思想中"德"的义涵进行分析。

一 德者,内也

《解老》由对《老子》第三十八章的解释开始,该篇在解释"上德不德,是以有德"时对"德"的义涵有多角度的界定:

> 德者,内也。得者,外也。上德不德,言其神不淫于外也。神不淫于外则身全,身全之谓德。德者,得身也。

韩非首先对"德"与"得"进行了区分,以"德"为"内",以"得"为"外"。进而,他将"上德不德"中的后一个"德"解为"得"②,认为"上德不德"是说"神不淫于外"。"内"与"外"之所指对于确定"德"的义涵颇为关键。很多学者以此处的"内"为根据而将"德"与人性、人的内在本质、事物的内在本质相联系。如周勋初注:"德是内部所具有的。得是从外部得到的。""《老子》中说的'上德不德',是说具有上德的人的精神不游移在自身之外。精神不游移在外,自身的内在本质就能保全。自身的内

---

① 参见王威威《韩非子的解释学建构》,《哲学动态》2021年第8期。
② 冯友兰据四部丛刊影宋本,认为"上德不德"后一"德"的正字为"得"。[参见冯友兰《中国哲学史新编》(上卷),人民出版社1998年版,第764页]

在本质保全就叫做'德'。"① 梁启雄认为："德是人性以内的东西。得是从外界得来的东西。"② 任继愈讲："'德'是事物的内在的本质。"③ 黄裕宜认为："'德者，内也。得者，外也'已经明确的定义德为'内在的德性或本质'。"④ 陈奇猷则联系《二柄》中的"庆赏之谓德"对此处的内外进行解释："执庆赏者为君主，故德是内；得庆赏者是臣民，故得是外。"⑤ 这些解释均脱离了此段文字的语境。联系"神不淫于外则身全"的说法，"内"和"外"应指"身"之内和"身"之外。"淫"是"游"之义。《广雅·释言》讲："淫，游也。"《管子·明法》有"不淫意于法之外"，《韩非子·有度》写作"不游意于法之外"，可见"淫"与"游"同义。"神不淫于外"就是说"神"不游于"身"之外。"身"之外为何？即身外之物。《解老》讲："至圣人不然，一建其趋舍，虽见所好之物不能引，不能引之谓不拔。一于其情，虽有可欲之类，神不为动，神不为动之谓不脱。"这里的"所好之物""可欲之类"都属于身外之物。如为其所吸引、所打动，就是"神淫于外"；"见所好之物不能引"，"虽有可欲之类，神不为动"，则是"神不淫于外"。"神不淫于外"也就是不为外物所引诱，不为外物所打动。

《淮南子》中有"精神内守""精神之不可使外淫"等说法，也可以帮助我们理解《解老》中的"神不淫于外"。《淮南子·精神训》讲：

> 耳目淫于声色之乐，则五藏摇动而不定矣；五藏摇动而不定，则血气滔荡而不休矣；血气滔荡而不休，则精神驰骋于外

① 《韩非子》校注组编写，周勋初修订：《韩非子校注》，凤凰出版传媒集团2009年版，第149页。

② 梁启雄：《韩子浅解》，中华书局2009年版，第139页。

③ 任继愈：《中国哲学史》，人民出版社2010年版，第1册，第267页。

④ 黄裕宜：《〈韩非子〉的规范思想：以伦理、法律、逻辑为论》，台北：花木兰文化出版社2009年版，第57页。

⑤ 陈奇猷：《韩非子新校注》，上海古籍出版社2000年版，第370页。

而不守矣；精神驰骋于外而不守，则祸福之至，虽如丘山，无
由识之矣。使耳目精明玄达而无诱慕，气志虚静恬愉而省嗜
欲，五藏定宁充盈而不泄，精神内守形骸而不外越，则望于往
世之前，而视于来事之后，犹未足为也，岂直祸福之间哉？故
曰：其出弥远者，其知弥少。以言夫精神之不可使外淫也。

这里的"精神驰骋于外而不守""精神内守形骸而不外越""精神
之不可使外淫也"可以对照理解。人的精神可以有两种存在状态，
即"内守"和"外淫"（或"外越""驰骋于外"）。"神不淫于外"
就是要求精神"内守"。"淫"和"驰骋""越"意义相当。"耳目
淫于声色之乐"和"耳目精明玄达而无诱慕"是耳目相反的两种
状态，"淫于声色之乐"就是为声色之乐所诱惑而贪恋。《氾论训》
讲："圣人心平志易，精神内守，物莫足以惑之。""精神内守"就
是"精神内守形骸"，是说精神存于形体之内。"物莫足以惑之"
是说精神不会为外物所诱惑。"神不淫于外"也就是精神内守于形
骸而不为外物所诱惑。

韩非讲"神不淫于外"则"身全"，"身全"就是"德"。可
见，"神"为"身"的一部分，如果"神淫于外"而没有守于
"内"则是"身不全"，也就是"无德"。《扬权》说："夫香美脆
味，厚酒肥肉，甘口而病形；曼理皓齿，说情而捐精。故去甚去
泰，身乃无害。""形"与"精"相对，二者共同构成了人的身体。
"神"和"精"均为"形"之外的"身"的构成部分。《解老》中
又有"身以积精为德"的说法，"德"就是"精"在身体内的积
聚。"积精"和"神不淫于外"同为"德"。该篇讲"圣人爱宝其
神则精盛"，可见"神"和"精"所指相同。此外，《解老》讲：
"所谓事天者，不极聪明之力，不尽智识之任。苟极尽则费神多，
费神多则盲聋悖狂之祸至，是以啬之。啬之者，爱其精神，啬其智
识也。"这里的"费神"和"爱其精神"意义相反，可知"神"即
"精神"。在前引"一于其情，虽有可欲之类，神不为动，神不为
动之谓不脱"之后，《解老》又讲："今治身而外物不能乱其精神，

故曰：'修之身，其德乃真。'""外物不能乱其精神"与"神不为动"以及"神不淫于外"均可对读，也说明"神"就是"精神"。如此来看，"精""神"或"精神"所指相同，与"形"共同构成人的身体，"德"就是"精""神"在身体内的积聚和保存。刘亮根据"身全之谓德"的表述，将"德"解释为身心的健全，认为"德"涵盖身、心或形、神两个方面。① 但是，这里只是在讲精神守于身体之内，则为"身全"，精神如果游于身之外，则"身不全"，"身全"和"身不全"的区别在于精神是否守于身体之内，并没有涉及"形"是否健全的问题，且"身"与"形"、"神"与"心"并不能等同，"身"可包含"形"与"神"。

很多学者以"精气"解"德"。如，冯友兰讲："韩非认为'德'是人所有的精气。"② 王晓波也认为"'德'与精气有关，'德者，内也'，就是说'德'是内在于自身的精气形成"。"以人自身而论，'德'就是精气。"③ 这是借鉴了《管子》四篇的精气说。《管子·内业》讲："精也者，气之精者也。"那么，这样的解释是否符合《解老》篇呢？《解老》在解释"重积德"时讲："思虑静，故德不去。孔窍虚，则和气日入。故曰：'重积德。'""故德"就是原有的"德"，也就是身体中已有的精、神的积聚和保存。"和气日入"是在"故德"之上"积德"，所以称为"重积德"，说明这里的"和气"也就是精、神或精神。"精""神"或"精神"具有"气"的形态，那么，我们可以将《解老》中的"精""神"或"精神"理解为"气之精""精气"。"德"为"精""神"在身体内的积聚和保存，也就是精气在体内的积聚和保存，这就是"德者，内也"的意思。受到外物的诱惑，精气就会游于身体之外，"神不淫于外"就是要保持积聚于身体之内的精气

　　① 参见刘亮《〈韩非子·解老〉"德"论锥指》，《南开学报》（哲学社会科学版）2020 年第 3 期。

　　② 冯友兰：《中国哲学史新编》（上卷），第 764 页。

　　③ 王晓波：《〈解老〉、〈喻老〉——韩非对老子哲学的诠释和改造》，《台大文史哲学报》1999 年第 51 期。

不因外物的诱惑而游于身体之外。但是，我们也需要注意，"德"并不是精气本身，而是精气的积聚和保存。

二　德者，道之功

《解老》以"德者，内也。得者，外也"开始，不仅对"内"和"外"进行区分，也划出了"德"与"得"的界限。该篇在"身全之谓德"之后总结道："德者，得身也。""得身"之"得"与"得者，外也"中的"得"含义不同。"得身"即"身全"，"得"是保全之义。韩非的这一解释明显是针对以"得"释"德"的做法。"德者，得也"是"德"观念的一条重要解释思路。① 《管子·心术上》讲："德者道之舍，物得以生。生知得以职道之精。故德者得也。"《礼记·乐记》讲："礼乐皆得，谓之有德。德者，得也。"《说文解字》云："德，升也，悳声。""悳，外得于人，内得于己也。"《释名·释言语》云："德，得也，得事宜也。"后世的经典注释者常以"德者，得也"解释儒道经典中的"德"。如王弼注《老子》第三十八章"上德不德，是以有德"："德者，得也。常得而无丧，利而无害，故以德为名焉。"② 注《老子》第五十一章"是以万物莫不尊道而贵德"："德者，物之所得也。"③ 孔颖达解《左传·桓公二年》中的"昭德"之"德"："德者，得也。谓内得于心，外得于物。在心为德，施之为行。"④ 解《论语·为政》中的"为政以德"："言为政之善，

---

① 叶树勋以"德"与"得"的关系作为先秦"德"观念阐释中的重要问题，对前诸子形态的"德"观念、老子的"德"观念、庄学的"德"观念以及《管子》四篇的"德"观念进行了考察。（参见叶树勋《先秦道家"德"观念研究》，中国社会科学出版社 2022 年版，第 63—80、96—101、161—169、216—220、377—385 页）但是，他将《韩非子·解老》也纳入这一解释思路，没有注意到韩非关于"德"和"得"的区分（参见叶树勋《先秦道家"德"观念研究》，第 162 页）。

② 楼宇烈校释：《王弼集校释》，中华书局 1980 年版，第 93 页。

③ 楼宇烈校释：《王弼集校释》，第 137 页。

④ 李学勤主编，《十三经注疏》整理委员会整理：《十三经注疏·春秋左传正义》，北京大学出版社 1999 年版，第 138 页。

莫若以德。德者，得也。物得以生，谓之德。"① 朱熹注《论语·述而》中的"据于德"："据者，执守之意。德者，得也，得其道于心而不失之谓也。"②

在道家思想传统中，"德者，得也"反映了"道"和"物"之间的关系。《管子·心术上》讲："德者道之舍，物得以生。生知得以职道之精。故德者得也，得也者，其谓所得以然也。""物得以生""所得以然"是说物由"道"而生，因所得于"道"而获得各自的存在样态。从"道"的角度看，"德"是"道"在物中的留处；从"物"的角度看，"德"是"物"所分有的"道"。《庄子·天地》讲道："泰初有无，无有无名。一之所起，有一而未形。物得以生谓之德。"在宇宙的最初，存在着"无"，不存在"有"，也没有"名"。"一"从"无"中产生，物"得一"而生称为"德"。这里的"无"即"道"，"一"是"道"与"物"的中介，"物"直接得"一"，间接得"道"。很多学者沿着这样的思路将"德"理解为万物所得于"道"而获得的内在本质。前文提及的诸位学者将"德者，内也"中的"德"解释为人性、人的内在本质、事物的内在本质实是受这一思路的影响。③ 韩非既然反对"德者，得也"的解"德"思路，也就是反对"德"为万物所得于"道""德"为万物所分有的"道"这样的观点。那么，韩非思想中的"德"和"道"是怎样的关系呢？

《解老》中关于"道"与"德"的关系有直接解释："道有积而积有功；德者，道之功。"学者对"道有积"的解释主要有两种。一种将"积"解为"久""常"。如陈奇猷讲："久则积。道有常，故积。"④ 许建良讲："道德是道的功用的体现，而道的特征之

① 李学勤主编，《十三经注疏》整理委员会整理：《十三经注疏·论语注疏》，北京大学出版社1999年版，第14页。

② （宋）朱熹：《四书章句集注》，中华书局1983年版，第93页。

③ 参见叶树勋在《先秦道家"德"观念研究》中的总结（叶树勋：《先秦道家"德"观念研究》，第142页）。

④ 陈奇猷：《韩非子新校注》，第378页。

一在常积不辍而形成的功。"① 另一种将"积"解为"积聚""蓄
积"。如周勋初讲："道是有所积聚而成的。"② 邵增桦说："道是逐
渐蓄积起来的。"③ 如前所述，"德"就是精气（"神"）在人体内
的积聚和保存，这里又讲"道有积"，将"积"解为"积聚""蓄
积"应该更符合《解老》的上下文。那么，"道"的"积聚"应如
何理解呢？《韩非子·主道》讲："道者，万物之始。"韩非肯定
"道"是万物的开端、万物的来源，但是他并没有接着说明"道"
生成万物的具体过程。他在《解老》中讲，"道尽稽万物之理，故
不得不化；不得不化，故无常操；无常操，是以死生气禀焉，万智
斟酌焉，万事废兴焉"，这里的"死生气禀"是说万物的生和死皆
因其所禀受的"气"。该篇又说："凡道之情，不制不形，柔弱随
时，与理相应。万物得之以死，得之以生；万事得之以败，得之以
成。"这两段文字中的观点和逻辑一致。先讲"道"随时变化，与
万物各自不同的"理"相合相应，接着讲万物因为得"道"或生
或死，万事因为得"道"或成或败。"万物得之以死，得之以生"
与"死生气禀"所要表达的思想应具有共同性，万物的生死既可说
是得"道"，也可以说是禀"气"，"道"也就可以理解为"气"。④
这样，"道有积"的意思就是"气"可以在身体内积聚；"积有功"
就是说"气"在身体内的积聚会产生功效；"德者道之功"是说
"德"就是"气"积聚于身体内所产生的功效。我们在前文强调，
"德"是精气在身体内的积聚和保存，并不是精气本身，两相对
比，我们可以得出结论，"精气"是"道"，而"德"的确切所指
是精气在身体内积聚和保存所产生的功效。韩非子从"德"与
"得"的区分出发明确"德"是道的功效，这一对"德"的理解与

---

① 许建良：《韩非的"刑德"世界图式》，《苏州科技学院学报》（社会科学版）
2007 年第 4 期。

② 《韩非子》校注组编写，周勋初修订：《韩非子校注》，第 152 页。

③ 邵增桦：《韩非子今注今译》，台北：台湾商务印书馆 1982 年版，第 894 页。

④ 笔者曾论证韩非思想中的"道"兼具物质实体（"气"）和普遍规律（"理"之
根据）的特征，参见王威威《"以理释道"与"以气释道"——从老子到韩非子》，《老
子学集刊》第五辑，中国社会科学出版社 2021 年版。

从"德者，得也"出发而将"德"理解为万物本质的思路有着同样深远的影响。①

前文讲到《解老》对"重积德"的解释。这里新旧二重"德"的区分也值得注意。叶树勋在分析《管子》四篇的"德"之问题时提出："'得'作为事物对精气的获得，包含着先天和后天两层。自先天言，人与他物皆'得'精气以为生；自后天言，人通过'敬守''宁念'的工夫，做到'勿失''勿舍'，并由此让万物也各'得'其度。"② 这一先天和后天的区分也适用于对《解老》的解释。人先天即保有精气，这是"故德"。人为外物所诱惑，精气会游于身体之外，这种先天的精气就会减少甚至丧失，"和气日入"则形成了后天的"德"。因此，我们还需要从先天的生成和后天的修养两个层次来说明"道"和"德"的关系。前者是宇宙论的问题，后者则是修养论的问题。初生之人，所保有的精气充足，是"身全"的状态，就如老子所说，"含德之厚，比于赤子"。先天所禀的精气会被消耗，需要后天的修养再让新的精气进入身体之中，实现"德"的充实、圆满。

韩非在解释"上德不德，是以有德"时，不仅明确了"德"的义涵，还回答了如何"积德"的问题：

> 凡德者，以无为集，以无欲成，以不思安，以不用固。为之欲之，则德无舍。德无舍则不全。用之思之则不固。不固则无功；无功则生于德。德则无德，不德则在有德。

"为之欲之"和"用之思之"分别讨论，说明"无为""无欲""不思""不用"也可分为两组，"无为"和"无欲"意义接近，"不思"和"不用"意义接近。"无为""无欲"指消除对外物的欲求，这样，精气就能够积聚于身中；"不思""不用"指不过多

---

① 参见叶树勋在《先秦道家"德"观念研究》中的总结（叶树勋：《先秦道家"德"观念研究》，第141页）。

② 叶树勋：《先秦道家"德"观念研究》，第141页。

思虑、不消耗精气，这样，精气就能够稳固地保存于身中。如果"为之欲之"，精气就处于"淫于外"的状态，这就是"德无舍"，"德无舍"则"身不全"。这里讲"德无舍"，《扬权》中讲"故去喜去恶，虚心以为道舍"，两处可以相互参照。"无为""无欲"与"去喜去恶"意义接近；"虚心以为道舍"，说明"道"（精气）是存于"身"中之"心"；"心"是"道"在身体之内的处所。如果"用之思之"，精气就会被消耗而不能稳固地存于身中，就失去了精气积聚产生的功效，也就没有了"德"。"无功则生于德"中的"德"即"得"，"德则无德"中的前一个"德"和"不德则在有德"中的前一个"德"均如此。"得"则"无德"，"不得"则"有德"。"无为""无欲""不思""不用"均为"不得"，"为之欲之"和"用之思之"均为"得"。

在解释"上德无为而无不为"时，韩非引入了"虚"的概念，并澄清了"无为""无思"与"虚"的关系："所以贵无为无思为虚者，谓其意无所制也。……虚者，谓其意无所制也。……虚则德盛。德盛之为上德。"前文说"无为""无欲""不思""不用"则"有德"，这里进一步强调不能受制于"无为""无思"，这就是"意无所制"之"虚"。达到了"虚"，就能"德盛"。"德盛"是"德"的充足状态，也是精气积聚所产生的强大功效。精气的积聚、保存又与"静"相关。《解老》中讲："是以圣人爱精神而贵处静。""众人之用神也躁。躁则多费，多费之谓侈。圣人之用神也静，静则少费，少费之谓啬。""用神"指精神的使用、耗费，"躁"指精神耗费多，"静"指精神耗费少。前文所讲的"不思""不用"可以说是"静"的极致。该篇又说："思虑静，故德不去。孔窍虚，则和气日入。""思虑静"，则身体所积的精气就不会减少，已有的"德"就不会离开。孔窍空虚，和气就会进入人的身体。"积德"就是一个通过"虚"和"静"不断积聚和保存精气的过程。①

---

① 参见王威威《〈黄帝四经〉的无为思想及其对〈管子〉〈韩非子〉的影响》，载徐炳主编《黄帝思想与先秦诸子百家》，社会科学文献出版社2015年版。

韩非在"道有积而积有功；德者，道之功"之后顺次对仁、义、礼这几个观念进行了解释："功有实而实有光；仁者，德之光。光有泽而泽有事；义者，仁之事也。事有礼而礼有文；礼者，义之文也。""精气"能够不断地积聚、保存，就是"德"的充实，身内之"德"充实就会生发出光辉而显于外，这就是"功有实而实有光"；"仁"是"其中心欣然爱人也"，"生心之所不能已也，非求其报也"，这就是心中之"德"充实所生发出的光辉。光辉产生恩泽，恩泽要展现于具体的事情；"义"是"宜也，宜而为之"，是"欣然爱人"之"仁"在事中的展现。行事需要礼节，而礼节需要文饰；"礼"就是"义"的文饰，即"所以貌情也，群义之文章也，君臣父子之交也，贵贱贤不肖之所以别也"。韩非在这里阐明了"道"（"精气"）进入身中从而成就各种德行的过程，也明确了我们通常所讲的道德观念与道、德的关系。

三　德者，核理而普至

　　此外，《扬权》讲："夫道者，弘大而无形；德者，核理而普至。"前文的"德"主要关涉"人"，这里的"德"则关系到了万物。其中不仅涉及"道"与"德"的关系，也涉及"德"与"理"的关系，其背后又有复杂的"道"和"理"的关系。关于"道"和"理"的关系，《解老》中有如下解释：

> 　　道者，万物之所然也，万理之所稽也。理者，成物之文也。道者，万物之所以成也。故曰："道，理之者也。"物有理不可以相薄。物有理不可以相薄，故理之为物之制。万物各异理，而道尽稽万物之理，故不得不化。不得不化，故无常操。
> 　　凡道之情，不制不形，柔弱随时，与理相应。

韩非认为"道"是万物得以生成（"万物之所以成"）并具有各自存在样态的根据（"万物之所然"）。"理"是物的各种规定性（"成物之文"，"物之制"），体现在形体上，如方、圆、黑、白、短、长、坚、脆等。"道，理之者也"是说"道"使万物具有了各自的"理"；"道者……万理之所稽也"是说万物之"理"与"道"相合、相当。同时，韩非子提出"万物各异理，而道尽稽万物之理"。"万物各异理"是说每一具体事物都有各自不同的"理"，"道尽稽万物之理"是说"道"与具体事物各自不同的"理"相合、相当。由此可见，"理"合于"道"，"道"也合于"理"（"稽"与"所稽"）。每一事物具有各自不同的、确定的"理"，"道"要与不同事物的"理"相合、相当，就不能保持不变。韩非说"道""柔弱随时，与理相应"，在《扬权》中又讲"道者，下周于事，因稽而命，与时生死"。这里的"时"意为时机、时势，指人或事物在特定时间所处的外在情况和条件。韩非认为，"道"周遍地在事物之中发挥作用（"下周于事"），根据不同事物所处的外在情况和条件发生变化（"柔弱随时"），与事物之"理"相应（"与理相应"），决定事物的生、死、成、败（"与时生死"）。这里的"时"解决了"道"如何与"理"相合相应的问题。

　　前文曾讲到将"德"与人性、人的内在本质、事物的内在本质相联系是沿着"德者，得也"的解释思路所得出的观点，不符合"德者，内也"的语境，也不符合韩非对"德"与"得"的区别。这一思路也被用于对"德者，核理而普至"的解释中。如冯友兰说："道是构成万物的实体，'其大无外'所以说是'弘大'。但又是'视之不见，听之不闻'，所以说是'无形'。德是一个事物所得于道的一部分，事物有了这一部分，就有它的性质，所以说是'核理'。每一个事物都有它的德，所以说是'普至'。"[1]陈丽桂对"德"和"理"进行了区分，认为"德"是"分道"，是"道"分赋万物之上的个别功能，"理"也是"道"的分殊，是道赋生于万物之上的个别质性，"理"偏指物的质性，而"德"偏指物的功能。[2]她的解释已

---

① 冯友兰：《中国哲学史新编》（上卷），第768页。
② 参见陈丽桂《战国时期的黄老思想》，台北：联经出版社1991年版，第205—208页。

与通常将"德"解为万物本性、性质有所不同，但是仍将"道"与"德"理解为总和分的关系。说"德"是"道"分赋万物之上的个别功能，"德"就成了万物之"功"；从"德者，道之功"的表述来看，说"德"是"道"在个别事物上所发挥的功能更为契合。"道者，下周于事"，作为"道之功"的"德"因而能"普至"；如果"德"是"分道"，是万物的个别功能，则无法"普至"。该篇接着讲："故曰道不同于万物，德不同于阴阳，衡不同于轻重，绳不同于出入，和不同于燥湿，君不同于群臣。""德不同于阴阳"应如何理解？《解老》中说："凡物不并盛，阴阳是也。理相夺予，威德是也。"阴和阳是相互矛盾的，不能同时强盛，"德"不同于"阴"和"阳"就是从其能够"普至"的角度来讲的。王中江认为《韩非子·扬权》篇说的"道不同于万物，德不同于阴阳"的"德"，是说万物各有不同的特性，而不能限于"阴阳"这两种特性上。① 这还是将"德"理解为万物各自不同的特性。叶树勋则认为《韩非子·扬权》中的"德"蕴含了所有事物的"理"，并不具有分化或分有的意义；作为"理"的综合体，"德"既不同于"道"，也不同于已分化的"阴阳"，而群生"斟酌用之"则表现出各自不同的"理"。② 虽然提出了"德"不具有分化或分有的意义，但仍是沿着"物得以生谓之德"的思路进行解释的。从"德者，核理而普至"的表述来看，道在个别事物上所发挥的"功能"与万物的"质性"（"理"）是相应的。也可以说，"道"与万物之理的相合相应（"道尽稽万物之理""与理相应"）是以"德"的形式实现的，并非"道"总合或总汇了万物之理。③

　　韩非明确了"德"为"道"的功能，关于"德"与"得"的

　　① 参见王中江《早期道家的"德性论"和"人情论"——从老子到庄子和黄老》，《江南大学学报》（人文社会科学版）2012 年第 4 期。

　　② 参见叶树勋《从形而下到形而上——先秦道家物德观念的多层意域》，《哲学动态》2018 年第 2 期。

　　③ 参见詹康对百年来韩非道论研究状况的分类概括，其中以"道"为规律一类中包含"道等于万理"这一种，这一种又有"道为万理的总汇"和"一理为一道"两种方式。［参见詹康《再探韩非道论》，《杭州师范大学学报》（社会科学版）2020 年第 6 期］

区分说明他反对以"德"为万物所得于"道"而获得的性质的观点，但他也有万物"得之"的说法。《韩非子·解老》中说"万物得之以死，得之以生；万事得之以败，得之以成"。如果说万物的生成和人的生死都是禀受了"气"，也就是禀受了"道"，是否也可以理解成万物得到"道"而获得了生命，而其所得之"道"（气）就是"德"呢？这里需要注意的是，韩非认为生死都是"气禀"，生、死、成、败都是"得道"的结果。"得之而生，得之而死"的说法明显不同于《管子·心术上》中的"德者道之舍，物得以生"和《庄子·天地》中的"物得以生谓之德"。如果"德"是万物所得于"道"而获得的性质则无法理解"死"和"败"。万物"得之而生，得之而死"，万事"得之而成，得之而败"，均是"道之功"的体现，也就是"德"的体现。

结　　论

与极具影响力的"德者，得也"的解释思路不同，韩非将"德"与"得"作了"内"与"外"的区分，"德"为精、神或精神在身体之内的保存，而"得"指精神受外物的诱惑而游于身体之外。精、神或精神可解为精气，也就是"道"，"德"的确切所指是"道"（精气）在身体内的积聚、保存所产生的功效。在道家思想系统内，"德者，得也"的解释思路反映了"德"与"道"的关系，"德"常被理解为"分道"，为万物所得于"道"所获得的性质。韩非则明确了"德"为"道"的功能，而且，"德"不是"道"赋予个别事物的功能，或个别事物由"道"所获得的功能，而是"道"在个别事物上所发挥的功能，"道"在个别事物上所发挥的"功能"又与万物之"理"相合、相应。

王弼对老子"德"观念的
诠释与改造

南开大学哲学院　张开宇

摘要：两汉以降，"德"始终是思想界关注的话题。至汉魏之际，人们常以"无名"定位"至德"。王弼将此思想融入了对《老子》的诠释中，并进行了发展。他以"无名"作为"上德"的特点，使之成为"下德"得以实现的枢纽。在老子哲学中被批判的"下德"也由此被转化为具有合理性的"众德"。由此出发，王弼将"德"的主体进行了拓展，原本在《老子》中只属于"道"或圣人的"德"，在王弼的诠释中成了可同时表征万物或民众之"真性"的符号。此"真性"之"德"能够为万物或民众确立存在的价值，为二者之"自然"提供深层的依据。总之，王弼的诠释既有继承性，也有改造之处，后者集中体现于"德"的主体被拓展，以仁义为内容的"下德"也具有合理性。这与其汇通儒道的理论旨趣密切相关，同时也丰富了老子哲学的内涵，可以避免老子哲学中可能存在的无政府主义的倾向。

关键词：王弼　老子　德　真性　无

"德"是老子哲学中的核心观念之一，也是汉魏之际思想中最被关心的话题之一。两汉思想中对"德"有着诸多讨论，因此，对生于汉魏之际的王弼而言，"德"观念必然是其重点关注的对象。对"德"的诠释与改造，也当是王弼诠释《老子》的一个重点。

王弼本身对老子的哲学有所改造，这是毋庸置疑的。正如余敦康先生所言，王弼对于老子的诠释，其本质上是"为了适应当时人们的普遍哲学追求和价值取向，借助于《老子》所提供的某些逻辑支点，来阐述自己所见到的整体，建构一个既源于《老子》而又超越《老子》的崭新的本体论"①。同理，王弼是基于对老子文本的诠释，来抒发其自身对"德"观念的认识。但其对"德"的诠释也并非无根之水，这种诠释本身也是以魏晋时期的时代认识为依托的，因此，要理解王弼对老子之"德"的诠释和改造，也应先从魏晋时期的时代认识着手。

一　汉魏之际"德"的演变

东汉末年，作为官学的儒家思想愈发衰落，对道家思想的关注也渐渐兴起，"儒道"之间的交互成为汉魏之际的重要话题，而王弼也生活在这样的环境之中：

> 时裴徽为吏部郎，弼未弱冠，往造焉。徽一见而异之，问弼曰："夫无者，诚万物之所资也，然圣人莫肯致言，而老子申之无已者何？"弼曰："圣人体无，无又不可以训，故不说也。老子是有者也，故恒言无所不足。"②

在这则著名的故事之中我们可以看到，一方面，彼时思想界，已经有了"无"是"万物之所资也"的共识。此外，《人物志》中也出现了"老子以无为德，以虚为道"③的说法。由此不难看出，彼时人们已经注意到老子具有"以无为德"的思想。王弼对老子之"德"的诠释，应是受到了这种认识的影响，也与"无"具有相通性。另一方面，彼时依然对儒家思想高度推崇。因此，如何将道家

① 余敦康：《魏晋玄学史》，北京大学出版社2004年版，第181页。
② 楼宇烈校释：《王弼集校释》，中华书局1980年版，第639页。
③ （魏）刘劭：《人物志》，中州古籍出版社2007年版，第160页。

的"无"与儒家思想相结合，也是汉魏之际的一个核心关切。而"德"作为儒道两家共同关注的重要观念，也构成了二者结合的最佳载体。

两汉思想中，"德"始终备受关注。在汉代思想中，对"德"也出现了许多具体的阐释。董仲舒在《春秋繁露》中，就曾经将"五行"和"德"相结合：

> 天有五行……木，五行之始也；水，五行之终也；土，五行之中也。此其天次之序也。……五行之随，各如其序，五行之官，各致其能……土者，天之股肱也。其德茂美，不可名以一时之事，故五行而四时者。土兼之也。金木水火虽各职，不因土，方不立……土者，五行之主也。五行之主土气也，犹五味之有甘肥也，不得不成。①

这里"土德"对应着君主之"德"，可以看到"土德"在董仲舒处已具备了"兼之"的作用，并呈现出"核心"的作用，只有依靠"土"，其余"四德"才能做到"各司其职"。东汉时期的《白虎通义》中也体现了对"土德"思想的继承：

> 土在中央者，主吐含万物。……土所以不名时，地，土别名也，比于五行最尊，故不自居部职也……木非土不生，火非土不荣，金非土不成，水无土不高。土扶微助衰，历成其道，故五行更王，亦须土也。……土尊不任职，君不居部，故时有四也。②

可以看到，"土德统众德"已成为汉代思想的共识。值得注意的是，这里"土""不可名以一时之事""不自居部职"的特点，也

---

① （汉）董仲舒：《春秋繁露》，中华书店 2018 年版，第 266—269 页。
② （汉）班固：《白虎通义》，中华书店 2018 年版，第 77—90 页。

应当是汉魏之际"至德无名"思想的源头。

到了汉魏之际,《人物志》中对于"圣人"之"德"出现了新的描述:

> 凡人之质量,中和最贵矣。中和之质,必平淡无味;故能调成五材,变化应节。……兼德而至,谓之中庸;中庸也者,圣人之目也。[1]
>
> 夫中庸之德,其质无名。……变化无方,以达为节。[2]

这里"土德"本身不再是至德,而是回到"五德"之中,取而代之的"至德"则是"中庸之德"。但正如汤用彤先生所言:"中庸本出于孔家之说,而刘劭乃以老氏学解释之。"[3] 刘劭处的"中庸之德"以"无名"作为其"本质",呈现出了一定的道家色彩。值得注意的是,这段演变之中,"德"始终分"兼德而至"的"至德"和各有特点的"众德"两种。无论董仲舒、班固还是刘劭,"至德"始终是"众德"得以实现的枢纽。这里隐含的问题是,至德缘何能成为这种枢纽。两汉思想中,似乎还并没有意识到这一问题。直到汉魏之际,刘劭才明确指出,这一问题的原因,在于"至德""其质无名"。这里蕴含的"无能统众"思想,似乎也成为汉魏之际的共识。

综上所述,随着"德"观念在两汉时期的发展,"土德"说逐渐演化出"至德无名"思想。后者具有两个特点:一是"至德"以"无名"作为其本质;二是"至德"之外还存在多样的"众德",但这些"众德"需要依赖于"无名"的"至德"才能实现。王弼对老子"德"观念的诠释,正是基于这种思想而展开。

---

[1] （魏）刘劭:《人物志》,第33—45页。

[2] （魏）刘劭:《人物志》,第50—51页。

[3] 汤用彤:《魏晋玄学论稿》,上海古籍出版社2019年版,第24页。

二 "上德不德"："至德无名" 思想的融摄与发展

王弼首先将这种"至德无名"的思想融入了其对老子"上德"的诠释之中。这使得王弼对"上德"观念的诠释呈现出了与《老子》的差别。不妨先回看《老子》对"上德"的论述：

> 上德不德，是以有德；下德不失德，是以无德。上德无为而无以为；下德为之而有以为。上仁为之而无以为；上义为之而有以为。上礼为之而莫之应，则攘臂而扔之。故失道而后德，失德而后仁，失仁而后义，失义而后礼。（《老子》第三十八章）

这段文本中"是以无德""失德而后仁"等描述，均体现出老子对"下德"的批判态度。正如叶树勋先生所言，在《老子》中，"真正的'德'是合乎'道'的'上德'"而"仁义礼"等"为之"的现象则是"'德'的异化，也是'道'的失落"①。从文本来看，"上德"与"下德"在《老子》中呈现为对立关系，对"仁义"更是明确地否定。

但在王弼处则不同。在他看来，"仁义，人之善也"②。"不仁者人之所疾也。"③ 这正反两面的说法，体现出王弼对以"仁义"为内容的"下德"是持肯定态度的。正如蒋丽梅教授所言"王弼并不反对仁义礼智……仁义礼智也有自身的效用，是可以用以'施慧立善'的好方法"④。蒋教授准确注意到，王弼对"仁义"并非

---

① 叶树勋：《先秦道家"德"观念研究》，中国社会科学出版社2022年版，第128—129页。

② 楼宇烈校释：《王弼集校释》，第45页。

③ 楼宇烈校释：《王弼集校释》，第184页。

④ 蒋丽梅：《王弼〈老子注〉研究》，中国社会科学出版社2012年版，第108页。

截然否定。但仁义是否为"好方法",似乎有待商榷。在王弼看来,"仁义,母之所生,非可以为母"①。因此,要想实现"仁义",并不能靠"仁义",而是需要"上德"的作用。

在第三十八章注中,王弼首先对"上德"的特点进行了说明,一方面,"上德"能够做到"常得而无丧,利而无害"②;另一方面,想要实现这种"上德",就必须使自身回到作为"本(母)"的"无"的层次。在王弼看来,对"德"的消解是回到"道"的必要前提,同时只有回到"道"的层面,才能真正实现"德"。这正是其"崇本息末"思想的体现。"道"与"德"在王弼处实际构成了一种本末关系,这种关系在其对《老子》文本结构的改造中得到了更鲜明的体现。

在《老子》此章前半段文本中,存在"上德→下德→上仁→上义→上礼"的递降结构(后文简称结构 L)。但这一结构在王弼处则出现了不同。王弼是明确将"仁义礼"与"下德"相等同的,他认为"凡不能无为而为之者,皆下德也。仁义礼节是也"③。这样一来,王弼处的文本结构就应为"上德→上仁→上义→上礼"(后文简称结构 W),这和结构 L 并不相同。但问题在于,后半段中"失道而后德,失德而后仁,失仁而后义,失义而后礼"一句,在原文和王注中均呈现为"道→德→仁→义→礼"的结构(后文简称结构 X)。在结构 L 和结构 X 中,"上德—道""下德—德"以及"仁义礼"是完全对应的,可见在《老子》中前后逻辑是融洽的。但在王弼处,结构 W 与结构 X 却无法形成相同的对应。其问题在于"上德"需要同时面对"道""德"两个层次。如果将"道""德"等同,均视为"上德",就与"失道而后德"相背。而如果将"上德"仅仅对应"道"的层次,则要么忽略了"德"的位置,要么只能将"德"划入"下德"的范畴。

事实上,王弼在此依然采用了一种本末式的建构。不妨来看其对"失道而后德"的注解:

① 楼宇烈校释:《王弼集校释》,第 95 页。
② 楼宇烈校释:《王弼集校释》,第 93 页。
③ 此两句均出自楼宇烈校释《王弼集校释》,第 94 页。

夫大之极也，其唯道乎。……故虽德盛业大……不能舍无
以为体也，舍无以为体则失其为大矣，所谓失道而后德也。以
无为用，德其母，故能己不劳焉而物无不理。下此已往，则失
用之母……所谓失德而后仁，失仁而后义，失义而后礼也。①

　　可以看到，这里"道""德""仁"依然保持着递降的层次，这就意
味着，一方面，"道""德"并不等同；另一方面，由于作为"极下
德之量"的"仁"明确成了"德"的后一个层次，因此"德"也非
"下德"。能够揭示结构 W 如何和结构 X 形成对应的关键点，就在于
王弼后文所言"故仁德之厚，非用仁之所能也……守母以存其子，
崇本以举其末"②。在王弼看来，只有"守本"才能实现"末"的结
果。但王弼还主张"执一家之量者，不能全家……穷力举重，不能
为用"③。这意味着，以"德"为本也不能真正"成德"，只有回到
"无"的层面，才能做到"成德"。由此可见，王弼处的"道""德"
关系，应是"道"为本、"德"为末。同理，"用仁"本身也不能够
实现"仁"，只有从"德"出发，才能够实现"仁"。以此类推，结
构 X 中的五种层次也依次构成本末关系。通过这种本末关系，结构
W 与结构 X 也表现为如下表所示的对应关系：

表1　　　　　　　　　　**结构 W 与结构 X 的对应关系**

上德	本："无（道）" 末："德"
上仁	本："德" 末："仁"
上义	本："仁" 末："义"
上礼	本："义" 末："礼"

①　楼宇烈校释：《王弼集校释》，第94页。
②　楼宇烈校释：《王弼集校释》，第95页。
③　楼宇烈校释：《王弼集校释》，第10页。

结构 X 中的四个层次，分别坐落在不同本末层次之间，与结构 X 形成了对应。由此可见，在王弼看来，一方面，只有回到"本"，才能得到"末"；另一方面，如果执着于"末"，就会"失本"，并堕入下一层次。

值得注意的是，王弼处的"上仁"是指出乎"性（德）"而做到"仁"，这很符合儒家对"仁"的定义。王弼认为"自然亲亲为本，推爱即物为仁也"①，"自然"在此是指"本性"，即个体自身之"德"。这种"仁"出自"德"，故而"爱之无所偏私"②。但"足及于无以为而犹为之焉"③。在王弼看来，出于本性之"德"的"仁"虽然是无所偏私的，但由于"仁"需要"推爱即物"，因此必然"有为"："仁者必造立施化，有恩有为，造立施化，则物失其真，有恩有为，则物不具存。"④ 究其原因在于，"德"本身也意味着"限定性"。王弼认为，个体的"德"存在差异⑤，"推己即物"就意味着以自身的"限定性"去"限定他物"，必然导致"物不具存"。因此，王弼对"上仁"也持否定态度。

在王弼的建构中，"上德"是"以无为本"的，这意味着"上德"的主体需要"唯道是用""与道同体"，因而能够做到"物以之成而不见其成形，故隐而无名"⑥。需要注意的是，在《老子》处"无名"是指"道"本身不具有"名"，王弼则是用"无名"表示"上德"本身无法被限定。一方面，二者的主体分别为"道"和"上德"，这体现出王弼处"上德""与道同体"的特点；另一方面，后者的"无名"更侧重于"无限"的含义，这也与"至德无名"思想更为接近。在《人物志》中，"无名"的"中庸之德"，

---

① 楼宇烈校释：《王弼集校释》，第 621 页。
② 楼宇烈校释：《王弼集校释》，第 94 页。
③ 楼宇烈校释：《王弼集校释》，第 94 页。
④ 楼宇烈校释：《王弼集校释》，第 13 页。
⑤ 王弼主张人性"有同有异……虽异而未相远。"（楼宇烈校释：《王弼集校释》，第 632 页）同时，个体天赋之"德"不同是汉魏时期一个普遍的共识性观念，具体可参见《人物志》中对于人的分类。
⑥ 楼宇烈校释：《王弼集校释》，第 113 页。

可以"调成""以材自名"的"众材"①，换言之，便是以"无名"的"至德"调成"有名"的"众德"。这一观点也与王弼"用夫无名，故名以笃焉"②的主张一致。由此可见，王弼所说的"不德其德"并非仅仅指"不执著于德之名"③，而是上德之人需要通过"失德"，来达成对自身限定性的消解，从而回到作为"本"的"道"的层面。在王弼看来，"既不失其德又盈之，势必倾危"④。反之，只有消解掉自身作为限定性的"德"，才能做到"以空为德，然后乃能动作从道"⑤。正如余敦康先生所言，王弼处圣人"对无限整体具有一种心理意义的感受与体验"⑥。但笔者认为，王弼处的"上德之人"并非仅仅是心理意义上的"体无"，而是要真正做到"灭其私而无其身"，达到"与道同体"的境界，从而真正去发挥"无"的作用，使万物"各得其德"。

综上所述，王弼对"上德"的诠释，强调了"上德"作为"众德之主"不能被限定的特点。因此，笔者以为，王弼的"上德"相较于"无为"，其更突出的特点应当是"为无"，即消除自身的限定性，回到"无"的层次，从而成为万物"无不由"的"枢纽"。在王弼看来，只有这种"无限"的"上德"，才能够真正做到"无为而无以为"，从而充当"万物之主"。由此，王弼的"上德"和"仁义礼"，也从《老子》文本中的对立，转变为一种本末的关系，由此也消解了对后者的批判性。

值得注意的是，前文无论是"上德"还是"仁义礼"，其主体均是"上"。但"仁义礼"本身却又被王弼描述为"下德"。如果"上德""下德"并非对立，那么何来"上下"之分？笔者以为，在王弼这里，"上"实则就是指"君"，而"下"则是指"君子"。

---

① 参见（魏）刘劭《人物志》，第31—45页。

② 楼宇烈校释：《王弼集校释》，第95页。

③ 楼宇烈校释：《王弼集校释》，第97页。

④ 楼宇烈校释：《王弼集校释》，第21页。

⑤ 楼宇烈校释：《王弼集校释》，第52页。

⑥ 余敦康：《魏晋玄学史》，第202页。

首先，从王弼对"仁"的注解中可以看到一定的端倪。王弼将"上仁"定位为"极下德之量者"，这表明"仁"在"上"是不足的，但确是"下"的顶点。王弼指出"君子无不仁"①而"圣人有则天之德"②，并认为"圣人与君子异也"③。结合王弼"圣人体无"的思想，可见，"仁"是君子层面的"体"（本），而圣人之"体"则在更高层面的"无"。其次，两汉时期对"德"的论述，从董仲舒、班固，再到刘劭，都对"至德""众德"有着不同的区分。前文也提到，王弼对于"上德""无名"的作用，是"名以笃焉"，也就意味着，这里必然存在"有名"的"德"作为"无名"之"德"的作用对象。而这种"有名"的德，就是以"仁义"为代表的"下德"。这与汉魏之际对"至德"与"众德"的区分具有一致性。因此，王弼处也应当保持了"至德"的主体是"圣人"，而"众德"的主体是"臣民"的区分。最后，文本中别处的"上"，除方向以外，均是代指"大人"。④那么对应的"下"，也应是指"臣民"。

由此可见，无论是从文本还是从思想内涵的角度，这里"上""下"的定位应当基于对"君""臣"的区分。换言之，在王弼处"上德"和"下德"，分别对应了"君德"和"众德"，这与《老子》本身并不相同。如果说"上德"观念是王弼对老子的诠释与继承，那么对"下德"的诠释则更多体现了王弼对老子思想的拓展与改造。在老子处被否定的"下德"，在王弼思想中被改造为"臣民"所禀赋的"众德"。这也就意味着，"臣民"也构成有"德"的主体。事实上，在王弼的建构中，"万物"均构成了有"德"的主体，而"臣民"也被视为"万物"中的一个部分。同时，"上

① 楼宇烈校释：《王弼集校释》，第630页。
② 楼宇烈校释：《王弼集校释》，第626页。
③ 楼宇烈校释：《王弼集校释》，第624页。
④ 例如"大上，谓大人也。大人在上，故曰大上。……言从上也"，"上之所欲，民从之速也"，"言民之所以僻，治之所以乱，皆由上不由其下也，民从上也"。（楼宇烈校释：《王弼集校释》，第40、150、185页）

德"也具有"与道同体"的特点。这就意味着，"上德"与"下德"的关系，本质上是道物关系的呈现。因此，要明确王弼对"下德"的建构，不妨回到道物关系层面进行分析。

三 以"得"释"德"："德"作为 万物之"真性"

在《老子》的建构中，"德"构成了"道"与万物联结的枢纽。①而在王弼的建构中，"德"依然保持了这种枢纽地位。因此，要分析王弼处的道物关系，需要先明确"德"本身的含义。

与老子没有对"德"进行直接定义不同，王弼明确提出"德者，得也"②。自古以来，"德""得"二字就有紧密的关联，因此以"得"解"德"常被笼统地视为"德"的固有之义。诚然，在老子哲学中，"德"与"得"也存在一定的关联，但并没有直接出现以"得"释"德"的做法。"德"具有"得"的含义并非王弼首创，先秦时期也已经存在"德者，得也"的说法，例如，"知得以职道之精。故德者得也"（《管子·心术》），"礼乐皆得，谓之有德。德者得也"（《礼记·乐记》）。但在王弼之前，对《老子》的注解中，"得"与"德"的含义却并不相同，"德"指"恩德"，而"得"指"获得"。"德"与"得"之间的关联，仅限于"万物"得到"道"的"恩德"。例如韩非虽然有"德者，得身也"的论断，但其对"德"的论述，均是"功德"的含义，例如"德者，道之功"，"民蕃息而畜积盛之谓有德"（《韩非子·解老》）等。河上公本和《老子指归》中也一样，尽管有"道德虚无……万天以作，群物得之"③的说法，但所"得"的对象也只是"道"的恩泽。由此可见，在王弼之前，对于《老子》的注解中，"得"的含义，仅限于"获得""道"的"恩德"。"德"的主体也被限定在

---

① 参见叶树勋《先秦道家"德"观念研究》，第 208 页。
② 楼宇烈校释：《王弼集校释》，第 93 页。
③ （汉）严遵著，王德有点校：《老子指归》，中华书局 1994 年版，第 55 页。

"道"的层面。而王弼之所以将"德"与"得"相等同，也正是基于其对"得"义的深化，并由此将"德"的主体拓展到了"万物"，提出"物皆各得此一以成"。①

在分析这一点前，需要先明确老子本身是否具有"物德"的思想。从《老子》的文本内容来看，"万物有德"思想本身似乎并非老子的主张。第三十九章中的"万物得一"一句，是今天认为老子具有"物德"思想的关键原因。然而东汉以前版本的《老子》中，均没有此句的出现。② 从这些版本来看，由于没有此句，"得一"的主体也就限定在"天"等高层次的存在。因此并不能认为老子思想中就存在"万物"有"德"的思想。"万物得一"一句，直到河上公本中才出现。但在河上公本中，"万物"也与"天"等主体有所区分。在对"天"等主体的注解中，均是直接言明这一主体"得一"，而在"万物"处，其注解为"言万物皆须道以生成也"③，这意味着，万物依然没有"得一"，而是需要"道"的"恩德"才能"生"。"得"的主体依然被限定在"天"等特定的主体。

综合来看，在王弼之前的诠释中，"德"仅指"道/圣人（王）"对"万物/臣民"的"恩德"，而"得"则是指"圣人"有"得"于"道"。同时，这种"得于道"的"德"构成了有"德"主体能够恩德万物的一个前提。④ 换言之，"道"恩德"万物"，使万物能够"成"，因而具有"功德"，而"圣人"能够"得道"，因此能"恩德""民众"。至于"万物"所"得"的则仅仅是"道"的"恩德"，这种所"得"并不能构成内在之"德"，与"德"本身也不能等同。正如叶树勋先生所指出，在老子文本中，

---

① 楼宇烈校释：《王弼集校释》，第 105—106 页。

② 此处包含帛书甲乙本、汉简本以及《老子指归》四种版本。这些版本均没有"万物得一"一句。

③ 以上六处注解，均出自王卡点校：《老子道德经河上公章句》，第 154—155 页。

④ 例如"所授于德，富贵贫贱，夭寿苦乐，有宜不宜，谓之天命。皆受于德，自外而来，进退由我。"［（汉）严遵著，王德有点校：《老子指归》，第 45 页］于此处或许已经受到儒家思想影响，将儒家"天命"之"德"融入了老子之"德"。

"'德'的主体基本上是限于圣人，民众是否有'德'、如何成'德'的问题并没有得到明确的开展"①。在人事的领域内，有"德"的主体只能是"圣人（王）"，而"民"则并不构成有"德"的主体。而在万物领域，"德"的主体也仅限于"道"。其中的关系可用下图呈现：

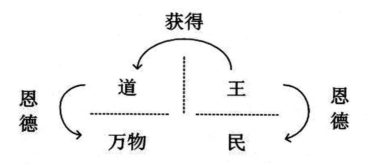

图1　老子哲学中"得""德"的构造②

这意味着，在老子本身的构造中，具有"得"义的"德"仅在"道"与"王"之间，因此并不能说老子本身具有"万物有德"的思想。但在王弼处，"德"的主体则拓展到了"万物"。"物皆各得此一以成"，"德者，物之所得也"③ 等说法均可证明，在王弼处"万物"也构成"德"的主体。

至于万物所"得"的对象则是"一"。王弼指出："一，数之始而物之极也。各是一物之生，所以为主也。"④ 需要注意的是，此处"各是一物之生"颇为不通。楼宇烈先生认为此处应为"各是一生，所以为物之主也"⑤。此说虽有道理，但笔者认为，此处

① 叶树勋：《先秦道家"德"观念研究》，第 213 页。
② 此图转化自叶树勋先生对于老子哲学中"德"的内在构造的图式。（参见叶树勋《先秦道家"德"观念研究》，第 210 页）这里对叶先生的图式进行的改动，仅为体现"恩德"之"德"与"获得"之"德"的不同。
③ 以上三处分别出自楼宇烈校释《王弼集校释》，第 105、137 页。
④ 楼宇烈校释：《王弼集校释》，第 105 页。
⑤ 楼宇烈校释：《王弼集校释》，第 107 页。

不需调整文本，这里的"生"就是"性"，即是说这里的"一"是指"物之性"。"各是一生"的说法，应是将"一"视为"道"。但王弼主张的是"各以其一"①，这意味着各物之"一"并不相同，故这里的"一"并非指"道"。我们不妨看王弼在另一处对"一"作出的定义："一，人之真也。"② 可见，"一"在人、物层面表示自身的"真"。通过"夫御体失性则疾病生，辅物失真则疵衅作"③，"静则全物之真，躁则犯物之性"④ 等说法可见，在王弼处"真"和"性"是等同的。因此，王弼这里的"一"就是指万物"得"于"道"的"真性"。再结合"德者，物之所得也"的说法，不难看出，在王弼处"万物"的"德"就是其自身所得的"一"，也就是物的"真性"。由此可见，王弼借由对"得"的解释，将"德"和"性"相结合，从而完成了将"德"的主体转变为"万物"的改造性诠释。

在万物层面，王弼认为万物"得一以成"，但"既成而舍以居成，居成则失其母"，因此王弼主张，万物必须做到"守一"：

> 用一以致清耳，非用清以清也。守一则清不失，用清则恐裂也。故为功之母，不可舍也。⑤

这段文本中，"母"就是指"一"，"子"则是以"清"为代表的"功"。从生成的角度，老子主张"道生一，一生二，二生三，三生万物"（《老子》第四十二章）。在王弼的注释中，"二""三"被视为"一"到"万物"的中间过程，因此可以省略。那么这里实际就构成了"无（道）→一（德）→万物（功德）"的一个生成结构。这里实际蕴含了"道""物"两个层面，从"道"的层面

---

① 楼宇烈校释：《王弼集校释》，第 106 页。
② 楼宇烈校释：《王弼集校释》，第 22 页。
③ 楼宇烈校释：《王弼集校释》，第 41 页。
④ 楼宇烈校释：《王弼集校释》，第 123 页。
⑤ 楼宇烈校释：《王弼集校释》，第 106 页。

来看，是由"无"生"一"，因此"无"是"母"而"一（德）"是"子"，这表明这种"德性"本身源自"道"，因此只有依靠"道"的作用才能实现；而从"物"的层面来看，"一（德）"是"母"而"功德"则是"子"，体现了"德性"到"德行"的生成。如前所述，王弼主张"守母以存其子"①。对物而言，想实现"功德"，就必须"守一"。这就意味着，只有把握自身之"德性"，才能充分实现自身的"功德"。如前所述，在王弼看来"自然"是万物的本性，而"仁"则是由这种"本性"所发挥出来的"功德"。换言之，王弼认为"仁"是由内在固有之"真性"所呈现出来的一种"德"，因此这种"德"是具有合理性的。只是这种"仁"是由"一"发挥出来的，因此想要实现"仁"就必然回到作为"本"的"德"的层面，才能做到"仁德"，如果"居于仁"，反而会导致"仁"的丧失。因此，王弼主张"事用其诚，则仁德厚焉"，"仁德之厚，非用仁之所能也"②。这就意味着，"仁德"本身在王弼处也构成了其希望实现的目的，只是"仁"的实现，必须以万物内在"真性"作为出发点。这样一来，"仁义礼"等"下德"在王弼处也不再是被批判的对象，反而是希望实现的目标。只是这种"下德"的实现，必须以内在之"德"作为出发点。这也正与前文中"道→德→仁"的本末结构相符。

综上所述，王弼通过以"得"释"德"，将有"德"主体拓展到了"万物"。从万物的视角来看，"德"即自身的"真性"，同时也是其能够实现"功德"的基础。这样一来，"仁义礼"等在王弼处也就成了结果层面的"功德"，由此也具备了合理性。

但正如前文所言，王弼思想中万物之"德"具有差异性，因此"德"在构成万物之"真性"的同时，也构成了其自身的"限定性"。一方面，"持一之量"的万物无法"用一"；另一方面，一物之"德"与他物并不相同，故必然"不能兼"。故而只有回到

---

① 楼宇烈校释：《王弼集校释》，第95页。
② 楼宇烈校释：《王弼集校释》，第95页。

"道"的层面，才能让万物的"真性之德"均充分发挥。但对万物而言"道不可体"①，所以万物"真性之德"的实现，必然需要依托于"与道同体"的"圣人"的作用。如果将这种关系回溯到人事领域内，那么万物之"德"的实现，就是"臣民"能够发挥各自内在之真性。而"君主"的作用，则是依托自身"无名之德"使"臣民"实现自身之德。这种"君德""众德"的协作，也构成了王弼政治哲学的基础。

四　"各得其德"：君德与民德的分立与联系

如前所述，王弼虽然将"德"的主体拓展到了万物，但他认为"上德"与"众德"的层次并不相同。在王弼看来，"圣人之德"与"天地"属于同一个层次，因此他主张"圣人与天地合其德"②。但这种"与天地合德"则需要以"自然"作为前提。③

在《老子》文本中，关于"自然"主体的问题存在一定的争议。通常的认识中，"自然"的主体被笼统地归于"圣人"。但王中江先生注意到："老子说的'自然'不是指道和圣人如何，而是指万物和百姓如何。"④ 笔者以为，这一观点十分准确地把握住了老子本身的主张。无论是《老子》文本本身，还是王弼之前对于《老子》的注解，"自然"的主体都是"万物"，"圣人"只是"无为"，"以辅万物之自然"。⑤ 但在王弼的注解中，由"物守自然""圣人达自然之至"等说法可见，"自然"的主体也被拓展到了"圣人"和"万物"的领域。

---

① 楼宇烈校释：《王弼集校释》，第 624 页。
② 楼宇烈校释：《王弼集校释》，第 13 页。
③ 原文为"自然然后乃能与天地合德"（楼宇烈校释：《王弼集校释》，第 186 页）。
④ 王中江：《道与事物的自然：老子"道法自然"实义考论》，《哲学研究》2010 年第 8 期。
⑤ 历代注解有《韩非子·喻老》："以一人力，则后稷不足；随自然，则臧获有余"及严遵"故圣人之为君也……无为以道世，无事以养民……使物自然"〔（汉）严遵著，王德有点校：《老子指归》，第 34 页〕。其中"自然"的主体都是"万物/百姓"。

要理解王弼将"自然"的主体拓展到"圣人"和"万物"的意义，则要先明确"自然"本身的内涵。王弼明确将"自然"诠释为"不学而能者"①。但正如前文所言，"圣人"和"民"的"本"并不相同，万物、民众的"本"是其自身之"德"，而"圣人"的"本"在于"无"。因此，圣人和百姓的"自然"也并不相同。这种不同的原因，是源自王弼对"圣人"与"百姓"的区分。正如前节所提到的，在王弼的建构中"圣人体无"而"君子体仁"，二者本身就形成了如同"道""物"的两个层次上的区别。对于百姓而言，其"自然"是由"德"到"功"的过程，即通过"守一"来实现"功德"。而对于圣人而言，其"自然"就是"体无"，从而构成万物之"德"得以实现的前提，即通过"本其所由，与极同体"②构成"万物以之生"的条件。换言之，圣人的功德在于，使得万物能够"守一"，从而做到"各得其德"。

值得注意的是，这里"无"与"民"之间似乎形成了隔阂。康中乾先生提出"真正的'无'是内在于存在物自身中的，是存在物之所以然、所以故的如此存在的本质、本性、本体"③。康先生对"无"的"本体性"定位十分准确，但其似乎没有注意到"道物"之间的这层隔阂。对于王弼而言，"道物"本身就构成"无""有"的区分，"无"当然是万物的本体，但正如前文所言，"物"的生成所禀赋的是其"一"，也就是作为其本性的"德"，因此不能说"无"是存在于物自身之中的，而具体到"王民"的层面，"无"则只存在于"圣人"的层面，这也是王弼所以主张"王"在社会秩序中存在必要性的依据。正如前文所言，"德"作为万物所"本"的"一"是万物所复归的对象，但由于"一"同时也构成万物自身所持之"量"，故而仅凭自身无法做到"自然"，因此必须依靠"圣人"的作用，才能使自身回归自然。同时，这种

---

① 楼宇烈校释：《王弼集校释》，第65页。
② 楼宇烈校释：《王弼集校释》，第17页。
③ 康中乾：《有无之辨——魏晋玄学本体论思想再解读》，人民出版社2003年版，第279页。

隔断也意味着"圣人"与"下德"本身的隔离，在"圣人"层面的"末"也并非"仁义"等具体的德行，因此圣人也必然"无为而无以为"。这种隔阂一方面揭示了王弼处"圣人"为何"无为"；另一方面也表明"圣人"虽然"无为"，但却有其重要作用，因此不可或缺。

由此可见，在王弼的政治建构中，"圣人"和"臣民"具有不同的作用，而原因就在于"圣人"与"臣民"之"自然"的区别。"圣人"的"自然"可以说是通过"体无"达到"抱一清神"，从而构成了"民"能够实现自身之"德"的基础，进而做到"万物自宾"。① 而"民"的"自然"则是自身所"得"之"德"，并进而将其充分实现，即由内在之自然向外发挥，从而形成"仁义礼"等"下德"。对圣人而言，其仅仅是在"自然而然"的"以无为用"，因为其本身并没有"为"。而对于万物而言，由于"圣人"的"自然"即体"无"而成"德"的过程，其所成之"德"也构成了"民""各得其德"的条件，即能够"全物之性"；另一方面，由于"民"本身也有其所禀赋之"德性"，也就有各自成"器"的可能性，因此，只需要"因自然以成器，不造为异端"②，让"民"保持"自然"，也就能够发挥自身应有的用途。换言之，王弼肯定臣民"自然"的结果是"成器"，这就意味着臣民之"自然"是"有用"的，即能够发挥自身的"功用"。概而论之，"圣人"的"自然"是"体无"，从而构成"万物自化"的条件；臣民的"自然"则是充分实现自身之"德"，从而在社会中发挥自身的作用。

值得注意的是，王弼关于民众之"德"的思想，应该与儒家学说的影响有关。首先，从"德"的主体来看（暂不考虑宇宙论），王弼将老子思想中本来只属于圣人的"德"，拓展到了天下之民众。一方面，这与庄子以后道家关于民众之"德"的思想有关，另一方面，其间应该也有儒家学说的影响。儒家思想中的"德"是属

① 楼宇烈校释：《王弼集校释》，第22页。
② 楼宇烈校释：《王弼集校释》，第123页。

于所有人的，当然儒家会更强调君子之"德"。在王弼学说里，"德"的主体被拓展到了民众，并用"君子"作为"有德者之通称"。① 可见这种变化和儒家学说不无关系。其次，王弼对民众之"德"的等级性的关注，很可能也是受儒家影响的结果。王弼之前的道家思想中虽然出现了民众之"德"的思想，但这种"德"是平等的内在之"道"的体现，因此万物之"德"虽然有差异，但在"道"的层面却是平等的。而在儒家思想，尤其是汉代儒学中，众人之"德"是具有等级性的，并且这种等级性还构成了个体承担不同职能的依据。正所谓"高者列为公侯，下至卿大夫……皆以德序"②。其中区别在于，万物的"德"之间构成怎样的关系。在王弼处虽然提倡"万物自相治理""万物各适其所用"③ 的结果，但结合其"德足君物"④ 以及"圣人因其分散，故为之立官长……复使归于一也"⑤ 的说法，不难推测出，从万物的层面看，万物所禀赋的自身之"德"不同，所以必然需要确立"等级化"的社会秩序。使得"万物"在这种秩序之中"各得其所"，从而发挥自身的"自然"之"德"。总之，王弼对"德"之主体的拓展，以及对"德"之等级性的肯定，都和其汇通儒道的理论旨趣密切相关。

但这种制度只能是"单向度"的，即"制度"是"因物而用"产生的，不能反过来以"制度"来号令"万物"，不然"则失治之母"。⑥ 在制度的层次，也可以构成一层本末的关系，即"万物之性"为"本"，而"制度"为"末"。由"本"即"末"，在王弼看来是"自然"的体现，反之则是"舍本逐末"。这也体现了王弼对老子的解释中对于"礼制"的态度，即其本身并不反对作为"下德"之"礼"，而是主张应当有一个次序。王弼在《论语释疑》

① 楼宇烈校释：《王弼集校释》，第 624 页。
② （汉）董仲舒：《春秋繁露》，第 229 页。
③ 楼宇烈校释：《王弼集校释》，第 13 页。
④ 楼宇烈校释：《王弼集校释》，第 624 页。
⑤ 楼宇烈校释：《王弼集校释》，第 75 页。
⑥ 楼宇烈校释：《王弼集校释》，第 82 页。

中也曾指出"自然"到"礼"的呈现顺序：

> 言为政之次序也。……民之自然，应感而动……故因俗立
> 制，以达其礼。……风乖俗异，则礼无所立，礼若不设，则乐
> 无所乐，乐非礼无所济。故三体相扶，而用有先后也。①

这里也体现出王弼对于"礼"的态度，与老子对礼的猛烈批判不同，王弼肯定了"礼"的作用，只是要依据其本末顺序而自然生成，同时不能"失其母"。由此，可以看出，王弼万物"万物自相治理"的体系中，"礼"也发挥了一定的作用，只是这种"礼"相较于"自然"而言，一定是"末"。正如王弼化用《庄子》的典故所提出的"鱼相忘于江湖之道，则相濡之德生也"②。只要"圣人"能够做到"自然"，那么万物也就必然"自然"。万物之自然也就是由内在真性之"德"向外发挥，从而生成"仁义礼"等"功德"。这样一来，万物在这种"尊卑有序"的政治体制之下，处于各自最为适合的位置，从而充分完成自身之"功德"。这也正是王弼所追求的理想社会模式。

但这种建构并非王弼的凭空创造。汤用彤先生曾指出，《人物志》提倡"凡人禀气生，性分各殊。自非圣人，才能有偏"③。向前追溯，汉代对于"五行之德"的认识中，也已经出现了对"德"的"分类"，及对"各得其用"的追求。王弼这里应当是将此思想融入了其对《老子》的诠释，并由此为老子的"治道"赋予了这种新的追求。概言之，如果说老子本身追求的是一种"无为"的政治模式，王弼则为其增添了"万物自为"的含义，一方面，通过对"万物之德"的展开，王弼完成了对于儒家以"礼制"为代表的社会制度的肯定；另一方面，其对于"圣人之德"的作用的肯定，也避免了老子思想所具有的"无政府主义"的倾向。

---

① 楼宇烈校释：《王弼集校释》，第 625 页。
② 楼宇烈校释：《王弼集校释》，第 43 页。
③ 汤用彤：《魏晋玄学论稿》，第 3 页。

五　结语

综上所述，不难看出，王弼基于其对老子"德"的诠释和改造，实现了其自身对"理想品格"以及"理想社会"的建构，这种建构本身以"德"作为枢纽，结合了其对"本末""母子"等关系结构的构建，进而使得"德"呈现出了与《老子》中的"德"所不同的样貌。一方面，"德"观念本身在汉魏之际具有崇高的地位，王弼通过这种改造性的诠释，为《老子》中的"德"赋予了更为广泛的内涵，使其更符合彼时的共识，开创了魏晋时期"儒道合流"的先河；另一方面，王弼的这种诠释对于《老子》本身也是一种完善，将"德"的主体拓展到了"万物"之中，使得"自然"的理论本身更具备合理性。

在王弼自身的理论建构中，不难发现其对于"德"的关注依然构成其理论建构的基础。在王弼的诠释体系内，"道物"之间依托与"获得"之"德"形成了相互的关联。"物"所"得"的自身"本性之德"也构成了"道"发挥其"功德"到"成就万物"之间的枢纽。具体到人事领域，王弼对于"上德"和"下德"的区分，成为将"君德无名"思想融入其对老子诠释的关键，基于对"上德"的诠释，王弼为老子的"德"进行了改造，使得"上德"成为万物"各得其德"的基础。并将这一理论拓展到了政治秩序之中，依托对"德"的论述，对"上德"和以"仁义礼"为代表的"下德"进行了展开，从而为其赋予了各自的意义。不但明确了君主本身存在的意义，同时也为以"礼"为代表的社会制度本身明确了价值，这与老子对于"礼"的批判态度并不相同。此外，王弼的"无为"更像是一种"为无"，即君主在治理之中，发挥如同"无"在"道"治理"万物"之中的本根作用一样。其"无为"更像是"无"之"为"，是对彼时"君德"观的一种呈现。这一点与老子以及传统黄老道家文本中的"无为"是具有显著区别的。而这也正是其对"上德"观念所作的改造。

从思想史的角度看，王弼对"德"的诠释与两汉以降关于"德"的认识有诸多相似之处。这意味着，不宜将魏晋玄学单纯地视为对两汉思想弊病进行批判的产物，它对于两汉思想的继承性需要引起更多的注意。此外，王弼以"性"释"德"，强调"物性自得""各得其德"，这对郭象的"性分"学说应有所影响，并进而成为后世"心性"之学的一个重要渊源。总之，探讨王弼对老子之"德"观念的诠释，不仅能探察到王弼思想和老子思想之间的微妙关系，也有助于深入把握两汉到魏晋的思想发展脉络。

道教对庄子"德"观念之批判与发展

山东大学犹太教与跨宗教研究中心　　郭　武

摘要：结合庄子有关"全德"与"欺德"的思想，本文讨论了后世道教对于"德"的理解，及其对庄子"德"观念的批判与发展。魏晋时期，葛洪曾对庄子进行批判，认为其对世俗道德规范的贬低有碍道教在现实社会的发展。唐代道教则借助"重玄学"的思维方式，认为只要能做到"用不乖体，动不伤寂"，则在行为形式上就可以"不殊于俗"而"与物同波"，这在理论上为道教大力吸收儒家伦理、迎合现实社会打开了方便之门。

关键词：道教　庄子　德　重玄学

　　"德"字在殷商甲骨文中的形状为一条路和一只眼睛（眼上有一直线，如图1），字形有"行"（道路）和"直"（目不斜视）之意；西周早期的金文中，"德"字又增加了一个重要部分"心"（如图2），表示其与人的内心活动有关。东汉《说文解字》训"德"字曰："德，升也。从彳，悳声。"又训"悳"字曰："外得于人，内得于己也。直从心。"清段玉裁注言："升当作登。辵部曰：迁，登也。此当同之……登读言得……得即德也。"又言："内得于己，谓身心所自得也。外得于人，谓惠泽使人得之也。俗字叚德为之。德者，升也，古字或叚得为之。"《释名》则曰："德，得也，得事宜也。"由上可知，"德"字与"升"（登、迁）有关，且可与"得"字相假借。自先秦以来，道家即很重视讨论"德"，如《老子》第三十八章曰："上德不德，是以有德。下德不失德，是以无德。上德无为而无以为，下德无为而有以为。"《庄子·天地》则谓"物得以生谓之德"，"德兼于道，道兼于天"等。有关道家之"德"观念，学界已经有过许多讨论①，以下仅拟就庄子之"德"观念及后世道教对其批判与发展，谈一点粗浅的看法。不妥之处，祈望教正！

图1　甲骨文"德"字　　　　图2　金文"德"字

一　庄子的"全德"与"欺德"

庄子对"德"有过许多讨论，如前引"物得以生谓之德"，"德兼于道，道兼于天"等，这是对"德"本身性质的论述，认为"德"乃"物得以生"之根据，且"德"兼有"道"之形而上性质。不过，《庄子》一书对于"德"的论述，更多是从"人"或"事"等形而下角度来进行的，如《德充符》从"形"与"使其形者"的关系来讨论"全德"之重要性：

> 仲尼曰："丘也尝使于楚矣，适见狟子食于其死母者，少焉眴若皆弃之而走。不见己焉尔，不得类焉尔。所爱其母者，非爱其形也，爱使其形者也。战而死者，其人之葬也不以翣资；刖者之屦，无为爱之；皆无其本矣。为天子之诸御，不爪

---

① 有关道家之"德"的研究，许多学术著作和论文曾涉及之，如钱穆《庄老通辨》，香港：新亚研究所1957年版；陈鼓应《庄子今注今译》，中华书局1983年版；刘笑敢《庄子哲学及其演变》，中国社会科学出版社1987年版；王中江《道家形而上学》，上海文化出版社2001年版；王博《庄子哲学》，北京大学出版社2004年版；杨国荣《庄子的思想世界》，华东师范大学出版社2009年版；郑开《庄子哲学讲记》，广西人民出版社2016年版；叶树勋《先秦道家"德"观念研究》，中国社会科学出版社2022年版；等等，恕不赘列。

鬔，不穿耳；取妻者止于外，不得复使。形全犹足以为尔，而
况全德之人乎！"①

这段话通过母猪死而其子散、士兵亡而不饰翣、刖足者而屦无用
等，来说明外在之"形"并不重要，重要的是内在之"使其形
者"，亦即作为"本"的内在之"德"；又通过世间那些保持形体
完整的人（"不爪鬔，不穿耳"）可以拥有为君王服务的机会，以
及"取妻者"不能入宫中做事，进一步认为："形全犹足以为尔，
而况全德之人乎！"亦即"全德"对于人来说非常重要。不仅如
此，庄子还具体解释了何为"全德之人"，如《德充符》以哀骀它
为例曰：

> 今哀骀它未言而信，无功而亲，使人授己国，唯恐其不受
> 也，是必才全而德不形者也。②

这就是说，所谓"全德之人"包含两方面内容，一是"才全"，二
是"德不形"。关于"才全"，《德充符》曾借孔子之口描述曰：

> 哀公曰："何谓才全？"仲尼曰："死生存亡，穷达贫富，
> 贤与不肖毁誉，饥渴寒暑，是事之变，命之行也，日夜相代乎
> 前，而知不能规乎其始者也。故不足以滑和，不可入于灵府。
> 使之和豫，通而不失于兑；使日夜无郤而与物为春，是接而生
> 时于心者也。是之谓才全。"③

这里强调的是对于死生存亡、穷达贫富这类"不能规乎其始者"之
事，人们需要淡然处之而"不可入于灵府"，"使之和豫"方可谓
"才全"。庄子又在《德充符》中借孔子之口，高度赞扬另一个兀

---

① （清）郭庆藩撰，王孝鱼点校：《庄子集释》，中华书局1961年版，第209页。
② （清）郭庆藩撰，王孝鱼点校：《庄子集释》，第210页。
③ （清）郭庆藩撰，王孝鱼点校：《庄子集释》，第212页。

者王骀曰："不知耳目之所宜，而游心乎德之和；物视其所一而不见其所丧，视丧其足犹遗土也。"① 也就是说，王骀混同万物，无有耳目之宜，能从"一"的角度来认识万物，故能"游心乎德之和"、悠游于至道之境，这样的人亦属"才全"之人。

对于作为"全德之人"另一方面之"德不形"，庄子曾解释说："平者，水停之盛也。其可以为法也，内保之而外不荡也。德者，成和之修也。德不形者，物不能离也。"② 也就是说，"德不形"的含义是"内保之而外不荡"，就像水处在平静的状态之下，外物的动静并不能引发人内心的波澜。"德"一旦形之于外，就说明内心已经被外物吸引，内心"和"的平衡状态已被打破，它已经走上远离"道"的道路之上了；相反，当一个人内心保持平静时，其德"内保之而外不荡"，这时候他就能与道同在，自然可以做到"物不能离也"。

"全德"固然是人之为人的理想状态，这个"德"应该是一种"兼于道"且"内保之而外不荡"的先天存在状态，并非后天由外而来的东西。但在现实社会中，人们却往往以各种错误的方式来宣扬"德"，如儒家推崇仁义礼智等。对于儒家推崇的仁义礼智等，老子曾予以明确的批评，如《道德经》言："失道而后德，失德而后仁，失仁而后义，失义而后礼。夫礼者，忠信之薄而乱之首。"③ 庄子在《应帝王》中，也对儒家推崇的尧舜之教予以了贬低，如其比较有虞氏（舜帝）与泰氏（伏羲）两个不同时代言：

> 有虞氏不及泰氏。有虞氏，其犹藏仁以要人；亦得人矣，而未始出于非人。泰氏，其卧徐徐，其觉于于；一以己为马，一以己为牛；其知情信，其德甚真，而未始入于非人。④

---

① （清）郭庆藩撰，王孝鱼点校：《庄子集释》，第 191 页。
② （清）郭庆藩撰，王孝鱼点校：《庄子集释》，第 214—215 页。
③ （魏）王弼注：《道德真经注》，《道藏》，文物出版社、上海书店、天津古籍出版社 1988 年版，第 12 册，第 281 页。
④ （清）郭庆藩撰，王孝鱼点校：《庄子集释》，第 287 页。

有虞氏（舜帝）是儒家推崇的圣王，但在庄子看来，其以"仁"等一套道德标准来教化百姓（"藏仁以要人"），虽然也得到了一些人的认可（"得人"），然而却让人们处在了一种"非人"的状态之中（"未始出于非人"）；与此相反，更早的泰氏（伏羲）时代卧则安闲徐缓、觉则欢娱自得，牛马无主、是非未分，这才是一种"其德甚真"的状态，也是人们心灵本真与道合一的状态。此外，庄子还在《天地》篇中批评了夏禹改变尧舜"不赏""不罚"之风，以致"赏罚而民且不仁，德自此衰，刑自此立，后世之乱自此始矣"①。

除了对有虞氏（舜帝）"藏仁以要人"以及夏禹"赏罚而民且不仁"等做法进行贬低外，庄子还对孔子"临人以德"的教化方式进行了批评，如《人间世》言：

> 孔子适楚，楚狂接舆游其门曰："凤兮凤兮，何如德之衰也！来世不可待，往世不可追也。天下有道，圣人成焉；天下无道，圣人生焉。方今之时，仅免刑焉。福轻乎羽，莫之知载；祸重乎地，莫之知避。已乎已乎，临人以德！殆乎殆乎，画地而趋！迷阳迷阳，无伤吾行！吾行郤曲，无伤吾足。"②

在庄子看来，孔子虽想恢复失落已久的"德"，但他把"德"外化为一种对人进行约束的道德规范，四处以仁义礼智这套标准来教化百姓，却属于"临人以德""画地而趋"的做法，不仅"未始出于非人"，而且背离了"德不形"（"外不荡"）的原则。为了进一步批判儒家宣扬"德"的错误方式，庄子还在《应帝王》中提出了"欺德"的概念：

> 肩吾见狂接舆，狂接舆曰："日中始何以语汝？"肩吾曰：

---

① （清）郭庆藩撰，王孝鱼点校：《庄子集释》，第423页。
② （清）郭庆藩撰，王孝鱼点校：《庄子集释》，第183页。

"告我君人者以己出经式义度，人孰敢不听而化诸？"狂接舆曰："是欺德也。其于治天下，犹涉海凿河而使蚊负山也……"①

所谓"欺德"，是对人之本真德性的破坏和摧残，如郭象注曰："以己制物，则物失其真。"② 日中始提倡制定"经式义度"用以规范人的行为，这种做法是"以己"的，亦即君王圣人让自己站在道德的制高点，然后以同样的道德规范去要求他人。这样做是违背或压抑人之天性的，其所谓"德"实际上是一种伪妄之德，因此庄子才让楚狂接舆说：通过"君人者以己出经式义度"的方式企图把天下治理好，好似"涉海凿河，蚊虻负山"，根本没有实现的可能性。

对于这类"欺德"或伪妄之德，庄子主张应该拆散、抛弃它们，亦即"支离其德"，如《人间世》言：

> 支离疏者，颐隐于脐，肩高于顶，会撮指天，五管在上，两髀为胁。挫针治繲，足以糊口；鼓筴播精，足以食十人。上征武士，则支离攘臂而游于其间；上有大役，则支离以有常疾不受功；上与病者粟，则受三钟与十束薪。夫支离其形者，犹足以养其身，终其天年，又况支离其德者乎？③

所谓"支离"，《经典释文》解释为"形体支离不全貌"。庄子通过支离疏这位形体残缺、相貌丑陋的人，来说明"支离其形"反而让他在战国乱世保存了自己的肉体生命，进而暗示"支离其德"的重要性。需要指出的是，庄子所谓"支离其德"的对象，是指现实社会中的各种"欺德"或伪妄之德，亦即儒家那套"强以仁义绳墨之言术暴人之前者"④；而"支离其德"之目的，则是更好地保全

---

① （清）郭庆藩撰，王孝鱼点校：《庄子集释》，第 289—291 页。
② （清）郭庆藩撰，王孝鱼点校：《庄子集释》，第 291 页。
③ （清）郭庆藩撰，王孝鱼点校：《庄子集释》，第 180 页。
④ （清）郭庆藩撰，王孝鱼点校：《庄子集释》，第 136 页。

本来自有之"德",使人们回到本真的生命状态中。

总而言之,在庄子看来,"德"本是"兼于道"的一种存在,也是万物各自的禀性或存在根据,现实中人们的理想状态是"全德",亦即做到"才全"而"德不形"。但是,随着现实社会的"德之衰",各种"欺德"或伪妄之德开始出现,因此需要"支离其德",抛弃各种束缚人之天性的道德规范。这种思想,与《老子》"上德不德,是以有德。下德不失德,是以无德"之说在本质上是一致的,只不过庄子对于儒家道德规范的批评更加具体而激烈。

二　东晋葛洪对庄子的批判

庄子虽然被后世道教尊为"南华真人",《庄子》一书也被道教尊为《南华真经》,但这实是唐代以后的事情。汉魏六朝时期,庄子及其著作似乎并不被道教推崇,他的一些思想甚至还遭到了道教的批判,如东晋葛洪《抱朴子内篇》曾从神仙信仰的角度批评庄子的"齐生死"说:

> 五千文虽出老子,然皆泛论较略耳。其中了不肯首尾全举其事,有可承按者也。但暗诵此经,而不得要道,直为徒劳耳,又况不及者乎?至于文子、庄子、关令尹喜之徒,其属文笔,虽祖述黄老,宪章玄虚,演其大旨,永无至言。或齐其生死,谓无异以存活为徭役,以殂殁为休息,其去神仙已千亿里矣,岂足躭玩哉?①

如果说葛洪在此处批评庄子的齐同生死说,目的是维护道教的长生成仙信仰,那么,其在《抱朴子外篇》中对庄子的批评,则是出于维护现实的道德秩序。众所周知,葛洪出身儒生,早读《论语》《孝经》等书,《抱朴子外篇》是其阐述儒家思想、治世主张的一

---

① （晋）葛洪撰,王明校释:《抱朴子内篇校释》,中华书局1985年版,第151页。

部著作，书中曾批评庄子"桎梏世业"曰：

> 君臣之大，次于天地。思乐有道，出处一情。隐显任时，言亦何系。大人君子，与事变通。老子无为者也，鬼谷终隐者也，而著其书咸论世务。何必身居其位，然后乃言其事乎……岂必达官乃可议政事，居否则不可论治乱乎？常恨庄生言行自伐，桎梏世业，身居漆园而多诞谈！①

也就是说，葛洪认为：并非达官显贵才"可议政事"，老子、鬼谷这类隐居无为的人也同样"咸论世务"。究其原因，一方面是无须执着于"事务"本身，即所谓"大人君子，与事变通"；另一方面，则是因为"君臣之大，次于天地"，维护现实的秩序也很重要。如此，则庄子那套否定儒家学说、现实秩序的言论，就属于"言行自伐，桎梏世业"的荒诞之谈了。

葛洪不仅在《抱朴子外篇》中批评庄子学说、维护现实秩序，其著《抱朴子内篇》也同样表现出了这种倾向，如《释滞》篇在回答"君臣之道，胡可替乎"问题时说：

> 要道不烦，所为鲜耳。但患志之不立，信之不笃，何忧于人理之废乎？长才者兼而修之，何难之有？内宝养生之道，外则和光于世，治身而身长修，治国而国太平。以六经训俗士，以方术授知音，欲少留则且止而佐时，欲升腾则凌霄而轻举者，上士也。自持才力，不能并成，则弃置人间，专修道德者，亦其次也。昔黄帝荷四海之任，不妨鼎湖之举，彭祖为大夫八百年，然后西适流沙……古人多得道而匡世，修之于朝隐，盖有余力故。何必修于山林，尽废生民之事，然后乃成乎？②

---

① （晋）葛洪：《抱朴子外篇》，《道藏》，文物出版社、上海书店、天津古籍出版社 1988 年版，第 28 册，第 324 页。

② （晋）葛洪撰，王明校释：《抱朴子内篇校释》，第 148 页。

这里，葛洪以"兼而修之"、互不相妨来看待隐居修仙与世俗秩序的关系，认为可以同时做到"内宝养生之道，外则和光于世"，不必因为修仙而"尽废生民之事"。不仅如此，葛洪还主张以遵行世俗的道德规范作为追求成仙的必要条件，如《对俗》篇言："欲求仙者，要当以忠孝和顺仁信为本，若德行不修，而但务方术，皆不得长生也。"① 这种积极维护现实秩序的主张，一方面与葛洪自己出身儒生有关，另一方面则是由于早期道教多有反叛色彩、不断遭到世俗皇权压制，而不得不"屈服"以寻求在现实社会的生存空间。②

从宗教与社会的关系来说，道教作为一种宗教，其思想理论、行为模式固然有着自己的特殊性，与世俗社会有着明显的区别，但貌似"出世"的宗教也是存在于现实社会之中的，宗教信徒也需要处理与社会各界的关系，其"生存空间"不可避免地要受到现实社会各种因素的影响。魏晋南北朝道教的各种改革或所谓"屈服"，尤其是其对儒家关于现实社会之道德规范的认同，实际上反映的是宗教团体与世俗社会的这种关系。

三　唐代道教对庄子之"德"观念的发展

唐代以后，道教获得了皇室的支持，成为维护封建统治秩序的重要力量。与此同时，庄子也被唐统治者加封为"南华真人"，而《庄子》一书则被尊为《南华真经》、列为科举考试的内容。③ 这一时期的道教，更加注重协调与儒家道德学说的关系，以图更好地迎合世俗社会，获得更大发展空间，且唐代道教对庄子的态度也颇显推崇，如成玄英曾为《庄子》作疏，并盛赞其书曰：

---

① （晋）葛洪撰，王明校释：《抱朴子内篇校释》，第 53 页。

② 详请参阅卿希泰主编《中国道教史》第一卷，四川人民出版社 1988 年版；葛兆光《屈服史及其他：六朝隋唐道教的思想史研究》，生活·读书·新知三联书店 2003 年版。

③ 详请参阅卿希泰主编《中国道教史》第二卷，四川人民出版社 1992 年版，第 108—111 页。

> 夫《庄子》者，所以申道德之深根，述重玄之妙旨，畅无
> 为之恬淡，明独化之窅冥，钳捷九流，囊括百氏，谅区中之至
> 教，实象外之微言也。①

众所周知，唐代道教盛行"重玄"思潮，而成玄英则是"重玄学"的
代表人物。② 在这种背景下，成玄英所疏《庄子》也不可避免地染有
浓厚的"重玄"色彩，而其所倡"德"也同样如此。关于"重玄学"，
蒙文通先生《校理〈老子成玄英疏〉叙录——兼论晋唐道家重玄派》
认为其乃以佛教中观"四句、百非"思维方式来注疏道家老庄之"玄
理"、发明道教修行之"仙术"的一种学说，所谓"不舍仙家之术，
更参释氏之文"，又言："寻诸双遣之说，虽资于释氏，而究之《吕览》
之论圜道、《淮南》之释无为，知重玄之说最符老氏古义。"③ 也就是
说，"重玄学"虽然受到佛教思维方式的影响，但其最终落脚点却是
"老氏古义"和"仙家之术"，亦即没有偏离道家道教的本旨。其典型
的思维方式，如成玄英《道德经义疏》言：

> 深远之玄，理归无滞，既不滞有，亦不滞无，二俱不滞，
> 故谓之玄。有欲之人，唯滞于有，无欲之士，又滞于无，故说
> 一玄，以遣双执。又恐行者滞于此玄，今说又玄，更祛后病。
> 既而非但不滞于滞，亦乃不滞于不滞，此则遣之又遣，故曰玄
> 之又玄。④

---

① （唐）成玄英：《南华真经疏序》，见《南华真经注疏》，《道藏》，第 16 册，第
273 页。
② 详请参阅卢国龙《中国重玄学：理想与现实的殊途与同归》，人民中国出版社 1993
年版；李刚《重玄之道开启众妙之门》，巴蜀书社 2005 年版；罗中枢《重玄之思：成玄英的
重玄方法和认识论研究》，巴蜀书社 2010 年版。
③ 蒙文通：《校理〈老子成玄英疏〉叙录——兼论晋唐道家重玄派》，载蒙文通《道教
甄微》，巴蜀书社 2015 年版，第 110—112 页。
④ （唐）成玄英：《道德经义疏》，载蒙文通辑校《道书十种辑校》，巴蜀书社
2001 年版，第 377 页。

由上可知，"重玄学"的思维特点是"遣之又遣"（又曰"双遣"），其主旨乃在于"不滞"（又曰"无滞"）。"遣之又遣"之目的，是消除人们对于一切现象的执着，理解世界存在的本质真相，从而达到"体道虚忘"之境界。① 这种对世界存在之本质真相的深入讨论，一方面是为了发扬"老氏古义"，从哲理层面说明宇宙真相、解释现实世界，另一方面也是为了更好地阐释"仙家之术"，为道教信徒找到正确的修行方法，确实符合道家道教兼重"修身"与"治国"的一贯传统。② 从道家道教思想发展的历程来看，自郭象提出"独化"论后，魏晋玄学的发展似已走入穷途。郭象否定了能生成万物的"道"（所谓"造物无物"），而主张"独化于玄冥之境""有物自造"③，其"小大虽殊，而放于自得之场，则物任其性，事称其能，各当其分，逍遥一也"④ 的理论，虽然为所有人的"适性逍遥"找到了依据，但却也面临着世人"夫桀以残害为性，若适性为得者，彼亦逍遥耳?"⑤ 的诘难。唐代成玄英对这一问题的解决办法，是一方面在形而下层面继承郭象的"独化"论，认为世间万物各有其"性分"或合理性，另一方面则强调形而上之"道"（或曰"妙本"）的根本性作用，以此"众生之正性"来约束各种"丧道乖真"之事。⑥ 而这种以形

① 如成玄英疏《德充符》曰："圣人同尘在世，有生处之形容；体道虚忘，无是非之情虑。"又疏《达生》曰："外智凝寂，内心不移，物境虚空，［外］不从事，乃契会真道，所在常适……夫体道虚忘，本性常适，非由感物而后欢娱。"成玄英撰：《南华真经注疏》，《道藏》，第 16 册，第 355、520 页。

② 有关道家道教兼重"修身"与"治国"的传统，详请参阅陈鼓应《关于先秦黄老学的研究》，载丁原明《黄老学论纲》，山东大学出版社 1997 年版；郭武《从"黄老学"到"黄老道"：关于其中一些问题的再讨论》，《四川大学学报》（哲学社会科学版）2020 年第 6 期。

③ （晋）郭象：《庄子序》，载（清）郭庆藩撰，王孝鱼点校《庄子集释》。

④ （清）郭庆藩撰，王孝鱼点校：《庄子集释》，第 1 页。

⑤ 朱铸禹：《世说新语汇校集注》，上海古籍出版社 2002 年版，第 195 页。

⑥ 如《道德经义疏》第 62 章言："道者，虚通之妙理，众生之正性也。"第 64 章又言："一切众生皆禀自然正性。迷惑妄执，丧道乖真。"第 54 章则言："夫尧舜所以升平者，有道故也。桀纣所以淫乱者，无道故也。"有关成玄英对郭象思想的批判和继承，详请参阅周诗华《引"道"入"独化"——成玄英对魏晋玄学的继承、批判与发展》，《弘道》2023 年第 1 期。

而上之"道"（理）统摄形而下之"物"（事）的思路，也同样表现在成玄英有关"德"的论述中，所谓："事虽彰著，非理不通；理既幽微，非事莫显。"①

与庄子一样，成玄英也认为"德"与本源之"道"是兼而相通的，如其疏《天地》篇"德兼于道"及"通于天地者，德也"两句言：

> 兼，带也，济也，归也。……虽有此德，理须法道虚通；故曰虚通，终归自然之术。斯乃理事相包，用不同耳。②
>
> 通，同也。同两仪之覆载，与天地而俱生者，德也。③

接着，成玄英还在《天地》篇对"道"和"德"进行了疏解，如言：

> 虚通之道，包罗无外，二仪待之以覆载，万物得之以化生，何莫由斯，最为物本。④
>
> 德者，得也，谓得此也。夫物得以生者，外不资乎物，内不由乎我，非无非有，不自不他，不知所以而生，故谓之德也。⑤

对于人世间的有"德"之人，成玄英也在《天地》篇疏文中进行了描述，如言：

> 清素无为，任真而往，神知通物，而恒立本原，用不乖体，动不伤寂。德行如是，岂非大中之道耶！⑥

---

① （唐）成玄英：《南华真经疏序》，《道藏》，第16册，第274页。
② （唐）成玄英：《南华真经注疏》，《道藏》，第16册，第424页。
③ （唐）成玄英：《南华真经注疏》，《道藏》，第16册，第424页。
④ （唐）成玄英：《南华真经注疏》，《道藏》，第16册，第424页。
⑤ （唐）成玄英：《南华真经注疏》，《道藏》，第16册，第424页。
⑥ （唐）成玄英：《南华真经注疏》，《道藏》，第16册，第426页。按，"岂非大中之道耶"，《道藏》本原作"岂不大中之者邪"，据王孝鱼点校本改。

丈人志气淳素，不任机巧，心怀寡欲，不务有为。纵令举
世赞誉，称为有德，知为无益，曾不顾盼；举世非毁，声名丧
失，达其无损，都不领受；既毁誉不动，可谓全德之人。①

应该说，上述成玄英关于"德"的认识，基本上未偏离庄子的本
意，唯"非无非有，不自不他，不知所以而生"及"用不乖体，
动不伤寂"诸说，兼有"独化"之意与"重玄"色彩。而成玄英
对庄子之"德"观念的发展，则主要在于其运用"重玄"学说之
"双遣""动寂""应物"等思路来解释"德"之不同表现，如其
疏《天地》篇"故深之又深而能物焉，神之又神而能精焉；故其
与万物接也，至无而供其求，时骋而要其宿"句言：

即有即无，即寂即应，遣之又遣，故深之又深；既而穷理
尽性，故能物众物也。神者，不测之名，应寂相即，有无洞
达，既而非测非不测，亦非非不测，乃是神之精妙。遣之又
遣，乃曰至无，而接物无方，随机称适，千差万品，求者即
供，若悬镜高堂，物来斯照也……若夫体故至无，所以随求称
适，故能顺时因任，应物多方，要在会归而不滞一……随彼机
务，悉供其求，应病以药，理无不当。②

这里需要注意的是"即寂即应"或"应寂相即"这一说法，它其
实是唐代道教"重玄学"用以表达本体之"道"的属性及其与万
事万物关系的常见话语，如王玄览《玄珠录》谈论"道"之寂与
非寂曰："大道师玄寂。其有息心者，此处名为寂。其有不息者，
此处名非寂。明知一处中，有寂有不寂。其有起心者，是寂是不

① （唐）成玄英：《南华真经注疏》，《道藏》，第16册，第436页。
② （唐）成玄英：《南华真经注疏》，《道藏》，第16册，第427页。按，"既而非
测非不测，亦非非不测"，《道藏》本原作"既而非测非不测，亦不非测"，据王孝鱼点
校本改。

寂。其有不起者，无寂无不寂。如此四句，大道在其中。"① 所谓
"不寂"或"非寂"，又表现为本体之"道"可以"应物"，亦即
如镜子一样反映万物之存在，如成玄英疏《天地》篇"万物孰能
定之"句曰："喻彼明镜，方兹虚谷，物来斯应，应而无心。物既
修短无穷，应亦方圆无定。"② 又疏"无为言之之谓德"句曰："寂
然无说而应答无方，譬悬镜高堂，物来斯照，语默不殊，故谓之德
也。"③ 这种"应物"或"接物"之说，也常被道教用来形容世间
达到"逍遥"境界的圣人"随变任化"或"随物升降"，如成玄英
论《庄子》诸篇之旨意曰：

> 所以《逍遥》建初者，言达道之士，智德明敏，所造皆
> 适，遇物逍遥，故以逍遥命物。夫无待圣人，照机若镜，既明
> 权实之二智，故能大齐于万境，故以《齐物》次之。既指马蹄
> 天地，混同庶物，心灵凝澹，可以摄卫养生，故以《养生主》
> 次之。既善恶两忘，境智俱妙，随变任化，可以处涉人间，故
> 以《人间世》次之。内德圆满，故能支离其德，外以接物，既
> 而随物升降，内外冥契，故以《德充符》次之。止水流鉴，接
> 物无心，忘德忘形，契外会内之极，可以匠成庶品，故以《大
> 宗师》次之。古之真圣，知天知人，与造化同功，即寂即应，
> 既而驱驭群品，故以《应帝王》次之……④

很明显，成玄英所理解的"无待圣人"，不仅深明权实二智，能够
"照机若镜""即寂即应"，而且内德圆满，可以"随物升降""驱

---

① （唐）王玄览：《玄珠录》，《道藏》，第23册，第623页。
② （唐）成玄英：《南华真经注疏》，《道藏》，第16册，第426页。
③ （唐）成玄英：《南华真经注疏》，《道藏》，第16册，第425页。
④ （唐）成玄英：《南华真经序》。事实上，圣人"应物"是唐以后道教的主流思
想，如唐代《太上一乘海空智藏经》言："随化无穷极，非灭复非常。因果无差别，化
导亦无方。无心应物通，受者永无殃。"北宋《道德真经疏义》卷一言："圣人朝彻见
独，体道之无，应物之有，于事则无为而成。"南宋《元始无量度人上品妙经内义》卷
二言："真人者，任其自然，心虽应物而湛然常寂。"

驭群品",也就是说,这些圣人的行为,不必拘泥、执着于某种形式,而是可以"混同庶物"且"接物无心"。这种肯定"应物"的认识,为道教积极吸收儒家道德规范、努力迎合现实世俗政权,打开了理论上的方便之门。

以唐代成玄英撰《南华真经疏》为例,其虽在很大程度上仍然遵循庄子的齐同混一、逍遥自然思想,但也在很多时候表现出了明显的和光同尘、入世度人之倾向,如其疏《人间世》篇曰:

> 古昔至德之人,虚怀而游世间,必先安立己道,然后拯救他人。①
>
> 夫君臣上下,理固必然。故忠臣事君,死成其节,此乃分义相投,非关天性。然六合虽宽,未有无君之国,若有罪责,亦何处逃愆!是以奉命即行,无劳进退。②

又疏《德充符》篇曰:

> 若能虚忘平淡、得真常之心者,固当和光匿耀、不殊于俗。岂可独异于物,使众归之者也。③
>
> 夫才全之士,与物同波,人无害物之心,物无畏人之虑,故鸟与兽且群聚于前也。④

成玄英所谓"虚怀而游世间","和光匿耀、不殊于俗"乃至"与物同波"等,在目的上与葛洪主张"和光于世"是相同的,亦即无须显得过于特立独行、"独异于物",不必与世俗社会背道而驰。不仅如此,成玄英还把这种重视"庶事"和"万物"的态度称为"盛德",如其疏"德者,成和之修也"句曰:

---

① (唐)成玄英:《南华真经注疏》,《道藏》,第16册,第323页。
② (唐)成玄英:《南华真经注疏》,《道藏》,第16册,第323页。
③ (唐)成玄英:《南华真经注疏》,《道藏》,第16册,第345页。
④ (唐)成玄英:《南华真经注疏》,《道藏》,第16册,第350页。

夫成于庶事、和于万物者，非盛德孰能之哉？必也先须修身立行，后始可成事和物，物得以和而我不丧者，方可以谓之德也。①

需要指出的是，成玄英主张的"不殊于俗"实际上仅是形式上的混同，而非内心里的真正认同，其特别强调在混俗过程中的"我不丧"，也就是说，需要保持道教本身的根本立场和终极追求。在这个过程中，混俗者需要做到"虚忘""常寂"和"无心"，所谓，"圣人同尘在世，有生处之形容；体道虚忘，无是非之情虑"②，"况至人冥真合道，和光和物，楷模苍生，动而常寂，故云内保之而外不荡者也"③，"安得丧于灵府，任成败于前途？不以忧喜累心者，其唯盛德焉！"④ 而这种"不丧"，则保障了后世道教无论怎样"世俗"化，都能保持其独特的信仰和追求，区别于其他的宗教或文化。

　　总之，以成玄英为代表的唐代道教主张"不殊于俗"，宣扬"先须修身立行，后始可成事和物"，一方面是为了迎合现实的社会环境，另一方面也是基于其"非有非无，非非有非无"的"重玄"的思维方式，如成玄英疏"故圣人有所游"句言："物我双遣，形德两忘，故放任乎变化之场，遨游于至虚之域也。"⑤ 这种以"重玄"思维来调和道教与世俗社会关系的做法，既主张与世俗社会、万事万物的"和谐"，亦强调自我主体的"不丧"，不仅是对庄子本人思想的发展，而且也是对东晋葛洪"兼而修之"、互不相妨之说的提升，为后世道教大力吸收儒家道德规范奠定了思想基础。

---

① （唐）成玄英：《南华真经注疏》，《道藏》，第16册，第353页。
② （唐）成玄英：《南华真经注疏》，《道藏》，第16册，第355页。
③ （唐）成玄英：《南华真经注疏》，《道藏》，第16册，第353页。
④ （唐）成玄英：《南华真经注疏》，《道藏》，第16册，第331页。
⑤ （唐）成玄英：《南华真经注疏》，《道藏》，第16册，第354页。

到了唐末五代，道士杜光庭又撰《道德真经广圣义》，以兼包一切的"道""德"来融摄儒家的各种规范，认为儒家的仁、义、礼、智、信、乐本来包含于道教的"道"与"德"之中，其言：

> 夫至道之代，兼包诸行，无所偏名。故冥寂玄寥，通生而不宰者，道也。物禀其化，各得其得者，德也。成之熟之，养之育之者，仁也。飞行动植，各遂其宜者，义也。有情无情，各赋其性者，智也。时生而生，时息而息者，信也。顺天地之节，固四时之制，礼也。鼓天地之和，以悦万物者，乐也。故恬澹无为，无所不为矣。及大道既隐，而德化行焉。至德之化，亦兼之以大仁大义、大礼大智、大乐大信而共化焉。[①]

事实上，杜光庭的这种解释，一方面既是对成玄英"不殊于俗"之说的延续，另一方面也是对老庄本旨的回归，如其释《老子》"上德不德章第三十八"题名曰："上德既全，则淳朴不散。淳朴不散，则德化混同，如鱼相忘于江湖，各遂其性，故无相呴相濡之迹也。"[②]又引《庄子》书云："《庄子》杂篇云：万物任自然，而各得其生，所以为德也。故执道者德全，德全者形全，形全者神全，神全者圣人之道也。"[③]只不过，这种回归并非简单的复述，而是基于"重玄学"对"不殊于俗"等的思辨之上对老庄之"上德"或"全德"思想（"淳朴不散"与"各遂其性"）的一种肯定，其"至道之代，兼包诸行"以及"至德之化，亦兼之以大仁大义、大礼大智、大乐大信而共化焉"的说法，实际上是以道教学说为本位而融摄儒家道德规范的一种表现，显示出了此时道教对于自身学说和现实处境的自信。

金元以后，全真道、净明道等新兴道派，更是积极地融摄儒家的道德规范、介入现实的世俗社会，大力宣扬"为官清正同修道，

---

① （唐）杜光庭：《道德真经广圣义》，《道藏》，第14册，第458页。
② （唐）杜光庭：《道德真经广圣义》，《道藏》，第14册，第456页。
③ （唐）杜光庭：《道德真经广圣义》，《道藏》，第14册，第456页。

忠孝仁慈胜出家，行尽这般功德路，定将归去步云霞"①，"欲学神仙，先为君子。人道不修，仙道远矣。人道是仙道之阶，仙道是人道之极"②。这种大张旗鼓地混同"在家"与"出家"、"人道"与"仙道"的做法，实际上也是建立在唐代"重玄学"奠定的思想基础之上的。

---

① （金）谭处端：《水云集》，《道藏》，第 25 册，第 849 页。
② （清）傅金铨：《道海津梁》，载《藏外道书》，巴蜀书社 1992 年版，第 11 册，第 366 页。

《老子》英译本中"德"的
理解与翻译

北京师范大学哲学学院　崔晓姣

摘要：本文以《老子》英译本中"德"的翻译为考察对象，对比与分析若干代表性译本中"德"的译法，试图由此呈现《老子》思想中"德"之意涵的复杂与丰富。文章将分三部分展开：首先，对前诸子时期的"德"观念简要溯源，由此为其后的研究奠定基础；其次，以《老子》第五十一章为例，探究"德"最为主要的译法"virtue"在《老子》译本中的可能含义，并考察与之相关的"potency""inner power"等译法；最后，考察并讨论"玄德"的两种代表性译法。

关键词：《老子》英译本；德；明德，玄德

在早期中国的思想世界中，"德"无疑是至为重要也极难理解的一个概念。"德"的重要与复杂一方面当然来自它本身所具有的丰富的哲学意蕴与诠释空间；另一方面在于，它在不同学派或思想家那里所呈现出的理论面貌往往也有所差别，蕴含着丰富的"内部差异"[①]。因此，在早期哲学文本的翻译中，如何诠释和翻译"德"向来是一个棘手的问题。基于"德"的复杂内涵，不少译者索性选择保留拼音而悬置翻译。这样的做法当然会提示读者，这是一个复

[①]　郑开：《德礼之间：前诸子时期的思想史》，生活·读书·新知三联书店 2009 年版，第 7 页。

杂的概念，难以精确翻译。或者说，当我们尝试翻译"德"时，势必会挂一漏万，乃至形成某种误解。但从另一角度来说，正如我们所知，翻译工作本身就是一种理解与诠释，是对于概念意义的明确与限定，那么，悬置翻译或许也就意味着，译者在某种程度上放弃了对这一概念的深入探究和精确把握。由此，也仍有不少译者尝试给予"德"哲学化的翻译，从而揭示其理论内涵。

在《牛津英语词典》（*The Oxford English Dictionary*）中，"德"被分别置于道家和儒家的门类之下予以解释——"In Taoism, the essence of Tao inherent in all beings"，"In Confucianism and the extended use, moral virtue"，亦即，道家的"德"主要指涉"道"内在于万物的本质，而儒家以及与之相关的"德"指的是伦理德性或道德德性。与《牛津英语词典》相似，在目前所见的汉学研究与翻译中，儒家类文献中的"德"惯常被译作"virtue"[1]，彰显"德"作为"道德"的意涵；相较而言，在道家文本中，"德"的理解和翻译则更为复杂多样，常见的译法有 character, power, inner power, potency, virtue, efficacy, integrity 等。具体到《老子》，我们知道，《老子》往往是将"德"置于"道物关系"的视域之下予以论说的，因此，要确切把握《老子》书中的"德"，就必须将"德"与"道""物""自然""无为"等概念合而观之，考察"德"在其中的意义与功用，而《老子》译本中"德"的各种译法恰恰也显示了这样一种理解和诠释方向。文章首先将要追根溯源，简要回顾与讨论"德"在前诸子时期的理论内涵与意义演变，进而考察"德"在《老子》相关章节中具有代表性的若干英文译法，以探究"德"的多重意义维度。

---

　　① 当然，即便在儒家类文献中"德"的译法较为统一，仍有不少汉学家注意并讨论早期儒家文献中"德"所具备的多样意涵，例如 Alan K. L. Chan, "Interpretations of Virtue（de）in Early China", *Journal of Chinese Philosophy*, Vol. 38, No. 1, 2011, pp. 134 – 150。

一 前诸子时期的"德"

《老子》书中关于"德"的理解与论述虽极具独特性,但并非无本之木。早在殷周之际,"德"便已经是华夏思想文明与政治世界中的重要观念,有学者因此将前诸子时期概括为"德的时代"①。随着殷周之际思想与制度的变革,"德"的内容也随之而演化,并在长期的文化积累中呈现出了复杂而丰富的思想内涵。

"德"字的起源尚早,然而殷周甲骨文中是否已有"德"字初文,乃至于是否已经初步形成了"德"这一思想观念,对于这些问题,学界并未形成统一看法。但值得一提的是,根据前辈学者的考证与推论,甲骨中的𢛳(《甲骨文合集》7268)及其变体与金文铭文中的"德"字形有所关联,极有可能便是"德"的初文。② 对于该字的意思,目前较为常见的解释有"德"③、"得"④、"巡"、"省"、"征"⑤ 等。而据郑开教授推断,此字就思想意涵来说,或与殷周之际的"省方"制度以及西周时期的"遹省"制度相关联,其中包括巡狩、田猎、征伐等具体内容。特别需要注意的是,"省方""遹省"并不等同于单一的武力征伐,而是在巡狩的过程中彰显王德于四方,由此而"容纳更多的怀柔层面,渗透了更多的政治理性"⑥,正是这样的人文思想内核滋

---

① 郑开:《德礼之间:前诸子时期的思想史》,第 21 页。

② 详参徐中舒主编《甲骨文字典》,四川辞书出版社 1989 年版,第 168—169 页;郭沂《"德"义探本》,《周易研究》2019 年第 3 期,以及叶树勋教授在《先秦道家"德"观念研究》一书中的详细梳理与讨论,详见叶树勋《先秦道家"德"观念研究》,中国社会科学出版社 2022 年版,第 51—56 页。

③ 孙诒让即认为此字为"德"字省文,见于省吾主编《甲骨文字诂林》,中华书局 1999 年版,第 3 册,第 2250 页。

④ 参见饶宗颐《天神观与道德思想》,载《饶宗颐二十世纪学术文集》(卷四),中国人民大学出版社 2009 年版,第 233 页。

⑤ 参见 David S. Nivison, "Royal 'Virtue' in Shang Oracle Inscriptions", *Early China*, Vol. 4, 1978, p. 52。

⑥ 郑开:《德礼之间:前诸子时期的思想史》,第 140 页。

养了一种"精神气质（ethos）"[1]，并逐渐孕育出了以高度的人文理性和充盈的道德原则为思想内容的"德"观念。

在西周时期的金文材料中，"德"的各类形体异构字已十分常见[2]，《周易》、《诗经》、《尚书》等传世典籍也频繁论及"德"以及相关语词，如"敬德""明德""哲德""用德"等，可见"德"在彼时已成为十分普及的思想语词。而相较于殷商之际政治制度及政治行为层面的"德"，随着西周之时人文理性的崛起，"德"也经历了一个由外在制度或行为转向内在德性的过程。正如周人在反思与解释"武王克商"这一重大历史事件时给出的答案所示，周人认为周王朝受命的正当性来自"天命靡常"（《诗经·大雅·文王》），以及"皇天无亲，惟德是辅"（《左传·僖公五年》宫之奇引《周书》）[3]，"德"和"天命"形成了一种双向的内外互动，使得人能够通过自身德性修为、"敬德"而获得天命的青睐。"德"一方面表征人对天命的承袭[4]，另一方面也预示着这种承袭事实上源自人内在的德性，"德"和"天命"二者之间存在着某种"宗教的兼伦理的联系"[5]。另外，正如叶树勋教授所敏锐观察到的，较之于殷商甲骨，西周金文中"德"的字形加入了表示"心"的字符，这样一种字形变化当然并非出自偶然，而是为了彰显"德"所蕴含的"内在的品性和心志"[6] 之义。

"德"在殷周之际的内面化、精神化转向，自然也伴随着

---

① 陈来：《古代宗教与伦理——儒家思想的根源》，生活·读书·新知三联书店1996年版，第296—298页。

② 具体总结与分类可参见刘翔《由"德"字的本义论周代道德观念的形成》，《深圳大学学报》（人文社会科学版）1986年第1期；叶树勋《先秦道家"德"观念研究》，第61—62页。

③ 董琳利：《简论"武王克商"的政治正当性问题》，《中国人民大学学报》2021年第5期。

④ 如艾兰（Sarah Allan）教授所言，这层意义上的"德"，最好被译为"favor"（天赐的德性）或"grace"（天赋的德行），见［美］艾兰：《水之道与德之端》，张海晏译，商务印书馆2010年版，第123页。

⑤ 侯外庐：《中国思想史纲》，中国青年出版社1980年版，上册，第26页。

⑥ 叶树勋：《先秦道家"德"观念研究》，第73页。

"德"作为思想观念的哲学化淬炼过程，以及"德"之意涵的进一步细化。到了诸子思想兴起之时，德不再仅仅渗透于各种德目（例如孝、亲、惠、敬、柔）之中，"并且在儒家思想的主导下日益收敛于仁义，同时在道家、阴阳家的传统当中保留并且发展了性（本质）、自然法则和精神体验的复杂含义"①。

总之，在前诸子时期，伴随着制度与思想的变革，"德"在漫长的观念演化过程中积累了不同层面的意涵，并构成了诸子时期哲学化的"德"观念发生、发展的重要基础。而具体到《老子》书中，"德"的意义无疑是复杂的，"德"的复杂性一方面当然是由于其自身所包含的多重含义与多样理解空间，另一方面也在于"德"和《老子》书中诸如"道""物"等思想命题间的深刻理论关系，以及"德"与早期思想史中"心""性"等思想观念之间的复杂理论关联。《老子》书中"德"的复杂性，自然也表现为众多《老子》译本在翻译"德"时所采用的不同词汇间的意义张力与理解差异。

二 《老子》译本中作为"virtue"的"德"：以第五十一章为例

（一）作为 virtue 的"德"

在《论语》《孟子》等儒家文献的翻译中，将"德"译作"virtue"是极为常见且几乎没有争论的。的确，在儒家文本中，"德"的意义指向是相对明确的。虽然儒家区分了仁、义等不同的德目（morals），但总体说来，"德"指的是诸种道德规范及其内在意识。在这种意义上，将"德"译作"virtue"在理解上也是极为直接的，几乎不会对英语世界的读者造成误解。显而易见，这里的"virtue"指的就是德性与德行，如《柯林斯词典》所解释的，"a virtue is a good quality or way of behaving"②（"德"是美好的品德或行为方式）。

---

① 郑开：《德礼之间：前诸子时期的思想史》，第 13—14 页。

② https://www.collinsdictionary.com/zh/dictionary/english/virtue.

　　一个有趣的现象是，考察《老子》译本，将"德"译作"vir-
tue"的情况事实上也十分常见。在经典译介的早期，基于理解和
传播的需求而进行的"格义"屡见不鲜，将"道"和"德"分别
译作"god"和"virtue"便是其中的典型。除"格义"外，最初接
触异质文本而造成的理解不足或理解偏差也是重要原因之一，例
如，由 D. T. Suzuki 和 Paul Carus 于 1913 年翻译出版的译本便将
《道德经》书名译作 *The Canon of Reason and Virtue*①，而这一标题在
更早的美国传教士 Samuel W. Williams 的著述中便已提及②，概览
这两本著述中的相关内容将不难发现，在译者的理解中，老子中
"德"的含义即为德性（virtue/morality）。

　　在这一阶段后，无论是较早的理雅各（James Legge），还是其
后的亚瑟·威利（Arthur Waley）、刘殿爵（Din Cheuk Lau）、陈荣
捷，乃至较为晚近的安乐哲（Roger Thomas Ames）、梅勒（Hans-
Georg Moeller）等，也都曾将《老子》若干章节中的"德"译为
"virtue"。然而，必须注意到的是，随着汉学研究的整体推进，上
述译者较之于 D. T. Suzuki 等 19 世纪的译者，对于《老子》文本以
及其中哲学概念的理解更加深入也更为丰富。③ 因此，即便这些译
者也在某些内容中将"德"译为"virtue"，但在他们的翻译和理解
中，"virtue"的含义并不像儒家文献译本中的"virtue"那样统一，
它在某些章节中的确是指"德性"（morality）④，但在很多章节中更

---

　　① 参见 D. T. Suzukiand Paul Carus, *The Canon of Reason and Virtue*, Chicago：Open
Court, 1913。

　　② 参见 Samuel Wells Williams, "Religion of the Chinese", *The Middle Kingdom：A Sur-
vey of Geography, Government, Literature, Social Life, Art and History of the Chinese Empire and
Its Inhabitants* (*Vol.* 2), New York：Wiley & Putnam, 1848。

　　③ 限于篇幅，文章将不对《老子》一书英文译本的整体情况作出介绍，而仅仅选择
其中与文章主题相关、较具代表性的内容进行探讨。关于《老子》英译本的整体讨论与分
析，可参看 Damian J. Bebell & Shannon M. Fera, "Comparison and Analysis of Selected English
Interpretations of the Tao Te Ching", *Asian Philosophy*, Vol. 10, No. 2, 2000, pp. 133 – 147；
［美］邰谧侠《〈老子〉译本总目：全球老学要览》，南开大学出版社 2022 年版。

　　④ 如第二十一章、第三十八章、第四十一章、第七十九章中的部分"德"字。当
然，即便是指称"德性"，其具体内容也和儒家所强调的伦理道德不尽相同。

加接近于拉丁语中的词根“virtus”或古希腊语中的“Aretē”①，指涉性质、本性、潜能、势能等，文章接下来将先重点考察和讨论这一重意义下的“virtue”。

考察《论语》《老子》和《庄子》内篇等早期诸子文献，“性”都称不上是显题化的哲学概念，《论语》谓“夫子之言性与天道，不可得而闻也”（《论语·公冶长》），《老子》和《庄子》内篇更是无一处言“性”。但这并不必然意味着《老子》书中缺乏对于事物本性的洞察与思考，可以说，《老子》对“性”的探寻恰恰体现在“德”中，高亨、徐复观、张岱年等前辈学者都曾敏锐指出二者间的理论关联，认为“德”指的就是万物之本性或属性②，或“万物生长的内在基础”③。

（二）一个例证：《老子》第五十一章中的“德”

“德”的这一重意涵，充分体现于《老子》第五十一章中：

> 道生之，德畜之，物形之，势成之。是以万物莫不尊道而贵德。道之尊，德之贵，夫莫之命常自然。故道生之，德畜之；长之育之；亭之毒之；养之覆之。

此章是理解《老子》书中“德”的哲学意涵的关键一章。然而，基于其文意与“德”之概念的复杂，有译者索性将此章中的“德”统摄于“道”之下而不予翻译，将二者统称为“the Tao”：

---

① 当然，“德”或“virtue”与“Aretē”的具体意涵并非完全等同，对此，郑开教授曾作出细致比较。参见郑开《德与 virtue——跨语际、跨文化的伦理学范式比较研究》，《伦理学术》2020 年第 2 期。

② 参见高亨《老子正诂》，清华大学出版社 2011 年版，第 27 页；徐复观《中国人性论史》，华东师范大学出版社 2005 年版，第 253 页；张岱年《中国哲学史大纲》，中国社会科学出版社 1982 年版，第 23—24 页。

③ 张岱年：《中国古典哲学概念范畴要论》，中国社会科学出版社 1989 年版，第 154 页。

The Tao gives birth to all beings, nourishes them, maintains them, cares for them, comforts them, protects them, takes them back to itself, creating without possessing, acting without expecting, guiding without interfering. That is why love of the Tao is in the very nature of things. ①

实际上，这样的理解在《老子》诠释史上早有其渊源，成玄英在《道德经义疏》中即将"道生之，德畜之"一句写作"道生之畜之"，并解释道："直举道而不言德者，明德不爽道，而文略也。故《西升经》云：'道德混沌，玄妙同也。'"② 这样的理解或文本处理方式虽然提示了"道""德"二者间的理论亲缘性，却完全抹杀了"德"作为《老子》书中乃至中国思想史上一个独立思想观念的重要性，同时也忽视了《老子》将"道""德"置于"平行表述"之下所可能隐含的"结构性思考"③。甚至可以说，在这样的文本处理方式中，读者几乎无法寻得"德"的影子。

当然，更多的译者仍然将第五十一章中的"德"作为独立的、与"道"相对的概念，并尝试翻译之。例如，D. C. Lau、陈荣捷和艾文贺（Philip J. Ivanhoe）等将此处的"德"译作"virtue"④，

---

① Stephen Mitchell, *Tao Te Ching*, Harper Collins e-books, 1995, p. 79.

② 转引自郑开《试论老庄哲学中的"德"：几个问题的新思考》，《湖南大学学报》（社会科学版）2016 年第 4 期。

③ 郑开：《试论老庄哲学中的"德"：几个问题的新思考》，《湖南大学学报》（社会科学版）2016 年第 4 期。

④ D. C. Lau 的翻译为 "The Way gives them life, virtue rears them…Therefore the myriad creatures all revere the Way and honor virtue"，见 D. C. Lau, *Tao Te Ching*, London: Penguin Books, 1963, p. 58；陈荣捷的翻译为 "Tao produces them（the ten thousand things）. Virtue fosters them…Therefore the ten thousand things esteem Tao and honor virtue"，见 Wing-tsit Chan, *A Source Book in Chinese Philosophy*, New Jersey: Princeton University Press, 1969, p. 163；艾文贺的翻译为 "The Way produces them, virtue rears them…This is why the myriad creatures all revere the Way and honor Virtue"，见 Philip J. Ivanhoe and Bryan W. Norden（ed.）, *Readings in Classical Chinese Philosophy*, New York: Seven Bridges Press, 2001, p. 183。

但也没有就"virtue"的意涵作出说明。另外一些译者试图将这里的"德"置于与"道"相对的语境下以及道物关系中予以考量和翻译，顺着"德者，得也"的古训将"德"理解为"物"所禀赋于道的普遍本性或个体属性，从而将"德"译作"the power of the Tao"（"道"之力）或"the latent power"，例如 Arthur Waley、史华慈（Benjamin Schwartz）①；"efficacy"（效能），例如安乐哲②、梅勒③；"the life force"（生命力），例如 Edmund Ryden④；"the potency"（潜能），例如葛瑞汉（A. C. Graham）⑤。大致说来，这些译法都可以看作"virtue"在"本性""潜能"意义上的变体，而各有侧重。

（1）首先当然来自《老子》文本的整体把握，反映出了译者对"德"和"道""物"之间理论关联的深刻体认。

（2）其次也有其思想史的根据和渊源，"德者，得也"的诠释思路在道家文本中常有体现和发挥，例如"物得以生谓之德"（《庄子·天地》），"得其天性谓之德"（《淮南子·齐俗训》），"圣人之道与神明相得，故曰道德"（《鹖冠子·王鈇》），王弼在第五十一章的注解中也提到"道者，物之所由也；德者，物之所得也"⑥。"德"一方面表示得之于道的普遍本性，另一方面表示万物得以存在的本质。

（3）还受到了古希腊哲学的影响。在《形而上学》中，亚里

① 参见 Arthur Waley, *The Way and its power: A Study of the Tao Te Ching and its Place in Chinese Thought*, New York: Grove Press, 1958, p. 21, p. 32; Benjamin Schwartz, *The World of Thought in Ancient China*, Cambridge, MA: Harvard University Press, 1985, p. 202。

② 参见 Roger T. Ames & David L. Hall, *Daodejing: A Philosophical Translation*, New York: Ballantine Books, 2003, p. 156。

③ 参见 Hans-Georg Moeller, *Daodejing: A Complete Translation and Commentary*, Chicago: Open Court, 2007, pp. 120 – 121。

④ 参见 Edmund Ryden, *Laozi Daodejing*, Oxford: Oxford University Press, 2008, p. 107。

⑤ 参见 A. C. Graham, *Disputers of the Tao: Philosophical Argument in Ancient China*, La Salle: Open Court, 1989, p. 218。

⑥ 楼宇烈校释：《王弼集校释》，中华书局 1980 年版，第 137 页。

士多德使用了"潜能"（dynamis）与"现实"（energeia）这一组范畴论述实体的存在与运动状态。其中，"dynamis"指的是"在他物之中的或者作为他物的运动或变化的本原"①。根据陈康先生与聂敏里教授的解释，亚里士多德在使用"dynamis"描述"实体"时，事实上包括三重含义："能力、可能、潜能"②或"能力、可能、乘方"③。其中，"能力"指的是某物造成运动或变化的能力，以及接受运动或变化的能力。而当这个能力尚未得到运用、处于潜在状态时，即为"潜能"④。在英语世界对《老子》书中"德"（virtue）的诠释中，我们不难捕捉到相似的思想痕迹，艾兰教授在讨论"德"时提到：

> 葛瑞汉将《庄子》中的"德"英译为"potency"，他指出，此字指的是"氰化物的性能（virtue）是毒药"意义上的性能，像其拉丁语词根"virtus"，指称某种内在的本质（intrinsic）。⑤

葛瑞汉与艾兰教授在这里所讲的"德"（virtue），正是在本质和潜能的意义上来说的——氰化物具有剧毒的本性（virtue），因而，具有成为毒药的可能性或潜能（potency）。同样，无论是将"德"译作"virtue"，还是"the power of the Tao""the latent power""efficacy""the life force""the potency"，其内在思路都是相似的，用心皆在于表明"德"作为"道"赋予万物的本性或潜能，蕴含着能够长育、发展万物的能力。当然，"德"作为"潜能""潜质"或"可能性"的意涵，也是《老子》论述"德"的题中应有之义。⑥

---

① 聂敏里：《论 δύναμις（Dynamis）的翻译》，《哲学研究》2017 年第 11 期。
② 陈康：《亚里士多德的 Dynamis 概念》，《哲学研究》2017 年第 11 期。
③ 聂敏里：《论 δύναμις（Dynamis）的翻译》，《哲学研究》2017 年第 11 期。
④ 聂敏里：《论 δύναμις（Dynamis）的翻译》，《哲学研究》2017 年第 11 期。
⑤ ［美］艾兰：《水之道与德之端》，张海晏译，商务印书馆 2010 年版，第 119 页。
⑥ 叶树勋：《"德"观念在老子哲学中的意义》，《中国哲学史》2013 年第 4 期。

最后需要补充讨论的是陈汉生（Chad Hansen）的理解与翻译。立足于"道""德"二者之间的关系，陈汉生将"德"译作"virtuosity"（精湛技巧）。按照陈氏的解释，万物都有能够与内部和外部世界产生关联的"物理结构"（physical structures），而正是这个物理结构构成了"德"，与此同时，"德"能够引导万物在和世界互动的过程中遵循"道"并展开其自身，并且能够恰如其分地体现"道"在万物和世界中的运作。从这一角度来说，"德"是"道"之精湛技艺的体现。① 陈汉生的理解与翻译重点在于表明"道""德"二者之间的关系，描述"德"何以展现"道"，但不得不提到的是，"德"体现于"物"上的个体性维度或个性化原则也是不容忽视的，"自然"概念的提出以及道家政治哲学和伦理学的建构正是基于"德"对于个体存在和发展的充分肯定。正如杨国荣教授在讨论"道""德"关系时所提到的，"德"更多地展现了个体性原理，这一点既表现在"物"中，也表现在《老子》对"道"和人的关系的理解中，"《老子》既肯定了从道到德的进展，又要求不断向道复归，确乎表现了沟通统一性原理与个体性原理的意向"②。而只有充分看到了"德"对于"物"之个体性的肯定，才可能真正勾连起道家哲学的本体论与政治哲学、伦理学。

三　玄德：Dark Efficacy 还是 Dark Virtue？

　　"德"在《老子》书中除却作为独立的思想语词出现，也时常与其他单词一同组成哲学概念，其中最为重要的无疑是"玄德"。正如"德"作为哲学观念渊源有自，"玄德"的提出也有其深远而确切的思想史背景，可以看作春秋至战国时代"德—礼"体系向"道—法"体系转化过程中具体而微的思想缩影，是在旧有的以礼

---

　　① 参见 Chad Hansen, "Dao as a Naturalistic Focus", in Chris Fraser, Dan Robins and Timothy O'leary（ed.）, *Ethics in Early China*: *An Anthology*, Hongkong: Hongkong University Press, 2020, p. 282。

　　② 杨国荣：《老子讲演录》，中国人民大学出版社 2021 年版，第 20 页。

乐制度、伦理道德为主导的制度建构和话语体系之上而进行的推陈
出新。正如郑开教授曾敏锐观察到的，"老子提出'玄德'，旨在
表明它是一种比'明德'更深远更深邃、更基本且更有意味的
'德'，显然这是一种创造性的阐释与转化"①。《老子》论述"玄
德"曰：

> 生之、畜之，生而不有，为而不恃，长而不宰，是谓玄
> 德。(《老子》第十章)
> 生而不有，为而不恃，长而不宰，是谓玄德。(《老子》第
> 五十一章)

"玄德"首先用以描述"道"对待万物的方式，"道"通过无为、
"自我节制"②的方式确保万物之"自然"的实现，进而延伸至政
治哲学，"天之道，利而不害。圣人之道，为而不争"(《老子》第
八十一章)，圣人或统治者通过效法"道"无为的运作方式，确保
百姓之"自然"的发挥。

　　而就目前所见《老子》英译本中"玄德"一词的翻译来说，
大致可分为两类较具代表性的翻译与诠释思路：其一，将"玄德"
中的"德"译作"efficacy"，而将"玄德"译作"profound effica-
cy"或"dark efficacy"；其二，将"玄德"的"德"译作"vir-
tue"，而将"玄德"译作"dark virtue"。

　　安乐哲将"玄德"译作"profound efficacy"，并解释说，世界正是
在焦点与场域、事件与情境、道与德的协作之中生成的，而事物所处的
场域本身则是由一个个不同的视角所组成的。从这一角度来说，场域本
身并不是客体化或普遍化的，而是有其自身深远玄妙的特性(profound
particularity)，这一特性即为"玄德"。③ 在讨论中西方思想间的差异时，

---

　　① 郑开：《道家政治哲学发微》，北京大学出版社 2019 年版，第 13—14 页。
　　② 王博：《权力的自我节制：对老子哲学的一种解读》，《哲学研究》2010 年第 6 期。
　　③ 参见 Roger T. Ames and David L. Hall, *Daodejing: A Philosophical Translation*, New York:
Ballantine Books, 2003, p. 157。

安乐哲曾提到，如果说西方的思维和语言是超越性的，那么中国文化则更加表现为"关联性的思维"和"关联性的语言"。① 可以说，这种看法也体现在了他对"道""德"观念的译解中，在安乐哲的理解中，"玄德"正是一种体现着普遍关联性的特性，其中蕴含着"道"在不同场域和视角下的开显。

梅勒将"玄德"译作"dark efficacy"。梅勒提到，"道"和"德"不是严格意义上的创世者，而是内在于宇宙之中、周流普遍的生长之"力"（force），如同植物的根系，因此，"道"和"德"对万物的长养是一个"有机过程"（organic process），这一过程是在事物内部发生的。而"玄德"的理解也是如此，它是对于内在于万物自身的生长之力的确认，而万物则报之以"自然"。② Edmund Ryden 的理解与梅勒相似，将"玄德"译作"abstruse life force"。③

安乐哲、梅勒和 Edmund Ryden 的解读都非常哲学化且独具慧眼，巧妙地捕捉并呈现出了"德"与"玄德"在《老子》思想中的某一深刻理论面向。但正如本部分开头所言，在高度哲学化的探讨之外，"玄德"的提出有着具体的历史与理论背景——道家试图在"明德"传统之外另辟蹊径。除了"玄德"之外，《老子》书中还有"上德""广德""建德"等相似概念，同样用以彰显道家与过往礼乐传统间的差异与张力，反映道家探寻"德"之问题的全新思考方向。倘若如此，是否将"玄德"之"德"译作"virtue"，而将"玄德"译作"dark virtue"④ 更加能够彰显儒道两家对同一思想观念的不同看法呢？

如果这一思路在对"玄德"的翻译中尚且是迂曲或两可的，我们或可结合《老子》第三十八章再作探讨：

---

① 参见［美］安乐哲《和而不同：比较哲学与中西会通》，北京大学出版社 2002 年版，第1—22 页。

② 参见 Hans-Georg Moeller, *Daodejing: A Complete Translation and Commentary*, Chicago: Open Court, 2007, pp. 120 – 121。

③ 参见 Edmund Ryden, *Laozi Daodejing*, Oxford: Oxford University Press, 2008, p. 107。

④ 参见 D. C. Lau, *Tao Te Ching*, London: Penguin Books, 1963, p. 58。

> 上德不德，是以有德；下德不失德，是以无德。上德无为
> 而无以为；下德为之而有以为。上仁为之而无以为；上义为之
> 而有以为。上礼为之而莫之应，则攘臂而扔之。故失道而后
> 德，失德而后仁，失仁而后义，失义而后礼。夫礼者，忠信之
> 薄，而乱之首。前识者，道之华，而愚之始。是以大丈夫处其
> 厚，不居其薄；处其实，不居其华。故去彼取此。

显而易见，此处的"上德"正是相对于仁、义、礼等"下德"乃
至"下德"之下的德性而言的，其作为"本性"或"特性"的意
味远不及作为一种特殊"德性"的意味更为明显，因此，将"上
德"译作"highestvirtue"显然较"highest efficacy" "highest poten-
cy"更为确当。处理"玄德"的翻译时，这一思路同样适用。

结　　语

总之，《老子》书中的"德"是非常复杂的思想观念，其中不
仅承载着思想史演化与发展的痕迹，也彰显了儒道两家之间的对话
与张力，同时还蕴含着丰富的哲学意蕴，涉及"德"与"道"
"物"等观念间的理论关联。因为其中所包含的繁杂的思想线索，
对于"德"的翻译必定是复杂而莫衷一是的。除却情景化、具体化
的文本处理方式外，某些一以贯之、提纲挈领式的理解也是极为必
要的。正如道家选择了"德"这一源远流长的思想观念进行重构和
新述，或许将《老子》文本中的"德"译作"virtue"也有同样的
效用。换言之，虽然《老子》同样言及"virtue"，但却和儒家文本
在德性与德行意义上所讲的"virtue"大为不同，同一个词汇的不
同论说方式恰恰彰显了道家言"德"（virtue）的独特与新意。当
然，"virtue"之外的其他诸种译法也是必要而富有启发性的，它们
更加精确地指出了"德"在某一层面上的哲学意涵，丰富并加深了
读者对于"德"观念的理解。

日本现代的《老子》"德" 观念研究概述

复旦大学古籍整理研究所　李　蕾

摘要：明治维新以后，日本的学术逐渐现代化，对中国传统典籍的研究也呈现出新的特点。狩野直喜和小柳司气太基于现实主义的视角，确立了将传统考据学和思想史研究视角相结合，从修养法、处世术、政治论的角度对《老子》"德"观念进行诠释的基本路径，其后的武内义雄、津田左右吉、长谷川如是闲等学者更加深入、系统地讨论了《老子》"德"观念的相关思想。木村英一将"德"观念上升为老子价值论的核心，并依据文本阐释了其中的条目。简帛文献问世以后，基于新出现的《老子》文本本身讨论老子哲学的早期面貌与立足道家类文献探究《老子》成型阶段思想界状况的研究并行不悖，更是将"德"这一概念进一步上升到与"道"对等的本体论高度，为进一步探究"德"观念的源头和演变奠定了基础。

关键词：《老子》研究；"德"观念；日本

日本的中国古代典籍研究渊源有自、成绩斐然。《老子》作为传入较早[①]、影响深远的典籍，历为日本研究者所重，但针对

---

① 《老子》为首的道家文献传入日本的时间学界讨论颇多，其上限暂无定论，下限则可推定为不晚于隋代。可参见［日］武内义雄译注《老子》，附录《日本的老庄学》，东京：岩波书店1938年版；张谷《日本近代以前老庄学论考》，《国际老学（第一辑）》，商务印书馆2022年版，第5—31页。

《老子》文本及其哲学开展的现代意义上的学术研究是从明治维新以后开始的，此前的《老子》研究从形式上讲延续着中国古代的注疏传统，"与中国近代以前的老学研究没有根本性的不同"①，从内容上讲则多为"把老子与庄子割离而与儒教相结合，把老子视为孔子精神的另一面"② 的尝试。本文试图围绕"德"这一《老子》哲学中的重要观念，梳理日本现代《老子》研究的基本情况，尤其是方法和视角上的流变，以期为国内老学研究提供一些新思路。

一　《老子》研究的先驱及其对 "德" 观念的论述

狩野直喜是明治维新以后成长起来的中国学学者的代表人物之一，在中国哲学史、古典文学、经学等方面均有建树，学术地位很高。他在学术上继承和发展了中国清代考据学的方法，重视对文本的考订和研究，其对《老子》的研究成果集中体现在由学生整理出版的讲义《中国哲学史》③ 中。

就《老子》"德"观念而言，狩野氏通过文本分析的方式，指出"德"——老子伦理学说中的最高追求，是由形而上的"道"直接推演出来的，而老子的政治、国家学说又都可以由伦理学说推演而来。个人的"德"就是顺应天道、效法自然，使自身与没有意识、没有欲望的天道相合。只要去除意识欲望，做到自我制欲，就能称为圣人。这种制欲不同于儒家思想中的"寡欲""灭人欲"，是在保留饮食之类的自然欲望基础上，抑制社会文明、知识进步带来的额外的欲望。在政治上，就是要对人民放任自然，不妄加干涉，同时要防范社会文明的进步和人民知识的增加，使人民在满足自然欲望的基础上不再滋生其他欲望，回归

---

① 刘韶军：《日本现代老子研究》，福建人民出版社 2006 年版，第 5—6 页。
② ［日］武内义雄译注：《老子》，东京：岩波书店 1938 年版，第 149 页。
③ 参见 ［日］狩野直喜《中国哲学史》，东京：岩波书店 2012 年版。

到没有善恶贤愚之别的太古社会。这种政治的理想状态，就是小国寡民。

值得注意的是，狩野氏还指出了老子论述"道—德—仁—义—礼"位次关系时的内在矛盾。老子认为，儒家所强调的"仁、义、礼"，均是人为的，因此要低于"道""德"，但老子倡导的去除意识欲望的行为也未尝不是人为的。狩野氏认为，这是由于老子对当时社会借仁义之美名大行不仁不义之实的现象十分不满，因此提出了这样的过激看法，忽视了其中的矛盾。老子在提出必须去除意识欲望的同时，又讲"后其身而身先，外其身而身存"，"成其私"，强调自我保存，这仍是意识欲望。

狩野氏对《老子》"德"观念的分析都是基于对当时通行文本的细读，从方法上讲还带有中国传统学术的特点。尽管论述较为宽泛，但他已开始从现代哲学的角度梳理和分析老子的思想，可谓日本现代老子研究的先驱人物。

与狩野直喜同一时代的学者小柳司气太，作为日本的中国道教研究开创性人物之一为学界所重。他对老子思想也有较为深入的研究，集中于 1928 年出版的《老庄哲学》（东京：甲子社书房 1928 年版）中，后略为增订，与所著《道教概说》（东京：世界文库刊行会 1923 年版）合为《老庄思想与道教》（东京：关书院 1935 年版）一书行世，主论老子的部分又集结为《老子讲话》（东京：章华社 1934 年出版）。①

与狩野直喜类似，小柳司气太也是从老子的"道"入手，过渡到所谓"修养法""处世术""政治论"的论述。在指出老子的至善就是合于道、体玄、抱一之后，他认为对这种至善的追求，即老子的"修养法"，就是要抛弃"私""我"，不起欲望，不迷于假名假相。随后，他将孔老对举，分析了《老子》第三十

---

① 各书均有电子档载于日本国立国会图书馆电子收藏库（国立国会图书館デジタルコレクション，https：//dl. ndl. go. jp/）。本文所论参见《老庄思想与道教》，东京：关书院 1935 年版，https：//dl. ndl. go. jp/pid/1260085/1/3，查阅时间：2023 年 4 月 20 日。

八章中"道德的退步"。他指出老子的道是天之道、自然之道，孔子的道是人道。老子的"德"是天赋予的、先天的，猫捕鼠就是猫的德，鸟飞天就是鸟的德，饥食渴饮就是动物之德；孔子的"德"则是教育、经验、训练的产物，也就是所谓品性。小柳氏将没有人为的浑然之"德"称为全德，并指出因为有"私"，全德会散为小德，一如大道（无名）生阴阳天地（有名的现象界）而分化为小道。他认为"上德无为，而无以为"系"无不为"之误，上德与道相同，也是无为而无不为；"下德为之，而有以为"，参照前句，当是"为之而有不为"之误，下德有了正在行德的意识，有了计划、预定，因此落了下乘；上仁以下皆与下德相同，有了"为之"的意识，但上仁是不会意识到自己施了仁的，即"无以为"；上义则是"为之"而"有以为"，明确地持有自己正在行义的意识；上礼则是要求对方意识到、回应自己的礼。上仁、上义、上礼，举"上"而可推知其"下"，或者说老子并不关心它们的"上下"之间的细微差别。据此，小柳氏分析了老子提倡的理想人物及"处世术"，指出老子在伦理上的立场是个人主义而非天下主义，是一种"独善思想"，而《老子》中的"人君南面之术"或者说"兼济思想"不过是独善思想的余德。随后，为了排除独善思想就是利己主义的误区，小柳氏专辟一节论述了老子的"政治论"，指出圣人治天下如天临万物，法律、规则、道德等文化设施都只会损毁人民的纯真，同时强调老子并非无视仁义礼智、主张禽兽式的生活，排斥仁义礼智只不过是排斥其形式上的伪善，因此才会颂扬圣人之德、提倡三宝之说，而过激的言论则是为了救世事之弊。

可以看出，小柳司气太对老子"德"观念的分析大体上与狩野直喜采取了同一路径，而又有所推进。以饥食渴饮一类的比喻对老子的"德"作出直接阐述，总结出"修养法"上的抛弃"私""我"，"处世术"上的"独善思想"，及老子的"政治论"，较之狩野氏的研究更为具体，对"道—德—仁—义—礼"的分析更具哲学张力。[①] 尤其是指出老子政治论中排斥仁义礼智并非标榜禽兽式的生活，可以说清除了狩野氏"制欲"说可能带来的误区。但对于狩野氏指出的老子成德思想中去除意识、欲望和自我保存之间的矛盾，小柳氏似乎没有认识到。

总之，狩野直喜的研究侧重于中国哲学史整体，小柳司气太则侧重于对老庄思想和道教的综合研究，均非专注于老子思想的研究。但二者对老子"德"观念的分析内容已很丰富，对后世学者的研究也有较大的影响。

二 《老子》的专门研究与"德"观念的阐论

日本学者真正意义上对老子其人其书及其思想的系统性研究始于武内义雄。他深受狩野直喜和内藤湖南的影响，重视从文本考订和思想史演进两个角度研究《老子》的文本及思想，其研究与津田左右吉的研究并称为 20 世纪日本学者在老子研究领域的双璧。所著有《老子原始》（东京：弘文堂书房 1926 年版）、《老子之研究》（东京：改造社 1927 年版）、《老子与庄子》（东京：岩波书店 1930 年版）、《诸子概说》（东京：弘文堂书店 1930 年版）、《支那思想史》（东京：岩波书店 1931 年版，1950 年后更名《中国思想

---

① 加藤胜也（加藤勝也）在 1938 年的《教育学研究》7 卷 7、8 号上连载了名为《德概念的诸相（报德赘语）》的文章（［日］加藤勝也：《德概念の諸相（報德贅語）》，《教育学研究》1938 年 7 卷 7 号，第 755—774 页；《德概念の諸相（二）（報德贅語）》，《教育学研究》1938 年 7 卷 8 号，第 856—878 页），文中将当时为止日本对"德"这一概念的认识总结为"实质的""概念的/形式的""作用的/机能的"所谓"三相"，并在第四部分讨论了老子的"德"概念，将其分为"无为无不为"的"上德"（玄德）、"为之有不为"的"下德"（儒家之德）和作为"上德""下德"中间阶段的"为之无不为"的德（即"上仁为之而无不为"）。将当时日本通行文本中的"上仁为之而无以为"读为"无不为"，当是受到小柳氏的影响，加藤氏文章后文即引述了［日］小柳司气太《老子新释》（昭和汉文丛书）（东京：弘道馆 1929 年版）中的观点，由此可窥见小柳氏的老子阐释所蕴含的哲学张力。值得注意的是，小柳氏在 1928 年出版的《老庄思想》中已经提出"上德无为，而无以为"系"无不为"之误、"下德为之而有以为"当是"为之而有不为"之误，1929 年的《老子新释》中并未作此论断，也未据以修改原文，当是缺乏确切的校勘依据，体现出日本汉学家的严谨。

史》），及 1938 年由岩波书店出版的译注《老子》等，1978—1979
年角川书店出版了《武内义雄全集》，其中第五卷《老子编》集结
了其老子研究成果，第 6—9 卷的《诸子篇》《思想史篇》中对老
子思想也有论及。

　　武内义雄的老子研究成就最受人瞩目之处在于文本校定①，
但其从思想史演进的角度考察现行《老子》文本中混入的其余诸
子的思想并将之剥离②，从而讨论所谓"老子原始的学说"③，不
得不说是很有益的尝试。但就老子"德"观念而言，武内氏并未
开展专门分析。要之，他认为老子的原始思想一为宇宙论（"道"
相关的学说），二为处世法（"濡弱谦下"）④。"濡弱谦下"的要
求是老子为了匡救世人趋福避祸、好高恶卑引发的竞争和祸乱而
提出的，做到"濡弱谦下"，即能不毁外物、不伤他人，随顺自
然的妙用而成圣人。这或可以看作武内义雄对老子原始思想中的
"德"的认识。

　　与武内义雄同时期的学者津田左右吉是日本批判主义学派的著
名学者，主要致力于中国思想史和日本思想史的研究，其建立在严
密的文献批判基础上对研究对象进行客观分析的"批判史学"或者
说"否定史学"被日本学界称为"津田学""津田史学"。⑤ 津田

　　① 包括对王弼本的校定，收于《老子之研究》下卷，题名《道德经析义》（《道德
经析義》）；及对河上公本的校定，即岩波书店版《老子》。
　　② 为此武内义雄定下的三条原则（1）精细考察《老子》五千言并对照先秦思想
变迁的大势后，与其他诸子中心思想相符的内容予以剔除；（2）没有韵脚的文本当多系
后人所加，予以剔除；（3）考察先秦古籍中对老子的评论，与之不合的部分予以剔除。
参见［日］武内义雄《老子原始》，京都：弘文堂书房 1926 年版，第 128—129 页。
　　③《老子原始》第四章《老子五千言的性质》，讨论了五千言中的法家言、纵横家
言、兵家言及老子五千言与黄帝书的关系，第五章即为《老子原始的学说》。
　　④ 参见［日］武内义雄《老子原始》第五章"老子原始的学说"，第 128—142
页；［日］武内义雄《老子与庄子》第四章"老子的思想"，东京：岩波书店 1930 年版，
第 63—74 页。
　　⑤ 参见［日］村山吉广（村山吉廣）《津田左右吉的中国学研究》，《台湾东亚文
明研究学刊》第 3 卷第 1 期，2006 年 6 月，第 27—60 页；郭永恩《关于日本昭和初期
〈老子〉思想的研究——主论津田左右吉和长谷川如是闲的〈老子〉研究》，北京大学出
版社 2013 年版，第 4 页。

左右吉在所著《道家思想及其展开》① 中指出，以中国传统的考证手段或套用西方哲学的框架研究老子思想都不得其法，必须回归当时中国人的生活和思想世界中予以观察。为此，他提出要充分运用内证的方法，要忠实于《老子》文本，对其思想开展批判研究；外证作为辅助手段也不可忽略，要将《老子》文本与其他典籍、老子思想与其余诸子、道家思想与思想史关联起来开展综合研究。

津田左右吉认为，老子思想并非前人所讲的神秘主义，而是彻彻底底的现实主义，从广义上讲是儒家的后继，反抗儒家，尤其是《孟子》思想的一种思想，其中并无过多形而上的高妙之处。他提出，《老子》一书主要是从历史的见解、"道"的宇宙生成论、对天地性质的考察三个方面，反复申述治天下之术与处世之法，说道、说德、说虚静、说得一、说无为、说无欲等都是政治之术、成功之法和保身之道，只能说在为"道"赋予普遍性，并置之于历史观和宇宙论等方面，较之一般的常识有所推进。具体到哲学分析层面，《老子》中虽然借助了"玄"、"妙"、"恍惚"、不可闻不可见等概念描述"道"，比一般性的思考更进一步，但其思考和论述很不彻底，实际上并不具备论理思维。而在现实意义上，《老子》中以颓废的精神提出的反文化的政治术和利己主义的处世法都是缺乏实践意义的，《老子》中强调"无为"治天下、"无欲"处世，但治天下本身即有为，保身即大欲，这在思想上是矛盾的，于此津田氏摒弃了以往的老子研究中对"无"的理解，认为"无"就是字面意义的无。就老子的"德"观念，归结而言，津田氏认为其中并无高深的哲学内涵，甚至认为，《老子》在"道"之上再立"大道"、"德"之上再立"玄德"，及第三十八章中划分等级、强论区别，是一种立于人上以压人的态度，与其自身提倡柔、弱、屈相矛盾。

津田左右吉对老子"德"观念的认识基于对《老子》的总体

① 初版名为《道家思想及其开展》，东京：东洋文库 1927 年版。1939 年由岩波书店再版时更名为《道家思想及其展开》，改写了部分内容，并附《〈老子〉研究法》，后收录于 1963—1966 年岩波书店出版的《津田左右吉全集》第 13 卷。本文论述据《全集》本。

认识，这种认识又是建立在其独特的"批判史学"的态度之上的，因此结论较为片面和偏激。但论其研究方法之细密、思考之深入，以及作为"双璧"之一不言而喻的影响力，津田氏的研究都是我们深入理解日本学界对老子和道家思想的认识不可略过的话题。

此外，另一位学者长谷川如是闲立足社会学、政治学的视角，对《老子》中的思想内涵进行了剖析，研究成果集中于《老子》（大东出版社 1935 年出版）一书。此书前半部分先从思想史的角度阐述了老子思想的形成及影响，再与欧洲、日本思想相对照，分析了《老子》的哲学内涵；后半部则依照自己的理解，重新排列了《老子》的篇章顺序，尝试构建一个完整的思想体系，最后附《原文》。

类似于津田左右吉，长谷川氏也认为《老子》中的思想本质在于政治，且注重现实，但他没有将《老子》的思想简单化、虚无化。他认为，老子思想根本上是要追求一种由"无为自化"的原始"村落共同体"构成天下的非文化的"大国"政治，其哲学思想即为这一追求提供了依据。作为老子思想的主体，"道"介乎古希腊初期哲学的物理性质和形而上的本体性质之间，是一个具有规范意义的概念，"德"也是从无名之"道"生出的有名的准则，其特性便是"无"。老子意在通过"德"来规定"有"的现实世界，因此，"德"便是老子伦理学的主体。他指出，老子的"德"在针对现实世界的意义上与儒家相近，但同时也是对儒家之"德"的扬弃，其主要内容在于通过"致虚极，守静笃"，"绝圣弃智"等否定性的行为达到"无"，从而遵循万物的自然属性去滋养万物。他还明确了《老子》之"德"并非对所有人提出的要求，而是对圣人、文化人或者说统治阶级提出的要求，要求统治阶级抛弃其所有，像作为被统治阶级的、生活在"村落共同体"的"自然人"那样应自然而为，即所谓"圣人无常心，以百姓心为心"。

长谷川如是闲的研究视角是社会学、政治学的，但在方法上博采众长，对包括"德"观念在内的老子思想中哲学内涵的分析卓然成家，颇具启发性。

战前日本学界的老子研究及对"德"观念的阐释以武内义雄和津田左右吉为代表，加之长谷川如是闲等学者的延续与补足，已相当完整。但他们在研究视角和方法上的不同乃至对立，为之后的研究留下了空间。战后出现的老子研究著作中较为突出的是木村英一《老子的新研究》①一书。木村英一的研究大体上沿袭了武内义雄和津田左右吉的思路，又予以融合和推进。在文本考订方面，他不满足于武内义雄根据韵脚的有无来判定文本的新旧的方法，还尝试用简策的格式复原《老子》文本的初始状态；在文本分析方面，则更加注重回归历史语境，避免津田氏分析中的弊端。其对老子"德"观念的论述集中于《老子的新研究》第三部《对〈道德经〉思想的考察》第一章的第六节，他称为"《道德经》的价值论"。

木村英一认为，在《道德经》的思想中"存在"与"价值"是混同的，而"道"是一种超越五官感知的绝对存在，人（不管是"圣人"还是"我""吾"）只能通过体验来确认"道"，因此"道"的真实性就是体验的真实性。这种体验的真实性既非感性的、经验的事物，也非逻辑的概念或论证，毋宁说就是价值。因此，"道"既是绝对的存在，又是绝对的价值，是一种超越的、无差别的、"无价值"且最高的价值。基于这一认识，他分析了《道德经》中的德目体系：道（无为而无不为）—上德（无为而无以为。不德，是以有德）—上仁（为之而无以为。亦即"仁"）—上义＝下德（为之而有以为。不失德，是以无德。亦即"义"）—上礼（为之而莫之应，则攘臂而扔之。忠信之薄而乱之首。亦即"礼"），前识＝知（德之华而愚之始。亦即"知"）。他重点考察了"德"，首先指出，某种特定的"德"就等于"道"。然后提出《道德经》所谓"德"即《说文解字》中的"得"义，指包括人在内的万物，在某种意义或某种程度上被绝对的"道"所赋予的，

---

① 原作分为三部：第一部《关于〈老子〉成书的考察》，第二部《对〈道德经〉原型的考察》，第三部《对〈道德经〉思想的考察》，连载于《大阪大学文学部纪要》第3—5卷（1954—1957），本文讨论所据即此版本。后集结为一书，1959年由创文社出版。

或者说得之于"道"的性质。由于"道"的绝对价值性，这种性质多被视为有价值的性质，一般而言是"善的性质"。所谓"玄德""孔德""常德"等，即指获得了"道"的性质中的"玄""孔（大）""常"，展现了"道"在这些方面的性质。人在思想上具有有限性，因而即便获得了"道"，也无法实现"无为而无不为"的无限性，只能实现"无为而无以为"的自然性，此即所谓"上德不德，是以有德"。此外，第六十七章中提出的"慈""俭""不敢为天下先"是体"道"的"我"作为"宝"去保持的，因而也是"德"的内容。"慈"，根据第十九章"绝仁弃义，民复孝慈"，可知是高于"仁、义"的德目；再根据第十八章"大道废，有仁义"，又可知"仁义"是低于"道"的德目，因此"慈"应该归属于"上德"。通过类似的论证，他指出《道德经》中，"俭"与"啬"相关，为"上德"；"不敢为天下先"，为上德；"信"亦为"上德"；"礼"与"知"位次相当，属"下德"。于是，《道德经》的德目体系可以归结为：道—上德［慈、俭（啬）、后（即不敢为天下先）、信（忠），可以"信"赅之］—上仁（"仁"）—上义＝下德（"义"）—上礼·前识＝知（即"礼""知"）。最后，木村氏提示了这一德目体系与儒家立场的差别，并点明其中受到了尚古思想的影响。

简言之，木村英一对老子"德"观念的阐释颇具系统性又十分深入，在前人的基础上作出了细致的考证和研究。尽管其中的一些结论伴随着新材料的出现已经过时，但就其研究的整体性和细密程度而言，堪为当时日本学界老子思想研究的集大成之作。值得一提的是，其书原于第三部第一章第六节之后拟有第七节"《道德经》的处世术与政治论（缺）"，有目无文，1959 年正式出版时删去此目，或是因为结论未能超出前人，亦可见日本汉学家对待学问的审慎态度。

三 立足简帛的《老子》研究与"德"观念的新认识

　　20 世纪 70 年代起，以马王堆帛书、睡虎地秦简、银雀山汉简为代表的一系列重要出土材料被发现、公布，为中国古代文史研究注入了新的活力，在日本学界也引起了巨大的反响。从老子研究的角度来看，日本学者的研究可主要分为两类：一是直接以马王堆帛书《老子》甲乙本、郭店楚简《老子》甲乙丙本、北大简《老子》为研究对象，分析传世本以前的《老子》文本及其思想；二是以出土文献中的道家类文献为对象，解析其中的思想，追溯《老子》及道家思想的源头、流变与定型情况。当然，两类研究都建立在综合把握传世文献和出土文献中展现出的思想史世界的基础之上，本质上都是为探求《老子》文本和道家思想演变作出的努力。其中的代表性学者有池田知久、浅野裕一、汤浅邦弘等。

　　实际上，第一类研究可以视作狩野直喜、武内义雄、木村英一一系列研究的延续，第二类研究在出土文献出现以前已有学者从这一角度作出努力，代表性的成果是赤塚忠对《管子·心术》上下篇和《白心》《内业》篇的研究。他认为，发端于《管子·心术》上篇的"虚其欲，神将入舍"，"去私母言，神明若存"的思想及四篇围绕这一中心构建起来的思想体系"虚静说"是道家思想的原型，并分析了这一思想在《老子》中的发展。① 就"德"观念而言，他认为，《老子》思想较之《管子》四篇强调主体内省、强调心与物的对立的思想，发展出了对外物的思考、内省与外证的结合，也就是"吾以观其复"和"常德不离，复归于婴儿"，"常德

---

　　① ［日］赤塚忠《虚静说〈老子〉中的发展》，《东京支那学报》第 9 号，1963年；《道家思想的本质》《道家思想的历史概观》，《讲座东洋思想》第 3《中国思想》第二（道家与道教），东京：东京大学出版会 1967 年版；《道家思想的原初形态》，《东京大学文学部研究报告》第 3，1968 年。四篇论文均收录于《赤塚忠著作集第 4 卷（诸子思想研究）》，东京：研文社 1987 年版。

不忒，复归于无极"之"复"（物回归于道）的思想。所谓"常德"，就是直接回到婴儿、无极、朴的状态。而《老子》中的"玄德"，是《心术》下篇"毋以物乱官，毋以官乱心"的"内德"之深化。

回到基于新见材料的老子思想研究，池田知久堪为第一类研究的代表性学者，代表性的研究成果包括其早年对马王堆帛书《老子》"道器论"的讨论及后来对郭店楚简《老子》的综合研究、对《老子》的形而上学与存在论的讨论等。① 对"德"观念的讨论，见于《郭店楚简〈老子〉新研究》中对郭店楚简《老子》主要思想的研究。首先，"德"是"道"之用。在政治思想方面，郭店《老子》包含为政者置身于"亡（无）为"而与"玄同"（神秘主义的）的世界相融合，把握"道""德"，则天下万物都自发运行、无所滞碍，进而实现"取天下"的思想；还包含为政者置身"亡（无）为"而把握"道""德"，则万物、民众都会自己积极主动地实现各种正面价值的思想。在伦理思想方面，郭店《老子》提示了利用"无知""无学"达到否定性超越，消除万物在价值、事实、存在状态等方面的一切差别，否定欲望追求，置身"无为"，及郭店《老子》文本中尚未能充分统合的提倡柔弱、否定刚强的生存方式。在养生思想方面，可以看出对"道""德"的把握是与郭店《老子》中所希求的"长生久视"密切相关的。而在哲学思想方面，存在着以"道""德"为世界万物的终极根源，以此为根基展开其政治、伦理、养生思想的特点。对于《老子》的伦理思想，池田知久认为，武内义雄、津田左右吉等学者将之现实化，称之为"处世术""保身之道""处世之法"是不恰当的，《老子》中的伦

① 参见［日］池田知久《〈老子〉的"道器论"——基于马王堆汉墓帛书本》，曹峰译，载《池田知久简帛研究论集》，中华书局 2006 年版，第 15—30 页；［日］池田知久《郭店楚简〈老子〉新研究》，曹峰译，江苏人民出版社 2022 年版，原作为《郭店楚简老子の新研究》，东京：汲古书院 2011 年版；［日］池田知久《〈老子〉的形而上学与存在论——基于出土资料本〈老子〉》，廖娟译，《杭州师范大学学报》（社会科学版）2016 年第 5 期。

理思想是对人的生存方式的原理性思考。这是对前人研究的一大
推进。①

此外，汤浅邦弘在《北京大学藏西汉竹书〈老子〉的特征》②
一文中，对老子《上经》（《德经》）第一章（通行本第三十八章）
和《下经》（《道经》）第四十五章（通行本第一章）进行了专门
分析，论述了《老子》结构从早期《德经》在前《道经》在后变
为通行本《道经》在前《德经》在后的原因，认为是《老子》宇
宙论由"无名＋有名—万物"的认识论性质转变为"道—天地—万
物"的流溢说性质并固定、统一了下来，从而在某一时期，以论述
了宇宙本源、万物生成的通行本第一章为首的《道经》被置于
《德经》之前，这一看法为进一步研究《老子》本体论与伦理学间
的关系及其演变提供了思路。

第二类研究则以浅野裕一为代表，他发表有《〈太一生水〉与
〈老子〉的"道"》（收录于氏著《战国楚简研究》，万卷楼 2004
年，第 19—34 页）、《上博楚简〈恒先〉的道家特色》[《战国楚简
研究》，万卷楼 2004 年，第 147—184 页。后发表于《清华大学学
报》（哲学社会科学版）2005 年第 3 期] 等论文，将出土道家类文
献的思想与《老子》思想进行对比研究，从而分析道家思想形成早
期的思想概貌。其研究虽然多以宇宙生成论为中心③，对"德"观
念、价值观念也有所论及，例如指出《恒先》中把人类从万物中单
独抽出来，将人类断定为"不善"与"乱"的根源，规定人类的
存在本身就是恶的元凶，这种思想是《老子》《太一生水》中都不

---

① 木村英一对"德"的理解（一定程度上等同于"道"）也有这一倾向"《道德
经》的处世术与政治论"一节最终未能成文可能也基于此。无论如何，明确从形而上层
面讨论"德"观念中蕴含的伦理思想，是池田知久研究的特点之一。

② 见［日］汤浅邦弘《竹简学——中国古代思想的探究》第五章，白雨田译，东
方出版中心 2017 年版；又见北京大学出土文献研究所编《古简新知——西汉竹书〈老
子〉与道家思想研究》，上海古籍出版社 2017 年版，第 128—149 页，题名为《北大简
〈老子〉的性质——结构、文章及词汇》。

③ ［日］浅野裕一著有《古代中国的宇宙论》，东京：岩波书店 2006 年，其中第
三章分析了《老子》《太一生水》《恒先》《列子》《韩非子·解老》的宇宙生成论，前
述两篇论文构成了对应小节的主体。

存在的；《老子》中明确主张"有无""难易""长短""高下"
"音声""前后"等差别出自人类的相对价值判断而不能成为绝对
价值判断，《恒先》中则没有这种观念，而是主张这些（中外、小
大、柔刚、圆方、晦明、短长）相对判断的先后关系与人类的认识
行为无关，是在对象世界中建立的，而人类虽然进行了相对判断并
构建了名称体系进行说明，但这些相对价值判断都不能维持天道的
一定性和恒常性。这些分析，为我们认识尚处在形成早期的道家思
想界，进一步探索《老子》思想的源泉，弄清老子"德"观念的
流变情况提供了新的出发点。

最后值得一提的是，日本学界目前对郭店《老子》是否反映了
强烈的反儒家思想存在争议。谷中信一、汤浅邦弘、福田一也[①]等
学者认为，郭店《老子》（汤浅氏认为北大简《老子》也如此）中
并未表现出后来《老子》文本中如此激烈的反儒家态度，池田知久
则认为郭店《老子》中的反儒家态度也十分强烈。[②] 前者的主要集
中于对通行本第十九章及出土本相应章节中"仁·义·圣·智"
"巧·利"等字句的分析，后者则对郭店《老子》对于儒学的批判
进行了全面系统的讨论。他们的研究为进一步深入考察老子"德"
观念的历史演变及其背景奠定了基础。

四　结语

至此，我们对日本现代的《老子》研究中对"德"观念的讨
论进行了大致梳理，对各时段学者主要的研究方法和视角也进行了
一定的分析。总而言之，日本学者的探究大体可以分为三个阶段。

---

① 参［日］谷中信一《从郭店楚简〈老子〉和〈太一生水〉看今本〈老子〉的
成书》，载郭店楚简研究会编《楚地出土资料与中国古代文化》，东京：汲古书院 2002
年版，第 63—113 页；前引［日］汤浅邦弘《北京大学藏西汉竹书〈老子〉的特征》；
［日］福田一也《〈老子〉与儒家思想》，大阪：《中国研究集刊》第 31 号，2002 年。

② 参前引［日］池田知久《郭店楚简〈老子〉新研究》第七编《郭店楚墓竹简
〈老子〉对于儒学的批判》。

第一阶段以从狩野直喜到武内义雄的学者为代表,他们将"德"看作老子伦理学说的核心和最高要求,关注《老子》"德"观念中的现实主义要素,并由此延伸出关于"修养法""处世术""政治论"的探讨。津田左右吉将这一现实主义视角发挥到极致。第二阶段以木村英一为代表,将"道"视作绝对价值,"德"读作"得",理解为世间万物对"道"的性质的继承和体认,展现出"德"这一观念所具有的超越性。第三阶段以池田知久为代表,明确地将"德"上升到了与"道"同等的哲学高度,并在此基础上讨论《老子》中的伦理、政治、养生学说。在研究方法上,虽然有前文所述的诸多差异,但均是立足于文本细读,重视文献考订与思想史视角相结合的方法开展的研究,试图还原《老子》思想的本来面目,也因此尤其强调对老子其人、《老子》的成书经过、《老子》在当时思想界的影响以及孔老对比的研究。

由于篇幅所限,对以福永光司、蜂屋邦夫为代表的道教学者,岛邦男、波多野太郎、内藤干治、藤原高男为代表的校勘学者,楠山春树为代表的河上公注本研究者,以及小川环树、金谷治等对《老子》进行了译注、解说的学者及其观点均未加说明,提及的学者也必然是挂一漏万。管蠡之见,希望能够为推进老子"德"观念的研究提供一些线索。

"通乎物之所造"：神明圣贤之"德"与鸟兽草木鱼虫

西安外事学院七方教育研究院暨

老子学院国学系　张丰乾

摘要：《诗经》是先秦诸子共同的思想资源，鸟兽草木鱼虫在诗篇中频繁出现。儒家对于《诗经》的引用更加突出和德性修养有关的内容，用来比兴君子的动植物，其实都蕴含了拟人化的成分。由此，与天、帝、圣王的人文化相一致，动植物充分地被人文化，而又严厉声明"人禽"之辨，强调人非草木瓦石。但老子所推崇的"玄德"却是"复归婴儿"。婴儿的状态正是离动物最近的状态。鸟兽草木鱼虫的利害美丑，其实都是"人为"或者"文化"的产物；它们和婴儿的最大共性就是自然而然，不事矫饰。这并不意味着道家轻贱人心，而恰恰相反，他们是想保护人心的初始性、完整性和素朴性。庄子所说的"心斋"，正是心的朴素化、动物化、初始化。如果我们秉持更加宽泛的经典观念，而不是把后世儒家所推崇的经典系统当作唯一，那么《庄子》《列子》所论，就和《论语》《孟子》所论同样重要。《列子》所论"壹其性，养其气，含其德，以通乎物之所造"，同样是一种值得重视的理想。人和鸟兽草木鱼虫的有效沟通和良好关系，其实不必只寄托于"无何有之乡"。

关键词：经典；圣贤；君子；人禽；草木；德

一 "神话传说"中的圣贤与鸟兽草木鱼虫

《列子·黄帝》篇有一段独特的文字全面论及禽兽和人类之间的关系，有几个层面特别值得关注。

其一，人与兽的亲疏一般为外在的形状所左右。[①]

其二，远古圣贤，如庖牺氏、女娲氏、神农氏、夏后氏，均为"蛇身人面，牛首虎鼻"等"非人之状"，而有"大圣之德"。近世君王则是状貌同人，而有禽兽之心。[②]

其三，黄帝、尧帝等古代圣王能够"以力使禽兽"，或"以声致禽兽"。[③]

其四，禽兽之智力无需假借于人，且有自然和谐之秩序。[④]

其五，禽兽与人类关系随着时间的推移，由同处并行，至于始惊骇散乱，最终隐伏逃窜，以避患害。[⑤]

其六，太古神圣之人把禽兽视同人民，其原因在于"血气之

---

① "状不必童而智童，智不必童而状童。圣人取童智而遗童状，众人近童状而疏童智。状与我童者，近而爱之；状与我异者，疏而畏之。有七尺之骸，手足之异，戴发含齿，倚而趣者，谓之人；而人未必无兽心。虽有兽心，以状而见亲矣。傅翼戴角，分牙布爪，仰飞伏走，谓之禽兽；而禽兽未必无人心。虽有人心，以状而见疏矣。今东方介氏之国，其国人数解六畜之语者，盖偏知之所得。太古神圣之人，备知万物情态，悉解异类音声。会而聚之，训而受之，同于人民。故先会鬼神魑魅，次达八方人民，末聚禽兽虫蛾。言血气之类心智不殊远也。神圣知其如此，故其所教训者无所遗逸焉。"

② "庖牺氏、女娲氏、神农氏、夏后氏，蛇身人面，牛首虎鼻：此有非人之状，而有大圣之德。夏桀、殷纣、鲁桓、楚穆，状貌七窍，皆同于人，而有禽兽之心。而众人守一状以求至智，未可几也。"

③ "黄帝与炎帝战于阪泉之野，帅熊、罴、狼、豹、䝙、虎为前驱，雕、鹖、鹰、鸢为旗帜——此以力使禽兽者也。尧使夔典乐，击石拊石，百兽率舞；箫韶九成，凤皇来仪——此以声致禽兽者也。然则禽兽之心，奚为异人？形音与人异，而不知接之之道焉。圣人无所不知，无所不通，故引得而使之焉。"

④ "禽兽之智有自然与人童者，其齐欲摄生，亦不假智于人也。牝牡相偶，母子相亲；避平依险，违寒就温；居则有群，行则有列；小者居内，壮者居外；饮则相携，食则鸣群。"

⑤ "太古之时，则与人同处，与人并行。帝王之时，始惊骇散乱矣。逮于末世，隐伏逃窜，以避患害。"

类，心智不殊远"①。其七，至人能均一天性、养护元气、容含德行，和万物的造化相通：

> 壹其性，养其气，含其德，以通乎物之所造。夫若是者，其天守全，其神无郤，物奚自入焉？

在《淮南子》中有多处类似记载。但总体而言，"太古之时"的圣贤在思想经典中的半人半兽的形象似乎比较少见。然而，如果结合"神话传说"，则非常普遍。比如伏羲和女娲就有多种动物的身形。② 至于本为鸟兽草木之神的圣帝贤臣亦不在少数。③

而在商周时代的器物，占卜文辞之中，动植物同样非常频繁地出现。比如，树被作为神鸟的栖息之处，或登天工具，特别是桑具有神圣性质；而凤凰一类的神鸟则是帝和王之间沟通的信使。④ 至于动物，在殷商时代一方面牛、羊、豕等动物被驯化和家养，同时它们又作为"牺牲"用于祭祀，这种情形持续至今。而更加突出的是在各种器皿上的艺术化的动物纹样十分丰富。张光直指出"从殷商美术上看，人与动物的关系是密切的；这种密切关系采取两种形式：一是人与动物之间的转型，一是人与动物之间的亲昵伙伴关系"⑤。但需要注意的是，《国语·晋语》所载鲧因为治水不力，被"化为黄熊"，已经是种严厉的惩罚，即意味着禽兽开始被贬抑。

---

① "太古神圣之人，备知万物情态，悉解异类音声。会而聚之，训而受之，同于人民。故先会鬼神魑魅，次达八方人民，末聚禽兽虫蛾。言血气之类心智不殊远也。神圣知其如此，故其所教训者无所遗逸焉。"

② 参见闻一多《伏羲考》，载氏著《神话与诗》，华东师范大学出版社1997年版，第3—69页。

③ 参见杨宽《中国上古史导论·序》，转引自张光直《中国青铜时代》，生活·读书·新知三联书店1999年版，第389页。

④ 参见张光直《商代的巫与巫术》，载氏著《中国青铜时代》，第266—270页。

⑤ 张光直：《商代的巫与巫术》，载氏著《中国青铜时代》，第272页。张光直先生另有《商周神话与美术中所见人与动物之关系演变》《商周青铜器上的动物纹样》《中国古代艺术与政治——续论商周青铜器上的动物纹样》等文讨论该问题，从中亦可见其他学者的相关研究，均载于前揭书。

相比之下，在《易传》之中，上古圣王已经"外在于"鸟兽，而且把它们作为观察的对象和创作文化产品——八卦——的参照物："古者包牺氏之王天下也，仰则观象于天，俯则观法于地，观鸟兽之文，与地之宜，近取诸身，远取诸物，于是始作八卦，以通神明之德，以类万物之情。"（《周易·系辞下》）而此后的圣王神农、黄帝、尧、舜等则依据六十四卦的部分卦象（依据这一记载，六十四卦的成形应在文王之前）发明诸多工具、设立集市、大利天下，"垂衣裳而天下治"①。

　　孔子慨叹："鸟兽不可与同群，吾非斯人之徒与而谁与？天下有道，丘不与易也。"（《论语·微子》）孟子认为上古圣人对于禽兽采取非常激烈的手段以拓展人类的生存空间："当尧之时，天下犹未平，洪水横流，泛滥于天下，草木畅茂，禽兽繁殖，五谷不登，禽兽逼人，兽蹄鸟迹之道交于中国。尧独忧之，举舜而敷治焉。舜使益掌火，益烈山泽而焚之，禽兽逃匿。"（《孟子·滕文公上》）在这个问题上，法家和儒家有接近之处，比如韩非子更多地从"去害"的角度理解："上古之世，人民少而禽兽众，人民不胜禽兽虫蛇，有圣人作，构木为巢，以避群害，而民悦之，使王天下，号之曰有巢氏。民食果蓏蚌蛤，腥臊恶臭而伤害腹胃，民多疾病，有圣人作，钻燧取火以化腥臊，而民说之，使王天下，号之曰燧人氏。"（《韩非子·五蠹》）和孟子的记载相比，反而是韩非子笔下的"有巢氏"和"燧人氏"以"构木为巢"和"钻燧取火"

────────────

　　① "包牺氏没，神农氏作。斫木为耜，揉木为耒，耒耨之利，以教天下，盖取诸《益》。日"中为市，致天下之民，聚天下之货，交易而退，各得其所，盖取诸《噬嗑》。神农氏没，黄帝、尧、舜氏作。通其变，使民不倦，神而化之，使民宜之。《易》穷则变，变则通，通则久。是以'自天佑之，吉无不利'。黄帝、尧、舜垂衣裳而天下治，盖取诸《乾》《坤》。刳木为舟，剡木为楫，舟楫之利，以济不通；致远以利天下，盖取诸《涣》。服牛乘马，引重致远，以利天下，盖取诸《随》。重门击柝，以待暴客，盖取诸《豫》。断木为杵，掘地为臼，杵臼之利，万民以济，盖取诸《小过》。弦木为弧，剡木为矢，弧矢之利，以威天下，盖取诸《睽》。上古穴居而野处，后世圣人易之以宫室；上栋下宇，以待风雨，盖取诸《大壮》。古之葬者，厚衣之以薪，葬之中野，不封不树，丧期无数。后世圣人易之以棺椁，盖取诸《大过》。上古结绳而治，后世圣人易之以书契，百官以治，万民以察，盖取诸《夬》。"（《周易·系辞下》）

这样的"文明"方式来规避禽兽虫蛇之害，化解腥臊恶臭之伤。

与此相反，狩猎、游牧，乃至早期农耕民族之中的鸟兽鱼虫及花草树木谷物的崇拜非常普遍。① 只可惜我们对这些崇拜的了解只停留在"民俗"的层面。《礼记·郊特牲》记载："飨农及邮表畷、禽兽，仁之至，义之尽也。古之君子，使之必报之。迎猫，为其食田鼠也；迎虎，为其食田豕也，迎而祭之也。祭坊与水庸，事也。曰'土反其宅'，水归其壑，昆虫毋作，草木归其泽。"但学者以为即使是汉语经典之中记载的有关崇拜，不仅和其他民族的崇拜有很大差异，而且和汉民族的口头资料有很大距离，这是文化遗产散失的一个遗憾。② 而这种散失，或许和早期经典，特别是儒家对于早期经典的解释中动植物的"人文化"，进而严格区分"人禽之辨"有关系。

二　思想经典中的动植物世界

孔子教训他的门徒："小子何莫学夫《诗》？《诗》，可以兴，可以观，可以群，可以怨；迩之事父，远之事君；多识于鸟兽草木之名。"（《论语·阳货》）"兴"在"《诗》之六义"之中一般被理解为作诗的手法。而孔子以为"可以兴"，是指明《诗》具有启发思想的功能。换言之，在"赋、比、兴"三者之中，"兴"不仅是作者处理诗歌内容的手法，也是诗歌作用于读者的途径，使读者了解作者思想的起源，而同时有所感发，故而具有更普遍的方法论意义。对于此点，汉唐经典注疏者有明确认识。

孔颖达《毛诗正义》引郑玄之言："兴者，托事于物则兴者起也。取譬引类，起发己心，诗文凡举草木鸟兽以见意者，皆兴辞也。"并进而发挥以为"比之与兴，虽同是附托外物，比显而兴

---

① 参见乌丙安《中国民间信仰》，上海人民出版社 1995 年版，第 58—99 页。另可见詹鄞鑫《神灵与祭祀——中国传统宗教综论》，江苏古籍出版社 1992 年版，第 82—119 页。

② 参见乌丙安《中国民间信仰》，第 99 页。

隐。当先显后隐，故比居兴先也。《毛传》特言兴也，为其理隐故
也"。他们共同认为《诗》之中的草木鸟兽均是"意"和"理"的
寄托所在，而诗人和注疏者的贡献在于由草木鸟兽的习性和特征
"兴起"对于义理的关注，或者某种意见的表达。

相比于"四可"和"二事"，"多识于鸟兽草木之名"看起来是
一个知识性的问题，如朱熹所言"其绪余又足以资多识"①。这是对
初学者而言，杨龟山发挥说："古人多识鸟兽草木之名，岂徒识其名
哉？深探而力求之皆格物之道也。"② 可见，在儒家的经典及其解释
传统中，对于"深探力求"的"格物之道"是认可和推许的。但在
《诗经》之中，以"比"或"兴"的方式，把"鸟兽草木鱼虫"和
"君子"联结为"一体"，至少在以下篇章中非常明确：

　　关关雎鸠……君子（《周南·关雎》）

　　南有樛木……乐只君子（《周南·樛木》）

　　喓喓草虫，趯趯阜螽；采蕨，采薇……未见君子（《召南·
草虫》）（《小雅·出车》）

　　雄雉于飞……展矣君子（《邶风·雄雉》）

　　芃芃其麦……大夫君子（《墉风·载驰》）

　　绿竹……有匪君子（《卫风·淇奥》）

　　鸡鸣喈喈……既见君子（《郑风·风雨》）

　　有马白颠……未见君子；漆、栗、桑、杨……既见君子
（《秦风·车邻》）

　　北林、苞栎、六驳、芭棣、树檖……未见君子（《秦风·晨
风》）

---

　　① （宋）朱熹：《四书章句集注》，中华书局 1983 年版，第 178 页。对于鸟兽草木鱼
虫的考究是《诗》学的重要分支。新近的著作亦不在少数，如高明干、佟玉华、刘坤《诗
经动物释诂》，中华书局 2005 年版；邱静子《诗经虫鱼意象研究》，台北：文史哲出版社
2007 年版。

　　② （宋）杨时：《答吕居仁其三》，载（清）纪昀编《文渊阁四库全书》集部《龟山
集》卷二十一，上海古籍出版社 1987 年版，第 10 页。

鸤鸠……淑人君子(《曹风·鸤鸠》)

呦呦鹿鸣……君子(《小雅·鹿鸣》)

四牡……君子、小人(《小雅·采薇》)

嘉鱼、樛木、雏……君子(《小雅·南有嘉鱼》)

莱、桑、杨、杞、李…乐只君子(《小雅·南山有台》)

蓼彼萧斯……既见君子(《小雅·蓼萧》)

湛露在杞棘……君子令德;桐椅…令仪(《小雅·湛露》)

莪……既见君子(《小雅·菁菁者莪》)

桑扈、莺……君子乐胥,受天之祐、万邦之屏(《小雅·桑扈》)

鸳鸯、乘马……君子万年(《小雅·鸳鸯》)

茑、萝、松、柏……未见君子、既见君子(《小雅·頍弁》)

青蝇……岂弟君子,无信谗言(《小雅·青蝇》)

柞之枝叶……乐只君子(《小雅·采菽》)

毋教猱升木……君子有徽猷,小人与属(《小雅·角弓》)

隰桑……既见君子(《小雅·隰桑》)

瓠叶、兔首……君子有酒(《小雅·瓠叶》)

榛、楛、鸢、鱼、柞、棫、葛、藟……岂弟君子(《大雅·旱麓》)①

凤凰、梧桐……君子(《大雅·卷阿》)

而在后世儒家的"格物"语境中,"多识于鸟兽草木之名"更是和"事父""事君"以及"修齐治平"相贯通的。② 这种思路,甚至

---

① 用以比兴的尚有"玉瓒",而涉及的领域包括"干禄""福禄""享祀""神所劳""求福"等。

② 比如,《中庸》以"鸢飞鱼跃"比喻"君子之道",成为后世津津乐道的话题。参见拙著《诗经与先秦哲学》,北京大学出版社2009年版,第183—210页。而简帛《五行》则以鸤鸠之德和燕燕之状兴起"君子慎其独"的议题。参见拙著《诗经与先秦哲学》,第134—140页。

融入了《淮南子》中："《关雎》兴于鸟，而君子美之，为其雌雄之不乖居也；《鹿鸣》兴于兽，君子大之，取其见食而相呼也。"（《淮南子·泰族训》）

但是，对于上述罗列的文献，至少有两点值得特别注意。

其一，《诗经》中的"君子"固然多指社会地位而言，但其中已经包含了侧重德行的成分。而"君子"的出现，多由鸟兽草木鱼虫而比兴。由此或可以理解孔子之教，为何以"《诗》教"为先，而"多识于鸟兽草木之名"只是必备的基础，并非最终的目的。

其二，《诗经》中鸟兽草木鱼虫的比兴，以"未见君子"和"既见君子"最为突出，反复出现。其中的"君子"多指思念或向往的对象，侧重于抒情。而简帛《五行》所引"未见君子，忧心惙惙。亦既见之，亦既觏之，我心则悦"见于传世本《召南·草虫》及《小雅·出车》。

而竹帛《五行》篇的用意，则在于引出"见贤人则玉色"，"闻君子道则玉音"的修养途径，即孔子所谓"见贤思齐"。《五行》篇的特别之处在于从反面指出"未见君子，忧心不能惙惙；既见君子，心不能悦"。虽然根据下文的解释，"见君子""见贤人"有劝诫统治者重视贤能人士之义。但其更普遍的意义在于强调德行的修养没有外在的模范或同道而不觉得担忧[1]，即使面对榜样或同道也无动于衷，不一定是"麻木不仁"，而有可能是"思"出了问题，包括"思不清""思不察""思不轻"等。《五行》篇的另一个特别之处在于认为"思"出现问题是因为"不仁""不知""不圣"[2]。

相应地，《诗经》之中的鸟兽草木鱼虫，与"君子"结合，对于儒家而言，其意义或可总结为三个方面。

其一，转"神话的动植物"为"人文的动植物"。《商颂·玄鸟》记载："天命玄鸟，降而生商。"《大雅·生民》则记载周的先祖后稷是因为其母姜嫄"履帝武敏歆"而出生，姜嫄则因为后稷出

---

① 孔子有云："德之不修，学之不讲，闻义不能徙，不善不能改，是吾忧也。"（《论语·述而》）

② "不仁，思不能清；不知，思不能长。""不圣，思不能轻。"

生的灵异而有疑窦，弃之于狭窄的巷子，结果牛羊避让而怜爱之，置之于寒冰，"鸟覆翼之"。鸟飞走之后，后稷大哭。说明后稷虽然为自己的母亲所疑惑，但是却为鸟兽所呵护，这正好说明他的神异。[1] 同样是追溯先祖，《鲁颂·闷宫》之中已突出帝对于后稷之母姜嫄德性的看重。[2]《诗经》中这种德性化的趋势已经比较明显，这一点也可以为其他传世及出土文献所证明。[3] 儒家对于《诗经》的引用更加突出和德性修养有关的内容，特别是上述的用来比兴君子的动植物，其实都蕴含了拟人化的成分。由此，与天、帝、圣王的人文化相一致，动植物充分地人文化。

其二，转"有情之思"为"有理之思"。《诗经》固然兼具情理，但还是以"抒情"为主，义理隐晦。儒家引《诗》、论《诗》一方面借助于诗容易打动人心的特征，另一方面将感情的思，转化为义理的思，或者德性的思。

其三，转"识名"为"正名"。"多识于鸟兽草木之名"的自然结果就是对它们性情的了解，在鸟兽草木鱼虫的世界，名实之间没有隔阂，"名"的区别即意味着"实"的不同；而在人类社会则不然，"君子"与"小人"的区别固然重要，但"君子"的名不符实则为害日烈，所以孔子一再强调"必也正名乎！"

后世的诗人多以"兴"作为抒情的手段，而在哲学著作中，唯独《庄子》书中多以鸟兽草木鱼虫为喻，在形式上和《诗经》最为接近。表面看来，其中充斥着怪诞离奇的想象。如陈少明所言："想象如何是哲学"是"充满疑惑的问题"，"我们要用看戏的眼光

---

[1] "厥初生民，时维姜嫄。生民如何？克禋克祀，以弗无子。履帝武敏歆，攸介攸止，载震载夙。载生载育，时维后稷。诞弥厥月，先生如达。不拆不副，无菑无害，以赫厥灵。上帝不宁，不康禋祀，居然生子。诞寘之隘巷，牛羊腓字之。诞寘之平林，会伐平林。诞寘之寒冰，鸟覆翼之。鸟乃去矣，后稷呱矣。"（《诗经·大雅·生民》）

[2] "闷宫有恤，实实枚枚。赫赫姜嫄，其德不回。上帝是依，无灾无害。弥月不迟，是生后稷。"（《诗经·鲁颂·闷宫》）

[3] 参见傅斯年《性命古训辨证·卷中》之第一章"周初人之'帝''天'"及第二章"周初之'天命无常论'"。徐复观则选用了一个颇有文学色彩的标题来讨论这一问题："周初宗教中人文精神的跃动"，见《中国人性论史》第二章。

来读《庄子》"。① 陈荣捷则说："这戏剧以大自然做舞台，以造物做角色。有声有色。他的意境之高，视线之远，是先秦诸子所皆不可及的。"②

在庄子一个个精彩的哲学短剧中，花草树木和鸟兽鱼虫往往是"你方唱罢我登场"。它们各自呈现固有的习性，甚至是只有"专业人士"才能了解的习性。同时，庄子为它们设计了精彩绝伦的台词——只有庄子才能把想象、写实和思辨融和得天衣无缝，把隐匿的哲理表达得淋漓尽致——花草树木与鸟兽鱼虫的哲理化委实属于哲学史上的奇观。

读者熟知的是，在《庄子》书中，鸟兽草木鱼虫多为人类文化的受害者，比如马首与牛鼻的遭遇。在庄子看来，被广为称道的贤能之士仍然因为其私人爱好而被"笼"："一雀适羿，羿必得之，威也；以天下为之笼，则雀无所逃。是故汤以胞人笼伊尹，秦穆公以五羊之皮笼百里奚：是故非以其所好笼之而可得者，无有也。"（《庄子·庚桑楚》）所以庄子的选择是"曳尾涂中"的乌龟，而不是"衣以文绣，食以刍菽"的"牺牲"。（《庄子·列御寇》）《庄子》之中更有对于鸟兽草木鱼虫生活习性的细致描述和以此为基础的哲理引申，这一点多为论者及青年学子所注意。③

概而言之，在古代文化之中，鸟兽草木鱼虫或被"神化"，或被"艺术化"，或被"玩物化"。④ 儒家经典中对于草木鱼虫的人文

① 陈少明：《通往想象的世界——读〈庄子〉》，载氏著《经典世界中的人、事、物》，上海三联书店 2008 年版，第 252、256 页。

② 陈荣捷：《战国道家》，载氏著《中国哲学论集》，台北："中央研究院"中国文哲研究所 1994 年版，第 207 页。

③ 参见周慧《同与禽兽居——浅析〈庄子〉中的动物故事》，学士学位论文，中山大学，2005 年。

④ 孟子见梁惠王，王立于沼上，顾鸿雁麋鹿，曰："贤者亦乐此乎？"孟子对曰："贤者而后乐此，不贤者虽有此，不乐也。《诗》云：'经始灵台，经之营之，庶民攻之，不日成之。经始勿亟，庶民子来。王在灵囿，麀鹿攸伏，麀鹿濯濯，白鸟鹤鹤。王在灵沼，于牣鱼跃。'文王以民力为台为沼。而民欢乐之，谓其台曰灵台，谓其沼曰灵沼，乐其有麋鹿鱼鳖。古之人与民偕乐，故能乐也。《汤誓》曰：'时日害丧？予及女偕亡。'民欲与之偕亡，虽有台池鸟兽，岂能独乐哉？"（《孟子·梁惠王上》）

化，一方面有"美化"的成分，但是也有"低贱化"①，甚至是"罪恶化"的成分。特别是孟子把"妾人"，甚至是杨墨等同于禽兽，几乎是无以复加的谩骂。最温和的说法也是如《礼记·曲礼》所言："鹦鹉能言，不离飞鸟；猩猩能言，不离禽兽。今人而无礼，虽能言，不亦禽兽之心乎？夫唯禽兽无礼，故父子聚麀。是故圣人作，为礼以教人。使人以有礼，知自别于禽兽。"而在道家经典，特别是《庄子》之中，动植物则在"无以人灭天"的原则上多被"理想化"。

当然，从求同的角度，孟子也承认"人之所以异于禽兽者几希"。而后世儒家经典之中圣贤君子与鸟兽鱼虫的疏离乃至对立，除了外在的生活环境的变化以外，在学理上实质是所谓"人心"与"兽心"的区别日益绝对化。故而圣贤之学被等同于"心性之学"。孟子以为"心"是"大体"，而呼吁"先立乎其大"。心之为"大"者，无非"四端"——正是异于禽兽之几希者。

而《庄子·列御寇》载"孔子之言"以为"凡人心险于山川，难于知天"。而庄子所说的"心斋"，正是心的朴素化、动物化。老子推崇"复归婴儿"，婴儿的状态正是离动物最近的状态。鸟兽鱼虫的利害美丑其实都是"人为"或者"文化"的产物，它们和婴儿的最大共性就是自然而然，不事矫饰。这并不意味着道家轻贱人心，而恰恰相反，他们是想保护人心的完整性和素朴性。《庄子·胠箧》尤其以为"圣人不死，大盗不止"。而《庄子·在宥》则借老聃之口呼吁"慎无撄人心"，指责黄帝尧舜以来的圣贤"以仁义撄人之心"，至儒墨两家则"无愧而不知耻也甚矣"。② 而理想

---

① 水火有气而无生，草木有生而无知，禽兽有知而无义，人有气、有生、有知，亦且有义，故最为天下贵也。力不若牛，走不若马，而牛号为用，何也？曰：人能群，彼不能群也。人何以能群？曰：分。（《荀子·王制》）

② 老聃曰："女慎无撄人心。……偾骄而不可系者，其唯人心乎！昔者黄帝始以仁义撄人之心，尧、舜于是乎股无胈，胫无毛，以养天下之形，愁其五藏以为仁义，矜其血气以规法度。……天下脊脊大乱，罪在撄人心。故贤者伏处大山嵁岩之下，而万乘之君忧栗乎庙堂之上。今世殊死者相枕也，桁杨者相推也，刑戮者相望也，而儒墨乃始离跂攘臂乎桎梏之间。意，甚矣哉！其无愧而不知耻也甚矣！"（《庄子·在宥》）

的社会依然是"夫至德之世，同与禽兽居，族与万物并，恶乎知君子小人哉！"①

中国思想经典之中的动植物世界是一个特别值得注意的现象。动植物和器物不同，它们一方面不是人造的；另一方面是生生不息的，所以更容易引起"文人"的咏叹。但思想家除了留心其表现它们的文字，特别是诗歌为读者"喜闻乐见"之外，更加注意的是其中蕴含的"情"的真实性，以及"理"的天然性，在此基础上体悟到"道"的恒久性和普遍性——经典之中的"事""情""物"总是具有典型性。换言之，中国古代的思想经典既超越了"事"的琐屑、"物"的芜杂、"情"的多变，又避免了"道"的悬隔、"德"的空泛、"理"的苍白。这种形而上与形而下的完美融合，往往导致同时来自形而上与形而下的误解：思辨不够纯粹彻底，与事物过于理想化和符号化。②

三 匪兕匪虎，率彼旷野——夫子之自况

严厉批评孟子性善论的荀子也严格区分人禽之别。③ 但是这并不意味着儒家只注重在德行和礼仪方面的"人禽之辨"，还包括对于自身处境的反思。

---

① "吾意善治天下者不然。彼民有常性，织而衣，耕而食，是谓同德；一而不党，命曰天放。故至德之世，……万物群生，连属其乡；禽兽成群，草木遂长。是故禽兽可系羁而游，鸟鹊之巢可攀援而窥。夫至德之世，同与禽兽居，族与万物并，恶乎知君子小人哉！同乎无知，其德不离；同乎无欲，是谓素朴；素朴而民性得矣。及至圣人，蹩躠为仁，踶跂为义，而天下始疑矣；澶漫为乐，摘僻为礼，而天下始分矣。……夫残朴以为器，工匠之罪也；毁道德以行仁义，圣人之过也。"（《庄子·马蹄》）

② 冯达文教授有一个很好的说法："事的本体论意义"（见冯达文《事的本体论意义——兼论泰州学派的哲学涵蕴》，《中国哲学史》2001 年第 2 期）。以笔者的理解，这个说法既可避免对于"事"的鄙薄和逃避，又可以避免对于"本体"的孤立和掏空。但"事情""事物"终究不是"本体"，反之亦然。

③ "故人之所以为人者，非特以其二足而无毛也，以其有辨也。夫禽兽有父子而无父子之亲，有牝牡而无男女之别，故人道莫不有辨。辨莫大于分，分莫大于礼，礼莫大于圣王；圣王有百，吾孰法焉？"（《荀子·非相》）

　　以孔子为例，"厄于陈、蔡"大概是它一生中最为严重的危机。[1]《史记·孔子世家》记载这时孔子仍然"讲诵重弦歌不衰"，而孔子的弟子很有怨言。孔子于是向他三个最杰出的弟子子路、子贡和颜回提出了同一个问题："《诗》云'匪兕匪虎，率彼旷野'。吾道非邪？吾何为于此？""匪兕匪虎，率彼旷野"是《诗经·小雅·何草不黄》中的诗句[2]，大意是说草青了又黄、黄了又青，但在这年复一年中，征夫不是犀牛和老虎，可是为什么如此辛苦地在旷野当中劳苦奔波？这首诗的本意是说征夫的劳苦可怜，《诗序》云："下国刺幽王也。四夷交侵，中国背叛，用兵不息，视民如禽兽。君子忧之，故作是诗也。"孔子引用这首诗要与弟子讨论的问题是，我们既不是犀牛又不是老虎，而且也没有人逼迫我们，但为什么如此疲惫？是不是"吾道非邪？"如果不是我的学说出了问题，那么我们怎么又会陷于如此境地？

　　子路猜测说，难道是我们在"仁"的方面不够，所以不能使人信服；或者我们在"智"的方面不够，所以别人不实行我们的学说？孔子说："有这么回事吗？"对子路进行了反驳。接着孔子说："由，譬使仁者而必信，安有伯夷、叔齐？使知者而必行，安有王子比干？"事实上子路的质疑是非常典型的，这里涉及的问题是衡量一种学说的标准到底是什么，是外在的尺度还是内在的标准。子路的标准就是外在的标准：既然别人不相信我们，我们的学说得不到推行，那么一定是我们在"仁"和"智"的方面出了问题。但是孔子举出历史上的例子，说假如仁者一定被别人相信，智者的主张一定被实行，那么又怎会有这么多历史上的悲剧？其实在这里，孔子不仅面临自己一生中最大的困难，他也要回答学生"如何看待历史上的悲剧"的问题。

---

　　[1]　比照各种相关文献而具体入微的讨论，参见陈少明《"孔子厄于陈、蔡"之后》，载氏著《经典世界中的人、事、物》，第104—119页。

　　[2]　"何草不黄？何日不行？何人不将？经营四方。何草不玄？何人不矜？哀我征夫，独为匪民。匪兕匪虎，率彼旷野。哀我征夫，朝夕不暇！有芃者狐，率彼幽草。有栈之车，行彼周道。"

子贡回答说："夫子之道至大也，故天下莫能容夫子。夫子盖少贬焉?"子贡的表达比子路委婉得多，他说孔子的学说太伟大了，伟大到不能为天下人所容，是否可以稍稍降低一下标准? 这涉及的问题便是孔子能否对天下人有所妥协，即不要立意过高。孔子的回答同样包含斥责："赐，良农能稼而不能为穑，良工能巧而不能为顺。君子能修其道，纲而纪之，统而理之，而不能为容。今尔不修尔道而求为容。赐，而志不远矣!"孔子说子贡的志向不够远大。孔子的意思是一个工匠可以制造出十分精巧的器皿，但是这个器皿是否能符合使用它的人的心思不是工匠能决定的。"君子能修其道，纲而纪之，统而理之，而不能为容。"所以，孔子说最重要的是"修尔道"，而不是"求为容"。

孔子最欣赏的弟子颜回这样作答："夫子之道至大，故天下莫能容。虽然，夫子推而行之，不容何病，不容然后见君子! 夫道之不修也，是吾丑也。夫道既已大修而不用，是有国者之丑也。不容何病，不容然后见君子!"颜回说孔子的学说因为伟大了而不能为天下人所容，但是尽管如此，"夫子推而行之"，不为天下所容又有什么值得担心，有什么值得指责的? 而且颜回进一步说，不容才凸显君子。学说讲得不够深刻、不够精致是我们应该感到羞愧的事情，但是我们的学说已经够好了，却不被采用的话就是"有国者之丑"。然而问题是，自古至今"有国者"从来不知道有此种羞耻。我们看一下，这时孔子的反应是"欣然而笑"，"有是哉颜氏之子! 使尔多财，吾为尔宰"。可见孔子对于颜回的回答非常满意。

"孔门三杰"的回答或许有后人附会的因素。[①] 但是圣贤或者大思想家，无不经历过内外交困的狼狈处境，以至于"率彼旷野"。但是，既然他们的追求"任重道远"，则非要付出勇猛如兕虎、坚韧如兕虎的巨大努力不可。由此，把"匪兕匪虎，率彼旷野"视为夫子自况也未尝不可。圣贤，无非"自讨苦吃"的"征夫"而已。

---

① 我们今日考证其真伪似有难度，但在儒家思想史上，以他们三个与孔子的对答最有代表性。参见陈少明《孔门三杰的思想史形象——颜渊、子贡和子路》，载氏著《经典世界中的人、事、物》，第80—103页。

四　"丧家之狗"——圣人的形、神、德

其实，在同时代的"外人"看来，孔子的栖栖惶惶、游走四方，更像"丧家之狗"。据《史记·孔子世家》记载，孔子六十岁时，在郑国与弟子走散了，"孔子独立郭东门"。有郑人就对子贡说："东门有人，其颡似尧，其项类皋陶，其肩类子产，然自要以下不及禹三寸。"尧与皋陶、子产都是早期的圣人，就是说孔子的额头、脖子和肩都长成圣人的样子。但是自腰以下不及禹三寸，说明孔子的上身比下身长，所以郑国人就讽刺孔子说他不及大禹三寸。并且说"累累若丧家之狗"。子贡据实以告。孔子听后的第一反应也是"欣然笑曰"，并进一步解释说："形状，末也。而谓似丧家之狗，然哉！然哉！"孔子说郑人对他外貌的描述是细枝末节，但是说他是丧家之狗，"然哉！然哉！"

孔子这里的"欣然笑曰"并不仅仅说孔子有很大的气量，容许别人称他为"丧家狗"；也不是说孔子在这里有所感慨，觉得自己无家可归，被郑国人说中。简单理解为这是"六十而耳顺"的例证也失之浮泛。孔子的确非常有政治抱负和政治才能，但他考虑问题的最终落脚点还是思想家的立场。政治家与思想家最大的不同在于思想家对于任何君主没有忠实的义务，不仅如此，很多情况下君主还是思想家们批判的对象。

孔子为什么讲"丧家"？结合孔子的生平来看，他一生四处漂泊，确实像"丧家狗"。然而如果我们细读经典，就不难发现所谓每一次的"丧家"，当然有迫不得已的情况，但更多的是孔子主动的选择；或者说，孔子而"被迫"，恰恰是因为他的坚持。孔子当然有不可胜数的机会可以通过虚与委蛇的方式与权贵结成一体，但是孔子最欣赏的还是"曾点气象"①。所谓："饭疏食，饮水，曲肱

---

① 关于"曾点气象"的历史解读及现代诠释，可参看冯达文《曾点气象异说》，《中国哲学史》2005年第4期，载于氏著《理性与觉性》，巴蜀书社2009年版，第174—186页。

而枕之，乐亦在其中矣。不义而富且贵，于我如浮云。"所谓的"孔颜乐处"，就是在思想世界中的乐趣。假如一个君王的作为不符合他从道和德的角度的期望，他会主动地离开这个国家。因此孔子的"丧家"不是他被驱逐，虽然有被驱逐的情况，但更多的时候是孔子没有把任何一个具体的君王、任何一个具体的诸侯国当成自己的家，哪怕是鲁国。换言之，孔子真正的精神家园不在当下、不在现实，而在于"周监于二代，郁郁乎文哉！吾从周"（《论语·八佾》）。孔子这里所说的"周"，其实是历史上发生过的、被理想化的文化传统。而在终极意义上了解他、信任他，给他使命的则是"天"。所以我们可以把"丧家狗"的关键理解为"丧家"，而并非"狗"。郑国人显然有轻侮孔子的意思，但孔子本人至少不会以为"丧家狗"是世俗意义上的没有归宿。毋宁说，恰恰是他在精神世界找到了自己的精神家园或归宿，才可以做自主意义上的"丧家狗"，而不把地域意义上或富贵意义上的"家"看得很重要。

因此，"任何怀抱理想，在现实世界中找不到精神家园的人都是丧家狗"①。这句话其实有些似是而非，因为任何"理想的精神家园"都不在现实世界之中——或许仅在"世外桃源"——就具体的生活方式而言。倒是可以反过来考虑：在精神世界之中找到理想家园的人不会挂怀于在现实世界中的颠沛流离。

就孔子而言，面对郑国人讥讽的"欣然笑曰"，和在"厄于陈蔡"之时听到颜回之言的"欣然笑曰"，必定有"一以贯之"之处，所谓"志于道，据于德，依于仁，游于艺"的立身次第；以及"天生德予余，桓魋其如予何？"的自信。（《论语·述而》）孔子之为孔子，在于能把一些看起来粗浅的，乃至是粗鲁的问题提升转化为具有普遍性、很有意义的哲理。所以，不去从"圣贤"的角度理解孔子，那么他的意义充其量不过是"心灵鸡汤"的提供者。而以"兕虎"或者"丧家狗"为喻，可以使我们更直观地了解圣贤的难能可贵。

---

① 李零：《丧家狗——我读〈论语〉》，山西出版集团 2007 年版，第 2 页。

五　"无何有之乡"

其实，同时代政治人物对于孔子的了解，可能要以晏婴为最。根据《史记·孔子世家》记载，孔子在齐国时有机会与齐景公交往，齐景公越来越欣赏孔子，"将欲以尼溪田封孔子"。这时晏婴对齐景公罗列了儒者的几大罪状。

其一，"夫儒者滑稽而不可轨法"。所谓"滑稽"，《史记·滑稽列传》司马贞索隐谓："辩捷之人，言费若是，说是若非，能乱异同。"其实和孔子所反对的"佞"和"巧言令色"相近。在思想家看来是"辩证"的说辞，在政治家看来飘忽不定，无法遵从。

其二，"倨傲自顺，不可以为下"。这可视为思想家的傲慢。

其三，"崇丧遂哀，破产厚葬，不可以为俗"。墨家也如此批评。

其四，"游说乞贷，不可以为国"。孟子表达为"无与恒产而有恒心，惟士为能"（《孟子·梁惠王上》）。

因此晏婴说："自大贤之息，周室既衰，礼乐缺有间。今孔子盛容饰，繁登降之礼，趋详之节，累世不能殚其学，当年不能究其礼。"司马谈在《论六家要旨》中对儒家的批评，大致也是这样。晏婴又说："君欲用之以移齐俗，非所以先细民也。"晏婴批评的现实结果是齐景公最后以"吾老矣，弗能用也"的借口冷落孔子。于是孔子再次"丧家"。

这里我们要特别注意的是晏婴的批评中有两条是关键的：一条是"倨傲自顺，不可以为下"；另一条是"游说乞贷，不可以为国"。从正面的角度来说，这其实是儒家一个很可贵的传统，叫作"以德抗位"或"以道事君"。指的是儒者面对君主时不卑不亢，并且君主还要十分尊重他。[①] 但是如果从政治伦理的角度说，对上级的不尊重乃至背叛是违背基本的政治伦理的。所以才有孔子对于

---

① 见《礼记·王制》及《礼记·学记》等文献中关于"师道尊严"的论述。

晏婴"一心事三君"的误解。①

经典尽管被怀疑为圣贤的陈迹，文献学家致力于考究字句的是非，即"陈迹"本身的可靠性，而哲学家喜欢追寻"其所以迹"，即所谓"形而上"的问题，历史学家可能更侧重于史实的梳理，即尽可能还原"真相"。这些常见的追寻自然会有斩获，但也必然会造成"立场优先""范畴措置""考据为上""空谈心性"等流弊。②

之所以如此，在于"研究者"都有一个"专家"的立场和出发点，所以非殚精竭虑、条分缕析不可。但是，假如我们"放下身段"，把自己首先定位于一个"读者"，那么经典就会立刻从支离破碎的"文字"或"观念"，变成一个丰富多彩的"世界"。在经典的世界中，天地、人生、器物与花草树木和鸟兽鱼虫一道成为我们的"语境"。

或许，读书人乃至思想者理想的精神家园在于置身经典所描述的"至德之世"："同与禽兽居，族与万物并，恶乎知君子小人哉？同乎无知，其德不离；同乎无欲，是谓素朴。"（《庄子·马蹄》）——这其实并非"无何有之乡"——并不仅仅是可能而已，而是可以在"天下"体认和践行的。换言之，人和鸟兽草木鱼虫的有效沟通和良好关系，其实不必只寄托于"无何有之乡"。如叶树勋所论：

> 以"德"论天下是庄子政治思想的一个基本思路，潜含于二者之中的庄子的核心关切乃在于个体的自由。此所谓自由是指个体不受搅扰、其纯朴天性能够如其所是的状态，这和西方近代以来学说中以个人权利为基础的自由并非完全一样。围绕个体之自由，庄子以"天下"标识个体所处的政治场域，以"德"指示内在于个体的自由之依据。这两个符号在其思想中

---

① 见《晏子春秋》卷八等文献。
② 参见陈少明《中国哲学史研究与中国哲学创作》，载氏著《经典世界中的人、事、物》，第1—25页。

之所以"缠绕"一起，其深层原因要之在此。①

我们也不能仅仅把《列子·黄帝》所记视为神话：

> 黄帝与炎帝战于阪泉之野，帅熊、罴、狼、豹、貙、虎为前驱，雕、鹖、鹰、鸢为旗帜——此以力使禽兽者也。尧使夔典乐，击石拊石，百兽率舞；箫韶九成，凤皇来仪——此以声致禽兽者也。然则禽兽之心，奚为异人？形音与人异，而不知接之之道焉。圣人无所不知，无所不通，故引得而使之焉。

以力量驱使禽兽，可以获得战争的胜利；以声乐招致禽兽，可以达成礼仪的盛大。但禽兽与人还是有根本的差别，只接受"人声"，而不能对接"人音"，且以惠施与庄子的辩论作为结尾：

> 惠子谓庄子曰："吾有大树，人谓之樗。其大本臃肿而不中绳墨，其小枝卷曲而不中规矩。立之涂，匠者不顾。今子之言，大而无用，众所同去也。"
> 庄子曰："子独不见狸狌乎？卑身而伏，以候敖者；东西跳梁，不避高下；中于机辟，死于罔罟。今夫斄牛，其大若垂天之云。此能为大矣，而不能执鼠。今子有大树，患其无用，何不树之于无何有之乡，广莫之野，彷徨乎无为其侧，逍遥乎寝卧其下，不夭斤斧，物无害者，无所可用，安所困苦哉?!"（《庄子·逍遥游》）

我们的工作，或许就是培植那棵"大树"，同时也关注狸狌和斄牛吧！

---

① 叶树勋：《先秦道家"德"观念研究》，中国社会科学出版社 2022 年版，第 348 页。

论清华简《五纪》中的"德"观念[*]

中山大学哲学系（珠海）　袁　青

摘要：《五纪》的"德"有特性、品性之义，也有恩惠之义，还可以表示德行。《五纪》中的五德当作"礼""义""爱""信""忠"，五者是并列关系，五者中没有哪一个能够统摄其他四者，五者既可指君德，也可指民德，凸显出五德的普遍性，当然君德这层含义更为主要。"忠"在《五纪》的五德中占据重要地位，是《五纪》中最重要的德行，《五纪》所强调的是作为君德的"忠"，也就是要求为政公正，而非忠诚于君主。

关键词：清华简；《五纪》；德；忠

清华简《五纪》是新近面世的长篇佚籍，据整理者介绍，《五纪》论述了五纪与五算相参，在历算基础上将礼、义、爱、信、忠与星辰历象、神祇司掌、人事行用等相配，建构了严整宏大的天人体系。^① 该篇较有特色，尤其是《五纪》中多次出现"礼""义""爱""信""忠"五德更是引起学界的重视，曹峰先生认为"中"是《五纪》中最重要的概念，"中"体现为政治的最高原则与治理的最佳状态。^② 陈民镇认为《五纪》的文德当读为"礼""义""爱""信""忠"，《五纪》的思想受到郭店竹书和马王堆帛书

　＊　本文为中山大学高校基本科研业务费青年拔尖人才培育项目"清华简《五纪》《参不韦》研究"（23wkqb08）的研究成果。

　①　参见黄德宽主编《清华大学藏战国竹简（十一）》，中西书局2021年版，第89页。

　②　参见曹峰《清华简〈五纪〉的"中"观念研究》，《江淮论坛》2022年第3期。

《五行》的影响。① 笔者也曾探讨《五纪》的思想观念，认为《五纪》的"忠"偏向君德。② 《五纪》中的"德"蕴含丰富的内涵，值得进一步加以研究。

一　《五纪》中"德"的含义

《五纪》开头就说："唯昔方有洪，奋溢于上，蘉其有中，戏其有德，以乘乱天纪。"③ 黄德宽先生认为这指的是："往昔邦国洪水滔天，社会准则变乱，人伦道德失范，天上之'日、月、星、辰、岁'五纪也因此而凌乱失序。"④ 黄德宽先生显然将"德"释为人伦道德。曹峰先生有不同看法，他认为"有中""有德"都可以理解为代表最高准则、最佳状态的词汇，与"天纪"密切相关，"德"和秩序的建立有关。⑤ 曹峰先生又进一步补充道："详察《五纪》全文，可以发现'中'和'德'是极为重要的概念，是宇宙间天人关系规范的体现，和谐的象征。如前所述，清华简第九册《成人》篇有'司中司德，监在民侧'，也是'中'和'德'并用。《成人》主要讨论法律规范的建立，'中'和'德'均与此有关。《参不韦》也多见'中''德'并用。……可见'有中''有德'和'天纪'一样，都是遭到破坏的宇宙大法，因此，'有德'不应该指狭义'贤者'，而是一种规范的象征。如果'中'指的是与刑律秩序相关的规范，'德'就是与伦理秩序相关的规范。"⑥ 曹峰先生的观点颇具启发性，但曹先生得出这个观点时清华简《参不韦》尚未面世，对照清华简《参不韦》可能会得出不同的结论。

---

① 参见陈民镇《试论清华简〈五纪〉的德目》，《江淮论坛》2022 年第 3 期。
② 参见袁青《清华简〈五纪〉思想探微》，《江淮论坛》2022 年第 3 期。
③ 黄德宽主编：《清华大学藏战国竹简（十一）》，第 90 页。为书写之便，简文径直以通行字写出。
④ 黄德宽：《清华简〈五纪〉篇建构的天人系统》，《学术界》2022 年第 2 期。
⑤ 参见曹峰《清华简〈五纪〉的"中"观念研究》，《江淮论坛》2022 年第 3 期。
⑥ 曹峰：《清华简〈五纪〉首章释读》，载《齐文化与稷下学高峰论坛（2022）论文集》，2022 年 12 月，第 131 页。

《参不韦》说："帝监有洪之德，反有洪之则。"① 又说："五刑则唯天之明德。"贾连翔认为《参不韦》中的"德"每每可与"则"进行概念替换，简四之"五刑则唯天之明德"一句表明两者在简文中是兼有彼此含义的一组融合概念。② 从"有洪之德""有洪之则"并列来看，"德"和"则"应有所差别，"五刑则唯天之明德"一句只是说明五刑则与天之明德相关，而且"有洪之德"是偏负面的，"德"应是一个中性词。笔者认为《参不韦》中的"德"指的是特性、品性，这是一个中性词。"帝监有洪之德，反有洪之则"是说帝审察有洪的品性及其所制定的规则。《参不韦》中的"德"和"则"有一定的差别，"德"可以说是"则"的内在依据，"则"为"德"的外在表现。"德"是一个中性词，既可指良善之德，比如"天之明德"，也可指不善之德，如"有洪之德"，有什么样的"德"就会产生相应的"则"，"有洪之德"则会产生"有洪之则"，"天之明德"则有"五刑则"。《五纪》"蘿其有中，戏其有德"的"蘿"读为"玩"，与"戏"义近，训为狎弄，引申为轻慢、亵渎。③ "中"类似于《参不韦》所说的"则"，"蘿权其有中，戏其有德"也就是说洪水导致的乱象破坏了天的法则和天的特性。《五纪》说："赣司民德，为吉为凶，为柔为刚。"这就是说民德有吉凶、柔刚，可见这里的"德"也指特性或品性。《五纪》又说："天地、神祇、万貌同德，有昭明明，有洪乃弥，五纪有常。"这里的"德"仍可作特性、品性讲，《国语·晋语四》说："同姓则同德，同德则同心，同心则同志。"④

　　《五纪》简31—32说："后曰：高大尚民之祖，凡彼百生、万族、貌民，贵贱、长短、男女，皆使仰皇天之三德，曰：以事父之祖，而供母之祀，化民之忒，是谓三德。"这里讲"百生""万族"

---

　　① 黄德宽主编：《清华大学藏战国竹简（十二）》，第 110 页。

　　② 参见贾连翔《清华简〈参不韦〉的祷祀及有关思想问题》，《文物》2022 年第 9 期。

　　③ 参见张雨丝、林志鹏《清华大学藏战国竹简〈五纪〉札丛（上）》，简帛网，2022 年 1 月 7 日，http：//www.bsm.org.cn/？chujian/8597.html。

　　④ 徐元诰集解，王树民、沈长云点校：《国语集解》，中华书局 2002 年版，第 337 页。

"貌民""贵贱""长短""男女"都依赖上天之"三德",这里的"德"当指恩惠,因此说上天对人的恩德可以"事父之祖""供母之祀""化民之忒"。《五纪》简121—122再次出现"三德",它说:"行之律:礼、义、爱、怠(信)、中(忠),怠(仁)、善、永、正、良,明、[一二一]巧、美、有力、果,文、惠、武三德以敷天下。"① 在此,《五纪》提出"文德""惠德""武德"三德,"礼""义""爱""怠(信)""忠"为文德,"怠(仁)""善""永""正""良"为惠德,"明""巧""美""有力""果"为武德,这里的"德"的含义是德行之义。不过,《五纪》虽区分"文德""惠德""武德"三德,但其论述的重心在于文德,对于惠德和武德并未过多论述,因此,"礼、义、爱、怠(信)、中(忠)"五德才是《五纪》的重点,《五纪》所构造的天人体系最终也是落实到"礼、义、爱、怠(信)、中(忠)"五德上。②

二 "仁""信"和"忠""中"

《五纪》的文德"礼、义、爱、怠(信)、中(忠)"中"怠"和"中"二德,由于学界有争议,需要加以辨析。

整理者将文德"礼、义、爱、怠、中"中的"怠"释为"仁",而将惠德"怠、善、永、正、良"中的"怠"释为"信"。③ 但程浩提出不同意见,认为"礼、义、爱、怠中"中的"怠"应读为"信",而"怠、善、永、正、良"中的"怠"当读为"仁"。④ 子居认为《五纪》中的"仁",其所抄缀的原始材料本是"信",《五纪》作者或是误读,或是基于自身某种目的将大

---

① 黄德宽主编:《清华大学藏战国竹简(十一)》,第130页。以下所引清华简《五纪》原文,均引自此书,为书写之便,简文径直以通行字写出。
② 参见袁青《清华简〈五纪〉思想探微》,《江淮论坛》2022年第3期。
③ 参见黄德宽主编《清华大学藏战国竹简(十一)》,第130页。
④ 参见程浩《清华简〈五纪〉思想发微》,《出土文献》2021年第4期。

部分"信"改写成了"仁"。① 陈民镇也认为"礼、义、爱、悬、忠"中的"悬"当读为"信",而"悬、善、永、正、良"中的"悬"当读为"仁"。② 三位学者都提出许多例证,认为《五纪》的"悬"多读为"信",其多数论据言之成理,较有说服力,当可成立。③ 笔者姑且再补充一个例证,《五纪》简65说:"南门之德曰:我顺悬,序至四时,临天下,纪皇天。南门之德立顺,夫是故后立顺。"这里的"悬"也当读为"信","顺""信"在传世文献中多次出现,如《周易·系辞上传》:"天之所助者,顺也;人之所助者,信也。"明人来知德说:"天人一理,故言天而即言人。天之所助者顺也,顺则不悖于理,是以天祐之。人之所助者信也,信则不欺乎人,是以人助之。"④ "顺"要求不悖于理,"信"要求不欺乎人,两者意义有相通之处,故可并称。《大戴礼记·文王官人》也说:"心气顺信者,其声顺节。"⑤ 简122说:"贞=(贞,贞)者行=悬=(行悬,行悬)者必有力。"这里"悬"与"贞"相连,也当读为"信",传世文献中"贞""信"多相连,如《左传·昭公十二年》说:"和以率贞,信也。"《毛诗序》:"《行露》,昭伯听讼也。衰乱之俗微,贞信之教兴。"⑥ 可见,《五纪》中作为文德的五德应为礼、义、爱、信、忠。

《五纪》的"忠"字形是"毛",隶定为"中","中"与"礼""义""爱""信"构成五德时,整理者认为"中"通"忠",曹峰先生则认为"中"当读为如字,"中"虽为五德之一,但它凌驾于"礼""义""爱""信"四德让,在五德中居于统帅和支配

① 参见子居《清华简十一〈五纪〉解析(之一)》,2022年1月9日,中国先秦史论坛,https://www.preqin.tk/2022/01/09/3595/。
② 参见陈民镇《试论清华简〈五纪〉的德目》,《江淮论坛》2022年第3期。
③ 子居认为《五纪》的"信"是抄写者误读改作"仁"的,其说较为大胆,不可从,但其所举"信"的例证还是较有说服力的。程浩认为如果"悬"训为"仁",那么"仁"在"五德"中地位低于"忠",与儒家重视"仁"的现象不符,其说显然是不可取的,这种观点预设了"五德"属于儒家,这几个概念早在儒家产生之前就广为流传了。
④ (明)来知德撰,王丰先点校:《周易集注》,中华书局2019年版,第647页。
⑤ (清)王聘珍撰,王文锦点校:《大戴礼记解诂》,中华书局1983年版,第191页。
⑥ (清)阮元校刻:《十三经注疏》,中华书局2009年版,第605页。

地位。① 在传世文献中，"义""礼""信"等德目多与"忠"而非"中"并列，如《国语·周语上》说："礼，所以观忠、信、仁、义也。"《礼记·檀弓下》："苟无礼义忠信，诚愨之心以莅之。"简文说："礼［11］基，义起，爱往，信来，忠止。"《五纪》以"基""起""往""来""止"五个词说明"五德"的基础在于"礼"，而其最终旨归在于"忠"。从这一论述看，只能说《五纪》凸显出"忠"的重要性，但并不能得出"忠"凌驾于其他四德的结论。简文又以"目""口""耳""鼻""心"来比附五德："目相礼，口相义，耳相爱，鼻相信，心相忠。"曹峰引清华简《心是谓中》《管子》来说明"心"起主宰作用，因此"中"也凌驾于其他四德之上。②《五纪》并没有说"心"主宰"目""口""耳""鼻"四者，"心"与这四者也可能就是并列关系，如孟子说："耳目之官不思，而蔽于物，物交而引之而已矣。心之官则思，思则得之，不思则不得也。"（《孟子·告子上》）孟子这段话只是强调"心"的独特作用，却并没有说"心"凌驾于耳目之上。陈民镇说："'爱'与北斗相对应，'后正北斗'（简 26），'匡天下，正四位'（简 66），其地位亦极为突出；《五纪》简 19—20 称'参律建神正向，信为四正'，'信'又居于主导。'礼''义''爱''信''忠'很难说哪个可以统摄其他四者。"③《五纪》简 16—17 说："五算合参，礼义所止，爱忠辅信，建在父母，矩方规圆，行用恭祀。"④"礼义所止，爱忠辅信"，可见这里所强调的是"礼""义""信"三个概念，"爱""忠"反而起的是辅助作用。因此，礼、义、爱、信、忠五者应是并列关系，五者中没有哪一个能够统摄其他四者。

---

① 参见曹峰《清华简〈五纪〉的"中"观念研究》，《江淮论坛》2022 年第 3 期。
② 参见曹峰《清华简〈五纪〉的"中"观念研究》，《江淮论坛》2022 年第 3 期。
③ 陈民镇：《试论清华简〈五纪〉的德目》，《江淮论坛》2022 年第 3 期。
④ 黄德宽主编：《清华大学藏战国竹简（十一）》，第 95 页。

三 "五德"解析

《五纪》一开头说："唯昔方有洪，奋溢于上，权其有中，戏其有德，以乘乱天纪。后帝、四干、四辅，乃从乃惧，称襄以图。后帝静己，修历五纪，自日始，乃旬简五纪。五纪既敷，五算聿度，大参建常。天地、神祇、万貌同德，有昭明明，有洪乃弥，五纪有常。"① 天下出现洪水导致人事和天纪的紊乱，后帝与其辅臣通过反省自己和修历"五纪"从而使得洪水得以消散。"五纪"即"日、月、星、辰、岁"，简文探讨"五纪"是为了引出天下之数算，也即简文所说的："文后乃［三］伦历天纪，初载于日，曰豚（循）古之纪②，自一始，一亦一，二亦二，三亦三，四亦四，五亦五。天下之数算，唯后之律。""天下之数算，唯后之律"点出了数算也即"五"才是后帝治理天下的根本规律。因此，后帝以"五"为中心建立了一个涵盖自然与社会的庞大体系：

后曰：

一风，二雨，三寒，四暑，五大音，天下之时。

一直，二矩，三准，四称，五规，圆正达常，天下之度。

［五］

直礼，矩义，准爱，称信，圆忠，天下之正。

礼青，义白，爱黑，信赤，忠黄，天下之章。

数算、时、度、［六］正、章，唯神之尚、祇之司。

章：日、阳者、昭昏、大昊、司命、癸中，尚章司礼。

正：月、娄、**縢穿**、少昊、司［七］禄、大严，尚正司义。

度：门、行、明星、颛顼、司盟、司校，尚度司爱。

---

① 黄德宽主编：《清华大学藏战国竹简（十一）》，第89页。

② 豚（循），整理者读为"繇"，此从王宁读，乃"遵循"之义。见简帛网论坛《清华简〈五纪〉初读》，第287楼"王宁"发言，2022年1月14日。

　　时：大山、大川、高大、大音、大石、稷〔八〕匿，尚时
司信。

　　数算：天、地、大和、大綽、小和、小綽、尚数算司忠。

　　后曰：一曰礼，二曰义，三曰爱，四曰信，五曰忠，唯后
之正民之德。①

"天下之时""天下之度""天下之正""天下之章"，其数均为
"五"，这四者与"天下之数算"合为"五"之数，也就是举凡自
然界和人类社会的一切均为"五"所支配，"五"是宇宙的普遍规
律。"五时""五度""五正""五章""数算"分别对应六神，总
共三十神，分别掌管"礼""义""爱""信""忠"五德，这是通
过天和神的权威来强调"礼""义""爱""信""忠"五者的神圣
性、永恒性和不可违逆性，《五纪》虽多论述天道，但其最终归结
点在于人道，因此《五纪》在论述完这一套复杂的天人系统后总结
说："后曰：一曰礼，二曰义，三曰爱，四曰信，五曰忠，唯后之
正民之德。"后帝统治百姓必须依靠"礼""义""爱""信""忠"
五种德行。

　　从"后曰：一曰礼，二曰义，三曰爱，四曰信，五曰忠，唯后
之正民之德"一句可以看出，"礼""义""爱""信""忠"首先
指的是君主统治百姓必须遵循的五种德行，这也就是简 3 所说的
"文后经德自此始"，"礼""义""爱""信""忠"就是后帝所行
之德。从这一论述看，"礼""义""爱""信""忠"五者首先指
的是君德。简文说："后曰：天下圆裕，合众唯忠，忠唯律；
称……元休是章。"这段简文缺文较多，但从"合众唯忠，忠唯
律"一句来看，这里的"忠"显然也指的是君德。《国语·周语
下》："内史兴归，以告王曰：'晋不可不善也，其君必霸。……成
礼义，德之则也。则德以导诸侯，诸侯必归之。且礼所以观忠、
信、仁、义也。忠所以分也，仁所以行也，信所以守也，义所以节

---

　　① 黄德宽主编：《清华大学藏战国竹简（十一）》，第 91—93 页。

也。忠分则均，仁行则报，信守则固，义节则度。'"① 这里的礼、忠、信、仁、义都是晋侯之德，"仁"相当于《五纪》中的"爱"，《论语·颜渊》载："樊迟问仁，子曰：'爱人。'"《孟子·离娄上》："仁者爱人。"

关于"五德"的内涵，简文还说：

> 后曰：天下礼以事贱，义以待相如，爱以事宾配，信以共友，忠以事君父母。
> 后曰：礼敬，义恪，爱恭，信严，忠畏。
> 后曰：礼鬼，义人，爱地，信时，忠天。
> 后曰：礼基，义起，爱往，信来，忠止。
> 后曰：目相礼，口相义，耳相爱，鼻相信，心相忠。②

陈民镇指出"天下礼以事贱，义以待相如，爱以事宾配，信以共友，忠以事君父母"，是就五种社会关系展开的，分别讲的是如何对待地位低于己者（贱）、地位与己相当者（相如）、配偶、朋友以及地位高于自己的君主和父母。③ "礼以事贱"，整理者引《管子·枢言》"贵之所以能成其贵者，以其贵而事贱也"来加以说明，显然是将"事"理解为侍奉。网友"ee"认为"事"当读为"使"，礼要求的不是服事贱者，而应是使令贱者。④ 陈民镇将"事"释为任用，"礼以事贱"，犹《论语·八佾》所谓"君使臣以礼"，亦如今人所谓"礼贤下士"。⑤ 《左传·隐公十一年》："礼，经国家，定社稷，序民人，利后嗣也。""序民人"表明礼体现了社会关系的差异性，礼是君主统治国家最重要的手段之一，《晏子

---

① 徐元诰集解，王树民、沈长云点校：《国语集解》，第 36—37 页。

② 黄德宽主编：《清华大学藏战国竹简（十一）》，第 94 页。

③ 参见陈民镇《试论清华简〈五纪〉的德目》，《江淮论坛》2022 年第 3 期。

④ 参见简帛论坛《清华简〈五纪〉初读》，第 128 楼网友"ee"发言，2021 年 12 月 20 日，http：//www. bsm. org. cn/forum/forum. php？mod = viewthread&tid = 12694& extra = page%3D2&page =13。

⑤ 参见陈民镇《试论清华简〈五纪〉的德目》，《江淮论坛》2022 年第 3 期。

春秋·内篇谏下第二·景公登射思得勇力士与之图国晏子谏第二十五》载晏婴劝谏齐景公之语："礼者，所以御民也，辔者，所以御马也。"《礼记·礼运》："礼者，君之大柄也。"《荀子·富国》："礼者，贵贱有等，长幼有差，贫富轻重皆有称者也。"礼具有差等性，是治理国家最重要的手段之一，因此"礼以事贱"当从网友"ee"作"礼以使贱"，礼体现出社会关系的等差性。"义以待相如"，《中庸》说："义者，宜也，尊贤为大。"晁福林认为"义"的本义是表示适宜的宜，由此才衍生出威仪、美善、标准之"义"。① 孟子说："亲亲，仁也；敬长，义也。"（《孟子·尽心上》）荀子对孟子这段话加以敷衍，他说："亲亲、故故、庸庸、劳劳，仁之杀也；贵贵、尊尊、贤贤、老老、长长，义之伦也。行之得其节，礼之序也。仁，爱也，故亲；义，理也，故行。"（《荀子·大略》）"仁"与"义"的不同在于，仁是一种出于亲情的自然情感，而"义"主要是由于从事理来说理当如此、应该如此，"贵贵、尊尊、贤贤、老老、长长"都不是出自亲情的爱恩，而是由于事理的理当如此，因此荀子说："少事长，贱事贵，不肖事贤，天下之通义也。"（《荀子·仲尼》）"义以待相如"是说要以义来对待与自己地位相当的人，这不涉及"少事长，贱事贵"，应该体现的是对贤人的敬重，因此《中庸》说："义者，宜也，尊贤为大。"墨子贵义的主要内涵之一也是尚贤。"义以待相如"体现的是尊贤。"爱以事宾配"，"宾配"，整理者释为"宾客与妻室"，子居认为宾客无从言"爱"，当释为"嫔妃"②，陈民镇也释为嫔妃。③ "爱"相当于"仁"，从上引孟荀话语可以看出，仁与义的差别就在于仁是出于亲情的恩爱，宾客显然并无亲情可言，当然也就无爱可言，当从子居和陈民镇读为"嫔妃"，对于嫔妃之爱也是出

---

① 参见晁福林《从甲骨文"俎"说到"义"观念的起源》，《考古学报》2019年第4期。

② 子居：《清华简十一〈五纪〉解析（之一）》，先秦史论坛，2022年1月10日。https://www.preqin.tk/2022/01/09/3595/。

③ 参见陈民镇《试论清华简〈五纪〉的德目》，《江淮论坛》2022年第3期。

于自然亲情的恩爱。"信以共友",整理者将"共"理解为"供给、供奉",将"友"解释为"同僚"①,网友"汗天山"认为既然是同僚,似乎没有"供给、供奉"同僚之理,此"共"字大概就是"共同、共处"之义。②当取网友"汗天山"之说,要以信与朋友相处,这方面文献资料很多,子居和陈民镇已举出许多例证,如孟子说:"朋友有信。"(《孟子·滕文公上》)③"忠以事君父母","忠",《说文》曰:"敬也。"许慎注:"敬也。敬者,肃也。未有尽心而不敬者。此与慎训谨同义。尽心曰忠。""忠以事君父母",即说尽心侍奉君主和父母。"天下礼以事贱,义以待相如,爱以事宾配,信以共友,忠以事君父母"显然指的是民德,此句句首加了一个限定词"天下","天下"指的是天下之民④,这与"后曰:一曰礼,二曰义,三曰爱,四曰信,五曰忠,唯后之正民之德"中作为君德的"礼""义""爱""信""忠"五德含义有所不同,由此可见,"礼""义""爱""信""忠"五德既可指君德,也可指民德,可见"礼""义""爱""信""忠"五德的普遍性,当然君德这层含义更为主要。

"礼敬,义恪,爱恭,信严,忠畏","恪",《说文》曰:"敬也。"恭,《说文》曰:"肃也。"《尔雅·释诂》曰:"严,敬也。"《大戴礼记·曾子制言中》:"畏之见逐。"王聘珍注:"畏,敬也。"⑤"敬""恪""恭""严""畏"意思基本相近,这都是强调要以恭敬、敬畏之心去对待"礼""义""爱""信""忠"五者。《五纪》又说:"后曰:礼鬼,义人,爱地,信时,忠天。"《说文》

---

① 参见黄德宽主编《清华大学藏战国竹简(十一)》,第 94 页。

② 参见简帛论坛《清华简〈五纪〉初读》,第 183 楼网友"汗天山"发言,2021 年 12 月 29 日,http://www.bsm.org.cn/forum/forum.php? mod = viewthread&tid = 12694&extra = page%3D2&page = 19。

③ 参见子居《清华简十一〈五纪〉解析(之一)》,先秦史论坛,2022 年 1 月 10 日,https://www.preqin.tk/2022/01/09/3595/;陈民镇《试论清华简〈五纪〉的德目》,《江淮论坛》2022 年第 3 期。

④ 参见袁青《清华简〈五纪〉思想探微》,《江淮论坛》2022 年第 3 期。

⑤ (清)王聘珍撰、王文锦点校:《大戴礼记解诂》,第 93 页。

曰："礼，履也。所以事神致福也。"郭沫若说："大概礼起于祀神，故其字从来从示，其后扩展而为对人，更其后扩展而为吉、凶、军、宾、嘉的各种仪制。"[1] 礼起源于祭祀鬼神和祖先的活动。[2]《五纪》的"礼鬼"说的也应是礼起源于祭祀鬼神和祖先活动。"义"字在卜辞中已出现，如"义京"，但殷商时期并没有"义"这种道德。[3] 据晁福林的研究，殷商时期甲骨文中的"俎（宜）"除了表示俎肴和祭名之外，还用作适宜之意，而西周春秋时期又以"宜"的同音字"义"表示适宜之意，由此衍生出威义（仪），继而引申出美善、标准等意。[4] "义"本义为"宜"，表示适宜，《中庸》说："义者，宜也。"宜，即适宜、理所当然之意，直接与人伦道德相关，因此《五纪》说"义人"。"爱地"较好理解，即说仁爱要像大地一样宽厚，《周易》说："地势坤，君子以厚德载物。"《孟子·尽心上》："仁民而爱物。""信时"即说像四时一样讲信，《管子·任法》说："如四时之信。""忠天"的说法，表明"忠"在五德中最为重要，二程有所谓"忠，天道也"[5] 可供参考。"礼基，义起，爱往，信来，忠止"是说"礼"在五德中是根基，而"忠"才是最终归宿。《五纪》以"目""口""耳""鼻""心"五者来类比"礼""义""爱""信""忠"可能也是凸出"忠"在五德中的重要地位。

《五纪》还以"五色""五方"来与五德相配，简文说："忠黄，宅中极……礼青，［宅东极］……仁赤，宅南极……义白，宅西极……爱黑，宅北极。"[6] 五德与五色相配，"忠"为黄，五德与

---

① 郭沫若：《十批判书》，东方出版社 1996 年版，第 96 页。

② 《论语·为政》："子曰：非其鬼而祭之，谄也。"皇侃疏曰："人若非己祖考而祭之，是为诌求福也。"［（梁）皇侃撰，高尚榘校点：《论语义疏》，中华书局 2013 年版，第 44 页］这里的"鬼"即祖先之义。

③ 参见李学勤、杨超《从学术源流方面评杨荣国著"中国古代思想史"》，《历史研究》1956 年第 9 期。

④ 参见晁福林《从甲骨文"俎"说到"义"观念的起源》，《考古学报》2019 年第 4 期。

⑤ （宋）程颢、程颐：《二程集》，中华书局 2004 年版，第 274 页。

⑥ 黄德宽主编：《清华大学藏战国竹简（十一）》，第 97 页。

五方相配，"忠"处于中央，《五纪》的思想显然深受五行思想的影响，"忠"相当于五行中的"土"，后者也处于中央，其色尚黄，简文"忠黄，宅中极"仍然凸显出"忠"在五德中是最为重要的。

　　从以上论述可知，"忠"在《五纪》的五德中具有重要地位，那么"忠"到底为何义呢？有学者认为《五纪》强调的是对君主的忠诚①，这是将"忠"理解为忠君。笔者曾著文指出，简文说："后曰：一曰礼，二曰义，三曰爱，四曰信，五曰忠，唯后之正民之德。"从这一论述看，"礼""义""爱""信""忠"指的是"后之正民之德"，五德都是指君德，"忠"并非臣下对君主的忠诚。作为君德的"忠"，其义为公正。"五德"中的"忠"在"五方"中处于中央，而《管子·四时》："中央曰土，土德实辅四时入出，以风雨节土益力，土生皮肌肤，其德和平用均，中正无私，实辅四时。"《管子》认为中央在五行中处于土德，其特性是"中正无私"，这与处于中央的"忠"同义，都强调公正无私。《五纪》中只有"忠以事君父母"之"忠"是民德，但《五纪》突出的是作为君德的"忠"，也就是要求为政公正，而非忠诚于君主。②

①　参见程浩《清华简〈五纪〉思想发微》，《出土文献》2021 年第 4 期。
②　参见袁青《清华简〈五纪〉思想探微》，《江淮论坛》2022 年第 3 期。

儒道融通视域下的《易传》"德行"内涵新探[*]

北京建筑大学马克思主义学院　许　亮　李怡帆

摘要："德行"是先秦哲学中一个非常重要的概念。通过对《易传》中"德行"内涵的考察及与其他先秦文献的对比可以发现，《易传》不仅与儒家有学术渊源，而且与道家、阴阳家等其他先秦学派也有一定的联系。对《易传》中的"德行"概念进行系统梳理，并且与《诗经》《尚书》《春秋左传》《周礼》《论语》《孟子》《荀子》等儒家经典和先秦诸子文献出现的"德行"概念进行比较后，可看出《易传》中的"德行"不仅指人的德行，还指"易"、卦、乾坤、天地等事物的属性、性质、功用和作用。

关键词：《易传》　德行　儒家　道家

"德行"是先秦哲学中一个非常重要的概念，它既出现在《诗经》《春秋左传》《周礼》《易传》《论语》《孟子》《荀子》《孝经》等儒家经典中，也出现在《墨子》《管子》《韩非子》《吕氏春秋》等诸子文献中。先秦文献中的"德行"有广义和狭义之分，"广义的德行是指行为及其状态，包含善的行为与恶的行为；狭义

────────────────

　*　本文为2020年度教育部哲学社会科学研究重大委托项目"儒家经典翻译与出版"（项目编号：20JZDW008）、北京社会科学基金青年项目"习近平新时代中国特色社会主义思想在文化自信方面的论述研究"（项目编号：18KDC018）、"北京建筑大学市属高校基本科研业务费专项资金资助"（Supported by "The Fundamental Research Funds for Beijing University of Civil Engineering and Architecture"）项目（编号：X20051）的阶段性成果。

的德行则专指道德的行为及其状态"①。而且，这一时期的"德行"主要是指行为（conduct），而非专指品质、品格（character），"这与一般德性伦理学的'德性'（virtue）概念主要指内在品质是有所区别的"②。与其他先秦文献不同的是，《易传》中的"德行"用法比较特殊，不仅指人的行为和状态，还指"易"、"乾"卦、"坤"卦、阴卦与阳卦的特性和功用。

据笔者统计，"德行"一词在通行本《易传》里一共出现了6次，其中4次出现在《系辞》里，2次出现在《象传》里。"德行"一词在帛书本《易传》里一共出现了5次，其中3次出现在《系辞》里，2次出现在《要篇》里。

一 《易传》中"德行"的三种用法

通过对比发现，《易传》中"德行"的用法主要分为以下三种情况：一是指人的德行，包括君子的德行、贤人的德行等；二是指"易"的德行；三是指"卦"的德行，既包括阴卦、阳卦的德行，又包括"乾""坤"二卦的德行。

（一）君子与贤人之"德行"

君子与贤人之"德行"是《易传》中"德行"的第一种用法。《易传》认为，君子作为执政者，需要具备与其政治地位相匹配的道德品行。如《周易·坎卦·象传》曰：

> 象曰：水洊至，习坎；君子以常德行，习教事。（《周易·坎卦·象传》）

---

① 陈来：《〈论语〉的德行伦理体系》，《清华大学学报》（哲学社会科学版）2011年第1期。

② 陈来：《〈论语〉的德行伦理体系》，《清华大学学报》（哲学社会科学版）2011年第1期。

何谓"君子以常德行"？王弼注："至险未夷，教不可废，故以常德行而习教事也。"孔颖达疏："言君子当法此，便习于坎，不以险难为困，当守德行而习其政教之事。"① 陆绩曰："重习相随以为常，有似于习。故君子象之，以常习教事，如水不息也。"虞翻曰："'君子'为乾五。在乾称'大人'，在坎为'君子'。乾为'德'，震为'行'。"李道平曰："'君子进德修业'，如水之重习有常，故'以常德行，习教事也'。"② 高亨认为，"《象传》以水比人之美德，以水洊至比人之美德日有进步。君子观此卦象，从而尊尚德行，学习教事，既以淑己，又以淑人"③。由此观之，"君子以常德行"是指君子观"坎"卦"水叠流连，重重险陷"之象，恒久保持令德美行，同时也要"习教事"即反复熟悉政务之事。这样，才能保证政权的稳定。

在《周易·节卦·象传》中又一次谈到了君子的"德行"，如：

> 象曰：泽上有水，节；君子以制数度，议德行。（《周易·节卦·象传》）

何谓"君子以制数度，议德行"？孔颖达疏："数度，谓尊卑礼命之多少。德行，谓人才堪任之优劣。君子象节以制其礼数等差，皆使有度，议人之德行任用，皆使得宜。"④ 程颐曰："议德行者，存诸中为德，发于外为行。人之德行当义则中节。"⑤ 高亨认为，"节"卦之《象传》"乃以水比群众，以泽之边岸比制度礼教，以泽上有水比群众之行动越乎制度礼教。君子观此卦象及卦名，从而

① （唐）孔颖达：《周易正义》，北京大学出版社1999年版，第131页。
② （清）李道平：《周易集解纂疏》，中华书局1993年版，第299页。
③ 高亨：《周易大传今注》，齐鲁书社1998年版，第208页。
④ （唐）孔颖达：《周易正义》，第240页。
⑤ （宋）程颢、程颐：《二程集》，中华书局2004年版，第1006页。

建立制度，论定德行之准则"①。由此观之，"君子以制数度，议德行"是指君子观"节"卦"大泽上有水"之象，制定礼数法度以为准则，又评议人的德行优劣以期任用得宜。

马王堆帛书《易传》也有两处谈到君子之"德行"的例子，如帛书《易传·要篇》曰：

> 子曰：易，我后其祝卜矣，我观其德义耳也。……君子德行焉求福，故祭祀而寡也。仁义焉求吉，故卜筮而希也。②（帛书《易传·要篇》）
> 子贡曰：夫子它日教此弟子曰：德行亡者，神灵之趋。（帛书《易传·要篇》）

孔子认为，自己研究《周易》的目的是观其德义，而非祝卜。君子具备了德行，乃可以求得福报，所以祭祀就少了；君子拥有了仁义，乃可以求得吉利，所以卜筮也稀少了。他还以此教育自己的弟子子贡说："德行亡者，神灵之趋。"③ 意思是说，只有那些丧失了德行的人，才会通过占卜来求助于神灵。

《易传》不仅谈到了君子之"德行"，而且也谈论到了贤人之德行。如《易传·系辞上》曰：

> 默而成之，不言而信，存乎德行。（《易传·系辞上》第十二章）

何谓"默而成之，不言而信，存乎德行"？韩康伯注："德行，贤人之德行也。顺足于内，故默而成之也。体与理会，故不言而信也。"孔颖达疏："若有德行，则得默而成就之，不言而信也。若

---

① 高亨：《周易大传今注》，第 358 页。
② 张政烺：《论易丛稿》，中华书局 2012 年版，第 248 页。
③ 张政烺：《论易丛稿》，第 249 页。

无德行则不能然。此言德行，据贤人之德行也。"① 程颐曰："易因爻象论变化，因变化论神，因神论人，因人论德行，大体通论易道，而终于默而成之，不言而信，存乎德行。"朱熹曰："卦爻所以变通者在人，人之所以能神而明之者在德。"胡炳文说："得于心为德，履于身为行。易之存乎人者，盖有存乎心身，而不徒存乎书言者矣。"② 崔觐、李道平把这句话中的"德行"分开来解释，认为"德"是指天地之德，"行"是指圣人之行。③ 由此观之，此处的"德行"主要是指人的德行，具体而言则是指贤人的德行。这句话是说，学"易"的贤人如果能够立足于美好的"德行"，必能默然潜修而有所成就，不需言辞而能取信于人。

（二）"易"之"德行"

"易"之德行是《易传》中"德行"的第二种用法。如《易传·系辞上》曰：

> 是故，四营而成易，十有八变而成卦，触类而长之，天下之能事毕矣。显道神德行，是故可与酬酢，可与佑神矣。(《易传·系辞上》第九章)

何谓"显道神德行"？韩康伯注："显，明也。神德行，由神以成其用。"孔颖达疏："言易理备尽天下之能事，故可以显明无为之道，而神灵其德行之事。言太虚以养万物为德行，今易道以其神灵助太虚而养物，是神其德行也。"④ 张载曰："示人吉凶，其道显，阴阳不测，其德神。……神德行者，寂然不动，冥会于万化之感，而莫知为之者也。……显道神德行，此言蓍龟之德也。"⑤ 程颐曰：

---

① （唐）孔颖达：《周易正义》，第 293 页。
② （清）李光地：《御纂周易折中》，中央编译出版社 2011 年版，第 506 页。
③ 参见（清）李道平《周易集解纂疏》，中华书局 1993 年版，第 614 页。
④ （唐）孔颖达：《周易正义》，第 282 页。
⑤ （清）李光地：《御纂周易折中》，第 495 页。

"显明于道,而见其功用之神,故可与应对万变,可赞佑于神道矣,谓合德也。"①《九家易》曰:"此足以显明《易》道,又神《易》德行。"李道平为《九家易》疏曰:"自'大衍'至'能事毕',皆足以显明《易》道,而神其德行。"为了说明本句话讲的是"易"之德行,李道平又进一步解释说:"'易'则'八卦以象告',故曰'显道'。德行,至常也。'易'则'成变化而行鬼神',故曰'神德行'。显则微者使著,神则著者使微,皆《易》之所为也。"② 陈鼓应等认为:"'显道'是说《易》能够彰显天道。'神'指神化。'德'与'行'都是指用、作用。'神德行'是指《易》可以使形上之道神奇地发挥形下之用。"③ 由此可见,"显道神德行"的主语是"易"。这句话是说,"易"理包罗万象,备尽天下之能事,所以它可以显示无为之道,可以神化自己的德行。孔颖达进一步用"太虚"来指称"易",认为它的德行和功用是"养万物"。孔颖达的解释无疑是援老入易,引用道家思想来解释《易传》。如《老子》曰:

> 生之畜之,生而不有,为而不恃,长而不宰,是谓玄德。(《老子》第十章)
>
> 大道泛兮,其可左右。万物恃之以生而不辞,功成不名有。衣养万物而不为主,常无欲,可名于小;万物归焉而不为主,可名于大。(《老子》第三十四章)

老子认为,"道"具有生长而不占有万物、养育而不依恃万物、导引而不主宰万物的德行,这种德行是一种最幽深的德,名之曰"玄德"。《老子》中的"道"与《易传》中的"易"都具有备尽天下之能事、养育万物的德行。

关于"显道神德行",高亨的解释比较特殊。他说:"天下之

① (宋)程颢、程颐:《二程集》,第1030页。

② (清)李道平:《周易集解纂疏》,第587页。

③ 陈鼓应、赵建伟:《周易今注今译》,商务印书馆2005年版,第620页。

能事尽在《易》中矣。《易》能显示道、神、德、行。所以，它可以应付他人与事物，可以助神也。"① 在高亨看来，本例中的"德""行"是与"道""神"并列的单字，而非一个合成词。这里的"德"应该是指"易"之德，"行"应该是指"易"之行。高亨的解释可能是受到了朱熹《周易本义》的影响，朱熹说："道因辞显，行以数神。"意思是说，"易"道因卦爻辞而显明，"易"之运行变化因象数而神妙。

为了更好地理解此处的"显道神德行"，我们还可以参照与《易传》同时期的其他先秦文献中的用法。如《尚书·周书·泰誓》曰：

> 天有显道，厥类惟彰。（《尚书·周书·泰誓下》）

何谓"显道"？孔安国注："言天有明道，其义类惟明。"孔颖达疏："《孝经》云：'则天之明。'《左传·昭公二十五年》云：'以象天明。'是治民之事，皆法天之道。天有尊卑之序，人有上下之节，三正、五常，皆本于天有其明道。此天之明道，其义类惟明。"此处的"显"是形容词，意思是光明、明亮；"显道"是指明道，即光明之道。在《尚书·周书》的其他篇章里也有类似的用法，如《尚书·周书·洛诰》曰：

> 公称丕显德，以予小子扬文、武烈。（《尚书·周书·洛诰》）

何谓"显德"？孔安国注："言公当留举大明德，用我小子褒扬文、武之业而奉顺天。"孔颖达疏："文、武受命，功德盛隆，成王自量己身不能继业，言'公当留举大明德'以佐助我。"此处的"显"依然是形容词，意思是光明、明亮；"显德"是指大明德，

---

① 高亨：《周易大传今注》，第399页。

即光明宏大的品德。

《诗经》中也出现了与《尚书》中"显道""显德"相类似的用法。如《诗经·周颂·敬之》曰：

> 佛时仔肩，示我显德行。(《诗经·周颂·敬之》)

何谓"示我显德行"？郑玄笺："示道我以显明之德行。"孔颖达疏："辅弼是任，示导我以显明之德行，欲使辅弼之人示语己也。"① 由此可见，此处的"显"依然是形容词，意思是显明的；"显德行"是指显明的德行、光明的德行。

基于此，《易传·系辞上》"显道神德行"这句话中的"显"和"神"不一定要理解为动词，也可理解为形容词，"显"是指显明的，"神"是指神妙的。所以，"显道"是指"易"具有显明的道理，"神德行"是指"易"具有神妙的德行。

(三)"卦"之"德行"

阴卦、阳卦、"乾"卦、"坤"卦之德行，是《易传》中"德行"的第三种用法。如《易传·系辞下》曰：

> 阳卦多阴，阴卦多阳。其故何也？阳卦奇，阴卦耦。其德行何也？阳一君而二民，君子之道也；阴二君而一民，小人之道也。(《易传·系辞下》第四章)

何谓"阳卦奇，阴卦耦。其德行何也"？韩康伯注："其德行何也？辨阴阳二卦之德行也。"孔颖达疏："前释阴阳之体，未知阴（卦）阳（卦）德行之故。故夫子将释德行，先自问之，故云'其德行何也'。"② 虞翻曰："阳卦一阳，故奇。阴卦二阴，故耦。谓德行

---

① （唐）孔颖达：《毛诗注疏》，上海古籍出版社2013年版，第1984页。
② （唐）孔颖达：《周易正义》，第303页。

何者可也。"李道平曰："震坎艮皆一阳，故曰'阳卦奇'。巽离兑皆二阴，故曰'阴卦耦'。阳主善，阴主恶，故问德行何者为可也。"① 朱震曰："阴阳二卦，其德行不同，何也？阳卦一君而遍体二民，二民共事一君，一也，故为君子之道。阴卦一民共事二君，二君共争一民，二也，故为小人之道。"所以，此处的"德行"显然是指阴、阳二卦的德行。那么，阴、阳二卦的德行是什么呢？《易传》用"一君而二民"的"君子之道"来解释阳卦的德行，用"二君而一民"的"小人之道"来解释阴卦的德行。《易传》认为，"阳"代表君主，"阴"代表臣民。"阳卦"象征一个君主统治两个臣民，被众民拥戴，上下齐心，此乃"君子之道"。"阴卦"象征二君争一民，必然导致君长相互倾轧，下者贰心其主，故为"小人之道"。

《易传》中"卦"之"德行"，亦指"乾""坤"二卦的德行。如《易传·系辞下》曰：

> 夫乾，天下之至健也，德行恒易以知险。夫坤，天下之至顺也，德行恒简以知阻。(《易传·系辞下》第十章)

这里的"德行"，既指"乾"卦的德行，又指"坤"卦的德行。《易传》认为，"乾"卦与"坤"卦的德行是不同的。对此，孔颖达注解说："'德行恒易以知险'者，谓乾之德行，恒易，不有艰难，以此之故，能知险之所兴。'德行恒简以知阻'者，言坤之德行，恒为简，不有烦乱，以此之故，知阻之所行也。"② 胡炳文曰："前言乾坤之易简，此言乾坤之所以为易简。盖乾之德行，所以恒易者，何也？乾，天下之至健也。坤之德行，所以恒简者，何也？坤，天下之至顺也。"③ 高亨说："乾（天）创始万物，是宇宙之至健者，其德行常是平易，因其有正常之规律也；而有时间作出险

---

① (清)李道平：《周易集解纂疏》，第635页。
② (唐)孔颖达：《周易正义》，第303页。
③ (清)李光地：《御纂周易折中》，第495页。

难，是其偶然之现象，如久旱、久雨、暴雷、狂风等是也。坤（地）承天以养万物，是宇宙之至顺者，其德行常是简约，因其亦有正常之规律也；而有方域作出险阻，成其复杂之现象，如高山、峻岭、山川、巨泽等是也。"① 由此可知，"乾"卦是天下最为刚健之物的象征，所以其德行是恒久平易而能知晓艰险所在；"坤"卦是天下最为柔顺之物的象征，其德行是恒久简约而能知晓困难阻碍。人如果领会了"乾"卦和"坤"卦的特征和德行，就能预测天下万事吉凶得失，就能促成天下万物勤勉奋发。

二 《易传》之前儒家经典文献中的"德行"

考察《易传》中"德行"的独特内涵，需要梳理和比较《易传》之前儒家经典文献中"德行"的用法。《易传》之前儒家经典文献主要体现为"六经"即《易》《诗》《书》《礼》《乐》《春秋》。"六经"不仅形成于孔子之前，而且成为孔子教育学生的基本教材。所以，孔子及其所创立的儒家学派与"六经"之间有着密切的联系。陈来认为，前孔子的春秋时代属于"德行的时代"②，这一时期的"德行"大都是指君子、王、诸侯等执政者个人的道德品行和规范。例如《诗经》曰：

> 雄雉于飞，泄泄其羽。……百尔君子，不知德行。（《诗经·国风·邶风·雄雉》）
> 抑抑威仪，维德之隅。……有觉德行，四国顺之。（《诗经·大雅·抑》）
> 敬之敬之，天维显思，命不易哉。……佛时仔肩，示我显德行。（《诗经·周颂·敬之》）

---

① 高亨：《周易大传今注》，第 444 页。
② 陈来：《〈论语〉的德行伦理体系》，《清华大学学报》（哲学社会科学版）2011年第 1 期。

上面三例中的"德行"，显然都是指君子、君王的个人品德和行为。"百尔君子，不知德行"是说，你们这些在位、有官职的君子难道不懂得什么叫德行吗？"有觉德行，四国顺之"是说，有了正直的品德和行为，四方诸侯才会来归顺。"有觉德行"的主语是指处于执政者地位的君王，联系当时的历史背景应当是指周王。"觉"是指正直，"觉德行"是指正直的品德和行为。"佛时仔肩，示我显德行"是说，我（指周王）担负着重大的职责，请指示我以显明的德行。

需要注意的是，西周和春秋前期的"君子"主要指处于执政者地位的贵族阶层，而非指道德高尚的人。张恒寿说："君子一词，古代本来是指统治阶级的贵族士大夫而言，不论在《尚书》《诗经》等书中，没有例外。到了《论语》写作时，君子一词就有不同用法了。"① 一方面，"君子"仍然是指有执政地位的贵族而言，另一方面开始指那些有高尚道德品质的人。

不仅《诗经》中的"德行"指执政者的德行，《春秋左传》《周礼》《孝经》中的"德行"也均指执政者的品德和行为。例如《春秋左传》曰：

> ［北宫文子］对曰："故君子在位可畏，施舍可爱……德行可象……谓之有威仪也。"（《春秋左传·襄公三十一年》）

西周到春秋前期文献中出现的"德行"一词通常是指执政者的个人品德和行为，显然这是一种官德，是一种政治道德。当时的人们认为，执政者的个人德行对于维护政权、治理国家、管理百姓都具有非常重要的意义。如北宫文子认为，周文王之所以能够实现"大国畏其力，小国怀其德"的功绩，是因为周文王姬昌既有美好的品德，又有可供人们效法的行为。

---

① 张恒寿：《孔丘》，载中国孔子基金会学术委员会编《近四十年来孔子研究论文选编》，齐鲁书社1988年版，第298页。

《孝经》则谈到了作为当朝执政者祖先的先王的德行,如《孝经》曰:

> 非先王之法言不敢道,非先王之德行不敢行。(《孝经·卿大夫章第四》)

李隆基注:"'德行',谓道德之行。若言非法,行非德,则亏孝道,故不敢也。"邢昺疏:"言卿大夫委质事君,学以从政……若非先王道德之景行亦不敢行之于身。"[①] 所以,这里的"德行"是与"法言"相对而言的,"法言"谓礼法之言,"德行"指道德之行。这句话是说,卿大夫如果"言非法,行非德",则"亏孝道",故不敢为也。

西周到春秋时期的执政者不仅包括周天子、诸侯、卿、大夫、士等上层统治者,而且包括宫正、乡大夫、州长、党政、司谏等官吏。如《周礼》曰:

> 宫正,掌王宫之戒令、纠禁……稽其功绪,纠其德行。(《周礼·天官冢宰·宫正》)
> 乡大夫之职,各掌其乡之政教禁令……使各以教其所治,以考其德行,察其道艺。(《周礼·地官司徒·乡大夫》)

上述两则例子中的"德行"是指宫正、乡大夫、州长、党政、司谏等执政者的政治品行。郑玄在注解《周礼·地官·师氏》中的"敏德,以为行之本"时还对"德"与"行"进行了区分,他说:"德行,内外之称,在心为德,施之为行。"因此,"德"是指内在的品性,"行"是指外在的行为。

---

① (宋)邢昺:《孝经注疏》,上海古籍出版社2009年版,第16页。

三 仁义德行：孔、孟、荀对
"德行"内涵的诠释

如果说从西周到春秋前期"德行"一词主要是执政者的政治品德和行为，那么从儒家创始人孔子开始，"德行"的内涵则变得更加丰富起来。这是因为，孔子一方面把"德行"赋予了那些有良好的道德品行却没有执政地位的贤人，另一方面又把仁、义等道德条目注入"德行"的内涵之中，使仁、义、礼、智、信等儒家道德条目成为"德行"的重要内容。如《论语》曰：

> 子曰："从我于陈、蔡者，皆不及门也。"德行：颜渊，闵子骞，冉伯牛，仲弓。言语：宰我，子贡。政事：冉有，季路。文学：子游，子夏。（《论语·先进》）

《史记·孔子世家》说，孔子"弟子盖三千焉，身通六艺者七十有二人"。在这些身通六艺者中，又有十大杰出弟子，他们主要分为四类，其中德行排在第一，其次是言语、政事和文学。颜子好学，于圣道未达一间。闵子骞孝格其亲，不仕大夫，不食污君之禄。仲弓可使南面，荀子以与孔子并称。冉伯牛事无考，观其有疾，夫子深叹惜之。此四子为德行之选也。皇侃《论语义疏》引范宁云："德行，谓百行之美也。四子俱虽在德行之目，而颜子为其冠也。"①

儒家"亚圣"孟子继承了孔子对"德行"内涵的仁义注解。如《孟子》曰：

> 宰我、子贡善为说辞，冉牛、闵子、颜渊善言德行。（《孟子·公孙丑上》）

---

① （梁）皇侃撰；高尚榘校点：《论语义疏》，中华书局 2013 年版，第 267 页。

朱熹注曰:"德行,得于心而见于行事者也。三子善言德行者,身有之,故言之亲切而有味也。"① 因此,孟子继承了孔子的思想,认为颜渊、闵子骞、冉伯牛具有很好的德行,是孔门中有德行者的杰出代表。这里的"德行"显然具有伦理学意义,是指圣人、君子、贤人等儒家理想人格所具备的道德品质和道德行为。

孔子、孟子之后,先秦儒家集大成者荀子把"德行"与"仁义"对举,认为仁义德行是君子的常安之术,从而使"德行"具有了儒家哲学的伦理意蕴。如《荀子》曰:

> 仁义德行,常安之术也,然而未必不危也;污僈突盗,常危之术也,然而未必不安也。故君子道其常而小人道其怪。(《荀子·荣辱》)

由上可知,在《论语》《孟子》《荀子》等先秦儒家文献中,"德行"主要是指圣人、君子、贤人等所具备的以仁义之道为主要内涵的道德品行,涵盖对象更为广泛,而不再单指执政者的政德和官德。

四 《易传》中"德行"的新内涵

通过前面的考察可以发现,《易传》之前或同时代的绝大多数先秦文献中的"德行"都指人的德行,而《易传》中的"德行"则不仅指人的德行,还指《易》、卦、乾坤、天地等事物的德行。对于人来说,"德行"是指得之于心、内化于心的德性与施之于行、外化于行的行为的统一。这反映了中国古人知行合一的文化传统。

那么,对于"易"、卦、乾坤、天地等事物来讲,其"德行"又指什么呢?一种解释是把它们拟人化,把天(乾)、地(坤)理

---

① (宋)朱熹:《四书章句集注》,中华书局2016年版,第234页。

解为人之父、母，如《周易·说卦》所言"乾，天也，故称乎父；坤，地也，故称乎母"；并把"易"、卦看成神灵的代表，然后把人的德行也赋予天地、乾坤、"易"、卦，认为它们也具有人的道德品质和道德行为。这种理解勉强说得通。但是，经过细致考察，我们可以发现"易"、卦、乾坤、天地等事物的"德行"显然不同于人的"德行"，它们的"德行"应该具备其他的含义。

在《老子》《庄子》与"《管子》四篇"等先秦道家文献中，"德"就不仅指伦理学意义上的道德，而且具有更为广泛的内涵。如：

> 生而不有，为而不恃，长而不宰，是谓玄德。(《老子》第十章)
>
> 通于天地者，德也；行于万物者，道也。（《庄子·天地》)
>
> 德者，道之舍。物得以生生，知得以职道之精。故德者，得也。得也者，其谓所得以然也。无为之谓道，舍之之谓德。故道之与德无间，故言之者不别也。(《管子·心术上》)

在老子、庄子等先秦道家看来，"德"者，得也，得之于"道"也。"道"是天地万物之本根本源，是天地万物运行变化的总规律。万物禀道而生、禀道而成，道在具体物上之彰显，老子称之为"德"。[1]"德"是"道"之舍，是"道"之施，是"道"的体现，万物得到它才能生长，人心得到它才能把握自然的关键。

"道"与"德"之间是一种无间不别、相即不离的关系。严灵峰认为，"'道'是'德'的体，'德'是'道'的用；'道'是'德'的内容，'德'是'道'的形式；道'是'德'的实体，'德'是'道'的属性"[2]。所以，我们把《易传·系辞上》中

---

[1] 参见罗安宪《虚静与逍遥——道家心性论研究》，人民出版社 2005 年版，第 80 页。
[2] 严灵峰：《老庄研究》，台北：中华书局 1979 年版，第 15 页。

"显道神德行"的"德行"解释为属性、性质、功用、作用更为合适。这是因为，该章前面都是对"成易""成卦"的具体描述。在《易传》看来，八卦是"小成"，"因而重之"的六十四卦就是"大成"，就可以包罗万象，穷尽"天下之能事"，这是一种多么显明的"易道"，又是一种多么神妙的"易"之"德行"。"易道"或曰易理，是天地万物运行的总规律，是天、地、人三才之道的统一体。《易传·系辞下》曰："《易》之为书也，广大悉备，有天道焉，有人道焉，有地道焉。兼三才而两之，故六；六者非它也，三才之道也。""易德"则是"易道"或易理的属性、功用和作用。由于得到和分有了"易"之道，所以"易"之德、"易"之行是多么神奇玄妙。韩康伯把"神德行"解释为"由神以成其用"，程颐把"神德行"解释为"见其（即道）功用之神"，陈鼓应把"神德行"解释为"《易》可以使形上之道神奇地发挥形下之用"，他们的解释无疑更加合理。

与"易"之德行相类似，阴卦、阳卦、乾、坤、天、地的德行也应该是指它们的性质或功用。金景芳在解释"蓍之德圆而神，卦之德方以知"时把"德"解释为"性质"①，认为蓍之性质是运动不止，阴阳不测；卦之性质是静止不变，可以根据性质知道它的取象。他在解释"以通神明之德"时把"德"解释为"内部性质"②，在解释"井，德之地也"时把"德"解释为"功用"，认为这句话的意思是说"井有养人利物的功用"。③ 阳卦（即"震""坎""艮"三卦）的性质是主善，是"一君而遍体二民"的君子之道，阴卦（即"巽""离""兑"三卦）的性质是主恶，是"二君共争一民"的小人之道。"乾"（天）的性质和功用是平易，"坤"（地）的性质和功用是简约。

此外，阴卦、阳卦、乾、坤、天、地的"德行"与古代的"五行""五德"思想之间应该也有某种联系。"五行"即五种物

---

① 金景芳：《周易·系辞传》，辽海出版社1998年版，第79页。

② 金景芳：《周易·系辞传》，第129页。

③ 金景芳：《周易·系辞传》，第135页。

质，是指水、火、木、金、土，而水德、火德、木德、金德、土德之"德"也主要是指这五种物质所具有的性质和属性。

五　结语

通过对《易传》中"德行"含义的考察及与其他先秦文献的对比可以发现，《易传》不仅与儒家有渊源，而且与道家、阴阳家等其他先秦诸子也有一定的学术渊源。这是因为通过查找先秦时期儒家经典文献发现，其中的"德行"多数是指人的德行，尤其是指处于执政地位的君王诸侯等的个人道德品行，而几乎很难找到把"德行"解释为事物的性质和功用的例子。我们只有结合先秦道家等其他学派中"德行"的具体用法，才能更加合理地解释《易传》中的"易"、卦、乾坤、天地之"德行"的独特内涵。另外，细读《易传》，我们也可以发现其包含的哲学思想、思维方法、表达方式与先秦道家有许多相似之处，二者均持一种"推天道以明人事"的思维方式，认为人类不仅应该关注自身，而且应该把眼光投向遥远的星空和敦厚的大地，这就是《老子》所讲的"人法地，地法天，天法道，道法自然"，这就是《易传》所讲的"崇效天，卑法地，天地设位而《易》行乎其中矣"。

《老子》"道法自然"的三种解释*

华中师范大学道家道教研究中心　刘固盛

摘要：老学史上关于"道法自然"的注解多种多样，但以河上注"道性自然"和王弼注"道不违自然"以及大约从唐代开始出现的"人法自然"这三种解释为主要代表。河上注突出了老子之道的最高地位，王弼注则强调了自然为老子思想的核心价值，第三种注解"人法自然"当然是以人为中心了。"人法自然"主张以自然为原则阐扬人的价值，这一解释在文本上不存在训诂的障碍，在义理上则与老子道家精神相符，故可以视为"道法自然"的一个正解。

关键词：道；自然；人；诠释

"道法自然"出自《老子》第二十五章："人法地，地法天，天法道，道法自然。"这是老子思想中极重要的命题，是道家精神的核心表达，也体现了道家的最高价值追求。但由于"自然"概念为老子所独创，故在老子以前无相关文献可证，因此，如何解释"道法自然"就成为一个难题，治《老》者可以根据各自的理解作出不同的诠释，可以说是众说纷纭，难有定论。本文从老学史的角度，梳理出历代关于"道法自然"的三种主要解释即"道性自然""道不违自然""人法自然"，并对上述三种解释作简要分析。

---

* 本文为国家社会科学基金"文物资料与道教起源问题新探"（项目编号：2018VJX004）的阶段性成果。

一　道性自然

将"道法自然"解释为"道性自然",以河上注为代表,其曰:

> 人法地,人当法地,安静和柔也。种之得五谷,掘之得甘泉,劳而不怨,有功而不置。地法天,天湛泊不动,施之不求报,生长万物,无所收取也。天法道,道法清净不言,阴行精气,万物自然生长。道法自然,道性自然,无所法也。①

河上注以"效法"作为"人法地,地法天,天法道,道法自然"的诠释途径,指出在人、地、天、道即域中的四大中,人、地、天都有可供效法的对象,而道却是无所法的,也就是说,道居于最高的地位,故不需要再去效法其他什么,而自然则是道的属性或者本性。由于河上注突出了老子之道的核心意义,因而为后世众多注老者采纳,影响很大。不过,"道性自然"的解释虽然可取,但也有不足之处,即"道法自然"中"法"字的字义与前面三句的"法"字没有一以贯之。从注文的内容来看,"人法地,地法天,天法道"中的三个"法"字都是动词,其意为"效法",而把"道法自然"解释为"道性自然","法"字显然不再是"效法"之义,似乎与道组成了一个名词,即"道法"。刘笑敢教授批评了这一注解,认为"前三句的'法'都是动词,惟独最后一句的'法'突然解释为名词,殊为突兀,于理未惬","这种读法,不仅把'自然'作为重要的名词性概念的意义读丢了,而且也把'道'本身丰富的内容读丢了"。② 尽管如此,河上注道性自然、道无所法的

---

① 熊铁基、陈红星主编:《老子集成》第一卷,宗教文化出版社 2011 年版,第 150 页。

② 刘笑敢:《老子古今:五种对勘与析评引论》,中国社会科学出版社 2006 年版,第 288—289 页。

解释仍然十分流行，并成为老学史上关于"道法自然"的主流解释之一。

河上注的影响，可以从历代《老子》注家中考见。如北宋道士曹道冲之注：

> 人与地近，形著而位分，故法则于地，而知刚柔之分。地静而承顺，法则于天，清明刚健，崇高至极，而未能混于无形，故法于道也。道无可法，自然而已。[①]

曹注人、地、天、道递进式的相互效法类似于河上注，"道无可法"更是对河上注的直接采用。又如北宋吕惠卿之注：

> 道则自本自根，未有天地，自古以固存，而以无法为法者也。无法也者，自然而已，故曰道法自然。[②]

吕注援引了《庄子·大宗师》对道的论述，而"无法也者，自然而已"仍出于河上注。金人李霖《道德真经取善集》号称取各家注《老》之善，而在"道法自然"句后又加上了自己的注解："虽二仪之高厚，王者之至尊，咸法于道。夫道者，自本自根，无所因而自然也。"[③] 无所因，即无所法的意思，可见他在各家之注中，也是认同河上注的。南宋道士吕知常《道德经讲义》则云：

> 惟道则任物遂性，无为自然，守而勿失，与神为一，道体圆通，出入无碍，所谓自然也。[④]

---

① （宋）彭耜：《道德真经集注》，载熊铁基、陈红星主编《老子集成》第四卷，第597页。
② （宋）吕惠卿：《道德经传》，载熊铁基、陈红星主编《老子集成》第二卷，第666页。
③ 熊铁基、陈红星主编：《老子集成》第四卷，第151页。
④ 熊铁基、陈红星主编：《老子集成》第四卷，第253页。

这一注解是对河上注"道性自然"的具体展开，而且吕注着重从道教修炼的层面解释"道法自然"，非常符合河上注的老学宗旨。

河上注在明代也有广泛的影响，如杨起元《道德经品节》对"道法自然"的注："道则自本自根，无法为法者。无法为法，自然而已。"① 又如王道《老子亿》之解：

> 至于道，则自本自根，无为而为，无所法也，自然而已矣。王者法道，亦法其自然而已矣。能法自然之道，则皇建有极，而天下法之，所谓抱一为天下式也。②

王道认为道无所法，就是自然，这是对河上注的采纳。但需要注意的是，王道在继承河上注的基础上又有所引申，即王者也要法道，以自然之道治理天下。朱得之《老子通义》的解释与王道完全一样，陆西星《老子玄览》则与王道之解有同有异：

> 至于道，则自本自根，无为而为，无所法也，自然而已，故曰道法自然。夫语天地而归之道，语道而归之自然，则王者之法地，乃所以法天、法道，而法其自然也欤？③

对"道法自然"的解释与王道相同，但其引申义稍有不同，王道对王者法道是肯定的，陆西星则是以疑问句的方式提出，表明他既注意到了王道的诠解，但对王道的观点并不全部赞同。王道、陆西星关于"道法自然"的发挥又涉及本文所论及的第三种解释，详见后文。

近现代以来，河上注仍然得到了不少老子研究者的认同，只是大都倾向于把"道法自然"解释为道效法它自己，尹志华教授认为这是河上注"道无所法"的一个弱化诠释，代表学者有蒋锡昌、张

---

① 熊铁基、陈红星主编：《老子集成》第七卷，第330页。
② 熊铁基、陈红星主编：《老子集成》第六卷，第242页。
③ 熊铁基、陈红星主编：《老子集成》第六卷，第585页。

岱年、任继愈、许抗生等。① 如任继愈先生的译解："人效法地，地效法天，天效法道，道效法它自己。"② 确实，如果承认河上注"道无所法"有道理，那么，从文本与意义相统一的层面看，"道法自然"除了解释为"道效法它自己"外，似乎找不到更为恰当的表达了。

二 道不违自然

将"道法自然"解释为"道不违自然"，以王弼注为代表，其曰：

> 法谓法则也，人不违地，乃得全安，法地也。地不违天，乃得全载，法天也。天不违道，乃得全覆，法道也。道不违自然，乃得其性，[法自然也]。法自然者，在方而法方，在圆而法圆，于自然无所违也。自然者，无称之言，穷极之辞也。用智不及无知，而形魄不及精象，精象不及无形，有仪不及无仪，故转相法也。道顺自然，天故资焉；天法于道，地故则焉；地法于天，人故象焉。

王弼注以"法则"作为"人法地，地法天，天法道，道法自然"的诠释理路与意义指向，从而与河上注的"效法"区别开来。其关于"道法自然"的注解有以下几个要点。其一，法的意思是"不违"，也可理解为顺应、遵循，"人法地，地法天，天法道，道法自然"四个"法"字的意义一致。由于"法"字兼有法则之意，那么"道法自然"就可以解释为道不违背自然的法则、道顺应自然的法则。其二，法自然是"在方而法方，在圆而法圆"，由此可以推知，王弼认为老子自然的法则就是自然而然。其三，自然是"无

---

① 参见尹志华《"道法自然"的理论困境与诠释取向》，《哲学动态》2019 年第 12 期。
② 任继愈：《老子绎读》，国家图书馆出版社 2006 年版，第 56 页。

称之言，穷极之辞"，意谓自然处于一个极其重要的地位，是道的根本性原则。其四，人、地、天、道四大之间转以相法。应该说，王弼的解释很高明，既克服了河上注文本诠释的缺陷，又突显了老子之道的根本法则，强调了自然的最高价值。

　　与河上注一样，王弼注的影响也很大，老学史上凡是把自然解释为"自然而然"者，都应是受到了王弼注的影响。如唐代陆希声注"道法自然"："既能无为无不为矣，然后能法自然而然，而天下莫知所以然也。"① 南宋范应元注"人法地，地法天，天法道，道法自然"："人法地之静重，地法天之不言，天法道之无为，道法自然而然也。"② 南宋谢图南《老子注》曰："何谓道？经曰道法自然，则道者，自然而然，非可以使然者也。"③ 这些注解都是对王弼注的援引。再看元代理学家吴澄对"道法自然"的解释：

　　　　道之所以大，以其自然，故曰法自然。非道外别有自然也，自然者，无有无名是也。④

注中"以其自然"就是顺应自然的意思，自然是道的属性，是为了说明道之大的，自然本身并非独立于道的另一大，由此避免了有"五大"的误解。自然是"无有无名"的，亦即王弼注所言"无称之言，穷极之辞"。可见，吴澄之解与王弼注也是相符的。

　　明清时期也出现了不少高水平的《老子》注疏，如薛蕙《老子集解》就很有代表性。其注"人法地，地法天，天法道，道法自然"曰：

---

　　① （唐）陆希声：《道德真经传》，载熊铁基、陈红星主编《老子集成》第一卷，第595—596页。

　　② （宋）范应元：《老子道德经古本集注》，载熊铁基、陈红星主编《老子集成》第四卷，第413页。

　　③ （元）刘惟永：《道德真经集义》，载熊铁基、陈红星主编《老子集成》第五卷，第174页。

　　④ （元）吴澄：《道德真经注》，载熊铁基、陈红星主编《老子集成》第五卷，第621页。

人指王者而言。法者，效法也。地产万物，而王者牧养之，效坤德也。天覆万物，而地容载之，承天施也。道母万物，而天发生之，助道化也。大道虚无清静，而常无为，因自然也。①

把"法"解释为"效法"，类似于河上注。但"道法自然"释为"道因自然"，因即顺应，这又类似于王弼注。薛蕙的解释可以视为河上注与王弼注的综合。徐学谟《老子解》该句引用了薛蕙解，但指出"法"不应该解释为"效法"，而应该释为"法则"，与王弼注一致。其注云：

愚意此不过次第其文，总形容一大字耳。法者，则也，即"惟尧则之"之义。以人在地中，故其大法地。地在天中，故其大法天。天在道中，故其大法道。道在自然中，故其大法自然。道即自然也，故言四大，而不言五大。②

效法与法则的含义确实存在差别，这也是河上注与王弼注的差别。徐学谟解从"大"字处着手，有其独到的见解。清代徐大椿之注也立足于"大"：

人即王也，地载人，天包地，道统天，其大有等，故转相法也。道则无有更大者，惟自然而不勉强，则道所为，师法者也。③

"自然而不勉强"即"自然而然"的意思，"道法自然"，就是把

---

① 熊铁基、陈红星主编：《老子集成》第六卷，第294页。
② 熊铁基、陈红星主编：《老子集成》第七卷，第161页。
③ （清）徐大椿：《道德经注》，载熊铁基、陈红星主编《老子集成》第九卷，第676页。

"自然而然"作为道的法则。徐注不仅解释了四大之间转以相法的原因，而且继承了王弼关于"道法自然"注的精义。

这里还要讨论另一种与王弼注有关的解释。以南宋董思靖之解为代表：

> 法者，相因之义也。故语其序则人处于地，形著而位分，地配乎天，而天犹有形。道贯三才，其体自然而已。谓推其相因之意，则是三者皆本于自然之道，盖分殊而道一也。①

把"法"释为"相因"，与王弼注一致。而"道贯三才，其体自然"的观点，对王弼注既有继承，也有发挥。道之体为自然，而天、地、人三才统一于道之中，这就理顺了道、天、地、人四大与自然之间的相互关系。清代潘静观、徐永祐两注有类似的看法：

> 道法自然，非道之上有自然，乃言道之所以为道者，自然也。知自然而道在是矣。天地人三才之道，一以贯之矣。②
>
> 因任自然，老氏之学尽此。……道生天，天统地，地生王，相及之序也。就其相及，因之为法，反本之义也。而统之以自然，天地人一以贯之矣。③

两注都是把自然解释为道的法则，并且推及天地人三才，其义旨体现出对王弼注的继承和发展。

迄至现当代，王弼注的影响仍然非常广泛。如陈鼓应先生译解"道法自然"为"道纯任自然"④，刘笑敢先生认为"道法自然"

---

① （宋）董思靖：《道德真经集解》，载熊铁基、陈红星主编《老子集成》第四卷，第367页。

② （清）潘静观：《道德经妙门约》，载熊铁基、陈红星主编《老子集成》第九卷，第340页。

③ （清）徐永祐：《道德经集注》，载熊铁基、陈红星主编《老子集成》第九卷，第421页。

④ 陈鼓应：《老子注译及评介》，中华书局1984年版，第169页。

中的"自然"在语法上是名词，意义上则是"自然而然"的意思①，两位学者的理解与王弼注是相通的。王中江教授等也都认为王弼的解释可能比较符合老子的原意。② 总之，王弼关于"道法自然"的解释确实属于老学史上的经典注解。

三　人法自然

除了河上注和王弼注，还有一种解释，认为"人法地，地法天，天法道，道法自然"句的中心是人，即人兼法天、地、道，归于自然，亦即人法自然。这种解释唐代老学中已经出现，如成玄英的注解：

> 人，王也。必须法地安静，静为行先，定能生惠也。故下章云躁则失君。既静如地，次须法天清虚，覆育无私也。又天有三光，喻人有惠照。地是定门，天是惠门也。既能如天，次须法道虚通，包容万物也。既能如道，次须法自然之妙理，所谓重玄之域也。道是迹，自然是本。以本收迹，故义言法也。又解：道性自然，更无所法。体绝修学，故言法自然也。③

成注用一个"必须法"和三个"次须法"表明法的主体都是人。先言人分别法地之安静、天之清虚、道之虚通，清楚地交代了人、地、天、道"四大"之间的关系，而把"自然之妙理"称为"重玄之域"，亦即把自然视为重玄学的最高境界，从而巧妙地避免了"五大"的麻烦。成玄英把河上注"道性自然，更无所法"称为

---

① 参见刘笑敢《老子古今》（上卷），第 289 页。

② 参见王中江《道与事物的自然：老子"道法自然"实义考论》，《哲学研究》2010 年第 8 期。

③ （唐）成玄英：《老子道德经开题序诀义疏》，载熊铁基、陈红星主编《老子集成》第一卷，第 306 页。

"又解"，表明他的解释是与河上注不同的。这里需要注意成注中"道是迹，自然是本"的说法，其意并不是指自然比道居于更高的位置，而是说自然在道中具有根本性的意义。因为在成玄英的老学思想中，本与迹都是针对道而言的，成玄英谓之道本与道迹，其曰："始，道本也；母，道迹也。""夫本能生迹，迹能生物也。"①正如李刚教授所指出的，在成玄英那里，本迹关系表现为从本降迹，摄迹归本，本迹相即，既是同时性，又表现为历时性，道从本降迹表达的是道生万物的过程。②再看重玄学的另一代表人物李荣的注解：

> 夫为人主者，静与阴同德，其义无私，法地也。动与阳同波，其覆公正，法天也。清虚无为，运行不滞，动皆合理，法道也。圣人无欲，非存于有事；虚己，理绝于经营；任物，义归于独化，法自然也。此是法于天地，非天地以相法也。③

李荣注的思路与成玄英一致，只是认为"人主"兼法天、地、道，而"圣人"法自然。也就是说，一般的"人主"虽然兼法天、地、道，但还达不到自然的高度与境界，只有圣人才能达到。但不管怎样，"人主""圣人"都是人，其注也是以人为中心，"圣人法自然"，还是"人法自然"。李注最后指出，天地不是转以相法，表明其注与王弼注不同。

"人法自然"的诠释在唐宋以后多见，如唐玄宗注："人谓王也，为生者先当法地安静。既尔又当法天，运用生成。既生成已，又当法道，清静无为，令物自化。人君能尔者，即合道法自

---

① （唐）成玄英：《老子道德经开题序诀义疏》，载熊铁基、陈红星主编《老子集成》第一卷，第326页。

② 参见李刚《成玄英论"本迹"》，《四川大学学报》（哲学社会科学版）1996年第3期。

③ （唐）李荣：《道德真经注》，载熊铁基、陈红星主编《老子集成》第一卷，第362—363页。

然之性。"① 玄宗注与李荣注有一些相似，人君须兼法天、地、道，而做到了这一步的人君，也就与"道法自然"一致了，"道法自然"的意思则是"合道法自然之性"。对此，唐玄宗疏进一步诠释：

> 人君能尔，即合道法自然，言道之为法自然，非复效法自然也。若如惑者之难，以道法效于自然，则是域中有五大，非四大也。又引《西升经》云："虚无生自然，自然生道。"则以道为虚无之孙，自然之子，妄生先后之义，以定尊卑之目，塞源拔本，倒置何深？②

疏解明确指出，对于"道法自然"的解释，不能把法理解为"效法"，因为"效法"的释义就导致了"五大"，这是与老子思想不合的，至于《西升经》"自然生道"之说更是妄言。"道法自然"的意思是"道之为法自然"，即道的法则是自然，唐玄宗注疏既以人为中心进行诠释，又兼采了王弼之说。类似的注解还有陆希声："故为人之主者，必法地之静以为体能静矣，然后法天之动以为用能动矣，然后法道之无为无不为。既能无为无不为矣，然后能法自然而然，而天下莫知所以然也。"③

北宋陈景元的《道德真经藏室纂微篇》影响很大，他也主张"人法自然"的诠释：

> 此戒王者当法象二仪，取则至道，天下自然治矣。夫王者守雌静则与阴同德，所载无私，是法地也。又不可守地不变，

---

① （唐）李隆基：《唐玄宗御注道德真经》，载熊铁基、陈红星主编《老子集成》第一卷，第 427 页。

② （唐）李隆基：《唐玄宗御制道德真经疏》，载熊铁基、陈红星主编《老子集成》第一卷，第 471 页。

③ （唐）陆希声：《道德真经传》，载熊铁基、陈红星主编《老子集成》第一卷，第 595—596 页。

将运刚健则与阳同波，所覆至公，是法天也。复不可执天不
移，将因无为，与道同体，其所任物，咸归自然，谓王者法天
地则至道也。非天地至道之相法也，宜察圣人垂教之深旨，不
必专事空言也。

陈景元认为"道法自然"的宗旨在于国家治理的政术，而不是抽象
的玄理。"四大"之间也不是如王弼所注的转以相法，而是王者兼
法天地与道，以治理天下。又如宋元之际杜道坚的注：

人能仰观俯察，近取远求，由地而知天，知道，知自然，
取以为法，内而正心诚意，外而修齐治平，以至功成身退，入
圣超凡，没身不殆，是则可与此道同久也。已噫焉，得知自然
者，而与之言哉。惟知自然者，则可与言道也。①

陈景元、杜道坚均为道士，推崇黄老思想，杜道坚更是认为老子讲
的全是"皇道帝德"，故两人均侧重从治道的角度诠解"道法自
然"。再看明代道士王一清的注：

是以圣人教人静笃法地，致虚法天，澹泊无为以法道。清
静其心，纯粹其德，动止中度，左右逢原，法自然也。此言地
天道三者皆有自然之妙，学者当法之也。②

该注说明了以"人法"为中心的理由，那就是地、天、道都包含自
然妙理，故都要效法。这一解释在语意上很畅通。河上注由于重视
养生之道，故向来为道教界推崇，但在"道法自然"的解释上，自
成玄英至陈景元、王一清等一批学养深厚的道士都没有采用河上

---

① （宋）杜道坚：《道德玄经原旨》，载熊铁基、陈红星主编《老子集成》第五卷，
第493页。

② （明）王一清：《道德经释辞》，载熊铁基、陈红星主编《老子集成》第七卷，
第290页。

注，而是解释成"人法自然"，由此说明，"人法自然"的诠解确实是有其合理之处的。

清代张尔岐《老子说略》也提出，理解老子这一命题，不能拘泥于人、地、天、道转以相法的语言表达方式，而应该以"人"为中心，其曰：

> 域中有四大，而王居其一焉，可不思所以全其大乎？全之如何，亦法地之无不载而已。地之外有天，亦法天之无不覆而已。生天地者道，亦法道之无不生、无不成而已。道本自然，法道者亦法其自然而已。末四句皆以人言，泥其辞则难通矣。①

魏源《老子本义》讲得更加具体清楚：

> 末四语以人法为主，盖人性之大，与天地参。……言王者何以全其大乎？亦法天之无不覆，法地之无不载，法道之无不生成而已。道本自然，法道者亦法其自然而已。②

魏源明确指出四大之间的关系是"以人法为主"，道与自然都要归到人这个中心上面来。

对于"人法自然"的诠释，还要提到唐代李约别开生面的注解，他的《道德真经新注》言：

> 凡言人属者耳，故曰人法地地，法天天，法道道，法自然，言法上三大之自然理也。其义云：法地地，如地之无私载。法天天，如天之无私覆。法道道，如道之无私生成而已矣。如君君、臣臣、父父、子子之例也。后之学者不得圣人之旨，谬妄相传，凡二十家注义皆云：人法地，地法天，天法

---

① 熊铁基、陈红星主编：《老子集成》第八卷，第725页。
② 熊铁基、陈红星主编：《老子集成》第十一卷，第22页。

道，道法自然。即域中五大矣，与经文乖谬，而失教之意也。
岂王者只得法地而不得法天、法道乎？又况地法天，天法道，
道法自然，义理疏远矣。①

李约"人法地地，法天天，法道道，法自然"的断句显然不妥，但
"人法自然"的释义却不无道理："盖王者法地、法天、法道之三
自然妙理，而理天下也。"② 由于李约的断句确实有违语言文法，
故宋元时期都未见被采用者。但到了明代，李约注被不断提及，如
薛蕙便认为李约之解有理：

> 此章先言道而次及于天地王者，乃其指趣归乎勉王者而
> 已。李约读法地地为句绝，谓如君君臣臣父父子子之例。法地
> 者，今与地同，同地故曰地地。法天天、法道道，意皆仿此。
> 法自然者，地、天、道三者皆有自然妙理，而王者当法之尔，
> 其说亦通。③

薛蕙认为李约的注解不仅其意可取，而且认为其断句也是可通的。
林兆恩也为李约辩护，认为"地地"即"地之所以为地也"，"天
天"即"天之所以为天也"。那么，"道道"怎么理解呢？其曰：
"凡道则皆道也，而所谓道道者，乃常道之道也。常道之道，自然
而已矣。"④ 徐学谟亦注意到了李约注，他说："李氏注以法地地为
句绝，而以下所法皆归之王。谓地天道三者皆有自然妙理，而王者
当法之耳。是又因法字解不能去而为之词也。"⑤ 徐学谟没有完全
肯定李约注，并指出之所以出现李约这种奇怪的断句，是因为对这

① 熊铁基、陈红星主编：《老子集成》第一卷，第539页。
② （唐）李约：《道德经新注》，载熊铁基、陈红星主编《老子集成》第一卷，第539页。
③ （明）薛蕙：《老子集解》，载熊铁基、陈红星主编《老子集成》第六卷，第294页。
④ （明）林兆恩：《道德经释略》，载熊铁基、陈红星主编《老子集成》第七卷，第77页。
⑤ （明）徐学谟：《老子解》，载熊铁基、陈红星主编《老子集成》第七卷，第161页。

个"法"字没有理解得当所造成的。田艺蘅《老子指玄》也言："唐李约读人法地地为句，下法天天皆然，强通。"① 这是对李约注的基本认可。洪应绍《道德经测》则曰："人法地四句，诸家之解不同。旧谓转而相法，于道法自然句义不得通。唐李约独以法地地、法天天、法道道为句。天地有形，有所以为天地者，以天天、地地为句可也。道又有所以为道者乎？亦支离矣。"② 洪氏认为李约地地、天天的断句可通，但道道的读法不行。总之，无论明代学者是赞同还是批评李约的断句方式，都说明"人法自然"的诠释为当时的老子研究者所关注和重视。

"人法自然"的诠释在现当代也很多见，如高亨先生便认同李约的解释，并云："意谓王者法地与地同德，法天与天同德，法道与道同德，总之是法自然。"③ 张松如先生则明确肯定李约断句是高明的，他说："王、地、天、道、自然，五者叠相法，实义云何，终觉不甚明了。莫若李约读法，义颖而莹也。"④ 张松如先生认为"人法地"当改为"王法地"，实误，不过他对李约注很推崇。孙以楷先生则批评了李约的断句，认为其"割裂了道与天、地之间，天与道之间的联系，特别是割裂了道与自然的联系，更不符合老子原意"。⑤ 但孙先生赞同了"人法自然"的句意："所谓'人法地，地法天，天法道，道法自然'，决不能理解为人只能法地，不能法天、法道、法自然，而应当理解为人既需要法地，因地法天，人亦需法天，因天法道，人亦需法道，最终是人法自然。而人法自然，则往往需要观察天如何法道，地如何法天，人又如何法地，来逐步加深，循序渐进，最终为人法自然。"⑥ 孙先生的解释具有代表性，既肯定了"人法自然"的合理性，又强调了人与地、天、道、自然

① 熊铁基、陈红星主编：《老子集成》第六卷，第351页。
② 熊铁基、陈红星主编：《老子集成》第七卷，第706页。
③ 高亨：《老子正诂》，开明书店1943年版，第5页。
④ 张松如：《老子说解》，齐鲁书社1998年版，第146—147页。
⑤ 孙以楷：《老子通论》，安徽大学出版社2004年版，第374页。
⑥ 孙以楷：《老子通论》，第373—374页。

之间的密切关系，由此也说明了自古至今"人法自然"这一诠释确有其过人之处。

四　结语

老学史上关于"道法自然"的注解多种多样，但以河上注"道性自然"和王弼注"道不违自然"以及大约从唐代开始出现的"人法自然"这三种解释为主要代表。三种解释各有特色，其侧重点也不相同，河上注突出了老子之道的最高地位，王弼注则强调了自然为老子思想的核心价值，正如刘笑敢先生指出的："道作为宇宙起源当然是最高的，但道的原则或根本是自然，推崇道其实还是为了突出自然的价值或原则。所以说自然是老子思想体系的中心价值。"[1] 第三种注解"人法自然"突破了王弼注四大之间转以相法的观点，而以人为中心，如孙以楷先生所言："人的伟大，在于人取法自然。"[2] "人法自然"主张以自然为原则阐扬人的价值，这一解释在文本上不存在训诂的障碍，在义理上则与老子道家精神相符，故可以视为"道法自然"的一个正解。

---

[1]　刘笑敢：《老子古今》（上卷），第289—290页。
[2]　孙以楷：《老子通论》，第374页。

老子"三宝"思想新探

——以三种德行的内在关系为中心

清华大学哲学系　胡晓晓

　　摘要：老子在反思批判世俗道德的同时，肯定了"慈""俭""不敢为天下先"三种德行的价值，可见"三宝"在老子哲学中的独特地位。学界对此一直不乏关注，但如何理解其内涵，尤其是三者之间的关系，依然是个有待深入考察的问题。现有研究对"三宝"内在关系的重视稍显不够，这一定程度上导致了其背后老子对于美德、行动问题的根本立场难以充分彰显。"无为"是老子对行动问题思考结论的概括，深入研究"三宝"，我们发现，此三种德行的内在关系蕴含了老子对行动准则、行动态度的思考过程。在"三宝"中，"慈""俭"分别呈现为积极德行和消极德行，"慈"指向老子赞同的积极行为，"俭"则是老子对不当行为的否定，二者可分别提炼为"V_1"和"不V_2"，而"不敢为天下先"则是判断某种行为是应肯定的V_1还是应否定的V_2的界线。"慈"具有涉己和涉他双重意味，"俭"具有内外俭约之义，"不敢为天下先"既是行动意图上无私意，又是行动方式上因随、和而不倡。"三宝"的内在关系指示了老子建构"无为"的实质，由此展开解读，希望为理解老子的行动和美德思想打开新的思路。

　　关键词：老子　三宝　慈　俭　不敢为天下先　无为

一　问题的提出

"三宝"出现在《老子》第六十七章:

> 天下皆谓我道大,似不肖。夫唯大,故似不肖。若肖,久矣其细也夫。
>
> 我有三宝,持而保之。一曰慈,二曰俭,三曰不敢为天下先。慈,故能勇;俭,故能广;不敢为天下先,故能为成器长。今舍慈且勇,舍俭且广,舍后且先,死矣!夫慈,以战则胜,以守则固,天将救之,以慈卫之。①

老子鲜明直接地宣称"我有三宝",并以德目表的形式依次述之,申说此三种德行的重要性。在以往的注说中,认为三者以"慈"为本,"慈"包含"俭"与"不敢为天下先"者不乏其人,但这种解读似乎难以让我们满意:其一是因为"慈"如何重要甚于其余二宝未得到完美的论证;其二是因为,如若"慈"已完全包含另外二者,老子为何不只言"吾之宝曰慈"呢?由是观之,三者的必要性如何安置?"三宝"背后究竟蕴含了老子怎样的思维过程?此三者能否形成一完备的全集而成为人事之至宝?这或许是历来注说都想论证的要义。"三宝"的内在关系不仅关乎理解"三宝"含义本身,而且关乎理解这背后老子的根本关怀、对现实人事的整体思考,不可不察也。以下我们就站在"三宝"内在关系的立场上,回顾以往注说的主要观点,并对其间可能存在的需要进一步辨析的问题作出分析。

以往的相关研究中,部分解读并不揭示三者关系,不乏注疏

---

① 本文所引《老子》原文字句及章序皆以王弼注本为底本,下文引用只注章序,如引简帛本和其他传世本,将随文说明。对于"三宝"章,笔者从汉简本和帛书本将"故能成器长"修订为"故能为成器长"。

有类似"此三行舍一不可"①之言，但此三行是何以必要且完备的，仍有待说明。而关注到"三宝"内部关系的观点显然已更进一步，不同程度地论说"慈"在三者中相对重要的观点比较多见，尤其有论者援儒释老，将"慈"类比甚至等同于儒家的"仁"，更加突出刻画"慈"的独上地位。持这一类观点的论者有的言"慈"最为重要，并不说"慈"包含其余，如成玄英②、叶梦得③；而有的则指出"慈"完全包含其余二者，今人有如陈鼓应④、钱耕森⑤、邓立光⑥；还有的则不限于"包含"关系，而是刻画以"慈"为中心，其余二者围绕"慈"展开的结构，有如王淮⑦、刘笑敢⑧。

认为三宝结构以"不敢为天下先"为核心的观点较少，诚然

---

① "此三行或缺一则死矣。"（唐）李约注，刘固盛点校：《道德真经新注》，载熊铁基、陈红星主编《老子集成》第一卷，宗教文化出版社 2011 年版，第 554 页。

② 唐代成玄英疏："三宝之内，以慈为先；四等之中，以慈为首。"（唐）成玄英，尹志华点校：《老子道德经义疏》，载熊铁基、陈红星主编《老子集成》第一卷，第 339 页。

③ 宋人叶梦得之说："三者推慈为先，而复申之，以为战则胜，守则固，是今之所急也。"参见马其昶撰，刘韶军点校《老子故》，载熊铁基、陈红星主编《老子集成》第十二卷，第 451 页。

④ 陈鼓应先生也认为"三宝"章的核心就在于说"慈"，是因老子身处战乱，目击暴力的残酷，故而极力发扬"慈"。参见陈鼓应《老子注译及评介》，中华书局 1984 年版，第 320 页。

⑤ 钱耕森、张增田老师对"慈"的解读除了以往注说的"宽容、爱护"之外，还联系了"辅万物之自然""夫莫之命而常自然"解释"慈"具有"助"的特征，两位老师注意到了"慈"和"无为"某一方面的联系，但还是没有脱离"慈"包含另外二宝的结构思路。参见钱耕森、张增田《老子的"三宝"初探》，《贵州社会科学》1993 年第 3 期。

⑥ 邓立光先生也说老子"三宝"以"慈"为首出，第六十七章就是为了凸显"慈"这一贯穿全经的精神。参见邓立光《老子新诠——无为之治及其形上理则》，上海古籍出版社 2007 年版，第 227—228 页。

⑦ 王淮借用宋儒本末体用、德性之说来解释"三宝"，认为"三宝"是老子德性之全体大用，"三宝"体用一贯，本末不离。此种诠释比较深入和具体，刘笑敢老师也认为王淮这种解释相当漂亮，也为一些后来研究者所从。参见王淮《老子探义》，台北：台湾商务印书馆 1972 年版，第 259—260 页。

⑧ 刘笑敢老师提出应作一种道家立场的诠释，即："慈"是对天下万物、百姓的根本态度和心理基础，"俭"是对自己的约束，"不敢为天下先"是对外物的态度和原则，后两者分别是内向和外向的无为。参见刘笑敢《老子古今：五种对勘与析评引论》（修订版上卷），中国社会科学出版社 2006 年版，第 682、686 页。

直觉来看，老子将其位排在第三，论者可能会认为它相对次要，不过亦有不同之见解，部分未点明内在结构的古注不乏暗含此义者：如严遵注"不敢为天下先"为"不为物先"，而后世注说已有通过"不为物先"发现"不敢为天下先"作为"三宝"之根本要义的地位。程巨夫有云："犹龙氏之宝三，曰慈、俭、不争……慈俭之宝，衍五千言，蔽之以一，不为物先。"① 虽然程巨夫将"不敢为天下先"解读为"不争"未必十分准确，但他已经注意到五千言以"三宝"为宗，而"三宝"之实质在于"不为物先"。今人研究中，曹峰先生将"三宝"的实质归结于"不敢为天下先"。② 这显然揭示了"不敢为天下先"的重要性，然而曹先生尚未提及"不敢为天下先"是在何种意义上能成为"三宝"的实质，其余"慈""俭"彼此之间关系如何安置等问题，尚需进一步辨明。

结合已有解读可看出，对于"三宝"内在结构的认识显然影响了"三宝"各自内涵的解释：在认为"以'慈'为本"的结构下，为了证成"慈"包含另外二宝的关系，就将"俭""不敢为天下先"的意涵如俭朴、不劳民伤财、不争等也赋予"慈"，这样"慈"就不仅指向了要做什么，还包括了不能做什么，而"俭""不敢为天下先"都只是不要做什么，这样的结构下后二宝的必要性未得到妥善安置；在以"慈"为核心，"俭""不敢为天下先"都是对于"慈"的约束的结构下，这样"三宝"的内部结构是不断收缩的，最终会滑向什么也不要作为的极端。这也正是为什么会存在一些认为"不敢为天下先"是毫不作为、落后保

---

① 参见陈垣《道家金石略》，文物出版社1988年版，第826—827页。还需要说明的是，熊铁基先生在介绍对第六十七章的历代解读时，援引了此句，并认为此段中"不为物先"就是对"不敢为天下先"的表述。

② 参见曹峰《老子永远不老：〈老子〉研究新解》，中国人民大学出版社2018年版，第173页。曹峰先生以谦下不争来解释"不敢为天下先"，言明不争是核心。需要说明的是，在书中曹峰先生言明"三宝"是"不争"的做人法宝，但是此段论述却在节标题"反向的政治思维"之下，前后文讲论的是治国用兵之事，所以曹峰先生对于"三宝"的定位可能只限于统治者的美德。

守的误解。这提示我们进一步探析"三宝"的内在结构对深入理解"三宝"思想的重要性。虽然"慈""俭""不敢为天下先"之间的关系依然有些扑朔迷离，此三者也被作出具体意涵不同的解释，但是"慈"作为一种积极德行，是对应该做什么行为的肯定；"俭"作为消极德行，指向要减少、去除什么行为、不做什么，是对不正当作为的否定；而"不敢为天下先"解释为"不先""居后"等相关义，这大概是诸种注说的一个基本共识。由此可以看出，在何种意义上的做、不做和不先是我们需要进一步辨析的问题，"不先"于他的判定标准是什么，怎样是"为天下先"，怎样是"不为天下先"？

　　已有的论说多已注意到"三宝"与"自然""无为"的联系。这一联系也正是"三宝"能够"每篇俱见此意"的原因所在。近年来，学界关于老子"自然""无为"的探讨很多，学界一般认为"自然"体现了反干预、反控制的诉求，"无为"被解读为不妄为、弱作用力，那么具体怎样的行为才是"为无为"，才能"无不为"呢？"三宝"章似乎就是对这个问题的思考与解答："我"道大而不肖，所行乃圣人之治，正是因为"我"拥有并珍惜三样法宝——慈、俭、不敢为天下先。可见"三宝"正是老子立足人事关怀深刻思考的结果。李若晖先生和叶树勋先生关于老子行动思想的研究启发了笔者如何联系无为理解"三宝"的内在关系。李若晖先生揭示了《淮南子·修务篇》推演的"以无为为之"有行为目的性的自觉[1]；叶树勋先生提炼了在行动问题上老子惯以"V_1而不V_2"的形式表达道的指引性，蕴含着行动者省察行为动机的提醒。[2] 笔者继续关照"三宝"之内在关系结构，发现"慈""俭"指向的行为要求正符合肯定某类行为而且否定某类行为的"V_1而不V_2"结构，

---

[1]　参见李若晖《道论九章：新道家的"道德"与行动》，上海人民出版社 2017 年版，第 200—202 页。

[2]　"V_1而不V_2"的结构是叶树勋先生在解读老子的行动思想时提炼出的表达形式，用以表示老子主张的行动方式包含了消极和积极两个方面。参见叶树勋《老子哲学中行动问题的思想脉络》，《哲学研究》2023 年第 8 期。

而"不敢为天下先"是省察动机与因物应变作为"V₁而不 V₂"的界线，由此"三宝"的内在关系清晰了起来：体现应当作为的行动 V_1 要求的是"慈"，指向当为之域，而体现不能作为的行动 V_2 的要求不 V_2 则是"俭"，指向要去除和禁止的弗为之域，"不敢为天下先"作为判定一种"为"是正当的 V_1 还是要禁止的不当之举 V_2 的界线。不为"先"的是 V_1，则慈而勇之，为"先"的是 V_2，则俭之（不做）然后能广。

二 自爱与救物："慈"作为积极
德行的双重指向

上文提到，将"慈"视为三宝的核心，或将"俭""不敢为天下先"的内涵都包括进"慈"，这种观点一直不乏所持者。三宝之内部关系如若真是以"慈"一端独大之结构，那么"俭""不敢为天下先"间的联系又该如何处理？因此，我们要抛开以"慈"为全德这种预设，重新解读。

"慈，爱也。上爱下曰慈。"[①]"慈"的本义是上对下的慈爱，引申为仁慈、仁爱。《礼记·祭义》云："敬长，慈幼。"提到"爱"，我们首先想到的就是爱护他人，也的确多有注疏在行动者如何关注、爱护、悲悯、成就他人（或者更具体到统治者对待民众）的态度、做法上解释"慈"。有如严遵、河上公等就如此解读。[②] 近代学者也在此层面上解读为"慈者能爱利人"[③]。有的注释将"慈"与仁对举，或直接将"慈"等同于仁。这种理解常见于

___

① 李学勤主编：《字源》，天津古籍出版社 2012 年版，第 931 页。
② 参见（汉）严遵著，王德有译注《老子指归译注》，商务印书馆 2004 年版，第 262 页；王卡点校《老子道德经河上公章句》，中华书局 1993 年版，第 262 页；（唐）成玄英撰，尹志华点校《老子道德经义疏》，载熊铁基、陈红星主编《老子集成》第一卷，第 338 页；（唐）李隆基《唐玄宗御注道德真经》，载熊铁基、陈红星主编《老子集成》第一卷，第 443 页。
③ 参见奚侗著，刘韶军点校《老子集解》，载熊铁基、陈红星主编《老子集成》第十三卷，第 26 页。

唐宋时期注疏①，这类注说多将"三宝"与儒家的仁义礼类比②。近代也不乏学者援儒释之，将"慈故能勇"解释为"仁者必有勇"③，"慈非仁乎"④，区大典更是认为老子思想与儒不相违背，用"克己复礼为仁"来解释"慈"⑤。这种援仁解慈的做法意在利用"仁者爱人"说明慈爱这一内涵，但从常识来看，我如何对待他人，必先有一个能够如何对待他人的内在自我，老子的"慈"有无指向对他人慈爱、对自己慈爱的两方面意义？当然我们并非由此去比附想象，而应该从《老子》文本中寻找证据。

关于涉己涉他的两面性还有一个"外援"——当代美国伦理学家斯洛特提出了道德对称性（自我—他人的对称性），斯洛特的观点是针对常识道德和康德主义道德总是牺牲行动者利益，对于一个行动在道德上是否值得赞赏总是取决于是否指向其他人的福利而提出的。斯洛特对于行动者在行为过程中要考虑自我的强调，以道德对称性凸显。⑥ 这启发我们思考道德的对称性。"慈"这种德行对于行动者的要求或福利何在。

"慈"的爱助意义有两方面指向，不过涉己的一面尚未得到足够关注，一个可能的直接原因就是为了让"慈"包含另外二宝，而

---

① 如唐代李约注："慈。仁也。"参见（唐）李约注，刘固盛点校《道德真经新注》，载熊铁基、陈红星主编《老子集成》第一卷，第554页。南宋吕知常注为"体仁博施，爱育群生"。参见（宋）吕知常撰，尹志华点校《道德经讲义》，载熊铁基、陈红星主编《老子集成》第四卷，第298页。

② 需要说明的是，这种类比一般都认为慈为仁，俭为义，不敢为天下先为礼，只有一个特例是王夫之将慈类比为仁，俭类比为礼，不敢为天下先类比为智。参见（明）王夫之撰，梅莉点校《老子衍》，载熊铁基、陈红星主编《老子集成》第八卷，第581—582页。

③ 参见丁福保注，刘固盛点校《老子道德经笺注》，载熊铁基、陈红星主编《老子集成》第十三卷，第199页。

④ 参见刘咸炘撰，刘韶军点校《老子二钞》，载熊铁基、陈红星主编《老子集成》第十三卷，第269页。

⑤ 参见区大典著，刘固盛点校《老子讲义》，载熊铁基、陈红星主编《老子集成》第十三卷，第259页。

⑥ 参见［美］迈克尔·斯洛特《从道德到美德》，周亮译，译林出版社2017年版，第4—20页。

把俭欲、不争等意涵①都赋予"慈"，在人们看来，一个不争、克制的人怎么可以爱自己呢？他必然是牺牲、奉献自我的。这是把爱理解为一种外在的事物上的多得或庸俗欲望的满足。而正是因为这种对于"三宝"内在关系的误解和误判，影响了对"慈"的正确理解。其实不然，做高尚的、有利于他人的事的人也是爱自己的表现，这才是真正的自爱者②，因为他关注自己的美德。

要知道，"三宝"是承上"我道大"而来，既然关注"我"这个守道者，那么"慈"怎能不关乎我内在的德性？若常能慈爱、助利他人，这是出发自怎样的"我"？刘笑敢先生提出了"道家式责任感"的新概念，将内在于我的自觉的心理状态与如何恰当地行为以实现人际和谐并举，刘先生将这两个方面定位为内外之分，在内为责任感、为圣人境界，在外为"无为"。这使笔者关注到"责任感"，它是一种心理状态或者说美德。不同于客观的责任，"责任感"要求体道者关切自身内在的德性、精神境界，并以之为恰当行为的根据。这种理解已不少见，如郑开、张丰乾先生认为"玄德"就是要统治者首先放弃智巧奸诈，再以淳朴之心去对待民众，使民众自觉端正行为。③ 叶树勋先生在分析老子哲学中"德"观念的意义时提出，老子关心的是人如何通过心灵的体悟，保全本身具足的"上德""恒德"，并以这种"上德"的方式去处理人世间的所有事情。④ 由此我们可以看出，如果我们把"慈"看作一种面向他人的慈爱的美德或者慈助行为，则必然已暗含了以面向自我的自爱——葆有内在的道

---

① 这类含义可以称为消极方面，这主要参考叶树勋先生所论的不 V_2 乃"无为"的具体表现，指向一种不干涉、不主宰他者的消极责任。参见叶树勋《老子哲学中行动问题的思想脉络》，《哲学研究》2023 年第 8 期。

② 关于对两种自爱的理解，笔者参考了《尼各马可伦理学》的内容，显然，无论是孔子还是老子的"自爱"都应当指的是真正的自爱。一个总是做合德性的事情、使自己高尚的人才是一个真正的自爱者。参见［古希腊］亚里士多德《尼各马可伦理学》，廖申白译注，商务印书馆 2017 年版，第 299—301 页。

③ 参见郑开《玄德论——关于老子政治哲学和伦理学的解读与阐释》，《商丘师范学院学报》2013 年第 1 期；张丰乾《保慈、贵柔与无为——〈老子〉的思想主旨及其现代意义》，《管子学刊》2019 年第 3 期。

④ 参见叶树勋《"德"观念在老子哲学中的意义》，《中国哲学史》2013 年第 4 期。

德根据为前提基础。此后叶树勋先生又在分析老子行动思想时明确提出了待人和待己是行动的两个方面①，不仅有对他人境遇的关切，也有对自身的反省和成就，甚至可以说正是因为自身的反省成就了德性的葆有因而能够给予他人境遇更好的关怀和帮助。这一观点使得对"慈"义的困惑豁然开朗：待人能有慈爱之心或爱护、慈助行为，正是因为我待己葆有美德，自身德性使然。这正是韩非子所解"爱子者慈于子，重生者慈于身"的两种情境，严遵所言"视物如己"，河上公所谓"爱百姓如赤子"的微言大义。②

由此可见，"慈"的要求具有涉己、涉他的两面，在涉他的方面，以往注说多有论述慈爱、爱护、宽容、悲悯等义，但更普遍的，我们应该看到"慈"所显示的对他人应当如何积极作为；"慈"涉己的一面有对于自我内在德性的关照之义，以往我们对"慈"的解释中也已见此种端倪，只是尚未明确展开。如严遵所注释的"视物如己"，像对待自己那样对待他者，这就暗含了面向自我和面向他者的行为方式。新近的研究中，许春华把"慈"解释为"赤子心""同情心"和"悲悯心"其实就已经具有了涉己和涉他两面的倾向，可以看作是关照自身内在德性，关切他者生活境域，并以"同情"作为贯通。③

以慈待己、以慈待他的说法是《老子》原文中所没有的，但这两种面向的德行内蕴于《老子》文句中，"慈己"表现为对内在自我的关照、对自我德性的认识，也包含自我精神身体的养生，如：

是以圣人自知不自见；自爱不自贵。（第七十二章）
吾所以有大患者，为吾有身，及吾无身，吾有何患？故贵以身为天下，若可寄天下；爱以身为天下，若可托天下。（第十三章）

---

① 参见叶树勋《老子哲学中行动问题的思想脉络》，《哲学研究》2023 年第 8 期。
② "视物如己"像对待自己那样对待他者，这就暗含了面向自我和面向他者的态度。"爱百姓如赤子"像赤子那样"含德之厚"，以我之德去爱百姓。
③ 参见许春华《〈老子〉之"慈"释义》，《哲学研究》2019 年第 2 期。

常德不离，复归于婴儿。(第二十八章)

第七十二章河上公《章句》题为"爱己"，强调了自爱这一方面，对自己的成就不仅包括"自知"即认识自己、发现自己，也包括"自爱"即尊敬自己，爱护、成就自己。圣人要有认识自己的智慧，但不去夸耀、彰显自己；尊敬、尊重自己但不会自以为是、抬高自己。"无身"和"贵以身""爱以身"并不矛盾，既表明要爱宝自身，又说明把这种美德运用到天下。池田知久先生认为"婴儿"等喻象不仅代表一种真朴的境界，还象征着养生层面上旺盛的生命力。①"复归于婴儿"也就是说能够保持恒常的德，会像婴儿那样纯朴和拥有生命力。

　　一个真正具有美德、重视自我实现的人必然也要关切他者的成长，而待己的美德和原则同样应贯彻到待他的行动上。这就要求一个真正具有美德的体道者，不仅要有关切他者的责任感，还要有正当的行动。如果把被肯定的正当行为提炼为 V_1，那么在涉他方面不仅关注他者的外在福祉，也关注他者的内在美德。"慈他"表现为对他人的爱惜、爱护，关切他人的成长，为他人提供需要的资源、条件以及适当的辅助。表现在外在福祉上，则是"处无为之事，行不言之教"(第二章)的处事、行教，施行无为的治理，推行无言的教化；"生而不有，为而不恃，长而不宰"(第十章)的"生""为""长"，生育、蓄养、帮助成长；也是"实其腹""强其骨"(第三章)的"实""强"，即满足其生存的必需，使之温饱强健；"天之道，利而不害。圣人之道，为而不争"，(第八十一章)的"为"，是正当必要的辅助行为。也就是说 V_1 做的是给予他人发挥、成长、实现自己的资源和空间；表现在他者的内在美德上，则是"见素抱朴"(第十九章)，"圣人皆孩之"(第四十九章)，"非以明民，将以愚之"(第六十五章)的"孩之""愚之"。

---

　　① 参见［日］池田知久《〈老子〉的养生思想——以郭店楚简、马王堆帛书、北京大学藏竹书为中心》，曹峰译，《华中师范大学学报》(人文社会科学版) 2016 年第 7 期。

使他人也回归赤子"含德之厚",去除"智多"的桎梏,达到真朴的境界,"与之浑朴相忘,正所谓大顺也"①。司马谈的《论六家要旨》有云:"道家使人精神专一,动合无形,赡足万物。"正是点明了老子之"慈"指向的待己之 V_1 与待他之 V_1。

总的来说,"三宝"中的"慈"的意涵是慈爱,是一种关于应当做什么的积极德行,外在表现为利好的行为。从语境来看,"三宝"之"慈"并非特指孝亲慈幼的亲情关系,而是借这种比喻,表示"爱利"② 的意义,表现为对自己德性和生命的关照,为他者的德性修养和生存境域提供向好、向上发展的条件,故而其实质可提炼为积极作为的 V_1。

三 日损与不宰:"俭"作为消极 德行的内外面向

"俭"的本义是行为约束。《说文》:"俭,约也。"于财物则表现为节省开支,与侈相对。③ 以往"俭"的注释主要可归纳为三种。其一,与钱财用度有关的节俭。如解释为轻赋税、少敛财等义。④ 其二,与内在欲望有关的节制,如少私寡欲、去除机巧。⑤ 其三,前两者兼而有之,薄赋轻敛与谦身少欲并举。⑥ 由此可见,"俭"是一项关于减少、去除某种内在或外在行为的主张。

---

① 参见(明)杨起元撰,尹志华点校《道德经品节》,载熊铁基、陈红星主编《老子集成》第七卷,第 341 页。

② 参见古文字诂林编纂委员会《古文字诂林》,上海教育出版社 1999 年版,第 8 册,第 973 页。

③ 参见李学勤主编《字源》,第 711 页。

④ 在第一层面的意思上,有如河上公,"赋敛若取之于己",并用"舍其俭约但为奢泰"解释"舍俭且广"。(参见王卡点校《老子道德经河上公章句》,第 262—264 页)

⑤ 成玄英是在内在的欲望、智巧层面上解释:"少欲知足,守分不贪,此经宝也。"

⑥ 韩非子用"不能奢侈常费""俭用其财""圣人爱宝其神"来解释,在节约财用和节省精神方面都涉及。此类的还有唐代李荣注:"薄赋轻徭,谦身节用,不奢不侈,俭之义也。"参见(战国)韩非《解老》,载熊铁基、陈红星主编《老子集成》第一卷,第 61 页;(唐)李荣注,周国林点校《道德真经注》,载熊铁基、陈红星主编《老子集成》第一卷,第 382 页。

历来论者多把"俭"定位为一种内向的约束①，但这种定位还是有点模糊，比如减少赋税这层意思也被界定为内向的话，会有些绕远牵强。而如果只顾"俭欲"这一方面，又不符合《老子》文本的实际。虽然在对"俭"的注释中可看出内向和外向的两面，但是外向层面减少对他者干涉只具体到轻徭薄赋未免有些狭窄，在笔者看来，应联系老子的"自然""无为"之义再充分发掘。比如这一处老子对"有为"的批判：

> 民之饥，以其上食税之多，是以饥。民之难治，以其上之有为，是以难治。（第七十五章）

民的境遇困顿正是由统治者赋税多和干预太多导致的，此处也可看作"俭"义外向层面的体现，反对税敛过多和反对"有为"正是一例具体语境，并且食税也应归于反对"有为"这一点。

再看一处否定式表达的典型例子：

> 生之、畜之，生而不有，为而不恃，长而不宰，是谓玄德。（第十章）

李约注之云，"生之而不执有，能为之而不矜恃，能长之而不宰制"②，生育抚养而不占有，帮助万物而不自恃功劳、不主宰它们，对应"俭"也就是说要否定执有、矜恃、宰制等干涉行为。

把不正当的行为用 V_2 表示，要去除、禁止，即不 V_2 行为。除了不破坏他者的自然形态③，向内"俭约"的其他表现我们通过

---

① 需要说明的是，以往注说把"俭"解读为约束，指向的是约束"我"，并不关乎"三宝"结构，"俭"是"慈"的约束这种观点是近年研究才有的。

② （唐）李约注，刘固盛点校：《道德真经新注》，载熊铁基、陈红星主编《老子集成》第一卷，第589页。

③ 叶树勋先生所辨析的两种自然形态：外无他力，内无我意。笔者从。参见叶树勋《早期道家自然观念的两种形态》，《哲学研究》2017年第8期。

如下几处原文来分析：

> 涤除玄览，能无疵乎？爱民治国，能无知乎？（第十章）

"能无疵乎"是说不会患罹疾病。这里说的疾病，是说心灵受到污染，而这种污染是由小智、欲望导致的。①"能无知乎"说的也是使人蒙蔽的小智，爱民治国，也要"无智无欲"。

> 不自见，故明；不自是，故彰；不自伐，故有功；不自矜，故长。（第二十二章）

不自我炫耀，不锋芒毕露，不自满骄傲、自视甚高，这种向内的俭约能够导致彰显、有功业、居尊位，而正是因为不故意彰显功劳自我炫耀，不是出于自我满足的私欲，才能够取得好的成果。

> 善行无辙迹。（第二十七章）

不是说善于行走连脚印都没有，而是说要忘功忘我。蓄养、辅助他人的自我实现，不能有所目的，自恃恩惠，欲求回报，而应当功成弗居，自隐无名。

所以，三宝中的"俭"从意涵上来讲是俭约、减损去除，从实质上来看是一种关于不做什么的消极德行，呈现为对某一类行为 V_2 的否定，即不 $V_2$②，内向层面就是不自见、不自贵、不自矜、不自是等，落实到外向层面就是不有、不恃、不宰，减少对他者的干涉。

---

① 参见高亨《老子正诂》，载《高亨著作集林》第五卷，清华大学出版社 2004 年版，第 59 页。

② 正如叶树勋先生所言，老子关于行动问题的思考常以 V_1 而不 V_2 的形式表达，笔者赞同并延续叶先生把不 V_2 归为消极责任的看法，但是笔者对于"无为"就是不 V_2 有不同看法，笔者的理解是"无为"不仅包括了对某类行为的否定，还包括对一类行为的肯定。

四　不为物先："不敢为天下先"作为界线

"不敢为天下先"可以说是"三宝"中被世人误解最大的一句，太多不认可老子的学者尤其批评老子此语乃厚黑学、极端保守主义等①，这是因为学者把"不敢为"误解为胆小、怯懦、保守，甚至是在智慧、能力上不足以作为。老学界一般不会作此种理解，学者通常的看法是把"不敢为天下先"理解为谦让、不争，但"不争"背后是关于行动态度的何种根本思考，如何证成"不敢为天下先"乃全书"三宝"之一的地位，也即它与前两者有何关系，必要性何在，这类问题一直没有比较清晰有力的论证。熊铁基先生指出，各种记载对"三宝"的地位以及对"慈""俭"的理解基本上是一致的，但对于"不敢为天下先"有不同的表述，而且它与"清静无为"之间的关系一直不甚清晰。② 我们尝试从"不敢为天下先"在"三宝"中的作用，也即其在结构中的定位出发，结合历代注疏与今人研究，考察其与 V_1 和 V_2 的关系，以期揭示它作为界线的意义。

"不敢为天下先"在历代以来的解释大体可分为两类：（1）前后排序上的谦让、不争抢排在前面；（2）不去做先导、掌控、提倡什么，不先于物而采取行为，显然后者更具有哲学意味，前者也可以归为后者的一种表现。"先"的本义为先后之先，"先"在《甲骨文字诂林》中被解读为："止在人前，故有先义。"③ 所以，不先于物而采取行为，说的是不在物之前去掌控、倡导物的行为，主体行为不在物的前面、不阻挡物的自然倾向，也即随顺万物之自

---

① 张丰乾先生曾在文章中列举一些对《老子》的误解，包括厚黑学、阴谋论等。唐庆增认为"不敢为天下先"造成了国民的苟且状况，抵抗奋斗、极端保守。参见张丰乾《保慈、贵柔与无为——〈老子〉的思想主旨及其现代意义》；唐庆增《中国经济思想史》，商务印书馆 2010 年版，第 161 页。

② 参见熊铁基《抱道持身，履践三宝——如何解读〈老子〉六十七章及其他》《哲学研究》2017 年第 12 期。

③ 于省吾主编：《甲骨文字诂林》，中华书局 1999 年版，第 1 册，第 827 页。

然。这种解释在历代注疏中并不少见，如韩非子解之云："圣人尽随于万物之规矩，故曰不敢为天下先。"① 一切现象，事物都有其道理、规矩，圣人"不敢为天下先"就是说要随顺万物本身的道理规矩。严遵解释为"不为物先，合和顺理，以应自然"。说明核心是"因顺"，只能"应"自然，而不能"用己而背自然"。②《河上公章句》作："执谦退，不为倡始也。"③ 即不断地去减弱自己的意志，不去倡导，不做带头的元始。

《老子》中与此相关的文本值得注意。一个是与先后之先相近的，如第九章的"身退"（主体位置居后）；一个是第三十八章的"前识"（预先存在的智识）。先看第一处：

功遂身退天之道。（第九章）

李若晖先生已经指出，"身退"绝非功事做成之后的退避动作，反而正是因为"身退"才可能成遂此自然之功，它是体现于整个"功遂"的进程之中的，具有无私无我、收敛人之占有欲的意思。④ 行事当中必然要求人的意志和能力，而"身退"则规定了此过程中不要按私欲去干扰进程，也就是说虽有所作为，但是要遵循万物的自然，避免自己的意志破坏他人的自行发展。笔者认为这是"不敢为天下先"的一重层面：行动方式上的因随。

接着看"前识"：

夫礼者，忠信之薄，而乱之首。前识者，道之华，而愚之始。（第三十八章）

---

① 参见（清）王先慎撰，钟哲点校《韩非子集解》，中华书局 2003 年版，第 152 页。
② 参见（汉）严遵《老子指归》，载熊铁基、陈红星主编《老子集成》第一卷，第 110 页；陈广忠译注《淮南子》，中华书局 2016 年版，第 322 页。
③ 王卡点校：《老子道德经河上公章句》，第 262、263 页。
④ 参见李若晖《道论九章：新道家的"道德"与"行动"》，第 223—224 页。

韩非子解之曰："先物行先理动之谓前识，前识者，无缘而妄意度也。"① 韩非子主要强调的是与物相因，"妄意度"说的是没有客观的物的根据而妄以自己的意识忖度。② 李巍先生结合第三十八章反复出现的"以为"发现了在这其中一直被强调的行动意图动词，而"前识"就是它的名词形式，指行动动机方面的掌控欲、控制欲。这也是笔者想要说明的"不敢为天下先"的另一层面：行动动机上的无掌控。这是老子很强调的一点，韩非子在其解释中说得更明确：

> 处乡不节，憎爱无度，则争斗之爪角害之；嗜欲无限……好用其私智而弃其道理，则网罗之爪角害之。（《韩非子·解老》）

如果用自己的意志和私欲去干扰万物，不顺应万物的道理，那么就是与物互相伤害，也无法保全自己。

可见，随顺民众的自然是圣人无为的条件。《淮南子·原道训》从因物应变肯定了应有的"无不为"："所谓无为者，不先物为也；所谓无不为者，因物之所为也。"南宋吕知常对"不敢为天下先"的解释也有"为无为"的意思："不为事始，和而不唱，不敢先也。"③ "和"的本义为"音乐的和声"④，不去安排开始，只是做和声而不主唱，同时又能以不同的音节衬托出主曲调，这就是不敢为先的含义。

现代研究中亦有学者坚持古义"不先物为"，只是未具体论述何种意义的"不先"，如张舜徽先生的解读："不敢为天下先，谓

---

① （清）王先慎撰，钟哲点校：《韩非子集解》，第134页。

② 忘，通妄。参见（清）王先慎撰，钟哲点校《韩非子集解》，第134页。

③ （宋）吕知常撰，尹志华点校：《道德经讲义》，载熊铁基、陈红星主编《老子集成》第四卷，第297—298页。

④ 王中江：《"明同异"：中国古典语境中的多样性、差异性和共同性话语》，《哲学动态》2018年第11期。

不先物为也。"① 老子的 "不敢为天下先" 之义在《文子》中亦有
迹可循：

> 老子曰：执道以御民者，事来而循之，物动而因之；万物
> 之化无不应也，百事之变无不耦也。(《文子·道原》)
> 故天下之事不可为也，因其自然而推之，万物之变不可救
> 也，秉其要而归之。是以圣人内修其本，而不外饰其末，厉其
> 精神，偃其知见故漠然无为而无不为也，无治而无不治也。所
> 谓无为者，不先物为也；无治者，不易自然也；无不治者，因
> 物之相然也。(《文子·道原》)
> 老子曰：圣人忘乎治人，而在乎自理。(《文子·道原》)

《文子》也阐发了任万物发挥自然的重要性，圣人之治与其说是
"治人"，不如说是 "自理"，"无为而无不为" 正是要从圣人这里
入手。圣人要管理好自己，不把主观意志强加给别人，《庄子》中
亦有 "日凿一窍，七日而混沌死" 的故事，不能按照自己的意志去
破坏他人的自然。王中江先生解释 "道法自然" 为 "道遵循万物
的自然"，而道的作用方式是 "道常无为"，无为的行为方式在何
种意义上遵循了万物的自然呢？

李巍先生在分析早期中国的感应思维时，指出道家对于物感去
除一切人为因素，"感而后应" 是 "无为" 观念的另一种表达方
式。② 韩非子云："夫物有常容，因乘以导之，因随物之容，故静
则建乎德，动则顺乎道。……故曰：恃万物之自然，而不敢为
也。"③《管子·心术上》有云："有道之君，其处也，若无知。其

---

① 张舜徽：《张舜徽集：周秦道论发微；史学三书评议》之《老子疏证》，华中师
范大学出版社 2005 年版，第 149 页。

② 参见李巍《早期中国的感应思维——四种模式及其理性诉求》，《哲学研究》
2017 年第 11 期。

③ （战国）韩非解，刘固盛点校《喻老》，载熊铁基、陈红星主编《老子集成》第
一卷，第 64 页。

应物也，若偶之。静因之道也。"可见因势而为、随物应变正是不先物为，也正是"无为"的要求。

　　那么对物的随顺有哪些表现呢？"圣人恒无心，以百姓心为心"（第四十九章）① 河上公注为："百姓之心所便，圣人因而从之。""圣人不积，既以为人己愈有，既以与人己愈多。"苏辙解说："施其所能以为人，推其所有以与人……能利能害而未尝害，能为能争而未尝争，此天与圣人所以大过人，而为万物宗者也。"② "吾不敢为主而为客"（第六十九章），我们不把它看作兵法计策，而看作一种河上公所言的"玄用"，就可以发现近似于"不敢为天下先"的行动原则：不去倡导，而要后发，不去做万物的主宰。反之如果"舍后且先"，"忘退后之心，起趋先之行"③，那就是严遵所说的"为物唱也"，不去附和、不去辅助，反而首先按自己的意志去倡导，那就会伤害物的自然，"死矣"对自己来说也是走向死路。

　　以往理解的"不敢为天下先"是当我与他人（或说圣人与民）都追求某种外在的东西时，我（圣人）不争先恐后，甘愿谦让给别人，而实际上，"不敢为天下先"的主旨并非在顺序上不争先恐后，也非一种孔融让梨式的"礼"，"不敢为"并不是说能力、智力、权力上的不能够，而是和责任、动机的辨别有关。"不敢为天下先"是应当积极作为的 V_1 和需禁止去除的 V_2 的界线，对于 V_1 则"慈"，对于 V_2 则"俭"，即" V_1 而不 V_2"，"不敢为天下先"是我如何对待他者的根本原则，保证了"慈""俭"行为的正当性。

---

　　① 王弼本作"圣人无常心"，汉简本、帛书本作"圣人恒无心"，笔者从。参见刘笑敢《老子古今：五种对勘与析评引论》（修订版上卷），第515页。
　　② （宋）苏辙解，刘固盛点校《道德真经注》，载熊铁基、陈红星主编《老子集成》第三卷，第31页。
　　③ 参见（唐）成玄英、尹志华点校《老子道德经义疏》，载熊铁基、陈红星主编《老子集成》第一卷，宗教文化出版社2011年版，第338页。

五 "三宝"的内在关系

以往注说因为对"三宝"的内在关系尚未深入研究和澄清,而认为"三宝"内部存在诸多矛盾,或是对"三宝"内涵的把握有所偏差,认为"三宝"是一种退缩的人生态度、消极的处世原则,这种观点对"三宝"的意义有所遮盖,"三宝"背后是老子关于行动、美德的根本立场,有待我们把握其内在关系,阐发其深刻意义。

刘笑敢先生归纳总结了一种对"三宝"的道家诠释:"慈"是对天下万物、百姓的根本态度和心理基础;"俭"是对自己的约束,表现为内向的无为;"不敢为天下先"是对外物的态度和原则,表现为外向的无为。① 在刘先生那里,"无为"是包括不争、不言等数十种否定式表达的"概念簇"。② 刘先生对"无为"的解释更多的是一种归纳,"俭""不敢为天下先"的解释被推向"无为",在何种意义上体现,尚需进一步的辨明。

一直以来,"无为"都作为老子对行为活动的制约和规范出现。显然它是针对"有为"提出的,这也无怪乎一些观点把它理解为毫不作为,如朱子曾说"老子所谓无为,便是全不事事"③,"老子是个占便宜,不肯担当做事底人,自守在里,看你外面天翻地覆都不管"④。但老学界通常的看法是把"无为"理解为不妄为、不造作,但是何种"为"不是妄为,一直没有得到清晰的解释。

在丁四新先生看来,"无为"是老子"为"的根据和原理,一切的"为"都以"无为"为前提和核心,而这种由"无为"发生

---

① 参见刘笑敢《老子古今:五种对勘与析评引论》(修订版上卷),第686页。

② 参见刘笑敢《诠释与定向——中国哲学研究方法之探究》,商务印书馆2009年版,第331—332页。

③ (宋)黎靖德编,王星贤点校《朱子语类》卷二十三,中华书局1986年版,第537页。

④ (宋)黎靖德编,王星贤点校《朱子语类》卷一三七,第3253页。

的"为"不但是正当的，也是值得鼓励的。[1] 不过，虽然丁先生已经揭示老子是用"无为"来重构"为"，有"为"的"无为"才不是滑向毫无作为的无底黑洞[2]，但是重构之后的"为"应当是何种结构丁先生尚未直接呈现出来。而叶树勋先生则提炼了老子"V_1而不 V_2"的行动表达方式，这一结构不仅能够贯通老子的行动之论，更是在表达式上就能直接呈现出消极和积极的两个方面。同时叶先生还揭示了老子"为道日损"首先指向"前识"，进而指向其背后不良的欲望和智虑，在反省自身的基础上开展恰当的行动。当然这在一定程度上回应了不妄为、不造作，保障了行动的正当性，不过一种"为"之所以不正当，是否全然因为其动机不良？其间可能依然需要进一步思考的是，被允许和鼓励的"V_1"与被否定和去除的"V_2"之界线是什么，这一界线关乎"为"正当性的判断。老子言明道大，具陈三宝，而当我们深入关照三宝的内在结构，发现"慈"与"俭"正是"V_1而不 V_2"的关系，不先物为的"不敢为天下先"正是遵循万物的自然，圣人无为而百姓自然的根本原则，而"不敢为天下先"作为"V_1"、不"V_2"的界线，使得三宝之间的相互关系清晰起来，挺立了三宝的内在结构：符合标准的V_1即是"慈"的要求，积极作为；不符合标准的 V_2 则应当"俭"，减损去除，即不 V_2。给他人成长、自我实现的条件和资源，但一切正当的行为不能超过"不敢为天下先"的界线，界线的另一边则是不应该有的各种干涉、控制、设计，而"不敢为天下先"这条界线，挡住了有目的、有私欲、有算计的占有、主宰行为，不仅保护了自己如此、本来如此、势当如此，同时也接纳了"生""长"和适当的"辅""镇"。这一结构也正印证了道遵循万物的自然，"V_1而不 V_2"的无为依赖百姓的自然，圣人无为和百姓自然互为前提和条件。[3]《淮南子·修务训》云："所谓无为，私志不得入公道，

---

[1]　参见丁四新《郭店楚竹书〈老子〉校注》，武汉大学出版社 2010 年版，第 11 页。
[2]　参见丁四新《严遵〈老子指归〉的"无为""自然"概念及其政治哲学》，《哲学研究》2018 年第 7 期。
[3]　参见王中江解读《老子》，国家图书馆出版社 2017 年版，第 27 页。

嗜欲不得枉正术，循理而不举事，因资而立功，权自然之势，而曲故不得容者。"① "顺物自然"与"权自然之势"就体现为"不敢为天下先"的要求，不仅强调不以主观意志去强加干扰，还肯定了圣人的责任，接纳了适当的"辅""镇"行为。

六 结语

"宝"的本义是珍贵之物，在老子那里，所珍贵的并非和璧隋珠、奇珍异宝，而是持之可葆道大的"慈""俭""不敢为天下先"。李若晖先生和叶树勋先生对老子行动思想的研究启发了笔者重新审视"三宝"的内在关系。"慈"所指向的待己和待他方面应该做什么，"俭"指向的不做什么，分别体现了老子行动思想的积极方面和消极方面，继续探究，可以发现"不敢为天下先"指示了老子所肯定和否定的行为的界限。上文提到，"不敢为天下先"与"无为"的关系一直不甚清晰，通过探析，我们发现"不敢为天下先"正是"无为"内部的界线。"自然"的反干涉要求已成为学界共识，但同时也要理解刘笑敢先生所言的道家式责任感以"辅万物之自然"，陈鼓应先生所说的"同情感"对他者要"慈"，王中江先生所言的"无为"是一种弱作用力，从这种道家式责任感、伟大的同情感出发，我们要做的绝不是毫不作为，可是我们如果太过强调有为，要做这个要做那个，又会影响他者的自然发展，所以我们必须澄清，不要妄为，不要造作，不要干涉。同样地，当我们不断地强调"不干涉"，会不会造成冷漠的坐视不理？强调责任，怕走向控制，强调不干涉，恐滑向毫不作为。那其间正当性行为的界线何在？讨论一个"不德""不言"，或许可以为某些场合确立正确的言行，但是由个案的讨论难以得出普遍的意义。总的来说，一种言行是不是正当，就看它有没有"为天下先"，也即，有没有用自己主观的预设和意图去控制他人，是否把自己的需要看得重要于他

---

① 陈广忠译注：《淮南子》，中华书局 2016 年版，第 322 页。

人的自我实现，是否按私欲干扰他人自我实现的进程。如果没有
"为天下先"，而是为他人的自我实现提供条件和资源，辅助他人
自然，那就是应当肯定的 V_1，是"慈"指向的当为之域，但是如
果"为天下先"，把自己的主观意志强加给他人，要求回报，阻碍
或干扰他人自我实现的趋向，那就是应该去除的 V_2，是"俭"指
向的弗为之域不 V_2。所以三宝揭示到，需要"慈"这一积极德行
和"俭"这一消极德行，要实行 V_1 且不 V_2，这才是担当责任与控
制之间的适当行为，而横在两者之间防止滑向两个极端的界线正是
"不敢为天下先"，只有不越过这条界线，才能保证行为的正当性，
"反以相天"①，和光同尘，才能真正地"无为而无不为"。

　　韩非子《解老》云："事必万全而举无不当，则谓之宝矣。故
曰吾有三宝，持而宝之。"② 对"事"有判断、"举"而能恰当，
"三宝"显然内蕴老子对于美德、行动问题的根本思考。我之美德
展现，我之行动实践，都必须有其混混源泉，而以 "V_1 而不 V_2"
及其界线为内部结构的"三宝"正是老子人伦思想的源头活水，是
我们深入理解"无为"的关键，老子之学的确"以三宝为宗"。

---

　　① "万物之自然……辅即反以相天之谓。"（明）杨起元撰，尹志华点校：《道德经
品节》，载熊铁基、陈红星主编《老子集成》第七卷，第 341 页。
　　② （战国）韩非解，刘固盛点校：《解老》，载熊铁基、陈红星主编《老子集成》
第一卷，第 61 页。

《庄子》中"与物同化"的意蕴探析

北京大学哲学系　徐会利

摘要："与物同化"意味着将自身与万物融为一体，个人顺应万化的宇宙而不失自我。人"与物同化"包含多重意蕴。其一，体现在身与物同化，《庄子》肯定"指与物化而不以心稽"，反对心的思虑和谋划，强调打破主体与客体的分界，实现两者的融通。其二，人"与物同化"还体现在顺应死生之变，"其生也天行，其死也物化"意味着将生存或者死亡视为宇宙的自然变化，人能够做的就是顺应自然的大化流行，不乐寿、不哀夭，摆脱生死对情绪的干扰。其三，"与物同化"意味着人顺应自然变化最好的状态就是"外化而内不化"。"外化"是面对外部事物时，安时处顺，与时俱变，与物俱变。但人的内心却始终保持静定、虚静即"内不化"，不受外部事物变化的干扰。

关键词：《庄子》　物化　与物同化　外化

"物化"是理解《庄子》所推崇的理想人生境界，必须阐释清楚的核心话题，也是学者们关注的重点。比如劳思光将化视为一切存有的基本存有原理①，张京华在《庄子哲学辨析》中将物化归入

---

① 劳思光在《思辨录：思光近作集》中指出："化概念在庄子语言中有特殊的所指，它不是指涉现象界的事象，而指一切存有的基本存有原理，由'化'这个概念，又引出'造化'这一概念，字面上造化即指造成变化，实则当成一个名词使用，指造成变化之原理。这个原理本身是一种力量，它支配一切存有，包括物理的，心理的甚至文化的单体……每一个经验的存在都与其他经验存在处于相互转化的关系中，构成我身体的成素，会构成同一时空结构或经验世界中其他事物，也将会在未来如此，身体不过是物质成素的集合，偶然由宇宙力量或造化原理造成，而身体亦将解散，而其成素将去构成其他的事物，由此，显然无理由将身体看成自我，所谓自我在定义上即应与非我的外物分开。"（劳思光：《思辨录：思光近作集》，台北：东大图书公司1996年版，第22—24页）

自化的含义内，认为自化具有如下含义：“其一，在同一种属内的自化叫做自生，其二，不同种属间的变化叫做物化，认为自生和物化合在一起就是自化。”① 王中江扩充了物化的内涵②，将物化理解为事物产生、消亡以及事物存在过程中所发生的改变，并且指明了物化的动因来自事物内部。曹础基认为物化是道生成的各种物象。③ 陈鼓应在《道家的人文精神》中对庄子的大化观进一步延伸④，很有启发意义，他恰当地指出了基于这种不停转化的宇宙观，人应当如何应对的问题，将“化”的理论意义从宇宙观层面拓展至人生观层面，指明了人不能以静态的、固定的价值判断标准区分事物，人应当顺应万物的大化，超越生死等区别。学者们从多个角度解析物化的概念，但是物化作为一种普遍现象，也与人的工夫修养密切相关，物化即“与物同化”，作为通达逍遥之境必不可少的修养工夫，这一层面的内涵仍有待继续推进。

一　“与物同化”之“身物同化”

“与物同化”首先需要做到“身物同化”，主体与客体浑然成一个整体。《庄子》描绘了很多技艺娴熟之人，能够做到道技合一，如工倕指与物同化、吕梁丈夫与水同化。要达到“身物同化”需要人心保持专一而不凝滞。

---

① 张京华：《庄子哲学辨析》，辽宁教育出版社1999年版，第59页。

② 王中江在《道家形而上学》一书中明确提出“《庄子》之‘化’不局限于某一物是宇宙间一切具体事物的普遍现象，物化代指一切事物的变化，既指称事物的产生，也指称事物的消亡，还指称事物在产生和消亡之间这一过程中的‘渐移’。同时还指出，道创生万物之后，便袖手旁观，任物自化，排除事物发生变化的外在原因，认为万物的变化是自性、自因的”（王中江：《道家形而上学》，上海文化出版社2001年版，第247页）。

③ 曹础基认为：“大道能产生一切、变化一切。它变成人的形体就叫成形，变成人的精神就叫成心，变成各种言论就叫化声，变成各种物象就叫物化。”（曹础基：《庄子浅注》，中华书局2007年版，第32页。）

④ 陈鼓应提出：“其一，宇宙万物既然不停地转化，则不当以固定的、静态的、对立的价值判断及是非区别来认识事物。其二，庄子的大化观展现出生命应当洞察变化、参与变化、顺应变化及安于所化的价值理性，以此超越生死之别。”（陈鼓应：《道家的人文精神》，中华书局2012年版，第109页）

（一）"指与物化，而不以心稽"

> 工倕旋而盖规矩，指与物化，而不以心稽，故其灵台一而不桎。忘足，履之适也；忘要，带之适也；知忘是非，心之适也；不内变，不外从，事会之适也。始乎适而未尝不适者，忘适之适也。（《达生》）

"规"本义指有法度的正圆之器，"矩"本义指画直角或方形的工具。关于"指与物化，而不以心稽"，成玄英认为："手随物而化，因物施巧，心不稽留也。任物因循，忘怀虚淡，故其灵台凝一而不桎梏也。"[1] 他认为手跟随物象一起变化，心能够因循不同物象而作画，心因为"因循"和"忘"而得以专一不受桎梏。林希逸认为"器圆不用规，只以手画之，其技入神矣。指，手指也，指手物化，犹山谷论书法曰：'手不知笔，笔不知手'是也。手与物两忘而略不留心，即所谓官知止，神欲行也。故曰不以心稽"[2]。林希逸也提出手、物合一，手与物象不分彼此，达到手、物两忘，如同书法家写字一般，手和毛笔得以合一，不分彼此，且达到手和笔两忘的境界，即"不以心稽"。无论是成玄英所言的"手随物化"，还是林希逸认为的"手物两忘"，最终指向是一致的，即主体与对象的融二为一，手随物化是将两者融为一体，手物两忘所忘的内容同样是二者之间的不同，而保持的仍然是二者之间的一致性。身与物同化的最终结果是合二为一，"物化"打破了心与物，乃至梦与觉、生与死之间的鸿沟，使物我融为一体。

《庄子》反对"心稽"，"心稽"意味着心的思量谋划，"不以心稽"表面上是形容工倕不假思索便能施展高超的技艺，而实质上是形容工倕已经达到了心性上的无我之境，不需要心的思量谋划就

---

① 王先谦：《庄子集解》，中华书局 1987 年版，第 165 页。

② （宋）林希逸：《庄子鬳斋口义校注》，中华书局 1997 年版，第 297 页。

能自然而然地使手指与物象融为一体。无我不是真的没有我，而是主体达到物我两忘、物我合一的境界。从有我到无我，不仅体现了技术的出神入化，更展现了工匠由技入道的思想境界，如庖丁般"以神遇而不以目视，官知止而神欲行"（《养生主》）。工倕的高明之处在于他所达到的境界并不是出自费心谋划，而完全是顺乎自然、不假思索的。

此外，吕梁丈夫是能与水同化之人，虽然文中并无"化"字，但吕梁丈夫的游水技艺显然已入化境：

> 孔子观于吕梁，县水三十仞，流沫四十里，鼋鼍鱼鳖之所不能游也。见一丈夫游之，以为有苦而欲死也，使弟子并流而拯之。数百步而出，被发行歌而游于塘下……曰："吾生于陵而安于陵，故也；长于水而安于水，性也；不知吾所以然而然，命也。"（《达生》）

孔子向吕梁丈夫请教游水的方法，吕梁丈夫认为自己只不过是顺从水性，与水流一起涌动，顺水势而为，做到与水合一罢了。何谓"长乎性，成乎命？"有学者认为"命就是无目的、不知道结果的顺乎自然，是人与水习性相合、化而为一的境地"[1]，人人都具有能够游水之性，但能否游水游得好则是命了，吕梁丈夫能够实现自身与水融为一体，"长于水而安于水"本身就是忘水、与水为一的境界。与水同化，化则为一，吕梁丈夫善于游水，做好这件事情的前提是自身与水同化相融，水成了我身体的一部分，在水中游戏就如同在陆地上行走一般自然。总之，"与物同化"不仅使主体与世界得以贯通，而且使主体与世界相合融为一体。[2]

---

① 黄承贵：《超越与逍遥：老庄境界论研究》，南京出版社2013年版，第166页。

② 如徐复观所言："《庄子》一书，对于自我与世界的关系，皆可用物化、物忘的观念加以贯通。"（徐复观：《中国艺术精神》，广西师范大学出版社2007年版，第66页）

（二）"灵台一而不桎"

> 工倕旋而盖规矩，指与物化，而不以心稽，故其灵台一而
> 不桎。（《达生》）

"故其灵台一而不桎"之"故"字表明前面所述和后面结果呈现一种因果关系，使"灵台一而不桎"的原因在于"指与物化，而不以心稽"。据此，陆西星认为"此言纯熟自然之妙，看他论一化字，便是圣学所谓'从心不逾'者，工倕制器不用规矩，只以手旋物上，自圆而成规。曰矩者，具言成文尔，彼时指与物化，全不留心，故曰不以心稽，虽不以心稽，而心亦未尝不在，但一而不受其桎耳。使其用志一分，虽熟而亦不能成规矣。大抵学问，最怕分心，又怕有心。分心则杂而不精，有心则物而不化，故一而不桎者乃能入妙"①。陆西星准确地指出"灵台一而不桎"强调的是心志专一，工倕看似不依靠心的计量和思考，但实际上画图正是专心于一处的体现，用心专一便能"从心所欲不逾矩"地作画。"规矩"不在工倕的手中，而在其心中，普通人的"规矩"在手上，手被规矩支配，而工倕的"规矩"早已内化于心，因此随手作画无不合乎"规矩"。

"规矩"在手上与"规矩"在心中有何不同？"规矩"在手上，手随着"规矩"而动，手被规矩支配。当"规矩"内化于心时，不假思索随手作画就如同"规矩"在手中一样，是心支配着"规矩"。"不以心稽"并不是不用心，而是不分心，专心一处，将此心用于作画之中。

"灵台一而不桎"之"一"即专心于一处，但心主宰着"规矩"，因此不受"规矩"的桎梏，此心掌握着主导权，不仅支配着手，还能灵活运用"规矩"。若心受"规矩"束缚，那么心成了

---

① （明）陆西星：《南华真经副墨》，中华书局 2010 年版，第 278 页。

"规矩"的奴隶，这才是心的桎梏。正如刘凤苞所言"工倕之巧不从规矩而生，而规矩之运用在心，所谓惨淡经营，工良心苦也。究竟以规矩呈能，犹未免拘于形迹。外不离乎规矩，安能指与物化？内不忘乎规矩，安得不以心稽？巧之至者，目中不必有规矩而规矩直运之掌上，意中亦未必有规矩而规矩莫测其端倪。无规矩之规矩，较之有规矩而更精，惟其运以神而不滞于形也"①。刘凤苞准确地指出了工倕不需要借助外在的规矩，只需要凭借心中的规矩作画，心中虽有规矩，却能够忘乎规矩。可见，依照对规矩的运用，可将工匠分为三个级别：第一，依靠外在之规矩作画；第二，依靠心中之规矩作画；第三，心中有规矩却又能忘乎规矩，随心而画。层层递进，到了第三级别，工匠的技巧已经出神入化，实现自身之心、手、物象三者合一。

工倕之"规矩"在心而不在手，若在手上，那么手被"规矩"支配，而"规矩"在心则是心支配"规矩"，"不以心稽"并不是不用心，而是"规矩"化于工倕之心，成了工倕的技能，这技能无法言传，只能用心感受。《庄子》言"灵台一而不桎"，重点除了强调不能分心，还有一层深意在于以心支配手，使得心手合一、手和心中的"规矩"合一。

总之，"身物同化"才能实现主体与客体浑然成一个整体，而主客体合一离不开人心的专一状态。"与物同化"超越了主客体之间的界限，搭建了主体与客体之间贯通合一的桥梁。

二　"与物同化"之顺应死生之化

"与物同化"还意味着顺应死生之化，"其生也天行，其死也物化"揭示了《庄子》顺应死生之变的达观态度。《庄子》借助"物化"不仅实现了梦、觉之间的界限，还打破了生、死的隔膜，死亡不再是可怕的，不过是构成人体之气消散而已，消散之后的气

---

① （清）刘凤苞：《南华雪心编》，中华书局2013年版，第442页。

又能重新汇聚形成新的生命体，因此死亡不再是生命的终结，站在
更高的视角来看，宇宙经历了一个由气不断凝结和不断消散的循环
往复的动态过程，原有的生命体虽然不复存在，但构成生命体之气
却并不消失，而是经历一个从消散到重新凝聚的过程。人之生是顺
应宇宙大化流行的产物，人之死同样是物化的过程。

（一）生也天行

"生也天行"意味着人生时，则顺天而生。既然万物皆化而没
有终止，宇宙万物之生命也处于生、死转化的不停运动中，那么人
所能做的便是顺从生死之大化，不因生而窃喜，不因死亡而哀伤，
人对于生死应持一种顺任自然的态度，坦然接受宇宙的生死之化。

"其生也天行，其死也物化"揭示了生、死都是天道自然变化
的结果，生命的形成是气凝聚的结果，生命的死亡也是气的消散而
已，消散之气重新参与到凝聚新的生命体的过程之中，如此便形成
一个生生不息、变动不居、生死一体的宇宙。

个人的生命总是有限的，相较于整个宇宙而言，人的生命是极
其短暂的，短暂几十年过后，人身体机能发挥到极点，随之面临的
就是死亡：

> 人生天地之间，若白驹之过隙，忽然而已。注然勃然，莫
> 不出焉；油然寥然。莫不入焉。已化而生，又化而死。生物哀
> 之，人类悲之。解其天弢，堕其天褒。纷乎宛乎，魂魄将往，
> 乃身从之。乃大归乎！（《知北游》）

"白驹"即白色骏马。明白了宇宙间生死更迭只是造化的产物，人
就不应该被生死束缚，不必为生而欣喜，也不必为死亡而悲哀，将
死亡看作魂归于宇宙的方式。

财富、死生、名利、贫穷或显达都不应该扰动人之心，应该等
齐视之，人应该远离财富：

　　　　藏金于山，藏珠于渊；不利货财，不近贵富；不乐寿，不
　　哀夭；不荣通，不丑穷；寿夭俱忘，穷通不足言矣。不拘一世
　　之利以为己私分，不以王天下为己处显。显则明，万物一府，
　　死生同状。（《天地》）

关于"万物一府，死生同状"，成玄英认为"忘于物我，故万物可
以为一府；冥于变化，故死生同其形状。死生无变于己，况穷通夭
寿之间乎"①。林希逸认为"聚万物而归之一理，故曰一府，死生
亦大矣，而无所变于己，视之若一也，故曰同状"②。正因为看透
了世间万物的本质，无论是贫穷或者富贵，长寿或者夭折，生存或
者死亡，其实质都是宇宙万物变化的产物，在宇宙万化的过程中，
《庄子》提出"不乐寿，不哀夭；不荣通，不丑穷"，实现"万物
一府，死生同状"。
　　《庄子》对于生死的态度，还体现在如下方面：

　　　　生也死之徒，死也生之始，孰知其纪！人之生，气之聚
　　也，聚则为生，散则为死。若死生为徒，吾又何患！故万物一
　　也。（《知北游》）
　　　　死生，命也，其有夜旦之常，天也。（《大宗师》）
　　　　生者，假借也；假之而生生者，尘垢也。死生为昼夜。
　　（《至乐》）
　　　　有虞氏死生不入于心，故足以动人。（《田子方》）
　　　　死生亦大矣，而无变乎己，况爵禄乎！（《田子方》）
　　　　不以生生死，不以死死生。死生有待邪？皆有所一体。
　　（《知北游》）

---

① （清）郭庆藩撰，王孝鱼点校：《庄子集释》，中华书局2012年版，第410页。
② （宋）林希逸：《庄子鬳斋口义校注》，第186页。

关于生死问题，《庄子》认为死生是一个连续的过程，事物从生到死，又从死亡到新生，是一个连续的过程，死亡跟在生命之后，新生也跟随死亡其后，正是对"死生同状"的生动诠释，死生成了一个连续不断的过程，使之连续的前提是气之聚散。此外，《庄子》常把死生比作昼夜之交替，以显示死生的连续。因此正确对待死生的态度是"不乐寿，不哀夭"，"死生无变于己"，"死生不入于心"。

在常人看来，生、死是相对待的范畴，在《庄子》看来，死生不是相对待的，而是一体的，所谓"死生有待邪？皆有所一体"，其中"一体"是站在宇宙的角度视之，万物是一体的，没有永久的生，也没有永久的死，死生是连续的，借助"一气"为媒介，打破了常人的死、生对立观。陈鼓应也认为"不以生生死，不以死死生"即"不是为了生来生出死，不是为了死来停止生"。① 生、死既然是连续的，死是生的起点，生也是死的起点，死、生既然为一体，那么两者的差别就被消解了，常人将其视为相对待的一对范畴，在这里也被超越了。人能做的便是随造化而动，即"生也天行"，既然享有生命，便要尊重、养护生命，不置自身于险境，不做妨碍保养生命之事。

（二）死也物化

"死也物化"意味着死时，则顺天之死，既不乐寿也不哀夭。如果说做到"不乐寿"较为容易的话，做到"不哀夭"则更难实现。《庄子》曾借助与"髑髅"的谈话，指出死亡的好处——避免"生人之累"：

> 庄子之楚，见空髑髅，髐然有形，撽以马捶，因而问之曰："夫子贪生失理，而为此乎？将子有亡国之事，斧钺之诛，而为此乎？将子有不善之行，愧遗父母妻子之丑，而为此

---

① 陈鼓应：《庄子今注今译》，商务印书馆2007年版，第676页。

乎……"髑髅曰："死，无君于上，无臣于下，亦无四时之事，从然以天地为春秋，虽南面王乐，不能过也。"庄子不信，曰："吾使司命复生子形，为子骨肉肌肤，反子父母妻子、闾里、知识，子欲之乎？"髑髅深矉蹙頞曰："吾安能弃南面王乐而复为人间之劳乎？"（《至乐》）

庄子见到一个死人的头骨，便与之对话，追问其是死于贪生悖理还是国家败亡，被敌人杀死，还是自身做了恶事羞愧而死，或是死于冻饿灾荒，或是寿终正寝。髑髅认为庄子提到的几种死法都是"生人之累"，活着的人无不担心自己随时因为各种可能或者意外而死亡，但死后便没有这些忧患了，死亡的好处在于使人免受君臣尊卑等级的束缚，也不受四季寒冷或者湿热的痛苦，从容自得与天地共长久，这种快乐胜过当国君的乐趣。庄子试图追问若有新生的机会，髑髅是否愿意重新活着，而髑髅并不愿意，认为生存于人世难免遭受很多痛苦，但死亡却是使自身免遭痛苦的最好的形式。髑髅不仅不畏惧死亡，还以死为乐，顺从宇宙之化。

死亡并不可怕，生死不过是宇宙大化的产物，人能做的便是在生时，便安于生；在死时便安于死，随顺生死的变化，不乐寿、不哀夭：

生者，假借也；假之而生生者，尘垢也。死生为昼夜。且吾与子观化而化及我，我又何恶焉？（《至乐》）

死生，命也，其有夜旦之常，天也。人之有所不得与，皆物之情也。（《大宗师》）

《庄子》借助"假借"表明：人的生命是假借气之凝聚而构成的，人的生命不是永恒的，如尘垢般渺小，死生循环交替，宇宙不断经历生生死死的变化而永不停歇，人自身也参与到宇宙之化的过程中毫不例外有生有死。人有生有死，这是必然的，就如同白天和黑夜不断交替一般，关于死亡的不可抗拒性，这是人力所不能干预的，人只能接受"道"的安排。人不能因为生就惧怕死，也不能因为有死而否定生的意义，在《庄子》看来，生死是一体的，如同昼夜交替变化一般自然，有生就有死，死也是新生的开端，如此生死不断交替，构成生生不息的宇宙世界。

"死生，命也"之"命"包含两重含义：其一，是"对生命中无可奈何的必然性限制"；其二，"不可遇期的偶然性之遇合变化"。① 确如其所言，死生归于命，而命又是人力无法掌握控制的因素，因此对于死生，人应该坚持的态度就是安于所化，顺应生死之变。

总之，"其生也天行，其死也物化"意味着人生时，则顺天而生，人死亡时，则顺天之死。"与物同化"表现为人主动地随顺万物之变，随顺死生之化。《庄子》生死观背后体现了其主动随顺万物之化的生命态度，只有做到主动地随顺天地万物之变，随顺死生之化，实现"死生无变于己"，才能做到"外化而内不化"。

三 "与物同化"之"外化而内不化"

"与物同化"还要求人做到"外化而内不化"，这是《庄子》推崇的理想人生状态，即对外，保持安化处顺的人生态度，与物偕逝；对内，保持人心的虚静专一，不为物迁。这样才能在万化的宇宙中，顺应外物之化的同时且不失其自我。

既然宇宙是处于变化之中，没有穷尽的，那么生活于其中之人，应当如何应对宇宙之化？如何对待人的内心之化？《庄子》对比了"古之人"和"今之人"：

> 古之人，外化而内不化；今之人，内化而外不化。与物化者，一不化者也。安化安不化，安与之相靡，必与之莫多。（《知北游》）

———————

① 沈维华：《外化而内不化：庄子论生命困境与精神自由》，《彰化师大国文学志》2018 年第 36 期。

何谓"外化而内不化""内化而外不化"？郭象认为内不化指代心不化，外化指代形自化，古之人，外形随顺变化的同时，能够保持内心不变。而今之人，以己心影响和改变形之化，妨碍形之自化。无论化与不化，都是无心顺从自然而已。①成玄英认为这指明了古之人能够做到内心保持宁静的同时，外形随顺变化，如果心与物俱化，将导致人与物相刃相靡。内化是心随物迁，这是被否定的状态，外化是顺应外物之变，顺应自身形体之变，只有对外顺应外物之化，对内保持心不被异化②，才是《庄子》推崇的。

（一）"外化"：安化处顺

"外"，是人对内心之外的所有事物的态度以及外在行为；"化"，即变化，是指对事物的反应变化，"外化"即"指能通达顺应外在环境的变化，能屈能伸，与物推移"。③只有与物同化才是应对宇宙之变的最好方式，人作为宇宙万物之一，人之形体也不断变化，人应该坚持安化处顺的态度应对外物以及自身的变化。而今之人往往"内化而外不化"，对外不能顺应万化的宇宙，对内人受外物影响导致原本的虚静、灵明之心不复存在，最后"丧己于物"，渐渐迷失了自我，《庄子》还将这种人称为"倒置之民"：

> 古之所谓得志者，非轩冕之谓也，谓其无以益其乐而已矣。今之所谓得志者，轩冕之谓也。轩冕在身，非性命也，物之傥来，寄者也。寄之，其来不可圉，其去不可止。故不为轩冕肆志，不为穷约趋俗，其乐彼与此同，故无忧而已矣。今寄去则不乐，由是观之，虽乐，未尝不荒也。故曰：丧己于物，

---

① 郭象认为："以心顺形而形自化。以心使形。常无心，故一不化；一不化，乃能与物化耳。化与不化，皆任彼耳，斯无心也。"〔（清）郭庆藩撰，王孝鱼点校：《庄子集释》，第766页〕

② 成玄英疏："古人纯朴，合道者多，故能外形随物，内心凝静。内以缘通，变化无明，外形乖误，不能顺物。"〔（清）郭庆藩撰，王孝鱼点校：《庄子集释》，第766页〕

③ 沈维华：《外化而内不化：庄子论生命困境与精神自由》，《彰化师大国文学志》2018年第36期。

失性于俗者，谓之倒置之民。（《缮性》）

"轩冕"代指荣华高位，古之人不以获得荣华高位而得意愉悦，而今之人却因获得荣华高位而得意自满。但荣华高位这种外在之物不过是暂时寄托在某人身上，获得或者失去荣华高位都不是人力所能阻止的，荣华高位到来时，人不能随心丢掉，荣华高位离开自身时，人也阻止不了。既然物之来、去，非人力所能阻挡，便不必因物之来去而大喜大悲。明白了这一点，人无论富贵显达或者贫困潦倒都能保持原有的心志，既不大喜也不大悲，不因外物扰乱其心。若因外在之物左右自身的哀乐情绪，丧己于物，如此便本末倒置，为物所困，《庄子》称其为"倒置之民"。"丧己于物"与今之人"内化而外不化"之"内化"一致，都表达了人心被外物异化，而迷失自我。那么如何纠正"倒置之民"的错误，方法便在于用安时处顺的态度迎接万化的宇宙，正如《庄子》所言："安时而处顺，哀乐不能入。"

总之，对待外物，要顺应万物之化，安于所化，不因暂时的得与失而扰乱其心。领悟了生死的本质，明白了安化处顺的重要性，人才能从因为得失、死生带来的喜怒哀乐中解脱出来，所以"庄子妻死"时，庄子可以做到"鼓盆而歌"。（《至乐》）

（二）"内不化"：不为物迁

"内"在《庄子》中多指人的内心，尤其是指"人在精神自由层面所持守的自然本真之性"①，"不化"即不随外物改变心之原本的状态。"内不化"，就是对内，心不受外物扰动，始终保持空虚、静定的状态，也即"以虚静之道心，守其本真之性，不受外在千变万化的影响，不与物迁"②。

---

① 沈维华：《外化而内不化：庄子论生命困境与精神自由》，《彰化师大国文学志》2018 年第 36 期。

② 沈维华：《外化而内不化：庄子论生命困境与精神自由》，《彰化师大国文学志》2018 年第 36 期。

"外化"和"内不化"密切相关，因顺外物的自然变化，有助于保持心的虚静和超然物外，而本心之虚静灵明又能使人"胜物而不伤"，安于接受万物的变化和造物者赋予人自身形体之变。若单强调"外化"和"内不化"中的某一个，那么这一主体就是不完整的，只有强调对外顺应万物之变的同时，也关注人的内心不迷失自我，内外兼顾，才能使这一主体无论对外还是对内都能保持正确的应对态度。

关于《则阳》篇中"与物化者，一不化者也"之"一不化"即"内不化"，意为面临外在世界的纷纷扰扰，人的内心始终可以保持安然静定、不为物迁，"哀乐不入于心"。在应对宇宙的变化过程中，人心不能随物而变，人心原本的虚静灵明状态不能因为外物而改变，所以《庄子》强调"外化"而"内不化"，前者教人顺应宇宙万物之变，后者强调在万化之中保持自我而不迷失。

关于"与物化者，一不化者也"，林云铭认为"与物化者，外化也；一不化者，内不化者也"①。他认为"与物化者，一不化者也"分别与"外化而内不化"相对应。"一不化者"即内心不随物而迁。"内不化"是为了保持心原本的虚静和灵明，心之虚所以能够更好地容纳万物，心之灵明能使人面对万化的宇宙及时作出准确的判断。"内不化"意在使人在应对万化的宇宙时保持自我而不迷失，即心不随物而变迁，这与庄子反对的"逐物而迁"正好相反。正是人心之灵明使人能够顺应外物之化，而避免逐物而迁、丧己于物。若人逐物而化，表面上看似乎是顺应外物，但实质上是使物主宰人，人成为物的奴隶，这就本末倒置了。顺物而化与逐物而迁的差别在于前者是以人为中心，物不扰乱人心，人保持其原本的主体性，物依赖于人，而后者则是以物为中心，物扰动人心，人成了依附于外物的存在，在追逐外物的过程中丧失人的主体地位。

关于"与物化者，一不化者也"，郭象以"无我"解释与物俱化②，"无我"意味着不以个人的意志干扰外物之化，使我与外物

① （清）林云铭：《庄子因》，华东师范大学出版社 2011 年版，第 239 页。
② 郭象认为"与物化，故常无我；常无我，故常不化也"（王先谦：《庄子集解》，第 227 页）。

融合成一个整体，我作为万物之一，始终处于与他物一同变化之中。林希逸认为，"与物化"即与物一同变化、变化日新①，但其并未指明"一不化者"之"一"指代的是人之内心。褚伯秀认为"日与物化者，前焰非后焰，一不化者，今吾即故吾"②。褚伯秀指明了物化前后对象发生改变的事实，还指明了"一不化"即对于主体而言，自己仍旧跟之前的自己保持一致。"与物化"解释的是万物变化日新的现实，"一不化"解释的是作为主体之我具有相对稳定性，今日之我和昨日之我虽然发生了变化，但也具有一致性。冉相氏能够保持内心宁静的同时随物而化，这背后体现了变化的绝对性和静止的相对性之统一。但其未言明为何"今吾"与"故吾"一致的问题，"今吾"与"故吾"在哪些方面保持一致，哪些方面已经发生了变化仍有待探讨。

"与物化者，一不化"之"一"便是内心的虚静原貌，这是不能受外物影响改变的。对外，《庄子》推崇的是与物同化、安化随顺的人生态度；对内，心不随物而迁移变化，始终保持静定。使得人之内心不随物迁，就需要保持心的虚静，虚静意味着涤除扰乱人心的因素，需要不断"外天下""外物"乃至"外生"：

> 吾犹守而告之，参日而后能外天下；已外天下矣，吾又守之，七日而
> 后能外物；已外物矣，吾又守之，九日而后能外生；已外生矣，而后能朝
> 彻；朝彻，而后能见独；见独，而后能无古今；无古今，而后能入于不死
> 不生。（《大宗师》）

三日后能够实现"外天下"，即不因天下事而扰乱其心，七日后能

---

① 林希逸认为"日与物化，言与物俱往，日新又新，即我之所得，一个不化底如此用出来"［（宋）林希逸：《庄子鬳斋口义校注》，第400页］。
② （宋）褚伯秀：《庄子义海纂微》，华东师范大学出版社2014年版，第823页。

够"外物"，即不因外物而动心，九日后能够实现"外生"，即不因生死而动心，将生死置之度外。"外生"后才可能实现"朝彻"，即"放下一切后内心所达到的清亮明达的精神状态，它如朝阳初升一般明澈洁净，一尘不染"①。"朝彻"后才可能"见独"，即"当下的这个我在摆脱一切困扰以后所达到的心理状态，是一独一无二、之前不曾有之后亦不会有的状态"②。"见独"后才可能"无古今"即"过去、现在、将来、理想、愿望、当下、浑然成为一体而没有分别"③。"无古今"之后才可能实现"不死不生"，"不死不生"并不是长生久视之意，而是"死生如一""死生同状"的境界。

"外生"比"外物"需要的时日多，意味着达此境界更难，"外物"比"外天下"更难。从"外天下"到"外物"进而到"外生"，逐渐具体化，逐渐离人更近，如果说"外天下"离人较远，那么"外物""外生"离人更近，当越来越接近主体之人时，实现"外"的工夫越难。但只有经历"外"的工夫，人才能逐渐涤除干扰人心的因素，使心保持"内不化"的状态。换言之，"外天下""外物""外生"的工夫就是消灭干扰人心的因素，使心不因天下事、不因外物，甚至不因个人生死而变化，使心保持原初的虚静、灵明状态。

总之，《庄子》推崇古之人"外化而内不化"，反对今之人"内化而外不化"。"外化"即人与物同化、安时处顺，坦然接受宇宙大化，也坦然接受自身形体的变化。"内不化"即在应对万物的纷扰变化时，内心静定、不随物迁。"外化而内不化"是《庄子》推崇的人顺应万化的宇宙而不失自我的修养工夫，也是通过这种修养工夫能够通达的"与道为一"的境界。

---

① 罗安宪：《儒道心性论的追究》，人民出版社 2018 年版，第 156 页。
② 罗安宪：《儒道心性论的追究》，第 157 页。
③ 罗安宪：《儒道心性论的追究》，第 157 页。

四　结语

"与物同化"才能顺应万化的宇宙而不失自我。"与物同化"首先意味着"身物同化"，实现主体、客体之间的融通为一。其次，在对待生死之化方面，"与物同化"体现在人应该顺应生死之化，"不乐寿、不哀夭""死生无变于己"，做到不因生而大喜，也不因死亡而大悲，《庄子》借此消解了生与死的界限与差别。最后，"与物同化"还体现在"外化而内不化"即顺应万物之化、与物同化，同时又能保持心不随外物而变化，始终保持虚静灵明的状态。"外化"和"内不化"相辅相成，"外化"使人能够因顺外物的自然变化，这有助于保持心的虚静和超然物外，而"内不化"又可使本心保持虚静、灵明，使人"胜物而不伤"，安于接受万物的变化和造物者赋予人自身形体之变。总之，坚持安化处顺、心不随物而迁的人生态度，才可能顺应万化的宇宙而不迷失自我。

论《太平经》的道德追求

中南大学哲学系　吕锡琛

摘要：《太平经》这一早期道教的重要经书继承了"神道设教"的传统，发展了老子的德论，倡导积德行善。笔者宣称，无德者将遭"荡尽"、积善者方能"长为种民"，从而构建了独特的道德优选论；提出了顺道贵生、移孝为忠、至诚无欺、尚柔求寡等道德要求；修正了传统的承负说，强调吉凶祸福是个人善恶行为在现世的报应；通过善恶神必知之、天报有功、不与无德等道德监督和赏罚理论激励民众弃恶向善；在阴阳互补、"要在中和"等理论的基础上，描绘了君臣民"三合相通，并力同心，共成一事"，散财济贫等道德理想。这些融会儒道的道德追求对后世道教伦理思想产生了深刻的影响。

关键词：《太平经》　道德追求　顺道贵生　移孝为忠　天报有功　三合相通　要在中和

《太平经》又名《太平清领书》，共 170 卷，相传由神人授予方士于吉，是早期道教的重要经书。该书成书于东汉中晚期，并非一时一人之作。它内容庞杂，包含了古代道家、方仙道、黄老道、阴阳五行、灾异、神仙等诸多内容。作者痛感当时宦官专权，政治黑暗，贫富分化严重，风俗浇薄，而官方道德又已失去教化民众、维系人心的社会调控作用，故以代天化民为己任，继承古代"以神道设教"的传统，发展了老子的德论，以天人感应、阴阳五行理论阐发治国安民之道。该书重视道德教化，作者宣称无德者将遭"荡尽"、积善者方能"长为种民",从而构建了独特的道德优选论；提出了顺道贵生、移孝为忠、至诚无欺、尚柔求寡等道德要求；通过善恶神必知之、天报有功、不与无德等道德监督和赏罚理论激励民众弃恶向善；在阴阳互补、要在中和的理论基础上，描绘了君臣民"三合相通，并力同心，共成一事"，散财济贫等道德理想。这些融会儒道的道德追求对后世道教伦理思想产生了深刻的影响。

一 教人为善、长为种民的劝善主张

道德教育是贯穿于《太平经》全书的主线，书中大量的论述均围绕劝善戒恶这一主题而展开。为了达到这一目的，作者针对人们畏天祈福等心理特性以强化道德教育的穿透力，故书中的道德教育思想主要通过"为天陈法"的方式呈现。

第一，实施道德教化是顺天时、奉神意之举。作者认为，历史呈现着善恶成败循环变化的周期，目前正值人类历史由衰转盛之时，必须顺应这一转变，依天时、奉神意进行道德教化，书中说："吾上敬受天书……承顺天心开辟之，大开上古太平之路，令使人乐为善者，不复知为恶之术。"①

第二，"积善者"方能生存和进化。作者告诫说，不接受道德教化者将被"沉没"，凶恶无德者将遭"荡尽"，唯有"积善者"才能免除灾难，获得长生，"长为种民"。所谓种民，即"圣贤长生之类"，而且有传宗接代者的含义。这实际上提出了一种道德优选论——从善者才能获得在品德和身体素质等方面的优势，实现人类的进化。比起达尔文进化论"优胜劣汰"的原则，这种道德上的优胜劣汰论虽然缺乏严格的科学依据，但对于启发民众的道德意识却不无实际意义。

第三，恶人"命不在天地""与禽兽同命"。在《太平经》的

---

① 王明：《太平经合校》，中华书局1997年版，第160页。

作者看来，"人无贵无贱，皆天所生，但录籍相命不存耳"①。故书中主要不是以社会地位或出身门第高下作为区分贵贱的根据。然而，作者又强调，人是有着等级差别的，这种等级差别的划分以道德作为基础——无德之人无录籍相命；又以是否顺"天道"为标准——"天道为法"，"以是分别人优劣"。② 人禽之别在于是否合乎顺应天道，是否有德。无道德之人，"亦好相触冒，胜者为右。其气与禽兽同，故同命也"③。他们缺乏人类所特有的谦让友爱，其习性同于弱肉强食的禽兽，因此其命不在天地，而与禽兽同命。故作者告诫人们爱惜自己的道德生命，因为爱惜道德生命也就是爱惜自然生命："爱之慎之念之，慎勿加所不当为而枉人。"

书中重视道德教育和学习活动对于道德意志、道德人格培养的重要意义，《急学真法》一文指出，"人安得生为君子哉？皆由学之耳。学之以道，其人道；学之以德，其人得；学之以善，其人善"，"不旦夕力学善，失善即入恶"。善与恶此消彼长，为善必须持之以恒，方能积善成德，成就"大益善良"的道德理想人格。作者还认识到，教育影响着民众的道德，而民众的道德状况又成为一种社会道德环境，进而影响民众道德人格的塑造："五帝教化多以德，其人民多类经德也……五霸教化多以武，其人民多悉武好怒，尚强勇……故善人之乡者多善人，恶人之乡者多恶人，此非相易也。"④ 作者重视道德教育的作用，强调道德教育及道德环境对人格塑造的重要影响，显然与孔子"性相近，习相远"等重视后天道德教育的主张接近，而修正了老庄人性本朴，返璞归真等道德修养主张。

书中承认道德教育及道德环境对于道德人格形成的重要影响，但更注重道德意识对主体道德质量形成的主导作用，认为虽然有精气鬼神居于人体内，起着"治人、学人、教人"的作用，这种作用

① 王明：《太平经合校》，第 576 页。
② 王明：《太平经合校》，第 424 页。
③ 王明：《太平经合校》，第 424 页。
④ 王明：《太平经合校》，第 650 页。

既可能是正面的"善"，也可能是负面的"恶"，而鬼神对人发挥或善或恶的牵引作用主要取决于道德主体自身的道德意识："于人念正善，因教人为善。"① 可见，个体道德水平的高低与主体的道德选择、道德追求和主观努力密切相连："乐善得善，乐恶得恶，是复何言。夫善恶安危，各从其类，亦不失也……是故乐道者道来聚，乐德者德来聚，乐武者武来聚。"②

道德教育的终极目标是以德治天下，《太平经》整合了儒道两家的道德主张，提出了以道德治国的方略。作者通过分析比较以道、德、仁、义、礼、文等不同方略治国而产生的相应社会效应，凸显了以道治国方略所具有的最大的合理性："亲人合心为一家，灾害悉去无祸殃，帝王行之，天下兴昌。"这里一方面继承了道家崇道德而贱礼义的思想倾向，另一方面又对于先秦道家所贬斥的"仁"这一德目作了相当程度的肯定，而对"义"这一道德原则却是毁誉参半，显现出对儒家思想的吸收与调和。比以往的思想家更为深刻之处是，作者认识到单纯使用某种治理方法皆存在着局限性，书中提醒统治者，应该认真考虑以德、仁、义、礼、文、法、武"七事"治身治国各自有何利弊？其可行性如何？如果不可行的话，又有什么补救措施？作者认识到，这七种治理方式各有不同，各有所长，各有不足，必须相互补充，兼而行之："亦不可无，亦不可纯行。……治民乃有大术也。使万物生，各得其所，能使六极八方远近欢喜，万物不失其所……德、仁、义、礼、文、法、武七事各异治，俱善有不达，而各有可长，亦不可废，亦不可纯行。"③不能局限于某一种治理方法，而应兼取德、仁、义、礼、文、法、武"七事"之长，以之用于治身和治国，这就超越了前人重德轻刑、刑德并用、德治论或法治论等模式，而将政治和伦理进一步结合，拓展了中国的政治伦理理论。

---

① 王明：《太平经合校》，第 706 页。

② 王明：《太平经合校》，第 642 页。

③ 王明：《太平经合校》，第 729 页。

二 顺道贵生、忠孝诚柔的道德要求

《太平经》将道视为天地万物的本源和运动变化的内在动力：道是"万化之元首，不可得名者。六极之中，无道不能变化。元气行道，以生万物，天地大小，无不由道而生者也"。由"道"这一最高原则又产生一系列道德要求。

（一）顺应天地

效法顺应天地是基本的道德原则和善恶标准："夫为善者，乃事合天心，不逆人意，名为善。善者，乃绝洞无上，与道同称；天之所爱，地之所养，帝王所当急，仕人君所当与同心并力也。"① 而只有"与天同心、与地合意"的人才可称"圣贤"②；只有"命系天地，当更象天地以道德治"的君主才可称"上德之君"③。相反，所谓"恶"，就是违逆天道和人意："夫恶者，事逆天心，常伤人意；好反天道，不顺四时，令神祇所憎，最天下绝洞凶败之名字也。"④ 善乃至高无上的、"与道同称"的概念，是道的同义词，为天地所爱所养，是帝王和君子均应该努力为之的。为善就是要合天心，顺人意：不过，书中所说的天地不完全同于老子所说的自然之天，而是兼有神灵的含义；书中所说的"道"不完全同于老子所说的"道法自然"之道，而是"与皇天同骨法血脉""疾恶好杀"之道。⑤

顺应自然的原则体现在社会政治管理方面，则是因材而用、因性而治的思想。《太平经》强调，万物各有其性，顺应其性的政治治理才是合理和有成效的："帝王所以能安天下者，各因天下之心

---

① 王明：《太平经合校》，第158页。
② 王明：《太平经合校》，第160页。
③ 王明：《太平经合校》，第426页。
④ 王明：《太平经合校》，第158页。
⑤ 王明：《太平经合校》，第166页。

而安之，故得天下之心矣。"①"天地之性，万物各自有宜，当任其所长。"②"因其天性而任之"，才能"所治无失"，"得天下之欢心，其治日兴太平"。（第206页）相反，如不顾其自然之本性，"强作其所不及，而难其所不能"，又不加以引导，反而多加责难，"使其冤结"，则人民"愁苦困穷，即仰而呼皇天"，引起"灾变纷纷"，"不能致太平，咎正在此"。③书中呼吁，这种违背民性的做法是"大害之根""危亡之路"（第204页），统治者对民众进行封建强制压迫不仅是极不合理，而且是极其危险的政治治理方式。这些话语正是对于扼杀人的自主性，桎梏人性自由的封建专制统治的激烈批判。

（二）贵生乐生

《太平经》强调珍爱生命，而在万物之中，人的生命是最珍贵的："天地之性，万二千物，人命最重。"④根据贵生的价值取向，作者对人的行为按照道德价值的大小作出了排列："人最善者，莫若常欲乐生……其次莫若善于乐成，常恺恺欲成之，比若自忧身，乃后可也。其次莫若善于仁施，与见人贫乏，为其愁心，比若自忧饥寒，乃可也。其次莫若善为设法，不欲乐害，但惧而置之，乃可也。其次人有过莫善于治，而不陷于罪，乃可也。其次人既陷罪也，心不欲深害之，乃可也。其次人有过触死，事不可奈何，能不使及其家与比伍，乃可也。其次罪过及家比伍也，愿指有罪者，慎毋尽灭煞人种类，乃可也。"这是因为，人"乃天地之神统"，灭煞人的生命，乃"断绝天地神统，有可伤败于天地之体"，将导致天对人类的报复："灭煞人世类。"⑤

出于贵生的目的，作者反对违背人性的禁欲主义，而肯定饮食

---

① 王明：《太平经合校》，第726页。

② 王明：《太平经合校》，第203页。

③ 王明：《太平经合校》，第202—203页。

④ 王明：《太平经合校》，第34页。

⑤ 王明：《太平经合校》，第80页。

男女的合理性："饮食阴阳不可绝，绝之天下无人，不可治也。"
饮食男女是维持人类生存和繁衍的必要条件，缺乏这些基本条件，
则"天下无人"，但超过了维持生存这一需要的"奇伪之物"，则
"反多以致伪奸，使治不平"。更为严重的是，人们追逐奢侈之物，
将会危害人的宝贵生命："天下贫困愁苦，灾变连起……自愁自害，
不得竟其天年。"① 《太平经》围绕珍爱生命、保护生命这一核心来
论述节欲问题，既是对道家思想的继承，又有其独特的立场。老庄
以及《吕氏春秋》等新老道家的节欲理论主要是针对统治者而言
的，故节欲是出于治国和养生的需要。而《太平经》对于"奇伪
之物"的节制虽然亦有上述目的，但更多地体现出对全体民众特别
是对下层民众的关切，唯恐他们"贫困愁苦"，"不得竟其天年"。
可见，《太平经》倡导贵生乐生，其主旨就是强调热爱生命、珍爱
生命，将提高人的生命质量作为政治治理模式的最高价值目标。

《太平经》的贵生伦理，还体现在对于自然万物生命的保护和
珍爱，书中说："地者万物之母也，伤地形，皆为凶。深贼地，多
不寿。"②"慎无烧山破石，延及草木，折华伤枝，实于市里，金刃
加之，茎根俱尽。其母则怒，上白于父，不惜人年。人亦须草自
给，但取枯落不滋者，是为顺常。"③ 作者认为，人类取用自然资
源应限于维持基本生存，超越这一限度则将对自然界万物造成破
坏，从而导致天地共怒而惩罚行为者。这实际上是在天谴论的神秘
外衣下表达了破坏自然则遭到自然报复这一客观真理。

（三）移孝为忠

东汉时期，孝德被统治者抬到了无以复加的至高地位，移孝为
忠、忠孝合一成为这一时期伦理文化的主旋律。受这一时代思潮的
影响，《太平经》的作者吸取儒家的忠孝伦理规范，亦将忠孝之德
提到了相当重要的位置。书中说："天下之事，孝为上第一。"同

---

① 王明：《太平经合校》，第45—46页。
② 王明：《太平经合校》，第120—121页。
③ 王明：《太平经合校》，第572页。

时，作者适应着统治者的需要，要求人们将孝这一家庭伦理拓展到政治领域，成为对君主和王朝的忠："不但自孝于家，并及内外。为吏皆孝于君，益其忠诚，常在高职，孝于朝廷。"① 反映出作者适应时代潮流而对本教团的道德规范进行及时调整的灵活态度，亦反映出儒道两家伦理思想开始合流的时代走向。

（四）至诚无欺

真朴无伪是老庄推崇备至的品质，《太平经》在前人的基础上，提出了"至诚"的道德要求。主张以"至诚"为"急务"。所谓"至诚"，也就是要求外显的道德行为与内隐的思想动机相一致，外在的道德行为必须以内在的真情为基础，这种价值追求是道家学派的重要特点。但与老庄和《淮南子》有所不同的是，《太平经》中的至诚之德，首先是一种调节人与自然之关系的道德要求，进而才推广到人际交往之中。作者指出，至诚才能够感动天地神灵："至诚于五内者，动神灵也。"人类从内心真诚地感念和遵循天地好善恶恶之德，效法天地道德而行，才能感动心神，进而感动上天，产生"天地乃为其移，凡神为其动"的效果。以此为基点，作者将至诚之德延伸到人际交往中："与人交，日益厚善者，是其相得心意也；而反日凶恶薄者，是其相失心意也。"② 人际交往如能以至诚之情为基础，则心意相得，心心相印。

（五）尚柔求寡

柔弱不争是道家所倡导的一个基本的道德规范，老子将柔弱不争奉为古往今来与天相配的极则。在对于自然社会进行深入观察的基础上，老子认识到，天地万事万物的发展过程中，柔弱的一类事物往往更有生命力，而坚硬刚强的一类事物往往容易被毁坏，故"柔弱胜刚强"（《老子》第三十六章），柔弱才是真正的强者。

① 王明：《太平经合校》，第 593 页。
② 王明：《太平经合校》，第 415 页。

"守柔曰强"（《老子》第五十二章）。《庄子》继承了守柔处弱的思想，该书的《天下篇》中指出，刚强的事物往往容易被摧毁："坚则毁矣，锐则挫矣。"

《太平经》的作者在继承了柔弱这一道德规范的同时，又提出了"求寡"的道德要求。书中将"弱"和"寡"分别视为"道之用"与"道之要"："天道助弱。弱者，道之用也；寡者，道之要也。"顺应天道，践履"弱""寡"之德，故能获得一个和谐的人际环境，建立功业。

三　天报有功、不与无德的道德赏罚论

劝善戒恶是古今中外政治家、思想家所共同关注的问题，为了促使民众自觉地践履道德，必须确保道德赏罚的准确和公正，为此，《太平经》的作者设想了一系列高居于人类社会之上的明察秋毫、严密无隙的道德监督神灵。天地神灵为何要对人类实施道德赏罚？作者回答说，因为天地人是一个彼此相忧相利、相依为命的大系统，道德促使天地人相连接、共命运，"道德连之使同命"，丧失道德将导致人类自取灭亡，而且带来"天地亦乱毁"的悲剧，故天地必然对人类的道德状况予以特殊的关注和干预。[1]

道德监督的主体是处于人身内外的各种神祇：身神处于人体内部，人行善恶自有身神知之。人身之外高高在上的道德监督者是天上的诸神："天上诸神共记好杀伤之人，畋射渔猎之子，不顺天道而不为善，常好杀伤者，天甚咎之，地甚恶之，群神甚非之。"[2]身神、诸天神的严密监督，为上天实施道德赏罚提供了准确而公正的依据，这就形成了一个位于世俗的法律惩罚体系之上的道德法庭，这一道德法庭实施着惩恶赏善的功能："神无私亲，善人为

---

① 参见王明《太平经合校》，第374页。
② 王明：《太平经合校》，第672页。

效。"① "天报有功，不与无德。"②

《太平经》的作者建立起来的以天神为主体的道德赏罚系统，鲜明地体现了对美好道德理想的追求，体现了试图纠正和避免世俗社会赏罚不公之种种弊病的努力。因为在当时政治黑暗、邪恶势力当道的现实下，社会赏罚系统必然随之而产生混乱和颠倒，这对于人们的价值取向和行为选择无疑产生着负面的示范作用。同时，任何社会赏罚都不可避免地存在着鞭长莫及的疏漏，而作者宣称由上天实施道德赏罚，显然是试图弥补这些缺陷。

作者对传统的承负说提出了自己的修正。所谓承负说，即指前人的行为所产生的后果由后人来承担："承者为前，负者为后……负者，乃先人负于后生者也；病更相承负也，言灾害未当能善绝也。"③ 在重视血缘关系的中国封建家族制度下，这种"前后更相负""先人负于后生"的道德惩罚论似乎比一般的善恶报应论更具威慑作用。但作者认识到，前人的过恶要无辜的后人来承负，会形成"善恶不复分别"的"大咎"，导致赏罚不公，扰乱天道。因此，文中强调："吾书应天教，今欲一断绝承负责也。"④ 上天甚忧"承负之灾四流"，使天师"陈列天书"，传道济人，只要诵读天书，则"承负之厄小大悉且已除也"。⑤ 为了避免作恶者殃及无辜，作者强调个体对自己的行为负责，吉凶祸福是个人善恶行为在现世的报应。

从全书来看，作者所设计的道德赏罚系统的重心是有恶必罚，而不是有善必报，这是有其价值导向意义的。因为如果一味强调后者，则不可避免地造成普遍的冀利望誉、患得患失的庸俗人格，塑造出一味为眼前功利而行善的"买卖型人格"。故作者又反复强调应该端正行善的道德动机，如果行善是为了日后图回报，那么，这

① 王明：《太平经合校》，第18页。
② 王明：《太平经合校》，第573页。
③ 王明：《太平经合校》，第70页。
④ 王明：《太平经合校》，第370页。
⑤ 王明：《太平经合校》，第64页。

种善行的道德意义是会大打折扣的："今日食人，而后日往食人，不名为食人，名为寄粮……今日授人力，后日往报之，不名为助人，名为交功。"① 这种建立在利益交换基础上的行为，不是一种道德行为，故不能得到上天的奖赏，"如此者皆无天报也"②。相反，"人不佑吾，吾独阴佑之，天报此人。言我为恶，我独为善，天报此人。人不加功于我，我独乐加功焉，天报此人。人不食饮我，我独乐食饮之，天报此人。人尽习教为虚伪行，以相欺殆，我独教人为善，至诚信，天报此人。人尽言天地无知，我独阴畏承事之，天报此人。人尽阴欲欺其君上，我独阴佑之，不敢欺，天报此人。父母不爱我，我独爱佑之，天报此人"③。在这里，作者并非鼓吹不计功利的道义论，而是力图树立上天赏善罚恶的权威以提升民众弃恶向善的动机，缓解民众由于恶者得福、善者遭祸等社会现实而导致的心理失衡和鼠目寸光、锱铢必争的狭隘，避免道德生活中由于急功近利、等价交换等买卖心理而失去仁爱、同情这些最宝贵的良知。

四　要在中和、三合相通的道德理想

《太平经》与《道德经》尚阴的思想相反，而与董仲舒贵阳贱阴的价值取向正相吻合。为何尊阳而贱阴呢？作者的理由是："阳所以独名尊而贵者，守本常盈而有实也；阴所以独名卑且贱者，以其虚空而无实也，故见恶见贱也。……实者核实也，则仁好施，又有核实也，故阳得称尊而贵也。"而男尊女卑的根据亦是由于双方在生理器官的构造上存在着虚和实的差别，"阴为女，所以卑而贱者，其所受命处，户空而虚，无盈余，又无实，故见卑且贱也"④。尊阳的原因是由于男性生理器官盈而有实，贱阴的原因是由于女性

---

① 王明：《太平经合校》，第464页。
② 王明：《太平经合校》，第464页。
③ 王明：《太平经合校》，第465页。
④ 王明：《太平经合校》，第386页。

生理器官虚而无实，这种崇盈贱虚的取向与老子戒盈守虚的主张亦恰恰相反。

从历史发展的事实来看，男尊女卑格局的形成原因在于双方经济地位的差异以及由此产生的政治地位的差异，正由于如此，在男性占据统治地位的社会中，男尊女卑是天经地义、理所当然的，"唯女子与小人难养"等歧视女性的判断不需要任何前提条件便自然成立，而《太平经》的作者却试图从自然生理差别的角度来解释男尊女卑的原因，这本身就在一定程度上激起人们对男尊女卑的传统格局的怀疑和冲击，而且在上述解释中，事实判断的成分似乎更多于价值判断，它与统治者所倡导的男尊女卑的价值判断是有区别的。

因此，在《太平经》中，更主要的倾向是阴阳互补，和谐相生，缺一不可。书中说："天下凡事，皆一阴一阳，乃能相生，乃能相养。一阳不施生，一阴并虚空，无可养也；一阴不受化，一阳无可施生统也。"阴阳双方的对立统一是万事万物的普遍规律，独阳不生，孤阴不养，二者相互结合，才能相生相养，发挥其各自的功能。书中举例说："男女不相得，便绝无后世。天下无人，何有夫妇父子君臣师弟子乎？何以相生而相治哉？"① 这就是说，男女双方的相和相得是人类社会一切社会关系和社会秩序存在的基础，妇女的地位得到了公正的确认。

由这一思想出发，作者激烈地抨击了当时"多贱女子，而反贼杀之"的陋俗，因为男子承天统，应天之气，女子承地统，应地之气，贼杀女子就公"断绝地统"，"贼害杀地气"，"令地气绝，灾害益多，其罪何重！"因此，必须将禁杀女子的条文，记之竹白，让"天下无复杀女"。②

作者认为，阴阳相生相养，而又相互转化，《乐怒吉凶诀》清楚地阐明了物极必反的必然规律："阴之与阳，乃更相反，阳兴则

---

① 王明：《太平经合校》，第44页。

② 王明：《太平经合校》，第34—36页。

阴衰，阴兴则阳衰。"阴阳双方发展到极限，便会朝着相反的方面转化，应该防止走极端。为了防止偏阴或偏阳的倾向，作者还提出了"中和之气"的概念："太阴、太阳、中和三气共为理，更相感动。""中和之气"，当为介于阴阳之间或调和阴阳的物质，是构成太平之世的重要因素之一："纯行阳，则地不肯尽成；纯行阴，则天不肯尽生。当合三统，阴阳相得，乃和在中也。古者圣人治致太平，皆求天地中和之心，一气不通，百事乖错。"[1] "阴阳者，要在中和，中和气得，万物滋生，人民和调，王治太平。"[2] 均衡和谐、阴阳和顺的"中和"局面，才能使万物得以滋生，物产丰足，人民和乐，实现太平之治。

在政治领域内，阴阳相谐相通、持中守和体现为君、臣、民的相通与合作。作者强调，君、臣、民"三气不善相通，太平安得成哉?"因此，君、臣、民之间存在着相辅相成的关系：

> 君为父，象天；臣为母，象地；民为子，象和……悉当三合相通，并力同心，乃共治成一事，共成一家，共成一体也……不可无一也。一事有冤结，不得其处，便三毁三凶矣。故君者须臣，臣须民，民须臣，臣须君，乃后成一事，不足一，使三不成也。[3]

作者分析说，君、臣、民的任何一方都是对方存在的基础："君而无民臣，无以名为君；有臣民而无君，亦不成臣民；臣民无君，亦乱，不能自治理，亦不能成善臣民也；此三相须而立，相得乃成。"故文中再三强调"故君臣民当应天法，三合相通，并力同心，共为一家也……是天要道也"[4]。在这里，作者突出地阐发了君臣民"三合相通，并力同心，共成一事"，缺一不可的协作关系，在这

---

① 王明：《太平经合校》，第 18 页。
② 王明：《太平经合校》，第 20 页。
③ 王明：《太平经合校》，第 150 页。
④ 王明：《太平经合校》，第 150 页。

一视角下，君尊臣卑的封建伦理道德观念显然被淡化了。

由上述"三合相通"的思想进而引出了政治上平等和经济上平均的要求，该书中的太平理想即无贵贱之分的平等社会。《三合相通诀》说："太者，大也，乃言其积大行如天，凡事大也，无复大于天也；平者，乃言其治太平均，凡事悉理，无复奸私也。"这里的"平均"，既指经济上的平均，又包括政治上的平等。作者强调，政治上均等无争的实现是"为人君"的前提，故书中说："天地施化得均，尊卑大小如一，乃无争讼者，故可为人君父母也。"①同样，在经济上也不允许少数人聚敛独占，作者直言不讳地宣称：天下财物乃天地中和所有，用以供养民众，而帝王府库中的财物是民众"委输"的，"本非独给一人也"，穷人也可从中取用，那些将天地间的财物据为己有的人，是"天地之间大不仁人"。②

这些思想在当时可谓惊世骇俗，既表达出社会上层的改良派人士融会儒道，力求君臣民相通相谐的"中和"理想，又反映了下层民众痛恨贫富分化、要求实现政治和经济平等的愿望。故《太平经》既能为改革和重新整合官方道德提供素材，又成为后来激励和号召人民揭竿而起的旗帜，书中的不少道德主张积淀为广大民众的道德规范和美好追求，对后世的道教伦理思想产生了深刻的影响，在今天依然不乏启示。

---

① 王明：《太平经合校》，第 683 页。
② 王明：《太平经合校》，第 242、247 页。

论《老子》的生死观及其文化影响*

——以《道德真经广圣义》为例

南京大学哲学系　孙亦平

摘要：道家认为，生命的局限就在于个体之人对生死的忧患和对喜怒哀乐之情的执着，因而才有老子只说长生久视而不言"不死"，也才有庄子妻死"鼓盆而歌"的寓言。但道教则认为，生命的局限在于死，因而希望能通过采用种种方术来延长人的生命，以"出死之表"。但如何"出死之表"？他们形成的不同生死观，表达了对"道生德畜"与世界关系的安放，对个体生命的处世方式的思考，千百年来对中国人的生命观有着潜移默化的文化影响。

关键词：《老子》　《道德真经广圣义》　生死观　文化影响

万事万物都在经历着一个从生到死的新陈代谢的发展过程，人也不例外。这种"物壮则老"（《老子》第三十章）的自然规律必然导致一个冷酷无情的事实：走向死亡！一旦人类经验到大量的死亡现象，特别是死亡将剥夺人一生苦心建造、惨淡经营的一切，这种痛苦的经验积累必然沉淀于人心，促使一代代人自觉或不自觉地去思考、去探索生死的奥秘。人生最大的问题莫过于生死，对与生死相关的人生问题的系统思考形成了不同的哲学与宗教，而如何超越有限而走向生命的永恒则构成了许多哲学与宗教的基本内涵。如

---

* 本文为国家社科基金重点项目"东方道文化与新时代人类命运共同体的构建研究"（项目批准号19AZJ002）、国家社科基金重大项目"儒佛道三教关系视域下中国特色佛教文化的传承与发展研究"（项目批准号18ZDA233）的阶段性成果。

《老子》第五十章曰："出生入死，生之徒十有三，死之徒十有三。人之生动之死地，亦十有三。夫何故？以其生生之厚。盖闻善摄生者，陆行不遇兕虎，入军不被甲兵。兕无所投其角，虎无所措其爪，兵无所容其刃。夫何故？以其无死地。"老子以精练的语言表达了道家特有的以顺应自然、无为而治为内涵的生死观。杜光庭（850—933）是唐末五代时著名的"道门领袖"，他在《道德真经广圣义》中借助《老子》思想表达了唐代道教对生命的看法。本文以《道德真经广圣义》为例，对《老子》的生死观及其文化影响作一探讨，以求教于方家。

一

道家认为，生命的局限就在于个体之人对生死的忧患和对喜怒哀乐之情的执着，因而才有老子只说长生久视而不言"不死"，也才有庄子妻死"鼓盆而歌"的寓言。但道教则认为，生命的局限在于死，因而希望能通过采用种种方术来延长人的生命，以"出死之表"。但如何"出死之表"？他们从以"道"为本而形成的不同生死观出发，表达了对"道生德畜"与世界关系的安放，对个体生命的处世方式的思考。

道教从创立之初，就特别注重人的生死问题，并积极地从"道"的角度去寻找生命超越之途，力图从理论上和实践上去探索长生成仙的可能性。魏晋神仙道教很重要的一点就是强调肉体不死，如葛洪在《抱朴子内篇》中回避老子的"长生久视"的生死观，只是从"玄道"的高度从宇宙论、本体论来论证神仙之实存，并从形神合一以成生命的角度来强调旧身不改、长生不死是符合"道"的法则的："若夫仙人，以药物养身，以术数延命，使内疾不生，外患不入，虽久视不死，而旧身不改，苟有其道，无以为难也。"[①] 这样，神仙形象中虽然隐含着葛洪希望采用种种技术方法

---

① （晋）葛洪撰，王明校释：《抱朴子内篇校释》，中华书局1985年版，第14页。

来保全生命，尤其是"长生之道，不在祭祀事鬼神也，不在道引与屈伸也，升仙之要，在神丹也"①，以使自我能在时间上达到永恒，在空间上消除任何束缚，永远过着自由自在、恬静愉快生活的人生理想。这种生死观虽然丰富了道教仙学的内容与形式，也推进了中国古代科技的发展，但在实践中"假外物以自坚固"以保持肉身永在仅是一种美好的理想而已，若药物使用不当，还会带来希望长生反而速死的生命悲剧。南北朝重玄学的出现，道性论的流行，不断改变着道教追求形体永存的仙学内涵以及对生命的看法。从唐代出现众多的《老子》注本可见，回归老庄道家以寻找生命真谛就成为许多有识之士的思考方式。

唐王朝尊奉老子，将《老子》《庄子》等道家著作升格为"经"，注疏《道德经》成为由官方发起的一项文化运动。杜光庭的代表作《道德真经广圣义》为广唐玄宗注老圣意而作，其中收录了从汉至唐历代六十余家《道德经》注疏本，其中唐代注疏就有三十家，又以"玄宗皇帝道德上下二卷、讲疏六卷"为终结。杜光庭在辨析诸家"指归意趣"之后，不仅对人的生死现象给予了深切的关注，而且还进一步回归《老子》来探讨人如何通过修道而实现与道合一。

杜光庭从《老子》第四十二章"道生一，一生二，二生三，三生万物"出发而认为："人之生也，道以元一之气降之，为精为神；天以太阳之气付之，为动为息；地以纯阴之气禀之，为形为质。"② 生命本身不仅表现为肉体性的存在，而且也表现为一种精神性的存在。因此，如何脱离苦难、摆脱束缚所引发出的人生超越问题，就既包括对肉体有限的超越，也包括对精神束缚的超越。这样就为汲取老庄道家思想来发展道教的长生理想、依道性论而提出心性炼养开启了大门。

杜光庭在总结前人的形神观的基础上，运用"道气"的概念来

① （晋）葛洪撰，王明校释：《抱朴子内篇校释》，第77页。
② （唐）杜光庭：《道德真经广圣义》卷三十三，《道藏》第14册，第479页。

说明人的生命由禀道受气而来，得道则生，失道则死。他说："有形之物，有情无情之众，禀冲和道气则生，失冲和道气则死也。"① 就人而言，人禀道受气、得俱形神，也就具有了现实的生命，那么，如何使生命得以延续甚至长生不死呢？杜光庭在著述中所蕴含的对人的生命本质的深刻体认和对生命痛苦的极力排遣，表达了他希望从人的生命本真——道性出发来建构人生理想的努力。② 杜光庭在前人思想的基础上，宣扬"理身者，宝气啬神，气全神王，形神交固，则命纪遐延，斯神仙可致也"③，并对人如何通过"形神交固"来超越生死的局限作出了自己的回答，强调了得道则生，失道则死。

《老子》第三十三章曰："死而不亡者寿。"人生天地间，有生则必有死，那么人正常的寿命应当是多少年呢？杜光庭认为，人的自然寿命是有限度的，但修道而得道就可以无限地延长寿命，而失道则会大大地缩短人的寿命。他说："人之生也，天与之算，四万三千二百算，主日也，与之纪，一百二十纪，主年也。此为生人一期之数矣。得金丹不死之道者，则延而过之，无修养之益，有减夺之过者，则不足而夭枉之矣。"④ 在他看来，人的自然寿命是一百二十岁左右。如果通过修行而获得了金丹不死之道，那么，就可以超过这一寿限，得道而成仙。如果无修养之益，则会缩短寿命，夭枉而死。所以他又说："人之死生虽赋以天命，然亦系其所履。君子察其所履而知其寿夭。"⑤ 这样，修道的重要性就在对生命有限的悲剧性认识中凸显了出来。

杜光庭既积极地提倡修道养生，以求延年益寿，又主张人应当以明智的态度来对待"死亡"。他认为，生与死是一体之两面，"《阴符》所谓生者死之根，死者生之根，是阴阳相胜之义，终始

① （唐）杜光庭：《道德真经广圣义》卷三十一，《道藏》第14册，第466页。
② 参见孙亦平《试论道性论的哲学意蕴与理论演化》，《哲学研究》2005年第5期。
③ （唐）杜光庭：《道德真经广圣义》卷三十六，《道藏》第14册，第496页。
④ （唐）杜光庭：《道德真经广圣义》卷二十七，《道藏》第14册，第446页。
⑤ （唐）杜光庭：《道德真经广圣义》卷二十七，《道藏》第14册，第446页。

之机也"①。人只有明白了生与死的辩证关系，才可以在活着的时候以一种超然的心态面对死亡。换言之，得道则生就意味着，只有不执着于延生，才能使"生自延矣"。杜光庭在诠释《老子》第五十章"出生入死，生之徒十有三，死之徒十有三"时说：

> 将生不以为乐而安其生，此生之徒也。夫当其生也，不以利欲乱其心，不以厚养伤其性，安于澹默，顺其冲和，则神守于形，气保于神，志和于气，心寂于志，静定其心，如此则不求于延生，生自延矣。不求于进道，道自至矣。
> 将死不以为忧而顺其死，此死之徒也。达人处世，了悟有无，知道之运化委和，所禀有厚薄。厚于阳和之气者则寿，薄于淳粹者则夭。知寿夭皆由于分则生死可齐矣。生死既齐则忧乐不入，泰然而身心无挠也。②

杜光庭以有无相生、道之运化、气之厚薄等来消解人对生死的迷情，排遣人对生死忧乐的执着。他强调，人如果能懂得寿夭皆由性分决定的道理，就可以齐生死，生死既齐就可以使忧乐之情不入，泰然处之而身心无挠，因此，人完全不必贪生怕死，更不必垂死挣扎，而应当"将死不以为忧而顺其死"。在顺道而行中，由生死可齐自然地达到与道相冥之境。

二

为了进一步论述《老子》提出的"出生入死"的道理，杜光庭特别举了《庄子·至乐》中"骷髅见梦于庄子"的故事来说明，人在活着的时候，还应当通过了达生与死的辩证关系而在心理上摆脱对生命局限的恐惧。他说："庄子以世人乐生者为生所拘，乐死

---

① （唐）杜光庭：《道德真经广圣义》卷三十四，《道藏》第14册，第488页。
② （唐）杜光庭：《道德真经广圣义》卷三十六，《道藏》第14册，第497页。

者为死所系，滞于生死，所以有死有生。唯至人在生无生，不为生之所系，在死无死，不为死之所拘，既而不系不拘，故能无生无死。然而变而生也，不可以止，变而死也，不可以留，但冥契大道，则为达生死尔。"① 这里，杜光庭运用重玄学的方法来说明，世人滞于生死，所以有死有生，而只有至人做到了在生无生，在死无死，才能达到无生无死，冥契大道。正因为此，死在"骷髅"的眼中也可以是一种快乐："骷髅见梦于庄子曰：死，无君于上，无臣于下，无四时之事，泛然以天地为春秋，虽南面而王，乐不能过矣。"② 如果说，庄子所说的死是摆脱了人世的种种烦扰后的自得其乐，那么，杜光庭则从道教得道成仙的信仰出发，一方面要人在精神上，"了悟生死，不厚其生，名为出生。迷执人我，动往死地，名为入死"③；另一方面还要人通过"修真炼形"以"出死之表"。他说："其出死之表，长生为期者，在乎修真炼形，可以与语，议其玄要尔。"④ 由此而勾勒出道教与道家在生死观上的根本区别。

杜光庭已深刻地认识到，一切有形的生命存在的时空都是有限的。"元精播气，大冶匠形，禀阳和则出生，归阴寂则入死，将明辍死延生之路，丧生趣死之由。"⑤ 由于生命是由"元精播气，大冶匠形"而成，都将禀"阳和"而出生，归"阴寂"而入死，因此，只有明了"辍死延生之路，丧生趣死之由"，才能找到超越生死局限的路径。杜光庭说：

> 人之生也，参天而两地，与气为一。天地所以长存者，无为也，人所以生化者，有为也。情以动之，智以役之，是非以感之，喜怒以战之，取舍以弊之，驭骛以劳之。气耗于内，神疲于外，气竭而形衰，形凋而神逝，以至于死矣。故曰委和而

---

① （唐）杜光庭：《道德真经广圣义》卷三十六，《道藏》第 14 册，第 497 页。
② （唐）杜光庭：《道德真经广圣义》卷三十六，《道藏》第 14 册，第 497 页。
③ （唐）杜光庭：《道德真经广圣义》卷三十六，《道藏》第 14 册，第 497 页。
④ （唐）杜光庭：《道德真经广圣义》卷三十六，《道藏》第 14 册，第 497 页。
⑤ （唐）杜光庭：《道德真经广圣义》卷三十六，《道藏》第 14 册，第 497 页。

生，乘顺而死，率以为常也。①

杜光庭将人与天地相比较来说明，人之所以不能像天地那样长存，就在于天地无为，自然任运，而人却积极有为，使气耗于内，神疲于外，最终导致气竭而形衰，形凋而神逝，以至于死矣。因此他在诠释《老子》第五十二章，"天下有始，以为天下母，既得其母，以知其子，既知其子，复守其母，没身不殆"时，极力宣扬守道而得道、得道则生的道理，他说："既知身之所禀，道生我身，即洗心返神，复守其道，无是非之惑，绝声利之尘，终身行之，道可得矣。"② 既然知道人的生命由禀道而来，那么，人就应该在现实生活中，洗心返神，复守其道，这样就能"无是非之惑，绝声利之尘"，坚持如此，人的生命就能因得道而获得超越。

据此，杜光庭还批评了那些执着于生反而失道则死的愚迷之人。他说："愚迷之人，不知生生者不生，化化者不化，以生为乐，以死为哀，畏死贪生，故养生过分，希生乖其道，则反丧其生。"③ 本来，出生入死是一己之小我的生命旅程，但愚迷之人妄自分离、割裂生死关系，从"畏死贪生"的心理出发而过分地执着于养生，结果反而违背了生命的自然之道，导致了生命力的萎缩，反丧其生。杜光庭认为，这种做法是不足取的。

三

接下来的一个问题是，既然"一切众生皆有道性"，人的生命都是共秉于道，同源于气，本源相同，为什么就现实的人来看却又是外形美丑不一，性分贤愚不同，寿命长短有别呢？杜光庭在注释《老子》第三章"不贵难得之货，使民不为盗"时接续着唐玄宗注

---

① （唐）杜光庭：《毛仙翁传》，《全唐文》卷九四四，上海古籍出版社1990年版，第4册，第4351页。

② （唐）杜光庭：《道德真经广圣义》卷三十七，《道藏》第14册，第503页。

③ （唐）杜光庭：《道德真经广圣义》卷三十六，《道藏》第14册，第498页。

中有关"性分"的思想："难得之货,谓性分所无者。求不可得,故云难得。夫不安本分,希效所无,既失性分,宁非盗窃?欲使物任其性,事称其能,则难得之货不贵,性命之情不盗矣。"① 杜光庭认为,人之所以有美丑之长相、贤愚之性分之不同,主要是由所受之气的清浊决定的。他说:

> 人之生也,禀天地之灵,得清明冲朗之气,为圣为贤。得浊滞烦昧之气,为愚为贱。圣贤则神智广博,愚昧则性识昏蒙。由是有性分之不同也。老君谓孔子曰:易之生人及万物鸟兽昆虫,各有奇偶,谓气不同。而凡人莫知其情,唯达道德者能原其本焉。②

圣贤之人得清明之气,故神智广博。愚昧之人得浊昧之气,故性识昏蒙。只有通达道德者,才能明白这个根本的道理,如果不安性分,希慕聪明,就会失却天真之本性。据此,杜光庭强调,道教"设教"的目的就是让人拨开纷繁的物象世界而深入生命的本源,以明了人的"气有清浊,性有智愚";同时,"道无弃物,常善救人",智愚之人又皆可修道而成真,他说:"人之生也,气有清浊,性有智愚,虽大块肇分,元精育物,富贵贫贱,寿夭妍媸,得之自然,赋以定分,皆不可移也。然道无弃物,常善救人,故当设教以诱之,垂法以训之,使启迪昏蒙,恭悟真正,琢玉成器,披沙得金,斯之谓矣。"③ 在颇具命定论色彩的大框架下,杜光庭在《老子》生死观的基础上更强调了道教的"设教""垂法"就是要引导人将有限的生命投入无限的大道之中。

由于人的生命是禀道受气而来的,能坚守至道、唯道是从就意味着可以得道而长生,如《老子》第二十一章曰"孔德之容,惟道是从"。杜光庭认为,就生命的发展趋向而言,应当是由道出发

---

① (唐)杜光庭:《道德真经广圣义》卷八,《道藏》第14册,第352页。
② (唐)杜光庭:《道德真经广圣义》卷八,《道藏》第14册,第352页。
③ (唐)杜光庭:《道德真经广圣义》卷三十二,《道藏》第14册,第473页。

而复归于道的过程，或曰自无而显有又摄迹还本复归于无的过程。他说："初则妙本降生，自无而显有，次复摄迹还本，自有而归无。"① 这样，就现实的人生来说，如能"致虚极，守静笃"就可处于一种未完成状态之中，这种未完成状态标示出人生就是一个修道的过程。他说：

> 人之受生，禀道为本，所禀之性，无杂无尘，故云正也。既生之后，其正迁讹，染习世尘，沦迷俗境，正道乃丧，邪幻日侵，老君戒云：修道之士，当须息累欲之机，归静笃之趣，乃可致虚极之道尔。②

这就是说，人的生命以禀道为本，但人所本有的无杂无尘的道性却并不与人性完全同一，因为人出生之后，就受"沉重的肉体"的支配而落入"染习世尘，沦迷俗境"之中，使"正道乃丧"。而由于本来清静的道性隐潜于人性之中，是人的本有之性，因此，人通过修道又可以重归于无杂无尘的"虚极之道"，以实现生命的本真，完成真正的人生。所以杜光庭又说"人能归于根本，是谓调复性命之道"③。

这样，杜光庭通过对《老子》生死观的诠释，把表征宇宙终极实体的"道"与作为修道者内在的"性"联系了起来。"'道'就是被阐明、体现出来的'性'。'道'与'性'不是两个不相干的东西，而是一个东西的两种状态：自在的状态叫做'性'，人人都有；自觉的状态叫做'道'，只有'圣人'才有。要使自在的'性'发展为自觉的'道'，要经过'修养'。"④ 如果说，"性"是从主体之人的角度来显示人的天然禀赋，那么，修道的目的就在于返性复性，而返性复性的过程也就是道性由隐到显的过程，这个过

---

① （唐）杜光庭：《道德真经广圣义》卷十九，《道藏》第 14 册，第 403 页。
② （唐）杜光庭：《道德真经广圣义》卷十五，《道藏》第 14 册，第 384 页。
③ （唐）杜光庭：《太上老君说常清静经注》，《道藏》第 17 册，第 184 页。
④ 孙叔平：《中国哲学史稿》，上海人民出版社 1980 年版，上册，第 115 页。

程将通过主体的修性炼心来实现。如果从这个角度来理解"性"的话，"性"就是动态的人生与不变之道的中介与桥梁，同时也是众生能够"返性归元"的现实基础。唐代道教所倡导的道性论就是要引导人们通过修道去情而返归清静的道性，使动态的人生趋向于虚极之道，而修道去情必须在自心自性上下功夫，这就使道性论最终落实到了心性修养论，为个体生命的处世方式提供一种理论依据。今天读来对提升现代人的精神修养仍然具有一定的启迪意义。

唐代咏茶诗的道韵

浙江大学道教文化研究中心　孔令宏

摘要： 道教徒在炼服丹药的同时，也一直重视饮茶。道教在唐代具有很高的文化地位，道士对茶的运用和重视，必然对教外人士，首先是文人士大夫阶层的茶饮产生影响。本文以陆羽、皎然、卢仝等人为例阐述了道家、道教对唐代咏茶诗的影响。之所以如此，原因在于两个方面。其一，唐代最高统治者史无前例地把道教位列儒、佛、道三家之首，这在文化领域产生了广泛而深远的影响。文人士大夫对道教趋之若鹜，理解道家思想，信仰道教成为时尚。这必然在茶文化中体现出来。其二，文人士大夫视饮茶为调节心情、彰显自我的活动，逐渐提升茶事的文化品位，"品"茶成了一种艺术，即茶道。由此，唐代茶文化中的茶道，准确地说是道茶得以彰显出来。

关键词： 唐代；道家；道教；咏茶诗

在茶文化的研究中，学者们对佛教与茶的关系关注有加，论著很多。相比之下，忽视了道家、道教与茶的关系，这方面的论文不多，著作尚未见到。本文力图在既有研究的基础上有所深化。

汉代以来，道家、道教与茶的关系日趋紧密，唐代尤其如此。道教徒在进行各种服务于成仙得道的活动的同时，也喜欢饮茶。唐代许浑的诗《送张炼师归洞庭》说："能琴道士洞庭西……杉松近晚移茶灶，岩谷初寒盖药畦。"① "移茶灶"表明道士把抚琴、喝

---

① （清）彭定求等编：《全唐诗》第5卷，中原出版传媒集团2018年版，第2754页。

茶、用药看得同等重要。韩翃的《寻胡处士不遇》诗说道："微风吹药案，晴日照茶巾。""茶巾"与"药案"对举，强调了道士对养生的追求。周贺的诗《玉芝观王道士》描述了玉芝观"曲角积茶烟"，说明道观饮茶已经有悠久的历史，否则不会留下明显的茶烟痕迹。著名女道士鱼玄机《访赵炼师不遇》中有"暖炉留煮药，邻院为煎茶"之句，说明煮药、煎茶是道士们日常生活中的普遍性行为。唐代诗人温庭筠作《西陵道士茶歌》，说："乳窦溅溅通石脉，绿尘愁草春江色。洞花入林水味香，山月当人松影直。仙翁白扇霜乌翎，拂坛夜读《黄庭经》。疏香皓齿有余味，更觉鹤心通杳冥。"① 在山清水秀、寂静安宁的夜晚，道士边饮茶边诵读《黄庭经》。饮茶让人清虚宁静，道经也以守静致虚为宗旨，二者交相辉映，人心因此缥缈于俗世之外，杳冥之中。李约（751—810?），陇西成纪（今甘肃天水）人，字存博，宗室宰相李勉之子，小郑王房李元懿之后。注《老子道德经》四卷，被称作《老子道德新经》，也称李注《道德经》或《老子新注》。他工书善画，长于作诗，嗜茶。《因话录》记载，"能自煎。曾奉使行硖石县东，爱渠水清流，旬日忘发。客至，不限瓯数，竟日执持茶器不倦。谈其艺，说：'茶须缓火炙，活火煎。活火谓炭火焰火也。'"② 他所提出的"活火"说，在后世茶道中颇有影响。

一　唐代咏茶诗道韵三例

道教在唐代地位很高，道士对茶的运用和重视，必然对教外人士的茶饮产生影响。唐代道家、道教对茶饮的影响，我们举三个例子。其一为隐士文人陆羽，其二为半道半僧的皎然，其三为半道半儒的卢仝。

陆羽（733—804），自号竟陵子、桑苎翁、东冈子、茶山御史。

---

① （清）彭定求等编：《全唐诗》第244卷，第1250页。
② （唐）赵璘：《因话录·乾巽子》，中华书局1985年版，第11页。

编著《谑谈》和《茶经》各三卷。此前学者们多谈佛教对陆羽的影响，我们认为，道家、道教对陆羽的影响也不可忽视，表现在六方面。

其一，《茶经》是茶学诞生的标志，但《茶经》是以道家思想为其哲学基础的。《茶经·一之源》说："茶之为用，味至寒，为饮最宜精行俭德之人。"[①] 这是《道德经》崇简抑奢思想的反映！《茶经》所讲的"精""俭""静""德"等茶饮之道，是道家、道教思想的典型运用。

其二，陆羽的诗作中多有道教思想的运用。在江西洪州玉芝道观，他写诗表明心迹："不羡黄金垒，不羡白玉杯，不羡朝入省，不羡暮登台，千羡万羡西江水，曾向竟陵城下来。"[②] 如此清心道远的诗言，可谓其不求名不逐利，只求精神自由的心境写照。

其三，陆羽终身隐居不仕，有隐士之风。49 岁时，朝廷封他为太常寺太祝（祭祀官），他坚决不就，淡泊名利，不为名累，奔波于大山河流，精于茶事，孜孜不倦于茶业。隐士之风，向为道家、道教所张扬。陆羽的号竟陵子、桑苎翁、东冈子等，充满了道家和隐士之风。

其四，《茶经》认为，神农氏是最早使用茶叶的人，而神农氏是道教敬奉的祖先神和农业神。《茶经》提及历代多位道教学者撰写的著述。《茶经》所列饮茶之人，大部分为道家、道教人物。《茶经》还多次引用羽化成仙的典故，让人把饮茶与修炼成仙关联在一起。

其五，道教其实是道家思想的继承者和实践者。陆羽所设计的茶炉，是在易经八卦和阴阳五行学说的指导下完成的。茶炉用铜、铁制作，为三足之鼎。一足铸"坎上巽下离于中"，说的是茶炉的结构。煮茶时，水（坎）置于上面，风（巽）从下面吹入，火（离）在中间燃烧。一足铸"体均五行去百疾"，描述的是饮茶的

---

① （唐）陆羽著，王麓一编：《茶经》，中国纺织出版社 2018 年版，第 24 页。
② （清）彭定求等编：《全唐诗》第 308 卷，第 1579 页。

功效：能使五脏调和，百病不生。在炉口上方，设三个用于支撑茶镀的支垛，每个支垛分别铸上"巽""离""坎"符号以及象征风兽的"彪"、象征火禽的"翟"和象征水虫的"鱼"，其含义与足上所铸文字一致。茶炉壁体"厚三分，缘阔九分，令六分虚中"。"三""六""九"是象数易学中经常用到的数字。总体看来，陆羽设计的茶炉是在象数易学的指导下进行的。易学从西汉以来分化为义理与象数两派，义理派追随儒学发展，象数派依附道教而绵延。此外，茶炉上刻"伊公羹、陆氏茶"。伊公是远古的仙人，不食烟火只以羹食。炉身上还刻出"曲水"和道教三岛之一方丈。十洲三岛是上古仙境。这说明，陆羽的茶炉极有可能是模仿烧炼外丹的炉鼎而设计的。

其六，路羽被后世茶业从业者奉为茶神。唐代晚期，民间已把陆羽奉为茶业保护神。《新唐书·陆羽传》记载："羽嗜茶，著经三篇。时鬻茶者，至陶羽形，置炀突间，祀为茶神。"① 《大唐传载》也说："今鬻茶之家，陶其像置锡器之间，云：宜茶足利，今为鸿渐（即陆羽）形者，因目为茶神，有交易则茶祭之，无则釜汤沃之。"② 河北唐县出土了一尊白瓷陆羽像，陆羽头戴道士荷花冠，双腿跌谷帘，面部如童稚小儿。"肌肤若冰雪，绰约若处子"，这是《庄子》中对神仙的描述。直到近现代，一些茶铺的炉灶上仍供陆羽神像。把有功于民或某方面能力超强者奉为神，这是道教的传统做法。

《茶经》作为第一部茶学著作，在后世影响深远。陆羽因此被后世尊称为"茶圣"，被茶业从业者视为行业保护神而称为"茶神"。由于陆羽深受道家、道教的影响，后世也称他为"茶仙"。例如，元代辛文房的《唐才子传·陆羽》说："羽嗜茶，造妙理，著《茶经》三卷……时号'茶仙'。"③

皎然（730—799），俗姓谢，字清昼，湖州（浙江吴兴）人，

---

① （宋）欧阳修、（宋）宋祁：《新唐书》第 3 卷，中华书局 2000 年版，第 5609 页。
② （唐）赵璘：《钦定四库全书》，子部第 1062 册，杭州出版社 2015 年版，第 518 页。
③ （元）辛文房：《唐才子传》第 3 卷，古典文学出版社 1957 年版，第 50 页。

是中国山水诗创始人谢灵运的十世孙，唐代著名诗人、茶僧，吴兴杼山妙喜寺住持，在文学、佛学、茶学等方面颇有造诣。他与颜真卿、灵澈、陆羽等和诗，现存 470 首诗，多为送别酬答之作。他主张"以茶代酒"，是以茶为饮之风的积极推广者，具体表现在倡导、策划、组织了"品茗会""斗茶赛""诗茶会""顾渚茶赛""剡溪诗茶会"就是其中的经典案例。由于他的僧人身份，人们多把他视为佛教茶的代表，称其为"茶僧"。但是，如果仔细阅读他的诗作，就会发现，皎然的文风宗道家简约朴质自然之道，其诗虽云佛事，实以道为本。陆羽是皎然的至交。《寻陆鸿渐不遇》说：

> 移家虽带郭，野径入桑麻。近种篱边菊，秋来未著花。
> 扣门无犬吠，欲去问西家。报道山中去，归时每日斜。①

此诗为皎然访陆羽不遇之作。它用种养桑麻菊花、邀游山林等很平常的事物描写了作者乘兴而来、兴尽而返的旅程，刻画了隐士闲适、清静的生活情趣。语言简洁、朴素、平实，不加雕饰，流畅潇洒，层次分明，音调和谐。这显然是张扬本真，以朴素为美的道家精神的体现。

陆羽钟情于道家、道教，作为好朋友的皎然也同样，同样的精神追求大概是他们能成为至交的重要原因之一。皎然的诗《饮茶歌送郑容》写道：

> 丹丘羽人轻玉食，采茶饮之生羽翼。名藏仙府世莫知，骨化云宫人不识。
> 云山童子调金铛，楚人茶经虚得名。霜天半夜芳草折，烂漫缃花啜又生。
> 常说此茶祛我疾，使人胸中荡忧栗。日上香炉情未毕，乱

---

① （清）彭定求等编：《全唐诗》第 815 卷，第 4111 页。

踏虎溪云，高歌送君出。①

诗中满是丹丘、羽人、玉食、羽翼、仙府、云宫、云山、金铛、香炉等仙家玄语。例如，丹丘即羽人丘，神话传说中仙人居住地。诗人用夸张的手法，从茶的祛疾、舒心等养生功效推出仙人食茶羽化，誉仙茶之珍奇，既是发明茶理，也是张扬道教。如果没有对道教的深入了解和满心欣赏，绝难写出如此好诗。

如果说此诗对道教的理解还停留在用典之表象上，那么，《饮茶歌诮崔石使君》则深入道家、道教之骨髓了：

> 越人遗我剡溪茗，采得金牙爨金鼎。
> 素瓷雪色缥沫香，何似诸仙琼蕊浆。
> 一饮涤昏寐，情来朗爽满天地。
> 再饮清我神，忽如飞雨洒轻尘。
> 三饮便得道，何须苦心破烦恼。
> 此物清高世莫知，世人饮酒多自欺。
> 愁看毕卓瓮间夜，笑向陶潜篱下时。
> 崔侯啜之意不已，狂歌一曲惊人耳。
> 孰知茶道全尔真，唯有丹丘得如此。②

"牙"通"芽"，即新采的黄绿色相间的茶芽，称为金芽，当是受道士把炼丹时的铅华称为"黄芽"的影响。黄芽具有让人长生不老的功效。诗中于是把精美白瓷中的美味茶汤比喻为仙人饮用的玉液琼浆。接着，诗中把品茶过程分为三个步骤，各有不同的功效。诗中用夸张的手法描写了饮茶"涤昏寐""清神""得道"的三重功效。在他之前，没有人把品茶过程中的文化内涵描述得这般细腻。这不是饮茶，而是品茶。这还不是普通的品茶，更是悟道！在这个

---

① （清）彭定求等编：《全唐诗》第 821 卷，第 4147 页。
② （清）彭定求等编：《全唐诗》第 821 卷，第 4146 页。

意义上，诗中最后宣称，只有神仙才懂得茶道之真谛！此诗通篇陈述道教言辞意象，识清明真，与其说是深谙茶意的诗，不如说是一篇显发道意的华章。皎然可谓饮茶的精神价值的开发者。

在道文化的影响下，皎然把品茶的最高境界称为"道"，并在茶文化史上第一次提出了"茶道"的概念。由此，饮茶即修道，饮茶即可得道。皎然的思路是，养生延寿是修道的初级功夫，饮茶也具有"涤昏寐"之功；修身养性是修道的中级功夫，饮茶也有"清我神"的中级之效；返璞归真是修道的高级功夫，饮茶完全不同于"世人饮酒徒自欺"，与修道一样也有返璞归真之效，并可再升华到"道"这一哲理之本体、信仰之终极目标、精神境界的最高层次和价值观的最高标准（"三饮便得道，何须苦心破烦恼"）。道家、道教所谈的道，是超越了自然界、世俗社会的种种束缚，能够永恒存在，获得绝对自由的"无待""自然""无为"。在其指导下，精神自由的向往和肉体长生的理想被凝聚到得道成仙的终极信仰目标上，进而为此在实践中作了多方面的探索。

皎然此诗还有一大贡献。它把酒与茶相对照，认为"诗人饮酒多自欺"，而"清高"之茶"世莫知"，更不知其"全尔真"的功效。也就是说，"真"是茶饮的最高审美境界！

作为美学、哲理概念，"真"最早出现于先秦著作《庄子》。在茶文化发展的过程中，真的哲学、美学理蕴是逐渐彰显的。张华《博物志》、刘琨《与兄子南衮州刺史演书》中的"真茶"，讲的都是单一、纯粹的意思，即茶中不掺杂物。这是对当时流行的"茶粥"的反拨。这种"真"的主张已经含蓄地包括了纯素、守真的意思，只不过没有明说。皎然的诗则把它们明明白白地说出来了！"孰知茶道全尔真，唯有丹丘得如此"把茶道的核心思想确定为"全尔真"。"真"是道家文化的根本价值观，即不假人为，得自天成的自然本性。这一概念，得到了后世的认同与赞誉。例如，宋人黄儒在《品茶要录》的序中说："然士大夫间好珍藏精试之具，非尚雅好真，未尝则出。""好真"已经不是停留于理论层次，而是把崇尚自然的精神旨趣转化为一种爱好了。在其影响下，宋代苏轼在《和钱安道寄惠建茶》中写出了"吸过始知真味永"之句。"真味"显然不只是茶味，还是玄妙的自然之味，更是道味！

从上可见，皎然对道教文化的研究之深，已非一般道士可比。其《买药歌送杨山人》说："河间姹女直千金，紫阳夫人服不死。吾于此道复何如，昨朝新得蓬莱书。"看来，他阅读了不少道教书籍。事实上，皎然还写过作为纯粹的道教诗歌体裁的《步虚词》。其《杂歌谣辞·步虚词》说：

> 予因览真诀，遂感西域君。玉笙下青冥，人间未曾闻。
> 日华炼魂魄，皎皎无垢氛。谓我有仙骨，且令饵氤氲。
> 俯仰愧灵颜，愿随鸾鹤群。俄然动风驭，缥眇归青云。①

皎然确实是僧人，所以，我们无意夸大道教对他的影响。他的《饮茶歌诮崔石使君》中既有"三饮便得道，何须苦心破烦恼"的涉佛之论，亦有"孰知茶道全尔真，唯有丹丘得如此"的道教之谈。"以儒治国，以道养生，以佛养心"是古代统治者对儒、道、佛三教的态度，其实质是三教并用、三教融合。统治者如此，普通老百姓更是如此。一个人既信仰佛教，也兼修道教，这样的情况可谓比比皆是。就茶文化而言，僧人、道士的交游往来，自唐代以来，往往以茶作为媒介。佛教徒戒酒，只能饮茶。道士们既可以喝酒，也可以饮茶，茶于是成了日常生活中相互交流的中介。佛教与道教都有超越的追求。日常生活表层的交流是与内在精神的汇通相呼应的。《山谷外集诗注》卷二记载，南朝宋代，"新安王子鸾、豫章王子尚访昙济道人于八公山，道人设茶茗，子尚味之曰：此甘露也，何言茶茗"②。这有可能是佛、道二教茶文化交流的最早记载。陆羽、皎然等举办的抒山茶会，出席的人物中遍及儒、道、释三教。皎然的《饮茶歌送郑容》是因郑容采茶（"露天夜半芳草折"）

---

① （清）彭定求等编：《全唐诗》第29卷，第192页。

② 《文渊阁四库全书集部五三别集类》，载《文渊阁四库全书》，台北：台湾商务印书馆1982年版，第1114册，第275页。

赠他，"尝君此茶祛我疾"而作。郑容是"丹丘羽人"一类，那么，这首诗描写的就是唐代僧、道之间茶文化的交流活动。皎然还作有《奉应颜尚书真卿观玄真子置酒张乐舞破阵画洞庭三山歌》，同样描写了僧、道的雅集。唐代僧人灵一有一首《妙乐观——作题王乔观传傅道士所居》诗，写道士王乔邀其过访山观：

> 王乔所居空山观，白云至今凝不散。坛场月路几千年，往往吹笙下天半。
> 瀑布西行过石桥，黄精采根还采苗。忽见一人爨茶碗，蓼花昨夜风吹满。
> 自言家处在东坡，白犬相随邀我过。松间石上有棋局，能使樵人烂斧柯。①

道士高高地擎举茶碗，邀请僧人，这是把茶作为友好沟通的媒介，表达僧、道之间的亲近、友善。齐己的《山寺喜道者至》描写一个道士走访山寺，"茶好味重回"。品茗之后，余味缭绕，久久不绝。更重要的是，心神所触，意蕴悠然。其他如温庭筠《宿一公精舍》的"茶炉天姥客"等，也是写僧、道边饮茶边交流。所以，茶文化的兴起与发展，既有佛教的贡献，也有道家、道教的贡献。

唐代诗人卢仝（约795—835）是个半道、半儒的悲剧性人物。他早年隐居少室山，后迁居洛阳。自号玉川子，破屋中放满了图书，埋首读书，博览经史，工于诗文，靠邻僧赠米度日，不愿仕进。他的性格"高古介僻，所见不凡"②，狷介类孟郊，雄豪之气近韩愈，被视为韩孟诗派的代表性人物。卢仝诗风浪漫、奇诡、险怪，被称为"卢仝体"。835年11月21日夜宿宰相家，不幸死于甘露之变。卢仝好茶成癖，著有《茶谱》，被尊称为"茶仙"。他

① （清）彭定求等编，《全唐诗》第809卷，第4090页。
② （元）辛文房：《唐才子传》第5卷，第74页。

的《走笔谢孟谏议寄新茶》即《七碗茶歌》在历史上影响深远，
传唱千年而不衰：

> 日高丈五睡正浓，军将打门惊周公。
> 口云谏议送书信，白绢斜封三道印。
> 开缄宛见谏议面，手阅月团三百片。
> 闻道新年入山里，蛰虫惊动春风起。
> 天子须尝阳羡茶，百草不敢先开花。
> 仁风暗结珠蓓蕾，先春抽出黄金芽。
> 摘鲜焙芳旋封裹，至精至好且不奢。
> 至尊之余合王公，何事便到山人家。
> 柴门反关无俗客，纱帽笼头自煎吃。
> 碧云引风吹不断，白花浮光凝碗面。
> 一碗喉吻润，两碗破孤闷。
> 三碗搜枯肠，唯有文字五千卷。
> 四碗发轻汗，平生不平事，尽向毛孔散。
> 五碗肌骨清，六碗通仙灵。
> 七碗吃不得也，唯觉两腋习习清风生。
> 蓬莱山，在何处？
> 玉川子，乘此清风欲归去。
> 山上群仙司下土，地位清高隔风雨。
> 安得知百万亿苍生命，堕在巅崖受辛苦。
> 便为谏议问苍生，到头还得苏息否？①

本诗之吟，最为脍炙人口。"入山里""到山人家""柴门反关无
俗客"直指甘于清贫，"道与俗反"的道家隐士风范。"纱帽笼
头"意谓珍重洁净之茶，自整衣冠，自尊、自重、自爱，珍重生
命。"七碗"茶水一一下肚，人之感受的重心也从物质转移到精

---

① （清）彭定求等编：《全唐诗》第388卷，第1984页。

神，从"肌骨轻""通仙灵"到"两腋习习清风生"，飘飘如仙，飞升太虚。这不只是描述饮茶的愉悦和美感，更是修炼成仙。由饮茶的效果延伸出来的审美感受，在道文化的影响下被描写得绘声绘色。道教对茶诗的影响，在此诗中可谓达到了顶峰。此诗因此与陆羽《茶经》齐名，他也因此被视为仙茶的代表，与禅茶赵州相提并论。唐代杜牧在《春日茶山病不饮酒因呈宾客》中称赞卢仝对茶的研究之深，说："谁知病太守，犹得作茶仙。"[1] 卢仝此诗被后人累世赞誉不绝，其词句被后代茶诗大量摘引而用典。卢仝被称为仅次于陆羽的茶圣，影响后世，至今其故乡河南济源市的九里沟尚有玉川泉、品茗延寿台、卢仝茶社等文化名胜。卢仝的《七碗茶歌》还远播海外。例如，它在日本广为传颂，并被演化为"喉吻润、破孤闷、搜枯肠、发轻汗、肌骨清、通仙灵、清风生"的日本茶道。日本人对卢仝推崇备至，经常把他与"茶圣"陆羽相提并论。

上述三人都是文化人，多以茶诗的形式来表达所遇、所思、所感。他们的茶诗均深受道家、道教的影响，但因各人的人生经历、思想倾向的不同，导致他们或以隐入道，或以佛融道，或以儒汇道，呈现出茶诗中道文化的三种不同韵味。

二　唐代茶诗道韵浓郁

上述三人并非个例。唐代深受道家、道教影响而创作了咏茶诗的文化人不算少。

卢纶（739—799），字允言，今河北省涿州市卢家场村人。曾短暂出仕。诗人，大历十才子之一，著有《卢户部诗集》。其《新茶咏寄上西川相公二十三舅大夫二十舅》说："三献蓬莱始一尝，日调金鼎阅芳香。贮之玉合才半饼，寄与阿连题数行。"[2] 诗中以

---

① （清）彭定求等编：《全唐诗》第 522 卷，第 2702 页。
② （清）彭定求等编：《全唐诗》第 279 卷，第 1440 页。

"蓬莱"比喻仙境，以炼丹术所用的"调金鼎"代指烹茶，暗喻饮茶即炼丹，饮茶可成仙。

刘言史（约742—813），诗人、藏书家，河北邯郸人。未仕，著有歌诗六卷，《新唐书·艺文志》有传存世。其《与孟郊洛北野泉上煎茶》说：

> 粉细越笋芽，野煎寒溪滨。
> 恐乖灵草性，触事皆乎亲。
> 敲石取鲜火，撇泉避腥鳞。
> 荧荧篆风档，拾得坠草薪。
> 洁色既爽别，浮氲亦殷勤。
> 以兹委曲静，求得正味真。
> 宛如摘山时，自歇指下春。
> 湘瓷泛轻花，涤尽昏渴神。
> 此游惬醒趣，可以话高人。①

此诗强调朴素、纯粹、高洁之茶，可得真实的"正"味，能够"涤尽昏渴神"，成为"高人"。

李群玉（808—862），字文山，唐代澧州人。曾"授弘文馆校书郎"，三年后辞官回归故里。著有诗前集3卷，后集5卷。《全唐诗》录其诗263首。其诗《琴曲歌辞升仙操》说：

> 嬴女去秦宫，琼笙飞碧空。凤台闭烟雾，鸾吹飘天风。
> 复闻周太子，亦遇浮丘公。丛篁发天弄，轻举紫霞中。
> 浊世不久驻，清都路何穷。一去霄汉上，世人那得逢。②

其茶诗《龙山人惠石文廪方及团茶》描述采茶、煮茶、饮茶，说：

---

① （清）彭定求等编：《全唐诗》第468卷，第2423页。
② （清）彭定求等编：《全唐诗》第23卷，第141页。

客有衡岳隐，遗余石廪茶。自云凌烟露，采掇春山芽。

汁璧相压叠，积芳莫能加。碾成黄金粉，轻嫩如松花。

红炉篡霜枝，越儿斟井华。滩声起鱼眼，满鼎漂清霞。

凝澄坐晓月，病眼如蒙纱。一瓯拂昏寐，襟鬲开烦挐。

顾诸与方山，谁人留品差？持瓯默吟味，摇膝空咨嗟。①

皮日休（约838—约883），字袭美，一字逸少，复州竟陵（今湖北天门）人。晚唐著名诗人、文学家。与陆龟蒙齐名，世称"皮陆"。曾居住在鹿门山，道号鹿门子，又号间气布衣、醉吟先生、醉士等。历任苏州军事判官（《吴越备史》）、著作佐郎、太常博士、毗陵副使。后参加黄巢起事，或言"陷巢贼中"②，任翰林学士，此后不知所终。著有《皮子文薮》10卷，为懿宗咸通七年（866）皮氏所自编，收其前期作品。《全唐文》收皮日休文4卷，其中有散文7篇，为《文薮》所未收。《全唐诗》收皮日休诗，共9卷300余首，后8卷诗均为《文薮》所未收。皮日休所著咏茶诗主要是：《杂咏·茶焙》和《茶中杂咏》中的《茶鼎》《茶瓯》《茶人》《茶舍》《茶笋》《茶坞》《茶籝》《茶灶》《煮茶》等，其《茶笋》以炼丹比喻烹茶，说：

袁然二五寸，生必依岩洞。寒恐结红铅，暖疑销紫汞。

圆如玉轴光，脆似琼英冻。每为遇之疏，南山挂幽梦。③

陆龟蒙（？—881），字鲁望，号天随子、江湖散人、甫里先生，长洲（今苏州）人，唐代农学家、文学家、道家学者。他与皮日休交往甚密，世称"皮陆"。他的诗以写景咏物为多，是唐朝隐逸诗派的代表。他往往把自己比作古代隐士涪翁、渔父、江上丈

---

① （清）彭定求等编：《全唐诗》第568卷，第2962页。

② （元）辛文房：《唐才子传》第8卷，第143页。

③ （清）彭定求等编：《全唐诗》第611卷，第3168页。

人。他的诗文频繁咏唱魏晋道家学者阮籍、嵇康，如"散发还同阮"（《袭美题郊居十首次韵·其二》），"阮通能青白之眼"（《幽居赋》），"无穷懒惰齐中散"（《正月十五日惜春寄袭美》），"共嵇中散斗遗杯"（《秘色越器》），等等。阮籍、嵇康钟情于庄子、老子的思想，提倡"越名教而任自然"，即扬道抑儒。《江湖散人歌》是陆龟蒙精神的写照，睥睨世俗、形容散漫的傲诞狂士，"不共诸侯分邑里，不与天子专隍库"，是嵇、阮傲诞狂狷精神的延续。《甫里先生传》和《江湖散人传》可谓陆龟蒙的自传。《江湖散人传》说："散人者，散诞之人也；心散、意散、形散、神散。既无羁限，为时之怪，民束于礼乐者外之，曰此散人也。"这可谓他的个性特征的描述。陆龟蒙有诗大约 500 首，嗜茶，著有《茶书》（已佚）等。其《奉和袭美和茶具十咏》包括茶坞、茶人、茶笋、茶籝、茶舍、茶灶、茶焙、茶鼎、茶瓯、煮茶 10 项。这些茶诗满溢着道家情怀，例如《江南秋怀寄华阳山人》中有"炼药传丹鼎，尝茶试石甀"之句，显然是把炼丹与煮茶同咏。

上引五诗的作者卢纶、刘言史、李群玉、皮日休都是陆羽同时或稍后的文人。他们一生中大部分时间均隐而不仕，颇有道家风范。他们的诗作颇为关注采摘、选水、碾磨、用火、调鼎等茶事，而这些也是炼丹术中道士炼制长生不老药的基本步骤。鼎中有霞光异彩是道士用来自神其术的话，受其影响，李群玉的诗用道士炼丹用的药物黄金粉来比喻经碾磨后的茶叶。皮日休的诗则用"红铅""紫汞"这些道士炼丹中最重要的药物来比喻茶笋（即茶芽）。这首诗所描述的，与其说是烹茶，不如说是炼丹。这显然是道教炼丹术对茶道的影响在唐人咏茶诗中的体现。

三 结语

上文从诸多方面阐述了唐代道家、道教对咏茶诗的影响。为什么道家、道教能够对唐代咏茶诗产生这么广泛而深刻的影响呢？其一，唐代最高统治者史无前例地把道教位列儒、佛、道三家之首，这在文化领域产生了深远的影响。文人士大夫阶层对道教趋之若鹜，理解道家思想，信仰道教成为时尚。这必然在茶文化中体现出来。其二，在文人士大夫阶层看来，茶不是喝，不是饮，而是要慢慢地品，在品的过程中，要收拢散漫放逸之心，清除偏颇的感情，淡泊宁静，返璞归真。于是，品茶成了展示高雅、显露素养、表现自我、通往超越之道的茶道艺术。流风所及，达官贵人、文人雅士嗜茶成癖，乐此不疲：迎宾待客，必烹茶、品茗而清谈；士人相聚，必举行茶宴、茶会、茶集，吟诗联句，欢乐无穷；朋友交往，往往不远千里，寄赠佳茗，共品茶味。

唐代茶诗道韵漫溢，对后世影响深远。限于篇幅，另文阐述。由此可以明白，对茶文化的研究，不应该仅仅局限于"禅茶一味"而研究佛教，还应该研究道家、道教。如此，禅茶之外，也有道茶。这样，对茶文化可以有更加全面的认识，对茶的产业发展，也由此可以有新的启发。

知识与工夫之间

——读匡钊的《先秦道家的心论与心术》

中国社会科学院哲学研究所　龙涌霖

摘要： 匡钊新著《先秦道家的心论与心术》以先秦道家为典范示例，以"心"为枢纽，聚焦于"人如何更好地成其所是"这一中西共通的根源性问题，由先秦道家的修身工夫观照其心论的形而上维度，从而阐明中国哲学的普遍性所在。该书在知识与工夫之间思考先秦道家的心论与心术，以《老子》、《黄帝四经》、《管子》四篇、《庄子》、《吕氏春秋》为主要线索，辅以杨朱学说、道家食气说等思想资源，勾勒出先秦道家关于"心"的完整论域。在此基础上，该书为当今中国哲学研究指明了一个无法回避的方向，即中国哲学要走向世界，就必须在古今中外之间建立某种可公度性标准。这一可公度性标准是复合的，既体现在对中西之间的共同根本问题域的关注上，也体现为现代学科意义上的后设层次的知识可公度性。因此，本书的学术贡献不仅在于对先秦道家哲学史的梳理上，更在于对中国哲学学科普遍性问题的深刻的哲学思考之中。

关键词： 先秦道家　心　中国哲学　普遍性　可公度性

一　哲学：在中西方之间

如果只看书名，读者很可能会片面地将匡钊《先秦道家的心论与心术》① 一书定位为一部中国哲学史梳理意义上的补白之作，而忽视了此书更为高远的哲学雄心，即以先秦道家对"心"的相关论述为典型例示，为"中国哲学"这门学科的普遍性提供论证。确实，以往学界的关注点多聚焦于儒家心论，而道家相关论述则尚未得到充分的发掘。虽然学界也有一些学者深入考察了先秦道家的心性论抑或心性的形而上学②，然而"性"概念的问题一旦牵扯进来，其复杂性很大程度上又会导致其关于"心"的探讨的独立性有所降低。因而，道家"心"观念的研究有其独特价值。然而更重要的是，在作者那里，道家心论及其心术工夫的学术价值远远不止于"补白"。实际上，先秦道家关于心灵转化的工夫论及其形而上论说，提供了一个深入阐明中国哲学普遍性所在的绝佳的切入点，因为它涉及对"人如何更好地成其所是"这一中西共通的根源性哲学问题的回答。这就是本书的基本定位："本书的研究，将从中国哲学的特定内容出发，从起源的角度来透视中西之间某个共同的问题域，并以此作为对知识形式的可公度性之外的聚焦于特定问题的中西哲学的可对话性的探索。"③

问题在于，作者为什么要选取"心"，而非"道"或"德"等更为核心的道家观念来作为考察中国哲学之普遍性的切入点呢？实际上，这与作者对"何谓哲学"的独到把握有关。作者指出，国内学界对于中西哲学的差异经常有一个教科书式的刻板印象，那就是认为"中国哲学所关心的'生命'，在假想中是与西方哲学所关心的物的客观世界相对照的"④，而实际上这是人们对西方哲学，尤其是对笛卡尔之后的近现代纯粹知识化印象的片面认定所造成的。试问，难道同样源远流长的西方哲学，尤其在古希腊哲人那里，就不关注人的生命实践吗？肯定不是的。这一点，作者深受法国哲学

① 参见匡钊《先秦道家的心论与心术》，中国社会科学出版社 2021 年版。
② 参见罗安宪《中国心性论第三种形态：道家心性论》，《人文杂志》2006 年第 1 期；郑开《道家形而上学研究》（增订版），中国人民大学出版社 2018 年版。
③ 匡钊：《先秦道家的心论与心术》，第 3 页。
④ 匡钊：《先秦道家的心论与心术》，第 4 页。

家皮埃尔·阿道（Pierre Hadot）的启发。阿道在其名著《作为生活方式的哲学——从苏格拉底到福柯的精神修炼》① 中揭示了古希腊哲人关于哲学的一个常常被忽视的通见，即"知识问题一旦离开对于改变人自身存在的期待就毫无价值"②。换言之，在古希腊哲人那里，哲学首先是一种关乎自我转化的生活方式，知识、物理、灵魂、宇宙、神、第一原则、形而上学诸问题皆由此而展开。也就是说，在古希腊哲人看来，人如何成其所是，是具有生存论意味的根源性的哲学问题，在此之上而展开的形而上学沉思才有意义。典型如斯多亚学派，他们对于物理世界的沉思和论辩，绝非为了物理而物理，而是意在证成斯多亚学派的在世存在方式（the way of be-ing-in-the-world），从而获得内心与世界理性的和谐状态。③ 即便是在有某种为了知识而追求知识旨趣的亚里士多德学派那里，其学术活动背后也是扎根于一种学园式的生活之道；其所追求的是沉浸在对物理、自然、宇宙、本体的沉思中所体会到的精神之乐；因而，亚里士多德学派也远不同于现代大学意义上的理论型（theoretic）书斋学者，而是在"静观"（theoretical）中达致灵魂自我转化的学园式生活共同体。④ 总之，在古希腊哲人那里，更深层的哲学问题不在于宇宙、第一原则是什么，而在于人如何通过精神修炼而与宇宙或第一原则相通，从而更好地栖息于生活世界。

这种通过自我精神修炼而与宇宙最高的普遍精神或第一原则达致一体的思路，实际上为轴心时代的中西方哲人所共享。作者相信，"在起源的意义上，在曾经面对同样问题的意义上，中西哲人的独立探索仍然有可能汇聚为共同的对于人和世界的基本关切"，而且也正如本书通过先秦道家心论与心术所展示的，"中国先哲曾

---

① 参见 Pierre Hadot, *Philosophy as a Way of life：Spiritual Exercises from Socrates to Foucault*, English edition, translated by Michael Chase, NJ：Blackwell Publishers Ltd, 1995。

② 匡钊：《先秦道家的心论与心术》，第 7 页。

③ 参见 Pierre Hadot, *What Is Ancient Philosophy?*, trans. by Michael Chase, Cambridge：The Belknap Press of Harvard University Press, 2004, p. 128。

④ 参见 Pierre Hadot, *What Is Ancient Philosophy?*, pp. 85 – 86。

以不同的方式反复表述这一问题"。① 因此我们看到，"或许一切哲学都是起源于生命的学问"②，无论中西，而不存在中国哲学注重生命践行、西方哲学偏重理论分析的截然二分的状况。就像斯多亚学派的学说，固然与中国古代道家的差距有如参商，但在通过自我灵魂转化而与宇宙灵魂相通的思路上，却与道家通过"内业""心斋""卮言""抟气"而"独与天地精神往来""动合无形"的修身工夫是很相似的。总之可以看到，在根源的哲学层面，中西哲人很早就共享着相同的问题域。因此，与其单纯去抽象地讨论先秦道家"道""德"的形而上学，不如由先秦道家心术之工夫观照其心论乃至道论，更能揭示中西方哲学的共通性，并阐明中国哲学的普遍性所在。"心"在这里，是一个沟通中西的枢纽性概念。

二　心：在知识与工夫之间

上述关切，反映在书名，即"心论"（形而上结构）与"心术"（修养技术）之分，前者关乎道家哲人们如何看待心的构成，而后者则是他们围绕心建立起来的修养技术。但这并不意味着作者首先对"心"概念作了本体与工夫的严格的二元划分，以此为先行的解释框架，尤其作者并没有按照过去中国哲学界先讨论本体是什么、后讨论基于本体的工夫是什么的固定套路，来叙述道家的心论与心术。因为作者也强调，"先秦的中国哲人们也从来没有以此种方式区分过自己的教诲，比如当孟子讨论'四端之心'的时候，他绝不是单纯对心加以西方式的定义"③。在中国古代哲人那里，他们的许多思考无不蕴藏着对于人自身的存在命运的深刻洞察力和非凡智慧，但毋庸讳言，其论证过程往往缺乏逻辑上的严谨。又或者说，中国古代哲人有其自身独特的论说特征，即更多是依赖于对话、诗歌、寓言、具体情景中的例证与启发，而较少运用到连续性

① 匡钊：《先秦道家的心论与心术》，第4页。
② 匡钊：《先秦道家的心论与心术》，第8页。
③ 匡钊：《先秦道家的心论与心术》，第15页。

的推理与系统化的思辨。因此,一方面,我们需要持同情理解,排除现代解释者附加在原始文本上的种种框架,尽量把握古人的整全思考和古典智慧;另一方面,研究者置身于现代环境中,尤其当面对与西方哲学对话和论辩的时代大势时,"如果想让古代中国哲学真正展现其风采,那么一定要在自己的重述中使之具备胜人之口的能力,而这就是冯友兰先生强调对中国哲学的形式系统的重构的意义所在"①。因此我们看到,作者既不是以本体与工夫的框架来"套"中国哲学,也不是甩开现代背景所赋予我们的语言、知识、生活等视角去宣称把握道家的"原教旨",或者一味宣称要回归道家的"整全智慧"。毋宁说,作者是将对"心"之本体与工夫的追问,"统一于追寻人之所是的话题之下"的;又或者说,本体与工夫是什么,并非最终目的,"人为了改变自身之所是而应如何在实践中付出努力,且这种努力为什么是可能的"②,才是本书最为关注的问题。而对之作适当的形式上的区分,是为了让古代中国哲学在形式系统的重构中,重新具备对当代有效的说服力。总之,"心"是在知识与工夫之间的。

可以看到,心论与心术及其"之间"的探索,构成贯穿全书的总体架构。具体而言,比如第一章论《老子》之"心",指出"道""德"赋予心以正面本质,规定其为"虚静心",是"人所能得道的场所"③,而"守中""抱一""抟气"等心术,则旨在使心归复于"道""德"的虚静自然的状态。可见,老子的"心"观念虽然只是先秦道家的初始形态,但在心论与心术方面已有相当丰富的论述。第二章揭示《黄帝四经》"心"概念在道家思想史中的位置,也是分别从心论与心术加以探讨。《黄帝四经》一书偏重于群治而非修身④,故其"心"观念并未超出《老子》的藩篱。但一方面其心术工夫延续了《老子》的"去欲"主张,另一方面"心"

---

① 匡钊:《先秦道家的心论与心术》,第15页。
② 匡钊:《先秦道家的心论与心术》,第15页。
③ 匡钊:《先秦道家的心论与心术》,第19页。
④ 参见匡钊《先秦道家的心论与心术》,第38页。

的结构随着"道"概念的清晰化而脱离了《老子》"反智"的限制，故而《黄帝四经》的"心"在先秦道家思想史中有承前启后的意义。当然，先秦道家真正对"心"有密集丰富的开展，要等到稷下黄老的兴起。

第三、四章则是全书的核心章节。第三章论《管子》四篇之"心"与第四章论《庄子》之"心"，则最集中展现了作者在知识与工夫之间的深入致思。作为稷下黄老道家的代表作品，《管子》四篇开展了"一种道家系统内部理论上的内在转向"①，其对于心的结构提出的最独特的理解，莫过于"心以藏心"说。作者的研究指出，"心以藏心"中最深层次的心乃执道之心，而整个"心以藏心"的结构是以执道之心去疏导而非否定感觉之心，而这其中的关键工夫，就在于心能否与道结合；在《管子》四篇里，道即精气，它不仅是一种"比个体心灵更为基本"②的普遍精神，同时也先验地规定了每个个体的心灵得以深思致道、明智通神的能力，这也是《管子》四篇在道家内部的独特创见。因而可见，《管子》四篇所提倡的"一意抟心""静""正"等工夫，实质上是一种使得心灵与普遍精神——"精气""道"相结合的精神修炼技术，从而使心得以归复本然之道。心论与心术相辅相成，这在《管子》四篇里达到了新的理论深度。作者又指出，到了《庄子》论心，其思想和论说则已超出了"原有的道家趣味"③。表面上看，《庄子》"心"的结构仍处于道家系统的延长线上，并且像"心斋""坐忘"等修心工夫，也与《管子》四篇的"内业""白心""精舍"诸说有异曲同工之妙。然而，庄子真正的高超之处，在于将语言引入了心灵转化的工夫序列中。这一点，作者通过对"庄周梦蝶"与"大圣梦"两个寓言之纽结的疏解来揭示其心术的独特所在。作者指出，"庄周梦蝶"的寓言并非相对主义的观点所能涵盖，它与"大圣梦"所揭示的终极境界并不矛盾，问题出在我们对《庄子》语言的理解

① 匡钊：《先秦道家的心论与心术》，第49页。
② 匡钊：《先秦道家的心论与心术》，第55页。
③ 匡钊：《先秦道家的心论与心术》，第83页。

过于刻板，往往以确定文本的目光视之。实际上，整部《庄子》语言上的不确定性和矛盾性，恰恰是在向人们展示一种自我转化的工夫过程，而转化中的主体需要从生存论而非知识论的意义上理解，"庄周梦蝶"的扑朔迷离正是其典型表现。嵇康说，《庄子》"讵复须注，徒弃人作乐事耳"（《世说新语·文学》），这是叫人不要把《庄子》当作枯燥的训诂考证的对象，以免错失读《庄子》之乐。匡钊则叫人莫把《庄子》视为确定文本，而是当作"语言工夫"，亦能发明庄子之乐。可以说，第三、四章是全书的重头戏，值得深读。

对心论与心术的考察，也延续到第六章讲《吕氏春秋》的"心"观念。作者注意到，作为一部有黄老底色的著作，《吕氏春秋》的心论却显示出与道论分离的趋向①，而这"在一定程度上给予心相对独立的地位"②，从而客观上发展了黄老一脉的心论；另一方面，其心术则吸收了杨朱学派对死亡的态度，只不过并不因此而主张纵欲，而是提出"以道节性"，主张"以道作为节制欲望的阀门"。③ 然而，这就导致在论及身的时候，实际上存在两个主宰者，一个是心，一个是道，但此两者之间呈现何种关系、如何协调，《吕氏春秋》并没有正面回答。④ 作者认为，这种不协调，恰好反映了吕不韦努力以黄老统合百家过程中的复杂情况，也显示了《吕氏春秋》作为一部力求笼括百家而为新王立法的杂家之书的"杂"之所在。

三　心术与养身："心"的完整论域

书中还有另一条线索需加留意，即先秦道家的古典身心关系。中国古人没有笛卡尔式的身心二分观念，因此，身心一体，心之

① 参见匡钊《先秦道家的心论与心术》，第156页。
② 匡钊：《先秦道家的心论与心术》，第160页。
③ 匡钊：《先秦道家的心论与心术》，第161页。
④ 参见匡钊《先秦道家的心论与心术》，第165页。

正需以身之养为保障。养身问题是道家修身工夫中不可或缺的重要组成部分。第七章"专气、行气与食气——道家方士对气的不同理解及其后果"就是对这一问题的专门探讨。作者指出，从《老子》开始，道家内部就有一条养身保形的线索；《老子》的"专气"说，实际上奠定了"气"在哲学上精神性的修身与以"长生久视"为目标的养生两个方向上的作用，前者局限于道家谱系内，后者则主要为秦汉方士所发明，并进一步演化出"行气"与"食气"的观念，启发了后世道教的内外丹道。另外，第五章"杨朱思想的逻辑结构及其学派归属"也谈及养生之道及其对死亡的独特看法，即以直面人的必死性为前提，提出一种完全以肉体生命之欲望的满足为关怀对象的养生主张，并明确认为虚名、礼义乃至天下之大利都于此有害。虽然根据作者的有力考证，杨朱不能被归为道家黄老学派，但他与道家可能均继承了较早时隐者的思想传统。因此，杨朱学派的养生之道，也可纳入广义上的道家养身思想的视域中观看。

　　笔者十分同意本书将道家的专气、行气、食气等养身技术也放入心论、心术的脉络中讨论的做法，并且还可以补充两点资料，供作者和本书读者参考。第一，其实不仅秦汉方士发展了《老子》"专气"说中的养身方向，而且早在稷下黄老道家最核心的文本《内业》当中，我们也看到了一种身心兼养的修身工夫。在《内业》中，得道的圣人不仅能够将精气驻留于内心而"鉴于大清，视于大明"，而且往往也拥有"皮肤裕宽，耳目聪明，筋信而骨强"的体魄，这是因为《内业》认定精气也构成人的生命原理，所谓"人之生也，天出其精，地出其形，合此以为人"，因而，强健的身体才能成为"精之所舍，而知之所生"，即构成精气来舍的身体基础，所以在静心工夫之外，《内业》也提供了十分具体的养身技术，诸如"凡食之道……充摄之间，此谓和成""饱则疾动，饥则广思，老则长虑"等说法。第二，不仅中国古代道家讲求身心兼养，其实远在古希腊，彼时哲人们也有许多身体修炼的技术，作为精神修炼的辅助，比如控制睡眠、调整呼吸、体育健身，等等。这一点，阿道的研究也有所注意。① 可见，早期中西哲人在身心兼养的灵魂转化技术方面，也存在着惊人的相似之处。总之，心论、心术、养身，三者才构成先秦道家"心"的完整论域。

四　如何把握哲学的可公度性？

如果说全书第一章至第七章是以心论与心术、心术与养身为线索，具体地展示先秦道家关于"心"的诸多深邃思考，那么第八章则是在此基础上高屋建瓴，在西方哲学映照下揭示中国古代"心"观念中的普遍性维度。换言之，前七章的"心"是在心论、心术以及养身之间的，而第八章的"心"则是在中西之间的。但与其说此章关注的是"心"概念，毋宁说是以"心"为主轴的"精""神""气""魂""魄"等相互关联的观念所形成的观念丛，并且也不限于先秦道家，而是放眼整个早期。作者通过考察得出以"心"为主轴的观念丛有如下结构——"可将心理解为魂魄，而魂魄可以离开人的形体存在，并分属两个不同的层次，前者与儒家的最高观念天或道家的最高观念道有关，与阳气、精神及人所具备的高级智能、抽象的思有关；后者与地和人的具体的身体有关，与人的感官经验和运动能力等有关，相对处于较低的层次"②。进而，作者发现这一心灵结构恰好与古希腊以 psuché 为中心的观念丛若合符节——"'魂气'或者'精气'正近似于亚里士多德所谈论的超乎个人心灵之上的普遍理智——'nous'；'魄'或者感觉经验之心则更接近于个体意义上的心灵"③。由此，作者得出本书的一个关键性推论，即指出古代中国与古希腊在基源性哲学问题上具有相当大程度的惊人的相似性，也就是认为"个体的心智或理性，最终决定于更高层次的、具有超越性普遍意义的宇宙精神或绝对精神"④，而这已经

---

① 参见 Pierre Hadot, *What Is Ancient Philosophy?*, pp. 180 – 189。
② 匡钊:《先秦道家的心论与心术》，第 195 页。
③ 匡钊:《先秦道家的心论与心术》，第 207 页。
④ 匡钊:《先秦道家的心论与心术》，第 208—209 页。

触及人类在面对人与世界关系的时候，"所共同拥有的超越文化类型的一般观点，即某种高于人的普遍精神优先地决定着人自身的精神现象"①。

正是在此意义上，作者认为，我们可以合理地宣称中国古代哲学也拥有可与西方形而上学媲美的形而上学，并且在解释相关问题的时候，可以适当地调用西方哲学作为比较性资源以充分激活其中的"哲学性的"（philosophical）的解释效力。② 这一构想并不是以往简单地寻找中西哲学、形而上学资源中的对应物的陈旧思路，即指出中国古代也有对应西方宇宙论、本体论的某些论述，从而存在哲学。在作者看来，最重要的不是在中西观念的坐标对照上揭示中国哲学的普遍性，而是在具有生存论意味的根本问题域上，亦即人如何更好地成其所是的问题上揭示中西哲学之共通性。这就是为什么作者在"结语：作为修身工夫的道家哲学"中强调，"重要的甚至不是先秦道家所设定的道、德本身，而是这些观念如何在人格塑造方面发挥其不可替代的作用"③；"哲学最有意义的部分都是作为某种'自身技术'（techniques of the self）与'生存美学'（aesthetics of existence）而存在，在古希腊世界它表现为'作为一种生活艺术、方式或风格的古代哲学'，在先秦道家哲学的谱系中，它便是我们所关注的那些围绕心与'心术'所展开的言说"④。由此可见，从"内业""心斋""卮言"等具有道家趣味的生活方式及修身技术来观照形而上之道，要比直接去构建道家式形而上学义理系统，更具有贯通中西的穿透力。⑤ 到这里，我们就进入对中西哲学的可公度性问题的思考。

中国哲学如何走向当今世界舞台，是当代中国学者们不倦思索

---

① 匡钊：《先秦道家的心论与心术》，第 209 页。
② 参见匡钊《先秦道家的心论与心术》，第 209 页。
③ 匡钊：《先秦道家的心论与心术》，第 218 页。
④ 匡钊：《先秦道家的心论与心术》，第 219 页。
⑤ 至于拥有相同的根源问题域的中西方哲学为何出现不同发展面貌的问题，作者也另有思考和论述。参见匡钊《心由德生——早期中国"心"观念的起源及其地位》，《中国哲学史》2020 年第 6 期。

的问题。本书通过对先秦道家心论与心术的细致讨论，提示出一个任何立场的学者都难以回避的方向。那就是任何一种地方性哲学要走向世界、预流于世界学术而非自满于自说自话，都需要在古今中外之间建立某种可公度性的标准。在作者看来，它一方面体现在中西之间共同的根本问题域——人如何更好地生活，以及某种诉诸超越的普遍精神的形而上论说方式①，另一方面则体现为"现代学科意义上的后设层次的知识可公度性"②，而只有形式系统的重构才能让中国哲学"具备胜人之口的能力"③。这两方面是相辅相成的，而中国哲学的哲学性，则应当建立在此种复合的可公度性之上。由此看，有志于探究中国哲学学科性质的研究者，不能不重视本书所达到的理论深度了。

不过，在阅读过程中笔者有一些疑惑，这里提出来谨向作者请教，也供学界后续讨论。据阿道的研究，我们也知道，古希腊学校尤其是亚里士多德的学园大多有脱离现实政治的趣向，选择哲学往往意味着选择一种脱离世俗幸福，尤其是脱离现实政治动机的生活方式。④但在先秦道家那里，侯王、执政者始终是一个主要论说对象。在《老子》那里，作为核心教旨的"无为"主张，其主体是圣王、侯王等权力阶层，而作为"无为"治效的"自然"的主体是底层民众。⑤在稷下黄老道家那里，尤其是《管子》四篇中，治心与治国紧密关系的论述比比皆是，典型如"君子执一而不失，能君万物""心安是国安也，心治是国治也""治心在于中，治言出于口，治事加于人，然则天下治矣""气意得而天下服，心意定而天下听"等论述。因此几乎可以确定，至少在黄老一系的道家那里，心术更多是指君主或执政者的心术，而非用于指导民众。作者

---

① 详见匡钊《先秦道家的心论与心术》第八章与结语部分。
② 匡钊：《先秦道家的心论与心术》，第3页。
③ 匡钊：《先秦道家的心论与心术》，第15页。
④ 参见 Pierre Hadot, *What Is Ancient Philosophy?*, pp. 55–93。
⑤ 参见王博《权力的自我节制：对老子哲学的一种解读》，《哲学研究》2010年第6期。

也并非没有关注到此点，只是有意淡化这一维度对道家心术之普遍
性的减损。比如在第三章中认为，虽然黄老道家在讨论个体修养的
时候，"常常举圣王为例，但我们应当明确，这些文献中讨论的修
身工夫，对于任何人来说应该都是普遍有效的，举圣王为例，仅仅
是因为他们与特定的历史条件、特殊的治理天下的问题直接相
关"①；因此作者强调，"我们更偏重从人格转化的精神修炼工夫的
角度，而非从群治的角度，来思考《管子》中有关心的问题"②。
通过上述淡化处理，是否可以弥合中西之间基本问题域的差异呢？

笔者认为，所谓"常常举圣王为例"还是说得有些勉强。因为
我们知道，稷下学者在齐王的供养下可"不治而议论"，主要是为
齐国的强盛而研究"治乱之事"（参见《史记·田敬仲完世家》
《孟子荀卿列传》）的。那么，圣王之治就不是作为"案例"出现
在稷下黄老的视野中，而是作为时代的迫切问题被重重地抛在这群
学者面前的，并等待他们的回答。因此，无论怎么强调治心的普适
性，我们总会疑惑：先秦道家谈治心的旨趣，会与古希腊哲人如出
一辙吗？尤其考虑到先秦道家"盖出于史官"（《汉书·艺文志》）
的职业背景渊源，那么，他们对政治秩序的关怀，是否也应作为其
根本问题域中不可或缺的元件而考虑进来？但这样说，似乎又降低
先秦道家心论的普遍性维度了。究竟在何种意义上才能有效谈论普
遍性，自然是见仁见智的事情。笔者初步的看法是，对特定历史、
特定文明的大问题的特定回答，未必不包含普遍。只是这种普遍
性似乎不是知识上的逻辑必然性，而是实践上的可示范性。这对于
始终存在深刻冲突的不同文明来说，实践的示范性似乎又包含着某
种意义上的可公度的尺度。这当然是笔者极不成熟的想法，还盼作
者及读者赐教。总之，中西的可公度性这一重大问题，似乎仍有进
一步探讨的空间。

---

① 匡钊：《先秦道家的心论与心术》，第52页。
② 匡钊：《先秦道家的心论与心术》，第67页。

廓清玄德的迷雾，发掘德政的精神

——评叶树勋的《先秦道家"德"观念研究》

湖南师范大学公共管理学院哲学系　萧　平

摘要： 叶树勋所著的《先秦道家"德"观念研究》一书，在考察"德"之思想渊源的基础上，以道物关系、道人关系、己他关系、王民关系四层基底性关系为理路，分别对老子的"德"观念提出了突破性的诠释框架，对《庄子》中个人德性的实现方式与路径进行了创造性的诠释，对黄老道家的德论发掘出两种形态，完整地勾勒出先秦道家"德"观念的演变历程和深层构造，将道家"德"观念的研究推进到一个新的阶段。

关键词：《先秦道家"德"观念研究》；德；观念史；哲理语文学

"德"是中国传统文化中的一个重要观念，不仅贯穿在两千多年的文化经典之中，而且融进了中国人的日常生活，成为评价人的生命与品性的重要标准，深远地影响着中国人的民族心理与精神世界。了解中国古代文化的人都知道，"德"不仅是儒家思想中的重要观念，同时还是道家哲学中的重要观念，道家开创者老子留下的著作就被称为《道德经》，可见"德"在道家哲学中的地位。尽管历史上关于道家哲学经典的注疏给我们留下了大量关于"德"的探讨，现代学者也对道家之"德"进行了诸多诠释①，但更多时候，对于道家之"德"的探讨与关注往往是出于讨论"道"的需要，"德"的地位及其关注度远不及"道"，以至于我们竟然忘记了，在"道"成为子学时代的核心概念之前，"德"才是在思想史上扮演着重要角色的观念②。

　　正是在学界关于道家"德"观念的研究存在诸多分歧，而系统考察"德"观念历史演变的研究始终告缺的背景之下，叶树勋的专著《先秦道家"德"观念研究》③应期而生。该书在追溯"德"观念思想渊源的基础上，从世界观、心性论、伦理学、政治哲学等角度系统地考察了"德"观念在《老子》、《庄子》、《管子》四篇、《黄帝四经》等道家文献中的演变历程和深层构造，勾勒出先秦道家"德"观念发展的历史轨迹与内在结构，对于推进道家"德"观念的研究乃至整个中国古代思想中的"德"观念研究都有重要价值。笔者认为该书在以下四个方面取得了显著突破。

一　研究方法上的自觉与突破

　　对于从事人文社会科学研究的学者而言，研究方法十分重要。即便处理相同的材料，如果采取完全不同的研究方法，那么结论很可能会大不同。叶树勋在对"德"观念展开研究时，特别强调观念史的研究方法和哲理语文学的方法。关于前者，对中国古代哲学展

---

① 关于早期"德"观念的一般性研究，就笔者所见，除了许多研究"德"观念的单篇论文外，近三十年来，最有代表性的研究者当推陈来、郑开、王中江等几位学者。陈氏的研究集中体现在《古代宗教与伦理：儒家思想的根源》（生活·读书·新知三联书店 1996 年版）、《古代思想文化的世界：春秋时代的宗教、伦理与社会思想》（生活·读书·新知三联书店 2002 年版）等论著中。郑氏的研究集中体现在《德礼之间：前诸子时期的思想史》（生活·读书·新知三联书店 2009 年版）、《道家形而上学研究》（宗教文化出版社 2003 年版，中国人民大学出版社 2018 年增订版）等论著中，王氏的研究集中体现在《道家形而上学》（上海文化出版社 2001 年版）、《道家学说的观念史研究》（中华书局 2015 年版）等论著中。

② 郑开先生曾明确指出，前诸子时期，思想主题与核心概念经历了一次由"德"向"道"的转变。参见郑开《德礼之间：前诸子时期的思想史》，第 15 页。

③ 该书由中国社会科学出版社 2022 年出版。行文精简故，下文主要以"该书""作者"代之。

开观念史的研究应该说是目前学界比较流行的做法，但具体而言，这里仍然存在着很多值得辨析的地方，比如"观念"与"概念"的区分问题。对此，作者借鉴了高瑞全等人的研究成果，认为"观念"的所指比"概念"更宽泛，"观念"是人们对事物的一种看法和想法，"概念"则是理性思维的一种基本形式，特指那些具有抽象性或概括性的"观念"。① 然而这种区分之下，又会带来一些新的问题，既然观念是指特定时刻的全部视觉印象或直接知觉，可以包含一些感性的内容②，那么就"德"观念而言，先秦道家还有哪些语词表达"德"观念呢？尽管在讨论研究方法时，作者并没有明确指出来，但在正文的分析中，"得"显然被视为表达"德"观念的一个重要语词，这集中体现在《老子》第二十三、五十二章的分析上。③

关于后者，作者借鉴了洛夫乔伊的"哲学语义学"方法，但同时认为，仅仅强调语义学还不够，必须结合语法学、语用学等，在此基础上，作者将"哲学语义学"扩展为"哲学语文学"，最终定名为"哲理语文学"④。应该说"哲理语文学"是一个前所未有的崭新提法，这个概念既包含了"哲学语义学"，又统括了中国传统小学的方法与知识，如文字学、训诂学、音韵学等，体现了作者主张作为方法的语文学应当兼容中西的"大语文学"观点⑤。纵观全书，作者在考察"德"的字形字义、辨析"德者，得也"这一传统训诂等问题上，十分娴熟地运用了这一研究方法，得出了让人信服的结论。

二 老子"德"观念的突破性诠释框架

道家的"德"观念始于老子，如何诠释老子的德观念直接影响

---

① 参见叶树勋《先秦道家"德"观念研究》，中国社会科学出版社 2022 年版，第27页。

② 参见高瑞全《平等观念史论略》，上海人民出版社 2018 年版，第17页。

③ 参见叶树勋《先秦道家"德"观念研究》，第162—166页。

④ 参见叶树勋《先秦道家"德"观念研究》，第30—31页。

⑤ 参见叶树勋《先秦道家"德"观念研究》，第34—35页。

着整个道家德观念的研究。该书首先重新考察了《老子》的"上德不德"章,从文本差异分析,到概念关系与意义结构的辨析,最后考察此章的思想史意义。作者认为,东汉以前的《老子》书都是《德》前、《道》后的结构,这说明《老子》书原为"德道经"的可能性是相当高的。① 这一观点很值得重视。其次,作者分别从道与物、人与道、王与民三个维度来探讨老子的"德"。就道物之间的"德"而言,作者提出了"物德论",亦即"物性论"②,这就很好地解决了物性的来源问题,当然也内在地蕴含了对人性根源的解答。同时,关于道与德的关系,他分疏为体用关系和内在超越两种,就道物关系而言是道体德用,就道人关系而言是内在超越。③这一论断也是十分精彩的。

就人、道之间的"德"而言,作者主要探讨了人的"得道"问题,这就涉及老子之德的心性意义问题。其实我们从"德"字的构造来看,也可以发现"心"在"德"中的地位,作者在第一章其实就已经对这个问题进行了很好的梳理。④ 笔者始终认为,"人"本质上也是一种"物",道物之间的"德"原本也能解释人之得道问题。但之所以要区分为道物之间的"德"和人、道之间的"德",关键就在于天地万物的"得道"与人的"得道"并不是一回事。对此,作者从先天和后天两个层面来解释。从先天层面来看,所谓"得"是指潜蕴,所谓"得道"是指人潜蕴着"道",或者说"道"以潜质形态存于己身,此等潜质即为"德"。⑤ 从后天层面来看,所谓"得"则是指觉悟,"德"作为"得道"指的是人觉悟"道"的状态。⑥ 笔者极为赞同这一解释进路,这种诠释方式

---

① 参见叶树勋《先秦道家"德"观念研究》,第131页。
② 正如叶树勋所指出的,其实学界早已使用了"物性论"来探讨道家关于万物性能的问题,但他认为"德"与"性"仍然存在区分,因而采用的是"物德论"。详见叶树勋《先秦道家"德"观念研究》,第158页。
③ 参见叶树勋《先秦道家"德"观念研究》,第153页。
④ 参见叶树勋《先秦道家"德"观念研究》,第67—68页。
⑤ 参见叶树勋《先秦道家"德"观念研究》,第166页。
⑥ 参见叶树勋《先秦道家"德"观念研究》,第166—167页。

与笔者前期关于道家自然观念的研究颇为相合。① 当然，作者并没有止步于人、道之间的"德"，因为老子哲学的核心终究是关注现实秩序问题，由此，人、道之间的"德"就必然要转向侯王与百姓之间的"德"。由道、物之间的"德"到人、道之间的"德"，再到王、民之间的"德"，这是一个逐层递进与归约的逻辑进程。

就王、民之间的"德"而言，"玄德"体现了老子政治思想的重要特点。长期以来，关于道家的"玄德"一直弥漫着种种神秘主义的解释，这固然有两方面的原因。一是老子在阐述"道"生万物或圣人治理天下时，使用了很多模糊晦涩的描述，如"玄之又玄，众妙之门"（《老子》第一章），"处无为之事，行不言之教"（《老子》第二章），"是以圣人不行而知，不见而名，不为而成"（《老子》第四十七章），等等。二是历代的注释增添了老子玄德的神秘性，以影响较大的王弼注为例，王弼注第一章曰："言道以无形无名始成万物，以始以成而不知其所以，玄之又玄也。"注第十章的"玄德"曰："凡言玄德，皆有德而不知其主，出乎幽冥。""不知"直接将"玄德"设定为玄妙不可分析的境地。然而作为现代研究者，毕竟不能一味地因袭前言，而是要尝试挣脱前人之窠臼。在这个问题上，作者有意识地进行了突破。作者析出了"玄"有幽暗、减损、玄妙三义②，进而将"玄德"概括为两个方面，一是"弗有""弗宰"所代表的不控制民众的消极责任，一是以"生""长"为代表的辅助民众的积极责任。③ 通过这种分析，作者廓清了长期以来笼罩在"玄德"上的层层迷雾，尽管"玄"意味着幽深玄妙、不可言说，但"玄德"的具体内涵却是可以分析清楚的。但作者进而指出，在老子思想中，"玄德"是一个比"无为"更能代表其政

---

① 笔者在诠释老子的"自然"观念时明确区分为"根源性自然"与"自觉性自然"，前者是指物之自然（"物性自然"），后者是指人之自然（"人性自然"）。物之自然在某种程度上体现的是一种必然，而人作为万物之一，既有物之自然的属性，更为重要的是有人之自然的属性，而人之自然本质上体现了人的自觉与自主，因而蕴含着自由。详见拙作《老庄自然观念新探》，台北：花木兰文化出版社 2015 年版，第 51—53 页。

② 参见叶树勋《先秦道家"德"观念研究》，第 139 页。

③ 参见叶树勋《先秦道家"德"观念研究》，第 200 页。

治主张的核心符号。① 这确实是一个颇有新意但同时又能引发争议的观点，这里不仅涉及对"玄德"的理解，还关系到无为的解读问题，能否以玄德来统括"无为"，笔者认为这一点值得商榷。②

三　《庄子》"德"观念的创造性诠释路径

作者将个人德性的实现视为庄子哲学的基源问题，以道物关系作为基础，分别从生命个体与政治场域两个不同角度阐发个体成德的路径。正如前文所述，"德"必然要与"道""物"两个概念关联才能得到充分的解释，《庄子》处理这层关系是以"得"言"德"，作者认为要超越训诂学上的"德者，得也"来理解这一事件，并且从三个方面论证了庄子这种做法的意义。这绝不是作者的"强说愁"，而是充分体现了作者敏锐的洞察力。一般说来，"物"得"道"而生从而产生物性，人得道而有人之性，然而《庄子》内篇却有"德"字无"性"字，通常我们以"德"来释"性"，那么要如何看待《庄子》中的"德"与"性"？作者详细地辨析了"德"与"性"的联系与区别，认为"德"与"得"相关，"性"与"生"相连，所"得"之"德"是所"生"之"性"的前提，这是"德""性"之别的关键所在。③ 笔者认为这一论断是建立在充分的文本分析基础上，确实能给人带来启发。

在探讨生命个体实现德性的问题上，作者探讨了两条路径，一

---

① 参见叶树勋《先秦道家"德"观念研究》，第204页。
② 其实作者也认识到，"无为"作为一种治国原则，也可以包含对辅助性行为的肯定，它否定的只是以个人意志干涉民众的行为，但不否定那些顺应民众意志的辅助行为。但他还是坚持有必要将辅助行为作为另一面单独提出来。参见《先秦道家"德"观念研究》，第201页。笔者认为，如果要将辅助性行为单独列出来，恐怕会减损"无为"这一概念的内涵。究竟是以"玄德"还是"无为"来概括老子的政治主张，我们首先得考虑文本，"玄德"虽然是老子思想中的概念，但这一概念仅出现三次，且通行本第十章与第五十一章中包含"玄德"的经文还有重复，而"无为"这个概念在《老子》书中出现了十二次。因此，笔者倾向于认为"无为"是老子政治哲学的核心概念，而"玄德"则是老子政治哲学的重要特征。
③ 参见叶树勋《先秦道家"德"观念研究》，第231页。

投稿须知

　　《老子学集刊》是由老子学研究会、鹿邑老子学院（研究院）、郑州大学老子学院共同主办的学术辑刊，每年出版二辑，每辑 25 万字左右。为了便于编辑，来稿请注意以下事项：

　　一、来稿篇幅一般以 8000 字至 15000 字为宜。

　　二、来稿引文和注释格式，采用页下注，引文务请仔细核对原文，引用著作依次注出作者、论著名称、出版社和出版年、页码。引用论文依次注出作者、论文题目、刊名、出版年和期号。

　　三、来稿请发来电子稿。

　　四、来稿请在文后注明作者详细地址、邮政编码、联系电话和电子信箱地址，以便及时联系。

　　五、来稿一经发表，即按统一的稿酬标准寄上稿酬。

　　六、本刊编辑将对采用的来稿进行必要的技术处理，一般不删改内容，如果需要将与作者联系。

　　《老子学集刊》竭诚欢迎国内和海外道学研究者来稿。

　　编辑部地址：（300350）天津市津南区海河教育园区同砚路 38 号南开大学哲学院《老子学集刊》编辑部

　　联系人：叶树勋

　　邮箱：shuxunye@163.com